青少年知识小百科

王　烨　主编

世界上的十大帝国之谜

SHI JIE SHANG DE SHI DA DI GUO ZHI MI

云南大学出版社

图书在版编目（CIP）数据

世界上的十大帝国之谜/王烨主编. —昆明：云南大学出版社，2010

（青少年知识小百科）

ISBN 978 - 7 - 5482 - 0338 - 4

Ⅰ.①世… Ⅱ.①王… Ⅲ.①世界史—青少年读物
Ⅳ.①K109

中国版本图书馆 CIP 数据核字（2010）第 260077 号

青少年知识小百科
世界上的十大帝国之谜

主　　编：王　烨
责任编辑：于　学　李　红
装帧设计：林静文化

出版发行：云南大学出版社
电　　话：(0871) 5033244　5031071　　(010) 51222698
经　　销：全国新华书店
印　　刷：北京旺银永泰印刷有限公司

开　　本：710mm×1000mm　1/16
字　　数：335 千字
印　　张：15
版　　次：2011 年 3 月第 1 版
印　　次：2011 年 3 月第 1 次印刷
书　　号：ISBN 978 - 7 - 5482 - 0338 - 4
定　　价：29.80 元

地　　址：云南省昆明市翠湖北路 2 号云南大学英华园内
邮　　编：650091
E - mail：market@ ynup. com

前　言

　　时光如梭、岁月如流、迈步进入 21 世纪。这是一个信息的时代、这是一个知识的世界、这是一个和谐发展的社会。亲爱的青少年读者啊，遨游在地球村，你将发现瑰丽的景象——自然的奥秘、文明的宝藏、宇宙的奇想、神奇的历史、科技的光芒。还有文化和艺术，这些是人类不可缺少的营养。勇于探索的青少年读者啊，来吧，快投入这智慧的海洋！它们将帮助你，为理想插上翅膀。

　　21 世纪科学技术迅猛发展，国际竞争日趋激烈，社会的、信息经济的全球化使创新精神与创造能力成为影响人们生存的首要因素。21 世纪世界各国各地区的竞争，归根结底是人才的竞争，因此培养青少年创新精神，全面提高青少年素质和综合能力，已成为我国基础教育的当务之急。

　　为满足青少年的求知欲，促进青少年知识结构向着更新、更广、更深的方向发展，使青少年对各种知识学习发生浓厚兴趣，我们特组织编写了这套《青少年知识小百科》。它是经过多位专家遴选编纂而成，它不仅权威、科学、规范、经典，而且全面、系统、简洁、实用。《青少年知识小百科》符合中国国情，具有一定前瞻性。

　　知识百科全书是一种全面系统地介绍各门类知识的工具书，是人类科学与思想文化的结晶。它反映时代精神，传承人类文明，作为一个国家或民族文明进步的标志而日益受到世界各国的重视。像法国大学者狄德罗主编的《百科全书》，英国 1768 年的《不列颠百科全书》，以及我国 1986 年出版的《中国大百科全书》等，均是人类科学与文化的巨型知识百科全书，堪称"一所没有围墙的大学"。

　　《青少年知识小百科》吸收前人成果，集百家之长于一身，是针对中国青少年的阅读习惯和认知规律而编著的；是为广大家长和孩子精心奉献的一份知识大餐，急家长之所急，想孩子之所想，将家长的希望与孩子的想法完美体现的一部智慧之书。相信本书会为家长和孩子送上一份喜悦与轻松。

　　全书 500 多万字，共分 20 册，所涉范围包括文化、艺术、文学、社会、历史、军事、体育、未解之谜、天文地理、天地奇谈、名物起源等多个领域，都是广大青少年需要和盼望掌握的知识，内容很具代表性和普遍性，可谓蔚为大观。

本书将具体的知识形象化、趣味化、生动化、知识化、发挥易读，易看的功能，充分展现完整的内容，达到一目了然的效果。内容上人性、哲理兼融，形式上采用编目式编辑。是一部可增扩青少年知识面、启发青少年学习兴趣的百科全书。

本书语言生动，富有哲理，耐人寻味，发人深省，给人启迪，有时甚至一生铭记在心，终生受益匪浅，本书易读、易懂让人爱不释手，阅读这些知识，能够启迪心灵、陶冶情操、培养兴趣、开阔眼界、开发智力，是青少年读物中的最佳版本，它可以同时适用于成人、家长、青少年阅读，是馈赠青少年的最佳礼品，而且也极具收藏价值。

限于编者的知识和文字水平，本书难免有疏漏之处，敬请专家学者和广大读者批评指教，同时，我们也真诚地希望这套系列丛书能够得到广大青少年读者的喜爱！

本书编委会

目　录

第一章　世界豪强——帝国风云

帝国是对领土非常辽阔、统治或支配民族众多、拥有极大的国际影响力的强大国家的通称。帝国一词并没有非常精准的科学定义，使用十分混乱。

1. 天经地纬——帝国轮廓

狭义的帝国一般仅指领土辽阔，统治民族众多，拥有持续传统的强大君主制政体国家。而且帝国称号的使用一般需要国际上普遍的认同。帝国的国家首脑一般为皇帝，汉语对于中国以外的帝国首脑也常使用音译（如奥古斯都、哈里发、苏丹、沙皇等）。帝国君主通常为世袭，但也有通过选举和指定产生的。这些国家常自称为帝国，或把帝国一词写入正式的国号（如大清帝国、俄罗斯帝国、德意志帝国等）。限于帝国对领土规模、政体和国际影响力的要求，几乎所有狭义的帝国都出现在亚欧大陆。

现代以前的中国人一般认为只有统治整个中国的君主才能合法地使用皇帝（大皇帝）这一称号，所以理论上只有中国的历代王朝才是帝国（最狭义）。藩属国及其他国家的君主只能被称为国王、王、酋、汗或使用音译。

在欧洲，罗马帝国前期的国家首脑称元首（奥古斯都及凯撒，同时担任共和国的执政官），政体在形式上仍为共和制，但实际上已具备后来欧洲出现的各帝国的主要特点。西罗马帝国灭亡后，拥有皇帝这一称号的君主通常被视为罗马帝国的继承者，所以在同一时期内，理论上讲西欧至多只能有一个帝国存在，即罗马帝国的合法继承者（尽管这对于拜占庭帝国来说有些荒谬）。在中世纪，按照惯例要得到皇帝称号的君主一般要去罗马由教皇加冕，而这一头衔基本上被神圣罗马帝国的君主所垄断，直至 19 世纪。

神圣罗马帝国灭亡前后，法国、奥地利与德国先后升格为帝国；俄罗斯则一直以拜占庭的继承者自居（第三罗马），形成了欧洲近代的帝国。但与古代的帝国相比，除俄罗斯帝国以外，其余的国家在历史上大部分时期内都是王国或公国，帝国称号存在的时间很短。还有很多领土不大、统治民族也不多的王国或公国常被称为帝国（如瑞典帝国、丹麦帝国等），但实际上没有达到狭义帝国的标准，它们可以被归入广义的帝国。

2. 一脉相承——狭义上的帝国

世界历史符合上述标准的狭义帝国主要有：公元前 6 至公元前 4 世纪的波斯帝国（阿黑门尼德王朝），统一印度大部分地区的孔雀帝国、笈多帝国、贵霜帝国、莫卧儿帝国等王朝，公元前 3 世纪至公元 20 世纪初的中国历代"正统"朝代（秦至清），公元前后至 4 世纪的罗马帝国，东罗马帝国（拜占庭帝国、大秦国），神圣罗马帝国，阿拉伯帝国（大食国或萨拉森帝国，包括倭马亚王朝和阿拔斯王朝），蒙古帝国，奥斯曼帝国（土耳其帝国），奥地利帝国—奥匈帝国，俄罗斯帝国，德意志帝国等。

需要注意的是：阿黑门尼德王朝时期的波斯帝国也常被视为王国；古希腊历史著作中一般称波斯君主为国王。另外，对于神圣罗马帝国是否是一个国家尚存在争议。

3. 雄视天下——广义上的帝国

广义上的帝国范围要宽泛很多，只要是统治或支配的地域广阔，在国际上或某一地区强盛一时的国家，就可以被称为帝国。通常这些国家只达到狭义上帝国的标准中的一点（领土广阔）或几点，而且不论政体是否为君主制，这些国家本身一般并不称自己为帝国，而是王国、共和国、联邦、联盟等。

如古希腊的"雅典帝国"，中世纪的"威尼斯帝国"，近代的葡萄牙帝国、西班牙帝国、荷兰帝国（殖民）、大英帝国、大日本帝国等。

历史上有一些规模庞大但统一时间很短，通过短期的军事征服暂时建立起来的国家，如马其顿国王亚历山大三世时的马其顿王国（亚历山大帝国），加洛林王朝的查理一世在位时的法兰克王国（查理曼帝国），也被称为帝国。但严格地说它们都不能达到狭义上的所有四个标准，仍然只是王国。

现代的"帝国"虽然很少有君主制政体的，但实际地位和影响则与古代狭义的帝国没有太大区别。比较著名且被接受的概念有希特勒统治时期的德意志第三帝国、罗纳德·里根提出的邪恶帝国（苏联帝国）、被称为新罗马帝国的美帝国。

4. 桂冠王者——君主国

有些君主制国家（一般实际上是王国）以帝国作为正式国号。如 1822 年至 1889 年的巴西帝国，1822 年至 1823 年、1864 年至 1867 年间的墨西哥帝国，1889 年至 1974 年的埃塞俄比亚帝国，1897 年至 1910 年的大韩帝国，1977 年至 1979 年的中非帝国。

很多强大的（以及不那么强大的）古代君主制国家被后世历史学者称为帝国。如赫梯帝国、巴比伦帝国、亚述帝国、帕提亚帝国（安息）、匈奴帝国、萨珊帝国、拉丁帝国（罗马尼亚帝国）、尼西亚帝国、加纳帝国、马里帝国、桑海帝国、阿兹特克帝国、印加帝国等。

这些所谓的帝国其实与王国没有实质区别。

5. 伯仲之间——帝国与王国的区别

帝国和王国都是君主国，之间的区别在一般人看来不是特别明显，但它们之间大致的区分标准却是有的。

所谓帝国，指的是以皇帝为君主的国家，一般领土广阔，常常拥有属国，并在一个文化区域内占支配地位。

在欧洲，最早只有一个文明区域，所以也只有一个帝国——罗马帝国。后来随着罗马帝国分裂、西罗马灭亡教廷分裂，形成了两个文化区域，于是就同时有了西欧天主教区域的神圣罗马帝国和东南欧正教区域的拜占庭帝国。

在远东，则有以中国皇帝为君主的中华帝国。一般来说，中华帝国的皇帝只有一个，不过也有例外，当中国处于分裂的时候中国可能同时有几个人自称为皇帝。然而，这些皇帝之间一般是不能互相承认的，并且当其中的一个皇帝向另一个皇帝称臣的时候，这个皇帝就必须去掉帝号，改称为王。

6. 傲视同群——世界上的其他帝国

还有一些存在时间很短，疆域辽阔又没有一个正式的（或合理的）的国号的政权，常被以其创立者的名字命名为帝国。如阿提拉帝国、塞尔柱突厥帝国、帖木儿帝国（理论上属于西察合台汗国察合台汗国）。

7. 行业巨头——非历史学上的帝国

在某一领域居于垄断地位或实力强大的组织和集团微软默多克（如大型跨国公司），也常被称为帝国。如微软帝国、默多克传媒帝国等。

8. 各领风骚——世界十大帝国

（1）大英帝国，鼎盛时占了大半个地球，号称"日不落帝国"。

（2）蒙古帝国，包括了整个如今的俄罗斯和中国及中亚细亚。

（3）阿拉伯帝国，鼎盛时包括北非、中东、伊朗、阿富汗、西班牙等地。

（4）亚历山大帝国，包括巴尔干半岛、小亚细亚半岛、埃及、阿拉伯半岛、伊朗、伊拉克、印度北部。

（5）清帝国，包括今天的中国、蒙古、中亚的一部分、俄罗斯的一部分。

（6）罗马帝国，整个地中海沿岸和法国，英国南部。

（7）西班牙殖民帝国，包括整个拉丁美洲（除巴西）菲律宾群岛、北非的摩洛哥等地。

（8）唐帝国，今天的中国（除西藏）蒙古、中亚五国大部。

（9）奥斯曼土尔其帝国，包括巴尔干半岛、小亚细亚半岛、北非、部分中东地区。

（10）沙皇俄国，大致和苏联相近，略小一点（苏联应该不能算帝国，不然稳居第三）。

9. 论资排辈——按大小排列的十大帝国

（1）大英日不落帝国，最大时面积 3 350 万平方公里。

（2）沙皇俄国，最大时面积过 2 500 万平方公里。

（3）大蒙古帝国，最大时面积远超 2 000 万平方公里（铁蹄踏出 4000 万平方公里的影子疆域）。

（4）西班牙帝国，最大时面积过 1 500 万平方公里。

（5）大清帝国，最大时面积过 1 400 万平方公里。

（6）大唐帝国，最大时面积约 1 200 万平方公里。

（7）中华帝国，最大时面积过 1 100 万平方公里。

（8）大明帝国，最大时面积约 1 000 万平方公里。

（9）阿拉伯帝国，最大时面积近 1000 万平方公里。

（10）亚历山大帝国，最大时面积 600 ~ 700 万平方公里。

元朝不等于蒙古帝国，蒙古有四大汉，元朝只是其中之一。因为元朝的忽必列使用"汉法"，遭到蒙古帝国其他汉的反对，以致发生战争，元朝在和其他汉的战争中失败，所以元朝只包括蒙古和中原，元朝的版图不是中国最大的，只有 1 200 万平方公里，小于清代的 1 400 万平方公里。

把 1860 年前的清朝版图和现在的中国相比较，现在的中国至少减少了 300

多万平方公里，那就是沙俄于 19 世纪割占我国的超过 160 万平方公里土地，再加上独立的外蒙古约 160 万平方公里土地，加起来就是 320 多万平方公里了，另外西藏先后被割去许多土地，比如"麦克马洪线"，起码超过 10 万平方公里，再加上西南失去的领土，如果还可以算上《尼布楚条约》中清朝放弃的贝加尔湖以东的大片土地，至少有 50 万平方公里，《恰克图条约》放弃的萨彦岭以北之地，唐努乌梁海至少也有 20 万平方公里。清朝至少超过 1400 万平方公里版图无可争议。

第一次世界大战前后是英国版图最大的时期。据历史学家统计，一战即将爆发的前夕，英国拥有的领土面积 14 300 平方公里，包括今天的英国和爱尔兰，而当时英国拥有的殖民地面积则为 3 350 万平方公里，是其领土的 106.59 倍。第一次世界大战后，随着爱尔兰于 1921 年独立，英国通过一战从土耳其帝国得到了伊拉克、约旦、巴勒斯坦（包括今天的伊拉克、约旦、巴勒斯坦和以色列）3 块新的殖民地，因此英国的领土面积变成了 244 100 平方公里，而殖民地面积变为了 3 406 万平方公里，这时英国殖民地的面积为领土面积的 139.53 倍。英国版图为 3430 万平方公里。

之后，随着第二次世界大战，亚、非拉美民族独立运动蓬勃发展，欧洲各个殖民帝国在世界的殖民体系很快土崩瓦解。今天的英国除拥有 244 100 平方公里的领土外，还拥有 13 块殖民地。历史上曾经是英国殖民地的国家和地区在今天和英国组成了一个国际组织——"英联邦"，现在英联邦共拥有 53 个成员国。

从有效控制统治来说，俄罗斯帝国最佳。不论是蒙古帝国还是大英帝国，他们作为一个整体虽然面积大，但是中央对地方的约束力却非常弱，例如蒙古帝国的四大汗国根本就不听命于元朝政府，甚至和元朝进行战争；大英帝国的许多自治领如加拿大、澳大利亚、新西兰根本就是各自为政，英国政府完全没有能力控制得了他们。

俄罗斯帝国建立于 14 世纪末期，1480 年脱离蒙古帝国的四大汗国之一的"金帐汗国"独立。俄罗斯帝国在 1480—1547 年叫做"莫斯科公国"，1547—1917 年为沙皇统治时期，1917—1922 年为"苏维埃俄国"时期，1922—1991 年为"苏联"时期，这个时期也是俄罗斯最鼎盛的时期，1991 年 12 月 26 日苏联解体，俄罗斯进入"俄罗斯联邦"时期，至今俄罗斯仍然是这一时期。

俄罗斯在 1480 年独立后便不断地对外扩张，向西，俄罗斯征服了乌克兰、白俄罗斯、爱沙尼亚、拉托维亚、立陶宛、芬兰、波兰等国，向东先后征服了西伯利亚汗国、喀山汗国、阿斯特拉罕汗国，占领了整个中亚、高加索和西伯利亚，1858—1911 年期间通过外交欺骗手段从中国骗得 154 万平方公里的领土。俄国人一直向东扩张到今天美国的阿拉斯加，美国的阿拉斯加原来也是俄国的领土，俄国后来因为在1853—1854年的克里米亚战争中战败而导致经济危机，只好在1867年将阿拉斯加以720万美元的超低价卖给了美国。

通过一系列扩张，到20世纪初，俄罗斯成为一个拥有2 280万平方公里领土的帝国，相比蒙古帝国和大英帝国，俄罗斯帝国对统治的地区实行了完全的单一制统治，对地方拥有完全的统治权力。

第二章　大国雄风——欧洲古帝国风采

第一节　日出不列颠——大英帝国

1. 缔造辉煌——大英帝国的由来和形成

大英帝国是指一个以英国为中心的全球性帝国，在 20 世纪初达到鼎盛，大约有 4 亿 ~5 亿人口，占当时世界人口的四分之一，领土约 3 300 万平方公里。到 20 世纪中期，尤其是第二次世界大战结束之后，随着全球民族主义运动的兴起，英国殖民统治发生严重危机，在这种情况下，英国被迫允许广大的殖民地独立或半独立，为了继续在前广大殖民地地区发挥重要影响力，英国政府倡议督导建立了一个所谓的和平组织——"英联邦"，前英国大部分殖民地独立而成的国家加入了"英联邦"，但也有少数没有加入。

大英帝国的形成是 300 多年来贸易、移民与武力征服的结果，期间也有和平的商业外交活动和帝国的萎缩。帝国的领土遍及包括南极洲在内的七大洲、四大洋，被形容为"日不落帝国"，它在 1890—1900 年间达到最高峰。

帝国在全世界范围内协助传播了英国的技术、商业、语言和管理模式。帝国霸权帮助英国实现了惊人的经济成长，并使其在国际政治中拥有更大的发言权。虽然海外的殖民地（除了一些自治领外）的人民大多无权决定其政府的政策与未来，英国本土的民主却继续深化。

从殖民地的角度来看大英帝国，可以说是毁誉参半。殖民地从英国那里获得了先进的科学技术与投资，促进了经济的发展与生活水平的提高，也获得了英国的法律框架与国际性的语言英语。在殖民地脱离帝国独立之前，英国都会试图将它的议会民主制留给殖民地人民，虽然并不是所有的时候都获得成功。独立后的英殖民地大部分都选择留在英联邦之中。

但同时，英国的殖民政策并非利他主义的。事实上，英国的殖民化是完全以其自身利益为优先考量。英国为殖民地留下了更好的基础设施，但那主要是为了方便这些殖民地的货物能够更方便地出口到英国以满足其本土的需要，或是让英国的工业品更方便地运送到殖民地市场。白人的自治领大多能够进一步发展基础设施，以取得经济生产上的平衡，但是在拉美、非洲和东南亚的帝国殖民地却往往只是工业所需原材料（或单一农业产品）的供应者，这对这些国家独立后的经济发展并无帮助。另外，为了确保其统治的稳定，英国采用了"分而治之"的殖民政策，鼓动殖民地内不同民族、语言或宗教的人们相互内斗，使得像爱尔兰、印度、津巴布韦、肯尼亚、苏丹、乌干达、伊拉克、圭亚那和斐济这些国家在独立后面临着不同程度的种族冲突。

"大英帝国"一词的最早使用者是伊丽莎白一世女王的占星师兼数学家约翰·迪伊。

2. 对外征服——英格兰的殖民主义

对不列颠岛屿与法国的扩张

自1066年威廉一世从诺曼底登陆并征服了英格兰之后，英格兰在几百年的时间里就一直积极地介入欧洲大陆的事务。到14世纪末，从对欧洲的羊毛贸易发展出来的对外贸易已经成为英格兰最重要的国家政策。

这段时间是英格兰对外征服的开始，包括1282年对威尔士的扩张，以及1169年对爱尔兰的征服。1296年英格兰对苏格兰的短暂控制在1314年中断，两个地区的真正统一要等到1603年通过王位继承的方法来和平实现。虽然1204年英格兰君主丧失了诺曼底的领土，通过联姻与继承英格兰的统治者还是拥有法国大片的土地，直到1453年最终丧失。从此之后一直到1563年英格兰君主只拥有法国北部的战略要港加来，但是自那之后就连加来港也丢失了。

3. 海上扩张——海外帝国的成长

海外的大英帝国——这里指的是英国人的海洋探险以及在不列颠岛以及欧洲大陆以外地区的移民或殖民——根源可追溯到1485—1509年在位的亨利七世所采取的具有开拓性的海洋政策。在理查三世所建立起来的羊毛贸易的基础上，亨利七世创建了现代英国海洋商贸体系，并极大地发展了英国的造船工业与导航技术。这套体系也为日后的贸易机构的建立创造了条件，而像马萨诸塞湾公司和英国东印度公司之类的贸易企业为英帝国海外的扩张作出了重要的贡献。亨利七世也下令在朴茨茅斯建造英国的第一个干码头，加强建设当时还规模很小的英国海军，他于同年8月5日在圣约翰港宣布纽芬兰为英格兰的殖民地；1587年沃尔特·雷利爵士（Sir Walter Raleigh）在罗阿诺克（Roanoke）宣布弗吉尼亚为英格兰殖民地。但这两块殖民地都十分短命，由于食物匮乏、恶劣的天气、海难以及美洲大陆上不友好的土著人的侵犯，英格兰很快就不得不放弃了这两片殖民地。

4. 声名鹊起——斯图亚特王朝时期

在都铎王朝的伊丽莎白一世期间，1588年英格兰对西班牙无敌舰队的大胜正式确立了它作为海上强权的地位，虽然 1590 年之后的几次与西班牙战事的失败暂时挫败了英格兰野心勃勃的海外殖民计划。1604 年斯图亚特王朝的詹姆士一世终于与西班牙签订了《伦敦条约》，正式结束两国的敌对状态；1607 年英格兰在弗吉尼亚的詹姆斯敦（Jamestown）建立了第一块永久的海外殖民地。在之后的三个世纪中英格兰不断地在海外扩张势力范围并巩固了国内的政治发展。1707 年英格兰与苏格兰的议会在伦敦合并，组成大不列颠议会。

5. 初具雏形——大英帝国对美洲的殖民统治

大英帝国的雏形成于 17 世纪初，此时英格兰已经在北美建立了多片殖民地，这些殖民地包括了日后的美利坚合众国、加拿大的大西洋省份以及加勒比海上的一些小岛屿，如牙买加和巴巴多斯。

盛产甘蔗的加勒比地区高度倚赖奴隶的工作，它是英格兰早期最重要、最有利可图的殖民地。美洲大陆南部的殖民地则为英格兰提供烟草、棉花和大米，北部则出产毛皮；它们从经济角度上讲没有像加勒比岛屿一样对英格兰有益，但是大片的可耕种土地吸引了众多英格兰移民者。

英格兰的美洲帝国正通过战争与殖民逐步扩大，例如通过英荷战争的胜利，英格兰获得了新阿姆斯特丹（即今天的纽约）。不断发展的美洲殖民地不断向西探索，寻求更多的可耕种土地。七年战争中英格兰击溃了法国，并在 1760 年占领了新法兰西的全部地区，使得英国获得了北美更大地区的控制权。

随后，澳大利亚（1788 年被发现，最早是犯人的流放地）和新西兰（1840 年成为英国领土）成为英国移民们的另一目的地，而同时澳大利亚和新西兰的土著人口也因战争与疾病使人口在一个多世纪的时间内锐减了 60% ~70%。这些殖民地之后都实现自治，并是羊毛和黄金的出口地。

6. 经济繁荣——英国殖民主义的自由贸易与"非正式帝国"

原本的英国殖民体系在 18 世纪开始衰落。在辉格党人长期控制国内政治权力的时期（1714—1762 年），帝国对英国而言变得不那么重要，直到一连串试图扭转这种对殖民地忽视的措施（主要包括了从殖民地征收更多的税收）引发了美国独立战争（1775—1783 年），使得英国丧失了其人口最多的殖民地。

这段时期有时候被称为"第一英帝国"，即 17 ~ 18 世纪英国在美洲的扩张。18 世纪开始英国在亚洲和非洲的扩张则被称为"第二英帝国"。英国对美国控制权的丧失表明，殖民地并不一定对英国经济有举足轻重的影响：英国在放弃了对美洲殖民地的防务与行政管理之后，依然主宰了美国与英国的主要贸易。

重商主义是经济学的理论，指的是国与国之间对财富的争夺，它是英国第一次海外殖民扩张的特色。但是现在在英国，重商主义很快就要让位于亚当·斯密等人的自由放任的经济自由主义了。

英国从北美殖民地独立这一事件中学到的经验是，即使是在不拥有殖民统治权的情况下贸易依然能够带来经济繁荣。这就是为什么在 1840 年至 1850 年英国愿意授予像诸如加拿大和澳大利亚等白人殖民地自治领地位的原因，因为这些国家的白人们被视为是居住在殖民地的"祖国"人民而已。而爱尔兰则有着完全不同的命运，它于 1801 年被并入全称为"大不列颠及爱尔兰联合王国"的英国。

1807 年，英国宣布废除奴隶贸易，并很快将这一禁令强加到别国身上。到 19 世纪中英国已经基本在全球范围内消灭了奴隶贸易。1834 年奴隶制在英国的殖民地被废止。直到 1920 年左右，这种情况才逐步形成稳定状态。

旧有的殖民与奴隶制度的终结是与自由贸易一同实施的，自由贸易原则在 1840 年左右达到登峰造极的地步，其标志是英国撤销了《玉米法》和《航海条例》。自由贸易完全地开放了英国市场，也促使其他国家在 19 世纪中叶开放他们的市场。

一些人会认为，自由贸易的兴起仅反映了英国的经济地位，而且与任何的哲学观点无关。确实，英国对迫使他国执行某一政策一直比对自己施行同样政策更为热衷。虽然英国丧失了 13 个美洲殖民地，但 1815 年欧洲大陆上拿破仑的最终战败确立了英国最成功的国际强权的地位，在工业革命让英国成为无可争辩的经济强权的地位之时，皇家海军则主宰着海洋霸权。自此，始终与欧洲大陆事务保持距离的英国也得意施行扩大经济和政治影响力的扩张计划，这种海外扩张是通过自由贸易和战略优势所建立起来的一个"非正式帝国"。

从 1815 年的维也纳会议到 1870 年的普法战争，英国是全球唯一的工业化强权，也是全球 30% 工业产品的生产地。作为"世界工厂"的英国能够如此有效、低廉地生产工业品，以致它在国内生产的产品运输到外国价格依然比外国当地所生产的产品更具竞争力。只要海外市场的政局稳定，即使没有实施正式的殖民统治，英国依然能够从自由贸易中获益。

7. 利欲熏心——英帝国在亚洲的扩张

1757 年普拉西战役的胜利让英国东印度公司获得了印度孟加拉邦的统治权，1770 年，英国因对这个邦过度征税而恶化的饥荒引起了英国国内的争议。到了 19 世纪，东印度公司已经几乎控制了印度全境。1857 年印度民族大起义之后英国东印度公司管辖的领土被移交给女王政府管理。1876 年，维多利亚女王遂被宣布为印度女皇。

锡兰（今斯里兰卡）、缅甸和马来亚也被纳入英国在亚洲的势力范围。1841 年在获得了鸦片战争的大胜后，英国从中国人手里夺得了香港。

英国对中国的兴趣源自 18 世纪末，当时英国成为中国茶叶的进口国。茶叶进口导致了英国方面巨大的贸易逆差，因此英国希望通过从印度向中国出口鸦片来平衡开支，虽然这么做违背了中国的禁令。因鸦片贸易所引起的两次鸦片战争都以英国的胜利告终。

鸦片战争之后，英国与中国保持了一种复杂的关系。虽然英国获得了香港，英中贸易主要还是通过几个开放了的中国港口进行。因此英国希望看到的是一个独立的中国，中国的崩溃意味着其他西方强权就可能与英国一起瓜分中国，而使得英国所拥有的特权地位受到挑战。

同时，英国也不希望看到一个过于强大的中国，因为这意味着中国将取消或要求重新协商一些原本签订的条约。这种态度解释了看似矛盾的英国对华政策：一方面协助清廷镇压太平天国起义，另一方面却和法国联手发动了第二次鸦片战争。

8. 殃及池鱼——不列颠治下的和平瓦解

作为第一个工业化的国家，英国曾经能够将整个世界作为原材料的来源国和工业品的出口市场。但是随着其他国家的工业化，在 19 世纪这种情况在逐渐改变，越来越多国家寻求保护其原材料的供应和出口市场。到 19 世纪 70 年代，英国的工业产品面临了来自其他国家的强有力竞争。

工业化在德国和美国迅速进行，使它们迅速赶超了英国和法国这两个老牌资本主义国家。比如，1870 年，德国的纺织和金属工业在组织结构和技术效率上已经超越英国，并且在德国国内市场上已经击败英国同类产品。到 19 世纪末，德国甚至开始为当年的"世界工厂"生产这些产品了。

虽然银行服务、保险和船运等无形出口品让英国不至于出现贸易逆差，但它的贸易额占世界总贸易额的比例从 1880 年的四分之一下降到 1913 年的六分之一。英国不仅只在工业化国家市场的竞争中落败，它的产品在欠发达国家的市场上也没有占优势。英国甚至正在丧失它曾经所拥有的对印度、中国、拉丁美洲和非洲海岸等地区贸易上的主导地位。

英国的商业困境因 1873 年的经济萧条而雪上加霜。它的商业衰退所导致的通货紧缩更进一步给各国政府增加了压力，迫使它们鼓励扶植国内工业，从而最终导致了欧洲强权逐渐抛弃自由贸易的原则。德国和法国分别于 1879 年、1881 年先后放弃了自由贸易。

这样一来，导致英国国内和出口市场的双重萎缩。欧洲和之后美国的政府与企业领袖们因此开始将海外的殖民地作为它们新的市场：这些海外殖民地将成为宗主国的出口市场，而它们则被安置在贸易壁垒的保护之下，使得其他国家商品无从与宗主国产品竞争。同时它们还依然是廉价的原材料供应地。虽然英国将自由贸易一直坚持到了 1932 年，英国也参与了对海外殖民地的争夺，以避免那些曾经在其影响之下的地区落入别的工业化国家之手。

9. 强权政治——英国与新帝国主义

19 世纪 70 年代到 1914 年第一次世界大战爆发这段时期内，欧洲殖民扩张的政策与意识形态被称作"新帝国主义"。这段时期内最明显的趋势就是各欧洲强权"为帝国而帝国"，在海外竞相争夺并巩固其殖民地，在种族优越论的前提之下直接殖民与统治其他被视作是劣等民族的人民。

在这一时期，欧洲强权在海外的殖民地总面积达到了2 300万平方公里。非洲直到19世纪80年代还很少有欧洲人涉足，但在这一时期内非洲成为帝国主义者们主要的目标。但是扩张在其他地区也十分频繁，特别是在东南亚和东亚沿海地区：在这些地区美国和日本也加入了争夺殖民地的行列之中。

1875年被认为是英国进入新帝国主义时代的分水岭。这一年本杰明·迪斯累利领导的英国政府从负债累累的埃及统治者伊斯梅尔手中买入了苏伊士运河的股份。英国从此巩固了对这条对英国和印度贸易有着举足轻重的影响的运河的控制权。1882年，英法两国对埃及领土的争夺最终以英国人的胜利告终。

对俄国几个世纪以来逐渐向南扩张的担心也影响了英国的政策：1878年英国控制了塞浦路斯，将它作为保护奥斯曼帝国的据点；在此之前英国还参与了1845—1856年的克里米亚战争，并试图入侵阿富汗。所有这一切举动都是为了阻止俄国进一步向南扩张以致最终威胁到英国对印度的占领。英国发动了三场针对阿富汗的血腥战争，但都没成功，当地人民的反抗和复杂的地势挫败了英国的目标。1842年的第一次英阿战争是维多利亚时期英国所遭受的最惨痛的军事失败，整个英国军队被由俄罗斯帝国所支持的阿富汗普什图族人击溃。1880年第二次英阿战争同样是一次惨痛的经历，英军在坎大哈被击溃，在喀布尔被包围，最后只能撤退到印度。1919年第三次英阿战争引起了阿富汗部族的起义，彻底击垮了刚刚经历过第一次世界大战的英军，将他们永远地赶出了阿富汗。英国人在亚洲内陆的冒险在1903年一次失败的并且完全没有必要的侵略西藏的企图失败后彻底结束。

与此同时，在英国的许多有影响力的政治家和商人都将正式的帝国视为极其重要，特别是对在世界市场上份额正在下降的英国商品而言。19世纪90年代英国全心全意地采取了新的政策，很快成为热带非洲殖民地的重要抢夺者。

英国采取了新殖民主义政策的诱因可能是为了为英国产品和投资寻求更大的海外市场，或者也可以被看做是一种战略性的先发制人举措，为的是防止现有的贸易通道被别的强权破坏，或者让别国在日趋封闭的国际贸易形势发展下获取更多的出口市场。1900年年初张伯伦试图对英国的贸易壁垒法案进行修改，却遭到很大的反对并最终被迫放弃，显示即使在英国的利益受到损害的情况下，英国人还是多么地支持自由贸易的原则。也有历史学家们认为，英国采取新帝国主义政策其实是其影响力下降的表现，而非其影响力上升的结果。

印度的殖民主义的演变过程足以警示我们，不应将新帝国主义时代之前西方资本主义强权间经济上的竞争视为英国加强殖民地管制的唯一原因。印度正式成为英帝国的组成部分是在1858年，目的是巩固英国对印度的统治，也是对印度兵变的直接反应，而印度兵变的缘由之一也是印度国内的保守势力反对英国在印度次大陆的许多政策所导致。

10. 强取豪夺——对非洲的掠夺

1875 年欧洲国家在非洲两块最主要的殖民地只有阿尔及利亚和开普殖民地，但到了 1914 年除了埃塞俄比亚和利比里亚外其他所有的非洲国家都成为了欧洲国家的殖民地。这种从原先只在经济控制殖民地的"非正式帝国"到对非洲殖民地直接管制的转变，其实是以英国对这些原本就处于英国影响之下的非洲地区赤裸裸的掠夺而实现的。

当法国、比利时和葡萄牙在刚果河下游地区进行殖民活动时，他们其实已经威胁到了英国向热带非洲的深入。1884—1885 年的柏林会议就曾试图调解强权之间的矛盾，该会议提出了以"实际占领"为确定各国殖民地归属的评判标准，而该标准的采纳意味着欧洲国家更加肆无忌惮地袭击非洲当地的部落和人民，以求获得更大面积的"实际占领"地。

为了保护苏伊士运河，1882 年英国对埃及实行军事占领，同时也起到了确立英国对尼罗河地区的控制。这又进一步导致了 1896—1898 年英国对苏丹的征服，以及 1898 年 9 月涉及英法两国的法绍达事件。

1899 年英国完成了对南非的全面占领，这项军事行动最早始于 1795 年对开普的并吞。在侵犯了原本是南非荷兰人所统治的金矿产区德兰士瓦以及邻近的奥兰治自由邦后，负责南非事务的英国南非公司进一步向北深入，并以开普富商赛西尔·罗得斯爵士的名字将其所占领的地区称作罗德西亚。

英国在南非和东非的胜利促使罗得斯爵士和英国驻南非大使阿尔佛莱德·米尔纳提出了在非洲建立一个"从开普到开罗"的英国殖民帝国。他们希望通过建造连接苏伊士运河和南非矿区的铁路来实现。但是由于德国对坦噶尼喀的殖民统治将英国在非洲的殖民地切成两半，因此在第一次世界大战结束之前非洲殖民地之间只有电报线路畅通，而铁路则无法建造。

虽然是自由贸易最积极的鼓吹者，矛盾的英国人在 1914 年却不仅仅成为最大的海外帝国，更是掠夺非洲的最大受益人。1885—1914 年之间英国将大约 30% 的非洲人口置于其统治之下，而同一时期法国只统治了 15% 的非洲人，德国 9%、比利时 7% 以及意大利 1%。英国的尼日利亚一个殖民地就拥有 1 500 万人，是整个法属西非和所有德国殖民地人口的总和。

11. 联邦制度——白人殖民地的自治

随着加拿大（1867）、澳大利亚（1901）、新西兰（1907）、纽芬兰（1907）和南非联盟从 1887 年起，（1910）相继取得了自治领地位，大英帝国已经开始了从帝国到英联邦的转变。这些新国家的领袖们与英国政治家们一起出席定期举行的殖民地会议。1907 年后，殖民会议被称作帝国会议。

自治领之间的外交关系主要由英国的外交部负责，而加拿大虽然在1909年设立了外交部，其与帝国内其他国家的关系依然通过英国派在加拿大的总督、自治领驻伦敦的高级专员（加拿大于1880年首次任命自己的高级专员，澳大利亚则在1910年效仿）和英国在海外的外交使节们维系着。第一次世界大战中英国是代表帝国内所有的自治领政府宣布参战的。

各自治领在外交政策确实上享有很大的自由度，只要其政策不明显，违反英国本身的利益：加拿大的自由党政府在1911年与美国签署了一项双边自由贸易的互惠协议，最后却因英国保守党的反对而没有获得批准。

国防方面，原本将自治领的防务纳入一个单一的帝国军事框架在1900年以后被证明已经很难维系，因为英国此时开始在欧洲大陆的防务问题上开始承担更大的责任，同时还必须面对德国海军崛起的威胁。1909年大英帝国决定各自治领应拥有其自己的海军，这是对1887年英国承诺澳大利亚以向英国海军输出人力以换取英国在太平洋地区舰队驻扎这一协议的违背。

12. 顾此失彼——第一次世界大战对大英帝国的影响

第一次世界大战结束之后大英帝国完成了最后一次大规模的海外扩张。英国经国际联盟的批准对原本属于奥斯曼帝国的巴勒斯坦和伊拉克进行委任统治，而前德国殖民地坦噶尼喀、西南非洲（即今天的纳米比亚）和新几内亚也被划入英帝国的版图（其实西南非洲被归由南非管理，而新几内亚则由澳大利亚统治）。不过，一战之后英国在莱茵兰和第二次世界大战之后在西德的占领区就不被认为是帝国的一部分。

虽然英国赢得了战争，并从战争中获得了新的殖民地，战争的巨大开销使得英国无法继续承担维系一个帝国所需要的庞大财政支出。英国有数百万人死亡，无数资产被毁，导致债台高筑、资本市场的混乱以及在海外殖民地英国籍官员人数的缺乏。与此同时，民族主义情绪在新老殖民地都在高涨，而帝国的参战以及非白人士兵在战争中所感受到的强烈的种族歧视都更加助长了这种民族主义情绪。

20世纪20年代是自治领发生巨大变革的时代。虽然自治领在一战爆发时还无权选择是否参战，1919年结束一战的《凡尔赛条约》，却是由英国和其自治领分别签署的。1922年英国自治领不再愿意支持英国对土耳其的军事行动，迫使英国寻求一个和平的妥协方案。

自治领的完全独立经由1926年的《贝尔福宣言》和1931年的《威斯敏斯特法案》得到最终确立：所有自治领取得与英国的同等地位，英国的立法机构不再有权干涉自治领内部事务，自治领也将享有自主外交政策的自由。1907年在殖民部内设立的一个主管自治领事务的部门也在1925年从殖民部分离出来成立独立的自治领部，并在1930年拥有了首位部门大臣。

　　加拿大在 1923 年成为第一个独自签署外交条约的自治领，并在 1928 年迎来了首位英国驻渥太华高级专员，从而结束了加拿大总督原先即是加拿大国家元首又是英国驻加拿大代表的矛盾地位。1927 年加拿大向华盛顿派遣了第一位永久性的外交官；1940 年澳大利亚也派出了首位驻外大使。

　　爱尔兰自由邦在一场反抗英国统治的血腥战争后于 1921 年取得了自治领地位；1937 年爱尔兰与英国断绝了正式的宪法关系，并在 1949 年正式成为完全独立于英联邦之外的爱尔兰共和国。原本就独立，直到 1922 年才被英国掌控的埃及也在 1936 年断绝了与英国在宪法上的特殊关系（虽然直到 1956 年英国才从埃及撤军）。在 1922 年成为英国保护国的伊拉克也在 10 年之后的 1932 年完全独立。

13. 如火如荼——非殖民化的民族运动

　　20 世纪初，被殖民地区人民的民族主义情绪高涨，已经开始挑战殖民宗主国的统治地位。同时，宗主国又开始越来越关心本土和周边国家的事务，特别是在二战以后这种趋势更加明显。印度是第一个抓住这个历史机遇的国家，之后亚洲和非洲的许多殖民地也纷纷效法。英国虽然在开始时试图抵抗这种势头，但都落得灾难性的下场，最终只得接受这一新的形势，并将旧日的大英帝国转变为今日的英联邦。

　　第二次世界大战结束后的英国民不聊生，而它的前盟友们却又不愿继续支持殖民主义。1947 年的经济危机迫使克莱门特·艾德礼的工党政府放弃继续维护英国作为世界一流强国的野心，而被迫接受美国的崛起。英国也必须处理与欧洲其他国家的关系，但英欧之间扭曲的关系至今没有完全解决。

　　1939 年 9 月英国对德国的宣战只代表了它自己和澳大利亚（当时澳大利亚还未正式接受《威斯敏斯特法案》），而除了爱尔兰（该国在一年前要求英国军队离开其国土，并选择在战争中保持中立）以外其他的自治领则都分别对德宣战。

　　二战最终摧毁了英国原本就已经开始减弱的经济与财政领导能力，并凸显了自治领与美国在军事上对英国进行协助的必要性。1942 年澳大利亚总理约翰·科丁史无前例地下令将驻扎在英属缅甸的澳大利亚士兵调回澳大利亚参加保卫澳大利亚的战斗，明确地向英国表明，英国再也无法要求自治领政府以牺牲本国利益来维护英国的战略利益。

　　战争结束后，澳大利亚和新西兰于 1951 年加入了美国主导的《澳新美地区安全条约》，使得美国取代英国成为在太平洋地区新的军事主导力量。而英国本身也从 1961 年起就试图加入欧共体，并在 1973 年如愿以偿，这进一步削弱了英国与其自治领之间原本存在的特殊经济关系，自治领的产品在进入英国市场时从此不再享受特殊优惠待遇。

在加勒比、非洲、亚洲和太平洋地区，战后的非殖民化运动在日渐强大的民族主义势力推动下以前所未有的速度得以实现，而英国几乎从未试图抵制这股浪潮。英国的颓势在 1956 年的苏伊士运河危机中表露无遗：在这场近乎羞辱的事件中，英法两个老牌殖民国家在美国的强大压力下被迫结束对埃及的干预，以维护美国在中东的利益。

1947 年印度获得独立，这是印度国大党长达 40 年反抗殖民主义斗争的胜利。但是印度的独立是以分割印度和巴基斯坦为代价的，为的是避免穆斯林和印度教徒之间互相的内斗。英国和其他自治领对于印度独立地位的接受是今日英联邦组织的开始。

1948 年缅甸也获得独立，并选择不加入英联邦；之后又有斯里兰卡（1948年）和马来亚（1957 年）独立。1948 年英国结束了在巴勒斯坦地区的委任统治，此后的几十年间这里一直持续着犹太人和阿拉伯人之间的血腥暴力争端。在地中海地区，说希腊语的塞浦路斯人一直通过游击战的形式希望将塞浦路斯保留在希腊的版图内，但 1960 年塞浦路斯还是最终获得独立。

英帝国在非洲殖民主义的结束往往过分迅速，以致新独立的国家无法独立面对独立后的挑战：1957 年加纳在 10 年的民族主义运动后终于独立，之后尼日利亚（1960 年）、塞拉利昂和坦噶尼喀（1961 年）、乌干达（1961 年）、肯尼亚和桑给巴尔（1963 年）、冈比亚（1965 年）、博茨瓦纳和莱索托（1966 年）以及斯威士兰（1968 年）也相继独立。

英国从南部和东部非洲的撤军对当地的白人居民有着很大影响：肯尼亚独立后发生的茅茅起义表明，白人土地主对权力的占有已经引起了非洲土著居民的不满。南非白人政权的持续存在一直是英联邦的一块心病，直到 1994 年南非才结束了种族隔离的政策。

虽然由白人占多数的罗得西亚联邦随着 1964 年马拉维和赞比亚的分别独立已经分裂，南罗得西亚的白人宣布独立，拒绝接受一个非洲人政府的管辖。在南非白人政府的支持下这个罗得西亚政权一直持续到 1979 年，直到双方达成协议成立一个多数共治的津巴布韦共和国。

在短命的西印度联邦（1958—1962 年）失败后，大多数英国的加勒比殖民地选择分而治之：1962 年的牙买加和特立尼达和多巴哥、1966 年的巴巴多斯以及其他的东加勒比海岛国都相继独立。英国在太平洋地区的殖民地在之后的岁月里也相继经历了类似的非殖民化过程。1997 年，英国在中国政府的强烈压力下，被迫归还了原本就属于中国领土而被英国以武力占据的殖民地香港。

14. 分崩离析——大英帝国的瓦解

印度的独立是大英帝国解体的重要标志。虽然英国仍然以一种宗主国的姿态，但还是用赦免的口气给予印度以独立。英国是要让世人看到，没有宗主国的豁达，殖民地是不可能获得自由的，从殖民地有秩序地退出，是宗主国经过反复思考作出的明智决定，是对殖民地最大的恩赐。这种近乎上帝的心态，模糊了殖民地在帝国瓦解中的重要作用。事实上，在殖民地问题中，英国一直都不是心甘情愿的，战后交困的经济，频繁更迭的政权，还有其他资本主义国家的崛起，都构成了英国从殖民地离开时的无奈和不舍。

大英帝国的瓦解完全是在一种悲凉的气氛中完成的，并不像英国人表现出的那么洒脱。其实，从加拿大、澳大利亚和新西兰获得自治权的那刻起，英帝国就已经处在了解体的边缘，直到两次世界大战的爆发，这种解体变成了必然趋势。更多的自治领或是殖民地有了自己的发展，开始频频向英国发难，一步步索要独立的权力。

被逼无奈的英帝国不得不思考，是否应该对从前的制度稍加改变。一战之后，一些自治领已经拥有了独立的外交权，它们已经可以在国际中独立地行使权力，这让英帝国看到，从前的主仆关系不再被认可，双方应该处在相对平等的位置上。于是，在这种思想的驱使下就有了1931年的《威斯敏斯特法案》，英联邦正式成立。加拿大、澳大利亚、新西兰、南非、爱尔兰自由联邦和纽芬兰，都成为英联邦的成员，有独立的自主权。大英帝国竭尽所能，用这种蹩脚的"平等"方式，将这些蠢蠢欲动的国家以另一种方式留在大英帝国的怀抱里。当然，这种所谓的平等只是一个诱饵，这些联邦成员并没有实际意义上的自主权，更多的时候还是跟在英国后边亦步亦趋。

第二次世界大战的到来，无疑给了众多殖民地一个重大的转折机会。很多殖民地在二战期间表现出惊人的民族意识，强大的民族洪流劈头盖脸打在英帝国身上。不管是殖民地军队在二战中对抗法西斯的英勇表现，还是本身发展起来的民族经济和政治生活，都让英帝国瞠目结舌。再加上二战之后，英国在内政外交上表现出的力不从心，"英国病"的折磨，都加剧了英属殖民地走向独立的渴望。大英帝国的解体已成为不可挽回的悲哀。

从印度的独立到结束在巴勒斯坦的委任统治，从缅甸和锡兰卡的独立到苏伊士运河权的丢失，都在告诉英帝国一个简单却难以接受的事实——大英帝国气数已尽。英国人并不愿意承认这个事实，于是千方百计给帝国寻找一个替身。一些殖民地独立后还会继续留在英联邦内，包括印度。根据《威斯敏斯特法案》，英联邦的成员必须与英国一起以英王为元首，效忠英王。但是印度在独立后走的是共和道路，也有自己的国家元首，不可能以英王为元首。这个时候，英国又考虑其与印度之间的关系。如果让印度离开英联邦，就等于在南亚、东南亚为自己培植了一个反对欧洲的亚细亚集团，这不利于英联邦与南亚、东南亚国家关系的发展。而且二战之后的冷战局面，很有可能使西方国家和苏联之间展开一场恶斗，一旦上升到军事行动，印度将是英国最好的后勤基地和交通要道。基于这些原因，英国无论如何也不能失去印度的支持。1949年，英联邦经商讨后决定，不再强调英联邦成员对英王的效忠。1950 年，印度正式成立了共和国，并成为英联邦内的第一个共和国，这也为后来独立的殖民地以共和国的身份留在英联邦开了先河。至此，英联邦演变成一个人种相异、不同文化、不同体制的国家联合体，其原先的性质和结构正在发生变化。而英国人习惯于把英联邦看做是帝国的替身。

英国人只有在联邦制得到认可的时候，才能给失去帝国的伤感情怀一点安慰。这不仅是出于帝国情感的需要，更是自身利益的需要。在二战之前，这些殖民地给英国提供了大量的廉价劳动力、丰富的原料产地和广阔的市场，每年英国从殖民地得到的贡赋就足以维持一个帝国的生存。如果失去，那将是无法预计的损失。何况在二战之后，英国患上了难缠的"英国病"，不能再雪上加霜。

到了 20 世纪 50 年代末期，英帝国土崩瓦解的速度加快了，为了苏伊士运河发兵埃及，这无疑是在与阿拉伯为敌。这一举动让英国与中东阿拉伯国家的关系跌至冰点，约旦和伊拉克相继发生大规模的反英运动，迫使英国忍痛离开。美国想乘机取代英国在中东的地位，于是高举反殖民主义的大旗，堂而皇之地成为殖民地人民的救世主。接着，更多散布在中东的英属殖民地独立。

英帝国越来越虚弱，接二连三的打击让这个年迈的帝国更接近死亡，不过这一切还没有结束，英帝国还要继续承受不可避免的痛楚。20 世纪对世界来说是个转折，世界格局在这个世纪发生了翻天覆地的变化，然而对英国来说却是最深刻的伤疤。时间走向了 20 世纪 60 年代，英帝国的解体还在继续进行，非洲沸腾的反英浪潮蓬勃发展。更多的非洲殖民地走向了独立，接着散落在南太平洋、加勒比海地区的殖民地和保护国也争相脱离英国。到了 70 年代，大英帝国维系了几百年的殖民体系彻底从历史长河中消失。

二战结束以来，几乎在每届英国首相手里都会流失几个殖民地，这已经不是什么罕见的事情，因此似乎也没有人以殖民地的流失量来衡量一届政府的能力。不过怎么处理即将流失的殖民地，可是八仙过海，各显神通。从丘吉尔的坚定，到艾德礼的无奈，从麦克米伦对现实的接受，到撒切尔将现实写进政策，各界政府态度的转变，也充分地说明了历史动向。

一直到 1997 年 7 月 1 日的来临，当米字旗从香港上空缓缓降落，中华人民共和国的国歌奏响的时候，大英帝国正式告别了世界，成为一段曾经。在此之前，中英经过了 22 轮谈判，终于达成了协议，"中华人民共和国政府决定于 1997 年 7 月 1 日对香港行使主权"。

然而马尔维纳斯群岛就没有这么幸运，它要承受来自英国和阿根廷两个国家的压力。在南大西洋，靠近阿根廷东南沿海海区有一群岛屿，阿根廷人称之为马尔维纳斯群岛，英国人则称其为福兰克群岛，更多人习惯称之为马岛。两个国家围绕着马岛的斗争已经持续了 100 多年，英国人称自己首先发现了这个群岛，应该有控制权，然而阿根廷人一直认为这个离自己国家不远的地方本应是阿根廷的领土。1982 年，双方因此而进行了 74 天的战争，史称"马岛海战"。撒切尔花费了大量的人力、物力、财力为这场战争造势，不仅为了马岛本身带来的经济利益，更重要的是可以以此作为压制工党的功绩。

大英帝国的解体给英国人留下了一段遗憾，给历史留下了一声唏嘘。在帝国逐渐没落的时候，英国人固有的生活习惯也随之改变。传统思想随着帝国的瓦解而发生变化，人们从以往的思想桎梏中解脱，带给英国新鲜的思想空气，这应该也是英帝国瓦解的一个重要标志。

两次世界大战给人们带来了难以愈合的心理创伤，很多人发现传统的思想变成了一种束缚，人们在竭力挣脱过去的枷锁，希望能使自己变得更加个性。这是人们对传统的反对，是对战争不满的直接反映。而且这个时期，媒介有了一定的发展，报刊、杂志、电视、电影进入普通人家，大众传媒的发展给人们带来更多生活空间以外的信息，开阔了人们的视野。

于是，英国人的衣、食、住、行出现了翻天覆地的变化，特别是服装。英国人一向以保守传统的形象出现，服装造型趋向于华丽和繁冗。男性服装更多体现绅士姿态，而且在什么场合穿着什么样的服饰，都有严格的规定。而在第二次世界大战之后，男性服装趋向于随意舒适，较之从前更能彰显男性的矫健和伟岸。女性的服饰则出现了更大的变化，由于妇女在战争中也奋斗在前线，为战争提供劳动力，她们不得不脱下长裙，换上简单的裤装，后来成为一种时尚。在战后，爆发了数次妇女解放运动，妇女认为她们既然能在战争中与男性一样奋勇杀敌，那么社会地位也应该与男性平等。在这种思潮的冲击下，更多妇女开始在社会中创造自己的价值和地位，自由和个性成为那个时期女性服装的代名词。

随着妇女地位的提高，促进了她们在法律上追求与男子权利的平等。从 20 世纪 20 年代起，有更多的女性参加了社会工作，职位和工作性质从高到低，从简单到复杂各异。特别是撒切尔夫人的上台，更是有力抨击了英国的大男子主义思想。不过女权的平等也带来了一定的负面影响，婚姻法赋予了女性在离婚时与男子享有同样的权利，任何一方都可以提出离婚申诉，夫妻分居 5 年就自动解除婚约。这让离婚率在英国不断飙升，单亲家庭屡见不鲜。

20 世纪中叶的英国服装还有一点最显著的变化，就是模糊了阶级的差别。工装裤、牛仔装、夹克、T 恤等服饰渐渐成为上流人士和中下层平民都穿的服装，就连代表整洁的白色衬衫也在 20 世纪后期流行到中下层阶级。

20 世纪 60 年代，一位名叫玛丽·奎特的英国女设计师首次设计了超短裙，保守的英国第一次出现了膝盖以上的裙子。超短裙凸现了女性秀美的腿部轮廓，性感慢慢成为一种潮流。历来以保守形象示人的英国大胆突破束缚，成为世界时尚的弄潮儿。一些年轻人为了突出个性，经常会突发奇想穿着一些奇装异服，出现在舞厅等场所。随着摇滚音乐的风靡，这种奇特的服装变成了狂热年轻人的代表，这类人被称为"朋克"，意思是"无知草率的年轻人"。这个称谓一开始带有些许贬义，但是发展到后来竟然成为众多年轻人追求的目标，并发展为一种世界潮流。

战后英国的食品和住房出现了两个不同的发展方向。单调的食品结构趋向于多元化，一些意式、日式等餐饮流入英国，使英国的快餐性质发生变革。住房则趋于简单化，更多构造简单的红砖公寓房被认可，与此同时还涌现出了一些新的购房方式，贷款和分期付款。

住房条件变好，吸引了更多人到城市购买住房，这加快了英国人口的流动频率。乡村人口纷纷涌进城市，希望获得更好的生活环境，而城市人口则厌烦了市区的喧嚣，开始回到乡村。城市和乡村之间的人口流动，又促使交通工具的改善，地铁、公交车、私人轿车成为主要的交通工具。

第二次世界大战之后，英国人一改其传承了几百年的保守性格，大胆突破，令世界刮目相看。很多人都不看好英国会在摆脱传统思想方面有什么新成就，甚至认为其根本不会采取任何行动来迎合新思想的到来，然而英国人在20世纪中后期的表现，令这些人瞠目结舌。

更让外国人震惊的是，英国的性解放竟如一夜之间成为一种风尚。二战之后，男女比例严重失调，这导致了"性压抑"和"性饥渴"，后来随着妇女服饰越来越趋向于性感，更促进了性解放的发展。关于性解放还有一段故事，在20年代著名作家劳伦斯的一本名为《查太莱夫人的情人》中，有大篇的关于性行为的描写，这在当时被看做"黄色书籍"，很多公司都不予出版，而颇有名气的企鹅公司却大胆地出版了这本书。一石激起千层浪，很多人认为这样是伤风败俗，与高雅文化不符。1960年，法庭审判了企鹅公司，结果却是原告败诉。这个出人意料的结果，被视为是政府对性文化的认可，从此市面上出现了很多关于性描写的书籍。随着性解放形成潮流，同性恋也逐渐被大家接受，而且法律还赋予了其合法的地位和权利。

不管是殖民体系的崩塌，还是大众生活习惯的改变，都是大英帝国瓦解的最好见证。英国人对传统思想的反叛，并没有改变其留在血液之中的帝国优越感，不然就不会想方设法找英联邦来代替逝去的帝国了。不管怎么样，英国正从帝国回归欧洲。

15. 迷途知返——英联邦回归原点

殖民体系的瓦解和英联邦的建立，都从另一个侧面表现出，英国正在费尽心机将失去帝国的伤痛降到最低。

英联邦的成立就是最好的证明，英国企图用这种方式保住世界强国的地位，可是没想到，这个替代品虽然带来了利益，但更多的是成为英国喘息的负担。英联邦成员的加入，开始给英镑区注入了活力，但是时间一长，活力渐失并沦为英国的累赘。英镑区财政常年赤字，黄金储备枯竭，为了吸引外国储蓄，不惜提高英镑区银行的利率，又减少了英国本国的投资。

1972年，英镑区在重重压力下油尽灯枯，正式结束生命。为了弥补英镑区所造成的遗憾，英国被迫想出了一个办法，将英联邦的贸易封闭起来，只允许联邦成员之间做买卖，不能有其他国家的参与，这被称为"英联邦特惠制"。英国真是急昏了头了，一个封闭的贸易圈怎么能与世界接轨。没过多久，这个办法就被彻底否决了。

本来还以为能在英联邦中找回昔日那种一呼百应的感觉，却没料到英联邦中的成员并没有那么听话，而且英国衰弱的国力根本无法再成为英联邦中的大哥大。随着英镑区和英联邦特惠制的失败，英联邦也逐渐衰落，英国已经不再是成员国的中心了。

英国强烈的大国意识让欧洲其他国家不愿意与之亲近，谁都不想被当做一个杂役呼来喝去，于是这些国家想办法凝聚在一起，发展共同利益，把英国抛弃在一旁。这就出现了欧洲经济合作组织，紧接着出现了欧洲煤钢联盟和欧洲原子能共同体。这三个联合机构的出现，给后来欧共体的成立奠定了坚实的基础。英国从根本上就十分抵触欧洲国家的联盟，它认为这种性质的联盟不利于保持欧洲的稳定，更加不利于英国本身的安全。作为传统的帝国来讲，英国的经济利益点并不在欧洲，而是在众多殖民地上，这是其与欧洲保持距离的重要原因之一。

但欧洲毕竟已经不是英国说了算的时代了，于是英国只能在如何联盟上大做文章。法、德、意等几个国家建议建立联邦制，而英国则极力要求建立邦联制。联邦制是国家之间的联合，也是一种政治实体，而邦联制只是政府之间的合作，相比而言邦联制远没有联邦制的联合性强。显然，英国从骨子里还不愿意降低大国身份，而是依然希望保持相对孤立的状态，这样即使欧洲失衡发生战争，英国也能够全身而退。因此，英国拒绝了法、德、意等国家的邀请，彻底将自己关在了欧洲联盟的外面。

1960年1月，英国与奥地利、丹麦、挪威等7个国家在斯德哥尔摩签订了《欧洲自由贸易联盟条约》，以此来对抗欧洲一体化进程。但是，英国很快就发现，法、德、意等6国成立的欧洲联合体的综合实力，远比7国自由贸易强大得多，英国本身在7国获得的利益根本无法弥补不了与6国贸易的差额。1967年，欧共体正式成立。其中的成员本身的综合国力就不弱，如今成为一个整体，英国实在难以与之抗衡。此时英国殖民地也在大量流失，而且还要对抗苏联，衰弱的国力致使英国必须考虑成为欧共体的一员。在经过苏伊士运河危机之后，英国彻底抛弃了大国念头，开始为加入欧共体积极准备，在经历了一番波折后终于在1972年正式加入欧共体。

加入欧共体后，英国逐渐将注意力向欧洲事务上转移，将从前分布在非洲、亚洲的兵力召回，更多地承担欧洲方面的军事防务，而将其中一些地区的防务工作交给美国打理。然而英国的帝国梦仍然没有完全清醒，英国一直在这种泥沼中挣扎，时不时就要提醒全世界英国的存在，并且依然唱着日不落帝国的赞歌，以一种高傲姿态处理欧洲以及国际事务。

加入欧共体不久，英国就表现出了骨子里的不合作态度。欧洲事务只是敷衍处理，真正目标还是放眼世界。从撒切尔夫人开始，英国的不合作就是让其他成员国最头疼的问题，"铁娘子"一直拒绝欧共体实现统一货币，这个问题一直延续到了今天。因此，流通欧元的国家并不包括英国。

不难看出，英国回归欧洲完全是一种勉强，它宁愿多放一点精力在比自己更霸道的美国上，也不愿意为欧洲事务多花一点时间。从丘吉尔的"三环外交"，到撒切尔对美国的一味支持，都可以看得出，英国还是没有认清自己的身份和位置。没想到来了个布莱尔，有过之而无不及，与美国总统打得火热。在布莱尔心中，美国是唯一有资格与英国平起平坐的国家，也是唯一有能力与英国一起管理国际事务的国家。在这种思想的支配下，布莱尔完全把英国当做了与美国相匹配的世界领导者。不过，这丝毫不影响英国继续在国际舞台上发挥作用，也不影响其仍然留在心中的残破的帝国梦。

美国清楚地知道英国人的想法，因此也毫无顾忌地利用英国来实现自己的霸主地位。美国借反恐之名向阿富汗和伊拉克发起进攻，无数无辜百姓葬身在战争中。就当所有国家都在为无辜人民鸣不平，指责美国霸权主义的时候，英国却独树一帜地站在美国一边，不惜与欧洲的其他国家为敌。欧洲国家算是看清楚了，这个腐朽的帝国仍然沉浸在过去的辉煌中，想拉它一把都无从下手。

实际上，英国已经不再是欧洲的中心了，很多国家不再唯英国马首是瞻。它们在国际上以独立的政治实体发挥自己的作用，英国在它们眼中，不过是个沦落了的二流强国，从前那些霸主之类的头衔，早已没有了光鲜艳丽的色彩。无可否认，英国在世界资本主义体系发展中所起到的作用是无可比拟的，而且在两次世界大战中所作出的贡献也不可抹杀，一直到今天，英国还是对国际事务发挥着一定的作用，只不过是今非昔比了。

英国曾在不断征服中变得强大，在贸易、军事、外交、经济、政治上都盛极一时，成为国际中心。英国人曾几何时骄傲地站在世界巅峰，抒发"一览众山小"的无限感慨。他们的言行举止都可能成为其他国家争相效仿的对象，那种自豪感逐渐成为英国人的一种习惯，成为同生活形影不离的伙伴。

然而可惜的是，在100多年的时间里，这些荣光和骄傲都慢慢流失。先是从世界霸主舞台上重重摔落，然后在欧洲大陆上屡栽跟头，英国人慢慢发现，过去的权势在帝国衰落的过程中没有起到任何积极作用。

500年前，英国脱离欧洲成为世界第一大国；500年后，英国迫不得已要回归欧洲、回归原点。这其中伴随着英国人的无奈、伤感、惋惜，还有不可避免的退让、计谋、策略。辉煌过的历史，最终也只能听到"人面不知何处去，桃花依旧笑春风"的悲凉惋叹。

第二节　伊斯兰世界——阿拉伯帝国扫描

1. 东方"哈里发"——阿拉伯帝国

阿拉伯帝国（632—1258 年）是中世纪时阿拉伯人建立的伊斯兰教国家。唐代以来的中国史书，如《经行记》、《旧唐书》、《新唐书》、《宋史》、《辽史》等，均称之为大食国（波斯语 Tazi 或 Taziks 的译音），而西欧则习惯将其称作萨拉森帝国（在拉丁文中意指"东方人们的帝国"）。

阿拉伯帝国公元 7 世纪崛起于阿拉伯半岛，在穆罕默德领导下创立了政教合一的"哈里发"国家。到 8 世纪中叶，疆域东起印度洋，西临大西洋，南至撒哈拉，北迄高加索山，形成横跨亚、非、欧三洲的封建大帝国。帝国的政治宗教中心原在麦加——麦地那，倭马亚王朝时移至大马士革，阿拔斯王朝时又迁至巴格达。8 ~ 9 世纪为极盛时期，商人足迹遍及世界广大地区，在继承发展古代文明、沟通东西方文化上作出了重要贡献。后因民族矛盾和内部分裂等原因，逐渐衰弱。1055 年，塞尔柱突厥人攻陷巴格达。1258 年，蒙古人入侵，阿拉伯帝国灭亡，被并入蒙古帝国。

2. 荣誉"圣战"——阿拉伯帝国的历史

阿拉伯人建立伊斯兰教封建国家

公元 7 世纪 30 年代阿拉伯半岛在穆罕默德领导下统一后，阿拉伯人开始在"圣战"旗帜下对外扩张，占领西亚、北非、中亚以及西班牙广大领土，形成庞大的地跨亚、非、欧三大洲的帝国。帝国统治者称"哈里发"，集政治、宗教大权于一身。

9 世纪中期起衰落，阿拉伯帝国的哈里发大权旁落，1258 年被蒙古人所灭。中国史书称之为大食，而西方史籍称之为萨拉森帝国。610 年，穆罕默德在麦加创立了伊斯兰教。632 年他逝世时，一个以伊斯兰教为共同信仰的、政教合一的、统一的阿拉伯国家出现于阿拉伯半岛。阿拉伯帝国历史分为以下几个时期：

四大哈里发时期（632—661 年）

穆罕默德之后，阿拉伯国家的首脑称为哈里发，意为真主使者的继承人。最初的四大哈里发由穆斯林公社选举产生。

第一任哈里发阿布·伯克尔（632—634 年在位）恢复了阿拉伯半岛的统一。

第二任哈里发欧麦尔（634—644 年在位）先后征服拜占庭帝国统治下的叙利亚、巴勒斯坦和埃及，占领了从波斯湾到高加索，从伊拉克到波斯本土的广大地区，为阿拉伯帝国的建立奠定了基础。此外，欧麦尔还在辽阔的领土上建立了行政管理体制。

第三任哈里发奥斯曼·伊本·阿凡（644—656 年在位）东灭萨珊王朝，西达北非昔兰尼加。在位期间，阿拉伯统治阶级内部争权夺利的斗争和教派分歧日趋激烈，奥斯曼本人和第四任哈里发阿里（656—661 在位）先后被杀。

661 年，叙利亚总督穆阿维亚即位哈里发，以大马士革为首都，建立了倭马亚王朝。哈里发也改为世袭，实际上是帝国的君主。

倭马亚王朝时期（661—750 年）

8 世纪初，倭马亚王朝的政权巩固以后，阿拉伯贵族又发动了大规模的对外战争。在东线，征服了布哈拉、撒马尔罕、信德及部分旁遮普地区。在西线，倭马亚王朝攻占埃及以西的北非地区后，于 711 年越过直布罗陀海峡，占领了安达卢西亚。后来倭马亚王朝入侵法兰克王国，在普瓦提埃战役中战败，退回西班牙。至 8 世纪中叶倭马亚王朝后期，阿拉伯帝国的版图西临大西洋，东至中亚河外地区，成为地跨亚、非、欧三大洲的庞大封建军事帝国。

倭马亚王朝仿效拜占庭帝国的政体，设置了政府机构，并继续实行由阿拉伯军事贵族执政的政策。封建土地制度逐渐完备，被称为伊克塔的封建采邑日益增多。阿拉伯语成为帝国的正式语言，政府的一切文件必须用阿拉伯文书写。

8 世纪 20 年代以后，阿拉伯统治集团之间的矛盾激化，内讧不止。一直受歧视、受压迫的非阿拉伯穆斯林纷纷揭竿而起。阿拔斯的后裔阿布·阿拔斯（750—754 年在位）利用波斯籍释奴阿布·穆斯利姆在呼罗珊的力量，联合什叶派，于 750 年推翻了倭马亚家族的统治，建立了阿拔斯王朝。762 年，曼苏尔（754—775 年在位）时迁都巴格达，中国史书称该王朝为黑衣大食。

阿拔斯王朝时期（750—1258 年）

阿拔斯王朝建立后最初的近 100 年，特别是哈伦·拉西德和麦蒙执政时期，是阿拉伯帝国的极盛时期。751 年阿拉伯帝国军队在中亚怛罗斯战役中，击败中国唐朝安西节度使高仙芝的军队，控制了中亚的大部分地区。

在这时期，帝国仿效波斯旧制，建立起完整的行政体制，进一步强化了中央集权。重视兴修水利，使肥沃的新月地带、中亚的阿姆河和锡尔河流域、埃及的尼罗河流域等地区的农业得到恢复和发展。

帝国境内的丰富资源和过境贸易，为商业的发展创造了条件。阿拉伯商人的足迹遍布亚、非、欧三大洲。巴格达成为世界著名的商业和贸易中心之一。

经济的发展促进了科学文化的进步与繁荣。在各族人民的共同努力下，创造出光辉灿烂的阿拉伯文化，为世界文明的发展作出了伟大贡献。伊斯兰教已成为埃及、叙利亚、伊拉克、波斯、北非等地大部分居民共同信仰的宗教。

9 世纪中叶后，突厥人逐渐取得权势，阿拔斯王朝进入分裂和衰落时期。突厥将领握有军权，专横跋扈，任意废立甚至杀害哈里发。哈里发完全成为他们手中的傀儡。各地封建主拥兵割据，独霸一方。如阿拉伯人在北非的西部建立了伊德里斯王朝（789—956 年）和艾格莱卜王朝（800—908 年）；在摩苏尔和阿勒颇建立了哈姆丹尼王朝（929—1003 年）；波斯人和突厥人在波斯、中亚和小亚细亚等地建立了萨曼王朝、伽色尼王朝、布韦希王朝、塞尔柱帝国，以及在埃及、叙利亚和也门建立了阿尤布王朝（1171—1250 年）。

此外，还有两个哈里发王朝：一个是法蒂玛王朝。该王朝是当时最强大的哈里发王朝。中国史书称之为绿衣大食。

另一个是由倭马亚人后裔阿卜杜勒·拉赫曼三世（929—961 年在位）在西班牙建立的后倭马亚王朝（929—1031 年），建都科尔多瓦。中国史书称之为白衣大食。在阿卜杜勒·拉赫曼三世及其后的两位统治者在位时期，阿拉伯人在西部的统治达到极盛时期。当时，科尔多瓦与巴格达和开罗齐名，成为阿拉伯三大文化中心之一；对阿拉伯文化在西方的传播起了极其重要的作用。

8 世纪 70～80 年代的蒙面人起义、816—837 年的巴贝克起义和 869—883 年的辛吉起义，给阿拔斯王朝以沉重的打击。到 10 世纪中叶，王朝实际统治区域仅限于巴格达及其周围地区。1055 年塞尔柱突厥人占领巴格达，哈里发失去了一切世俗权力，只保留了宗教领袖的地位。1258 年成吉思汗之孙旭烈兀率领蒙古军队攻陷巴格达，杀死哈里发，阿拉伯帝国灭亡。

帝国的扩张

阿拉伯帝国形成之后，作为先知继承者的哈里发们为了巩固自己的统治，并满足阿拉伯人对商路和土地的要求，掀起了长达一百多年的扩张运动。在传播伊斯兰教和对异教徒圣战的旗帜下，沙漠中的牧人变成强大的战士，阿拉伯人以惊人的速度崛起于拜占庭和波斯的南部边疆。他们前进、作战、征服；他们拿着《古兰经》与宝剑，通过血与火建立了一个地跨亚、欧、非三洲的庞大帝国。

正统哈里发的扩张

镇压了内部反对势力后，第一任哈里发伯克尔（573—634 年）随即向叙利亚方面发动了扩张战争。巨大胜利的强烈刺激下，第二任哈里发欧麦尔发动了阿拉伯历史上空前的大征服运动。635 年，哈里发的军队同时对拜占庭和波斯帝国展开了进攻。被称作"安拉之剑"的哈利德将军，率领阿拉伯人迅速通过人迹罕至的叙利亚沙漠，在雅穆克河畔一举歼灭了拜占庭 5 万大军，占领了叙利亚首府大马士革。

哈里发军队的接连胜利，迫使被围困两年的耶路撒冷于 638 年请降归顺。面对阿拉伯人猛烈的攻击，拜占庭帝国的皇帝悲哀地把叙利亚美好的河山归还阿拉伯人。

占领叙利亚后，阿拉伯人乘胜挥师东进。637 年，哈里发的军队占领了伊拉克，并向波斯腹地不断推进，最终于 642 年彻底击败了波斯军队，征服了具有 1 000 多年历史的波斯帝国。

与此同时，西征大军也捷报频传。640 年阿拉伯人攻入埃及，在科普特人的支持下获得了一个接一个的胜利。

642 年，亚历山大成为哈里发的主人，整个埃及纳入阿拉伯帝国的版图。

第三任哈里发奥斯曼（574—656 年）继续进行扩张战争，在他的统治时期，阿拉伯帝国的铁骑先后征服亚洲的呼罗珊、亚美尼亚、阿塞拜疆以及非洲的利比亚等地区。

为了进一步控制地中海，奥斯曼征集小亚细亚沿岸居民，建立了一支强大的海军。

倭马亚王朝的扩张

经过长期的内战，叙利亚总督穆阿维叶（600—680 年）夺取了哈里发的宝座，开创了阿拉伯帝国的倭马亚王朝。当政权得到巩固后，倭马亚王朝全力推动扩张战争，穆阿维叶成为哈里发不久，就向东、西、北三个方向派出了自己的军队。

在东方，664 年阿拉伯人占领阿富汗地区，然后分作两路，北路军侵入中亚，一路所向披靡，直到在帕米尔遇到中国军队才停下脚步。南路军攻入印度河流域，征服了印度次大陆西北部的大小邦国。

在北方，阿拉伯帝国的兵锋三次指向君士坦丁堡，由于拜占庭帝国的顽强抵抗，阿拉伯人遭遇了惨重的失败，哈里发征服拜占庭的野心终究未能实现。

在西方，阿拉伯人消灭了拜占庭帝国在非洲北部最后的驻军，占领从突尼斯直到摩洛哥的广袤土地。阿拉伯帝国使非洲的柏柏尔人归依了伊斯兰教，并以他们为主力组成军队，跨越直布罗陀海峡进攻西班牙，征服了日耳曼人的西哥特王国。732 年，哈里发的军队穿越比利牛斯山，进攻法兰克王国，在普瓦提埃附近被法兰克人击败。

至此，阿拉伯帝国的大规模征服运动终于落下帷幕。

阿拉伯帝国的扩张

正统哈里发和倭马亚王朝的大规模扩张运动，为阿拉伯帝国开辟了辽阔的疆土。到 8 世纪前半叶，阿拉伯帝国的版图东起印度河和帕米尔高原，西至大西洋的比斯开湾，南自尼罗河（The Nile）下游，北达里海南缘，横跨亚、欧、非三大洲的土地，成为当时世界上面积最大的帝国。

阿拉伯帝国的扩张，在很大程度上是阿拉伯国家而不是伊斯兰教的扩张。在被征服地区，非伊斯兰教徒并没有被强迫改变信仰。事实上，阿拉伯统治者往往并不鼓励被征服地区的人民改信伊斯兰教，因为阿拉伯帝国向非伊斯兰教徒征收的赋税，要比向穆斯林征收的高，如果人民大量皈依伊斯兰教，则意味着阿拉伯帝国的财政收入将大大降低。

经过100多年的扩张运动，阿拉伯帝国的结构发生了根本的变化，哈里发不再是阿拉伯部落联盟的酋长，而是一位东方的神权君主。他的权力不再依赖部落的支持，而是建立在官僚体系和常备军的基础之上。在阿拉伯帝国的统治下，广袤疆域内各个迥然不同的古典文明逐渐融合，最终于几个世纪后形成了全新的阿拉伯文明。

除保持伊斯兰教神权统治原则外，阿拉伯帝国大量吸收以拜占庭帝国为主的其他文明国度的制度，形成一种伊斯兰世界所特有的、政教合一的君主专制政体。

阿拉伯帝国的继承制度既不同于中国的册封制，也不同于西方的长子继承制或是被某些地方所采用的幼子继承制，而是一种被伊斯兰世界所普遍接受的长者继承制，即由皇族中的现存的最年长者继承。由于政治斗争的残酷性，一个新皇位的继承者往往要将其所有的兄弟姐妹全部杀掉或将其关在自己的寝宫中数十年不见天日。这样极易造成王位潜在继承者的心智扭曲或是知识匮乏，最终造成哈里发的素质低下，无力治国的局面出现。

3. 政教合一——阿拉伯帝国的文明成果

元首——哈里发

中央官制——军政官员、税收官员、宗教官员。

地方官制——五大行政区：总督（军政官员）、税务官、法官（专司穆斯林案件，非穆斯林由各自宗教领袖负责）。

物　产

富饶的两河流域为帝国提供了充裕的产品，主要作物包括小麦、大麦、稻米、椰枣和橄榄。

在阿拔斯王朝期间，耕地面积和产量由于灌溉工程的发展而得以大幅增加。

此外，各省还提供了丰富的矿产资源：来自努比亚的黄金、兴都库什山脉的白银、伊斯法罕的铜以及中亚和西西里岛的铁，还有帝国境内丰富的宝石蕴藏。

在工业方面，各地出产制造的亚麻布、棉、绒毯、陶器等制品（有时还有丝绸）既有利于本地消费，又有利于出口。

阿拉伯人还从在751年怛罗斯战役中俘虏的中国战俘那里学会了造纸术。

商　贸

商业在阿拉伯帝国经济中占有重要地位。首都巴格达不仅是阿拉伯帝国的政治中心，也是商业码头。此外，巴士拉、安条克、开罗、亚历山大、凯鲁万、撒马尔罕等城市也都是东西方中介贸易的重要商埠。

早在伊斯兰教创立时期，穆罕默德就认为，"商人是世界的信使和安拉在大地上的忠实奴仆"，并断定忠实的穆斯林商人在复生日将"居于安拉宝座的荫影之下"。

《古兰经》也明确规定鼓励和保护商业是所有穆斯林必备的义务和道德。随着帝国的形成，商业贵族也成为上层统治阶级的重要组成部分。文化传统、地理位置、商人的社会地位和商业的巨大收益，使阿拉伯帝国出现了与当时东西方封建文明不尽相同的工商业繁荣局面。很多穆斯林商人活跃于亚、欧、非三大洲，从事以中介贸易为主的商业活动。

阿拉伯商人的活动范围从东南亚的苏门答腊、马来亚到南亚印度，再到西南欧的西班牙、北非的摩洛哥，甚至北欧波罗的海和斯堪的纳维亚半岛都有。当时，中国的广州、泉州、扬州等地也聚居着大批穆斯林商人。中国的丝绸、瓷器，印度和马来群岛的香料、矿物、染料、蔗糖，中亚的宝石，东非的象牙、金砂，北欧和罗斯的蜂蜜、黄蜡、毛皮和木材等都是阿拉伯商人经营的商品。

大规模的阿拉伯商业贸易，促进了亚、欧、非三大洲各个封建文明区域间的经济文化交往，推动了中世纪印度洋区域和地中海区域海上贸易的繁荣与发展。

海 运

阿拉伯人的海上航行在发展航海业、造船业和帆船驾驶技术方面起着重要作用，促进了航海所必需的地理知识和其他知识的积累。阿拉伯海员在长期的航行过程中，研究和详细记述了印度洋上的季风，并且在航行中巧妙地利用了这种季风从而大大缩短了航行所需的时间。在古代阿拉伯的地理书籍中也记录了大量的海洋地理资料。

13～15世纪，阿拉伯人的航海技术得到了新的发展。15世纪初，当中国明朝的航海家郑和的船队到达印度之后，郑和雇用了阿拉伯导航来继续前往东非的航行。一个世纪之后，卓越的阿拉伯航海世家的后代伊本·马吉德（自称"怒海之狮"）以熟谙如何在红海和印度洋的惊涛骇浪中航行而闻名，后被阿拉伯海员奉为"保护神"。正是在他的指引下，葡萄牙航海家达·伽马的船队才顺利渡过印度洋，开辟了通往印度的新航路。这一时期，阿拉伯海船上的装备也更加先进，从事远洋航行船只已拥有整套的航海仪器，如指南针、测岸标方位的等高仪、测太阳和星体高度的量角仪、水陀等，还绘制了标有岸上方位物坐标、水深和风向的海图和对景图。阿拉伯航海家的活动范围也日益扩大。在西欧沿海，非洲的东岸、北岸和西北岸，亚洲的南岸和东南海域，包括菲律宾和马鲁古群岛，都留下了阿拉伯海员和商人们的足迹。

穆罕默德和历代哈里发都奉行较开明的文化政策，这使得以伊斯兰教和阿拉伯语这两个将不同民族融合在一起的纽带为基础的阿拉伯文化得以高度发展。

文 学

文学是阿拉伯伊斯兰文化中最具特色，也是阿拉伯人自己最引以自豪的领域之一。

早期阿拉伯文学题材多为谚语、诗歌、故事，语言简洁明快、犀利、朴实，体现了阿拉伯人狂放而直爽的性格。帝国强盛的时代，文学作品以散文为主，文字优美，比喻的使用趋于上风。《天方夜谭》（或《一千零一夜》）在数百年时间中被不断完善。它汲取了印度、希伯来、波斯、埃及、中国和阿拉伯民间文学的精粹，使其成为阿拉伯乃至世界文学中的明珠。

除了自身的文学成就以外，在整理、翻译和改编古典著作方面，阿拉伯人也作出了卓越的贡献。9世纪初，阿拔斯王朝的哈里发为给伊斯兰神学寻找"理论支持"，竭力鼓励并组织对希腊古典哲学的大规模翻译活动。

"智慧之城"巴格达拥有一大批专门的翻译人才。据说，翻译的稿酬以与译著重量相等的黄金来支付。柏拉图、亚里士多德、欧几里德、托勒密、盖伦、希波克拉底等大批希腊人、印度人和波斯人的哲学、科学和医学名著的译本经整理、注释之后，相继问世。这一人类翻译史上的伟大工程，即使人类古典文明的辉煌成果在中世纪得以继承，又为阿拉伯文化的发展奠定了较为坚实的基础。在欧洲文艺复兴时期，经历了漫长黑暗的神权统治的中世纪，古希腊的著作在欧洲大都已经失传。欧洲人是靠翻译这些阿拉伯文的译本才得以了解先人的思想，继而开始他们的文艺复兴的。

哲 学

阿拉伯人认为，除神学外，哲学是了解世界的必备知识。在融合伊斯兰教"天启"与希腊"贤哲探求"精神的事业中，帝国涌现出一批哲学家。阿拉伯第一位哲学家金迪（801—873年）、倡导原始精神的德拉比（870—950年）、完成融合希腊哲学与伊斯兰教神学的巨匠伊本·西拿（980—1037年）和独树"双重真理"学说的伊本·鲁德（1126—1198年）等，对中世纪和后来人类哲学的发展作出了巨大贡献。

历史学

阿拉伯历史学家多采用叙述的方式，除应用个人的判断，对于不同的若干组资料加以抉择，对于论据加以组织外，很少致力于史料的分析、批判、比较或推断。

保存下来的最早的阿拉伯语历史作品最初的题材，是以前的传奇以及环绕着先知穆罕默德的各种宗教传说。第一部以宗教传说为基础的著作，是《天使传》

（著者是伊本·易司哈格）；接着而来的历史著作，是记载穆斯林征战的著作，叫做《武功纪》，（著者有穆萨·伊本·欧格伯、瓦基迪等）。

后来较正规的历史学家中，包括阿卜杜拉·伊本·穆斯林·伊本·古太白（著有《知识书》）、艾卜·哈尼法·艾哈迈德·迪奈韦里（著有《长篇记述》、叶耳孤比（著有《世界史摘要》）、哈木宰·伊斯法哈尼等。

泰伯里和麦斯欧迪是公认最伟大的阿拉伯历史学家，其成就是后人难以逾越的高峰。

泰伯里的名字是穆罕默德·伊本·哲利尔，号艾卜·哲耳法尔（838—923年），写下了两部伟大的著作：《历代先知和帝王史》、《古兰经注》。

艾卜·哈桑·阿里·麦斯欧迪，被称为阿拉伯的希罗多德，他是采用纪事本末体编写历史的第一个阿拉伯人。他把所搜集到的资料编成三十册的伟大著作，可惜保存到现在的，只有一部摘要：《黄金草原和珠玑宝藏》。在这部百科全书式的著作中，麦斯欧迪除研究正规的穆斯林的题目外，还用研究了印度、波斯、罗马、犹太的历史和宗教。麦斯欧迪还是一位博物学家，他把关于矿物、植物、动物之间的秩序的见解总结起来，写成一本专论，叫做《提醒和监督》。

艺　术

阿拉伯世界对于艺术美有独特的追求。由于伊斯兰教反对偶像崇拜，阿拉伯艺术作品中缺少对人物和动物造型的塑造。艺术家们的才思智慧都集中在书法艺术、几何图案和巧妙别致的构思中，具有明显的抽象法和形式化的特征。

阿拉伯艺术家的独特构思在华美壮丽的清真寺建筑的结构装饰上集中地体现出来。高高的宣礼尖塔、大圆屋顶、半圆凹壁和马蹄形拱门为基本特点的千万座清真寺，形成了世界建筑中的独特风格。

教　育

昆它布（小学校）：接受六岁以上儿童学习，以《古兰经》为核心，学习朗读和书法；此外，加之阿拉伯语法、历代先知的故事、初等算术原理和诗词。女子可接受初级的宗教教育。小学教师的社会地位较低。

第一所著名的高等教育机关，是麦蒙于830年建立的智慧馆。这是一个翻译馆、科学院和公共图书馆的综合体。

尼采米亚大学：尼采木·木勒克在1065年创建的，是一所宗教大学，专门研究沙斐仪派的教律学和正统的艾什耳里派的教义学。《古兰经》和古诗，是这所学校人文学的主要课程。

清真寺：清真寺在教育体系中起到很大的作用，除了昆它布附属于清真寺之外。其中有举行圣训学的课程，还有不少学者集会讲授各种学科，所有穆斯林都可以自由进入清真寺听讲。清真寺还是图书收藏所。

天　文

帝国的天文学在宗教、生产和航海贸易的需求下得以高度发展。阿拉伯人在巴格达、大马士革、开罗、科尔多瓦等地建有当时世界一流的天文台，并研制了相当精密的天文观测仪器。以花剌子密、白塔尼和马吉里等为代表的阿拉伯天文学家们所取得的成就，代表着当时人类天文学的最高水平。现代许多行星的命名和天文学术语都源自阿拉伯人。他们连续的天文观测，为文艺复兴时期的欧洲天文学家提供了约900年的记录资料。

地　理

辽阔的阿拉伯帝国还培养了一批地理学家。花剌子密所著的《地形志》、伊本·胡尔达兹贝的《各地知识的最佳分类》、雅各特的《地名辞典》等，都是后人认识当时中亚、西亚、北非等地理概貌的经典文献。14世纪，伊本·白图泰历时30年，行程12万公里，东到中国，西至格拉纳达，北达钦察汗国萨莱，南抵西非马里的广大区域内，他留下了长篇游记《在美好国家旅行者的欢乐》，具有很大的史学价值。

数　学

阿拉伯人在数学上也取得了很高的成就，突出体现在对印度数字与零符号体系的改造与推广，它不仅方便了阿拉伯人的日常生活，也导致了人类计算领域的一场革命。

另外，来自花剌子模的波斯人花剌子密用印度数字（也就是我们现在所称的阿拉伯数字）编写了《积分和方程计算法》一书，系统阐述了最早的三角函数表，并首次将代数理论发展成为独立的学科。欧麦尔·海雅木和艾卜·瓦法在方程计算理论上也颇有造诣。

医　学

相传先知说学问有两种：一是教义学，二是医学，可见阿拉伯人对医学的重视。伊斯兰教的医药学以希腊医药学为基础，但帝国地理上的扩展，使得穆斯林们获得了更多新的疾病和新的药物的相关知识。

药剂师和医生要经过考试，才能营业。他们在古代的医药典籍中增加了水银、丁香、肉桂、龙涎香、樟脑等药物药剂。当时阿拉伯商船曾将药物大批运往意大利。15世纪初，中国明朝郑和的船队也在阿拉伯采购了大量的药材，并交流医学知识。

直到17世纪以前，被欧洲人尊称为"穆罕穆德·拉齐斯"的艾卜·伯克尔·穆罕默德·伊本·宰克里雅·拉齐（865—925年）和"阿维森纳"的艾布·阿里·侯赛因·伊本·西拿（980—1037年）的医学著作，一直被用做欧洲医学院的教科书。

当时的经典医学书籍有：

（1）阿里·伊本·赛海勒·赖班·泰伯的《智慧的乐园》。

（2）艾卜·伯克尔·穆罕默德·伊本·宰克里雅·拉齐的《曼苏尔医书》和《医学集成》。

（3）阿里·伊本·阿拔斯·麦朱西的《医学全书》。

（4）伊本·西那的《治疗论》和《医典》。

（5）阿里·伊本·伊萨的《眼科医生手册》。

化　学

阿拉伯人在研究化学等自然科学中，采用客观实验的方法。这是当时一个决定性的改革。在化学方面，阿拉伯人也作出了杰出贡献。他们在巴比伦、古埃及、古希腊的传统和实践的基础之上，增添了印度和中国的化学知识，并且花费大量的时间与精力，寻找点金石和研究炼丹术。但是根据他们的记录表明，他们已发展起了尖端的实验技术，能够制造各种药物，生产苏打、明矾、硫酸铁等各类用于工业生产（特别是纺织业）的化学制剂。由于化学的进步，阿拉伯人很早就发明了化妆品，制造香水、肥皂等，后来在十字军东征，香水和肥皂一起传入欧洲。

阿拉伯炼金术的开创者是查比尔·伊本·哈彦，他比早期的希腊和埃及的炼金术师更能够认识而且陈述实验的重要性，在化学的理论和实践方面，他都有了显著的提高。查比尔在其论文中科学地叙述了化学上的两种主要操作：煅烧和还原。还改良了蒸馏、升华、熔化、结晶等手段。这对后来阿拉伯，乃至欧洲都有着很大影响，穆斯林化学家称查比尔为先师。

物　理

阿拉伯学者对物理学的贡献也非常大。他们制作了许多精确的仪器，测量物质密度和大气层引力。

伊本·海赛姆（965～1038年）是伟大的物理学家和阿拉伯光学之父，他研究光的反射和折射，说明光在同物质中是在一条直线上传播的，著作《论光学》，奠定了光学的基础。

4. 特权至上——阿拉伯帝国的等级制度

阿拉伯人

在阿拉伯帝国形成以后，社会结构发生了新的变化，社会阶层分为四个等级：

上层由先知家族、历代哈里发家族、重要的迁士和辅士家族及各地总督等组成，下层为普通的阿拉伯武士。他们享有许多特权。

麦瓦利平民

麦瓦利平民是非阿拉伯血统的新皈依伊斯兰教的穆斯林，多为叙利亚和伊朗人，他们的社会待遇大大低于阿拉伯血统的穆斯林。

迪 米

迪米阶层是帝国境内的异教徒，主要是基督教徒、犹太教徒和琐罗亚斯德教徒。他们受到穆斯林的政治压迫、经济剥削和种种宗教、社会歧视：所有迪米必须穿着规定的服装，必须把木制魔鬼置于房屋墙上，其所作的不利于穆斯林的证词也不被法庭接受。

但与中世纪欧洲境内非基督教徒相比，他们的处境还算不错。他们可以保持原有信仰，享有财产权，甚至可以在国家的高级机构中任职，无须参加圣战，也不用担心因异教信仰而被流放或被送上火刑柱。

奴 隶

最低等级，基本不具备做人的资格。

奴隶买卖在阿拉伯帝国境内十分兴隆。936年夏天，一个波斯商人用400艘船从非洲运来约1.2万名黑奴。11世纪的缚喝城有一整条"奴隶贩子街"。

奴隶市场上还出售来自希腊、俄罗斯的白奴和来自中亚、印度的突厥黄种奴隶。奴隶用于采矿、水利工程、宫廷作坊和军队，也用于私人的宅内劳动和手工业劳动。

5. 与邻为善——阿拉伯帝国和唐朝

据说，穆罕默德曾经告诫他的弟子们说："知识即使远在中国，亦当往求之。"

据《旧唐书·西域传》记载，651年，阿拉伯帝国第三任正统哈里发奥斯曼派遣使节抵达长安与唐朝通好，唐高宗即为穆斯林使节敕建清真寺。此后双方来往频繁。在中国史书的记载中，大食使节来访次数达37次。

751年，阿拔斯王朝军队在中亚怛罗斯战役中击败唐朝将领高仙芝率领的唐朝和中亚各族联军，成功夺取了中亚西部河间地区的控制权，与唐帝国隔葱岭相对。

公元755年，安史之乱爆发。唐朝于757年向阿拉伯帝国求援，阿拉伯人随即派遣数千士兵帮助平定安史之乱。这些士兵后来大多留在了中国，成为中国回回人的先人之一。此后，吐蕃趁唐将西域兵力调回、防务空虚之际，联合阿拉伯人进攻唐朝。安史之乱之后，吐蕃与阿拉伯又在葱岭以西多次交兵，争夺西域的控制权。在这个过程中，回纥作为唐的盟友得以崛起。

公元 8 世纪，中国之外的第一个造纸作坊出现在阿拉伯境内的撒马尔罕。《旅程和王国》一书有这样一句话："纸是由俘虏自中国引入撒马尔罕的。"几乎与此同时，巴格达也出现了造纸作坊。他们的造纸技术都是由来自中国的工匠师傅传授的。造纸术后来从阿拉伯传往欧洲。

继造纸术之后，中国的一些其他发明创造也通过丝绸之路传进阿拉伯帝国，后来通过帝国的西班牙、西西里和法国部分地区传遍欧洲，对西方的文明产生了很大的影响。

公元 8 世纪中叶，中国的杜环去过阿拉伯地区，足迹远至北非马格里布地区的摩洛哥，并且将其所见所闻写成一本书——《经行记》，为中国和阿拉伯文明的交往留下珍贵的记录。

伴随科学与文化交流的发展，不仅伊斯兰教传入了中国，而且阿拉伯帝国先进的数学、天文历法与航海、地理知识也开始被中国人了解。

公元 10 世纪，阿拉伯商人苏莱曼与航海家伊本·瓦哈比的商船由巴士拉与赫拉经海上丝绸之路驶进中国的广州港。之后，他们对于中国风土人情的大量的叙述，使得当时的阿拉伯世界进一步认识了中国。此类故事可能为阿拉伯名著《一千零一夜》提供了与中国有关的素材。

6. 争权夺利——阿拉伯人的扩张和阿拉伯帝国的形成

初期四任哈里发及其扩张

穆罕默德死后，各派穆斯林为争做继承人展开了激烈的斗争。来自麦加的迁士派认为，穆罕默德是麦加古莱西部落哈希姆家族的后裔，他的继承人应由该部落选出。麦地那的辅士派则强调，是他们在穆罕默德危难时期支援了他，否则伊斯兰教不会有如此迅速的发展，因而反对麦加人独占先知的继承权。穆罕默德的堂弟和女婿阿里则以近亲要求嗣位。此外，有些部落趁机叛乱，反对麦地那的统治。阿拉伯半岛再度陷于混乱。经过一番激烈的争论和斗争，最后推举老资格的阿布·伯克尔为首领，改称"哈里发"（意为先知的继承者）。阿布·伯克尔是穆罕默德的挚友和岳父，也是他的最忠实的信徒之一。阿布·伯克尔任哈里发（632—634 年在位）以后，首先平息了各部落的叛乱，并用巧妙的手段调节了穆斯林各派的关系，从而巩固了统治。为了满足阿拉伯人夺取商路和肥沃土地的要求，缓和内部矛盾，阿布·伯克尔迅即向叙利亚方面发动了扩张战争，并成功地占领了加沙地区。

7 世纪，阿拉伯半岛北邻的两个大帝国拜占庭和波斯，因长期的抗争而疲惫不堪。同时这两个帝国被国内的阶级斗争、民族斗争、宗教矛盾搞得焦头烂额。这就为阿拉伯人的扩张提供了客观条件。

另一方面，阿拉伯军队主要是由贝杜因人组成的骑兵队，他们骁勇强悍，不畏艰苦，并在伊斯兰教"圣战"的鼓舞和战利品的引诱下，具有很强的战斗性。

阿布·伯克尔死后，欧麦尔继位为第二任哈里发（634—644 年在位）。在他的任期内发动了阿拉伯历史上空前未有的大征服运动。635 年，分兵两路，对拜占庭和波斯帝国展开了全面进攻。东路大军在号称"真主之剑"的哈利德将军率领下，迅速通过人迹罕至的叙利亚沙漠，在雅穆克河畔一举歼灭了拜占庭 5 万大军，占领了叙利亚首府大马士革。雅穆克战役的胜利，极大地鼓舞了阿拉伯人的扩张欲望。叙利亚具有重要战略地位，从此东进可以进攻波斯，北上可以进军中亚。占领叙利亚以后，阿拉伯人乘胜挥师东进，一路无阻。637 年，卡迪西亚一战，力挫波斯军队，占领伊拉克。嗣后，阿拉伯人深入波斯腹地。642 年，尼哈温战役彻底击溃了波斯军队，消灭了具有 1 200 多年文明的波斯帝国。与此同时，由阿穆尔率领的西路大军，也是捷报频传。640 年攻入埃及。以后在科普特人的支持下不断取得胜利。642 年占领开罗，整个埃及纳入哈里发国家的版图。

第三任哈里发奥斯曼（644—656 年在位）继续进行扩张战争，先后征服呼罗珊、亚美尼亚、阿塞拜疆以及北非的利比亚等地区。奥斯曼原来是麦加古莱西部落中最有势力的倭马亚家族的成员，该家族在伊斯兰教兴起以前，执掌麦加政治、经济大权，曾和穆罕默德长期对立。改宗伊斯兰教后，丧失了领导权力，心怀不满，一直是穆罕默德的潜在威胁。奥斯曼当选为哈里发，意味着倭马亚家族势力的复兴。奥斯曼利用职权，在长期扩张战争中大发其财。他在埃及、叙利亚占有大量地产，并在那里扶植个人势力。他的统治具有明显的贵族专政性质，因而引起人们的反对，一些省区发生了暴乱。以阿里为代表的反对派，否认奥斯曼的权威，主张由阿里继任哈里发。因此逐渐形成新的教派——什叶派（什叶，阿拉伯语意为"派别"，指追随阿里的人），与奥斯曼奉行的逊尼派相对立。什叶派主要活动于伊拉克、伊朗等地（16 世纪，伊朗确定什叶派为国教）。656 年 6 月，奥斯曼被刺杀，阿里继立为第四任哈里发（656—661 年在位）。但是，以叙利亚总督穆阿维叶为首的倭马亚家族，拒不承认阿里政权。不久，拥护阿里的人发生分裂，一部分不满阿里政策的下层穆斯林脱离什叶派，另建军事民主派（哈瓦立及派）。661 年，军事民主派刺杀阿里。叙利亚总督穆阿维叶乘机夺取了哈里发的权位，开创阿拉伯帝国。

倭马亚王朝的建立及其扩张

穆阿维叶依靠埃及和叙利亚穆斯林大贵族的支持，在大马士革建立了倭马亚家族的哈里发政权，史称倭马亚王朝（661—750 年）。此后，哈里发不再选举产生，而由倭马亚家族世袭。倭马亚王朝旗帜尚白，中国史籍称为"白衣大食"。

倭马亚王朝建立之初，一些阿拉伯贵族拒不承认它的统治。什叶派另立阿里之子侯赛因为哈里发。侯赛因死后，阿卜杜拉（第一任哈里发阿布·伯克尔之孙）据麦加独立，自称哈里发，并得到阿拉伯半岛和伊拉克等地反倭马亚政权的各派势力支持。经过长期的内战，到692年，倭马亚王朝终于消灭阿卜杜拉的反叛势力，平息了内乱，巩固了政权。

倭马亚王朝继续执行对外扩张政策。穆阿维叶继任哈里发以后不久，就调兵遣将，东西两面出击。东线大军于664年占领阿富汗首城喀布尔，然后挥师北上，侵入中亚。先后征服布哈拉、撒马尔罕和花剌子模等广大地区，直至帕米尔始为唐军所阻。与此同时，东方战场的另一支阿拉伯军队，攻入印度河流域，占领信德。在北方，阿拉伯军队曾三次进攻君士坦丁堡，由于拜占庭皇帝立奥三世利用君士坦丁堡天险和希腊火顽强抵抗，而未能得手。在西方，阿拉伯人消灭了拜占庭的北非驻军，占领从突尼斯直到摩洛哥的马格里布。阿拉伯人使当地的柏柏人（摩尔人）很快改宗伊斯兰教，并以他们为主力部队，跨越直布罗陀海峡进攻西班牙，征服了日耳曼人的西哥特王国。732年，穿越比利牛斯山，进攻法兰克王国，在普瓦提埃附近为法兰克王国宫相查理·马特所败。

至此，阿拉伯人基本上结束了大规模的征服运动。初期四任哈里发和倭马亚王朝的两次大规模征服运动，为阿拉伯帝国奠定了疆域基础。到8世纪前半叶，阿拉伯帝国基本形成。它的版图，东起印度河和帕米尔高原，西至大西洋的比斯开湾，南自尼罗河下游，北达里海和咸海南缘，横跨亚、欧、非三大洲的土地，是当时世界上疆域最大的帝国。

7. 君主集权——阿拉伯帝国的政治经济制度

倭马亚朝阿拉伯帝国的统治制度

随着阿拉伯帝国的建立，早期哈里发时代的政治体制已不合乎客观需要。倭马亚王朝建立初期，反对派在各地暴乱，贝杜因人厌恶纪律和放荡不羁的行为又复活起来，国家陷于动荡不安和四分五裂的状态。因此，穆阿维叶登上哈里发宝座以后，首要任务就是恢复秩序，谋求建立中央集权制的国家体制。他和他的后继者，在早期哈里发体制的基础上，并参照拜占庭旧制，发展和健全了阿拉伯帝国的国家机制。

穆阿维叶作为哈里发，是政治、军事和宗教的最高首领，集政权、军权和神权于一身。为了使倭马亚家族独占至高无上的哈里发权力，穆阿维叶废止了哈里发的选举制度，实行世袭的君主制。

国家政权机构，在哈里发以下，设各部大臣，辅佐哈里发分掌行政、财政和宗教等方面的事务。其中以掌管财政、税务的部门最为重要。地方行政，全国分为9省（后来改为5省），行省总督称艾米尔，由哈里发任命，掌全省军政大权，具有相当大的独立性。另有税务官掌全省的税收，直接对哈里发负责。行省的宗教首领由总督或地方法官兼任。大法官通常由宗教学者中选拔，除办理案件外，还负责管理宗教基金及孤寡的财产等工作。省以下设县，县长由总督任命，报中央备案。

倭马亚朝阿拉伯帝国，是以沙漠出身的征服者阿拉伯人的统治为基础的。阿拉伯征服者在征服的每一个省区，都在沙漠和农业的交界处建立一系列的城堡（阿姆撒尔），或利用原有的城市作为统治的据点，他们按照部落，分片住在各个城区里。他们是特权的统治阶级，既占有土地，又领取丰厚的年金。后来这些城堡发展为城镇，成为附近地区的商业中心。其中有的发展为重要的工商业城市，如伊拉克的库法和巴士拉、叙利亚的霍姆斯、埃及的福斯塔特、突尼斯的克鲁昂等。首都大马士革地处东西方交通要冲，是国际商业贸易的总汇，交通便利，作为帝国的政治中心，适合于控制边远行省。

为了加强哈里发专制集权统治，倭马亚王朝的统治者十分注意交通和通讯的建设。从大马士革到各行省和各城区都有大道相通，沿路设置驿站，遇有紧急情况，信息迅速传到大马士革。驻在各城区的阿拉伯军队，一旦接到哈里发的指令，便可快速作出反应。

阿拉伯帝国幅员辽阔，民族复杂，人口众多。阿拉伯人作为统治者是少数，而且其文化水准远远落后于其他被统治的各族人民。为了克服阿拉伯人统治上的这种弱点，倭马亚王朝积极鼓励非阿拉伯各族人民改宗伊斯兰教，并许诺与阿拉伯穆斯林享受同等待遇。为了提高阿拉伯语在政治上和文化上的重要性，哈里发规定阿拉伯语为法定的官方语言；凡官方文件、官场交谈、教育和伊斯兰教用语，一律使用阿拉伯语言。这些政策产生了积极的效果，帝国内部的一些民族逐渐阿拉伯化或伊斯兰化，从而扩大了阿拉伯人统治的社会基础，巩固了帝国的统治。

但是，倭马亚王朝的集权主义是相对的，哈里发的权力远未达到东方专制君主那样的绝对独裁，他的权力在很大程度上受各省总督和阿拉伯部落长老会议制约。倭马亚朝阿拉伯帝国实质上是由许多部落、民族、宗教和阶级等集团组合起来的比较松散的政治联合体，哈里发不过是这些集团的共同首领而已。

阿拉伯帝国，除阿拉伯半岛外，绝大部分是拜占庭和波斯帝国原来的属地。这些地区早已确立了封建制度，阿拉伯人征服后，保存并发展了这种既存的封建生产关系，并使之与阿拉伯传统制度相结合，从而形成了具有特色的阿拉伯封建制度。倭马亚王朝建立后，把所占领的拜占庭和波斯帝国的国有土地、王室和高级官僚贵族的土地以及无主地，作为战利品，一律没收，归以哈里发为代表的全体阿拉伯穆斯林所有。被征服的农民在缴纳赋税条件下，允许继续保有原来的土地。哈里发将一部分土地赐予本家族成员及其他阿拉伯贵族，作为地租的收入地，称为"卡塔伊"。卡塔伊的面积大小不等，从最低的 10 加里布（1 加里布约为 1.6 平方米）到最高的 8 000 加里布，一般为 60～100 加里布。卡塔伊地主一般不住在农村，而住在城镇或首都大马士革。他们强制依附农民和奴隶为其耕作，收取高额地租，同时享受国家给予的丰厚的年金。卡塔伊也授予阿拉伯部落的普通农民，但不是作为地租收入地，而是作为他们的生产和生活资料。卡塔伊由于准许转让或买卖，后来事实上变成了私有财产。比卡塔伊规模更大的穆斯林私有地，称为"达伊亚"。倭马亚家族和总督等特权者都占有很大的达伊亚，其中最大的是哈里发的沙瓦非。此外，清真寺和一些慈善机构也占有相当数量的土地，称为"瓦克夫"。瓦克夫不准转让、抵押或买卖。按伊斯兰教法规定，穆斯林占有的土地除缴纳宗教什一税外，免纳一切赋税。帝国的赋税主要从农民征收。

改宗伊斯兰教的非阿拉伯血统的穆斯林，阿拉伯人称他们为"麦瓦利"（单数为"毛拉"）。倭马亚朝初期，哈里发为巩固其统治，曾鼓励被征服的各族人民改奉伊斯兰教，并许诺与阿拉伯人享受平等待遇。但随着改宗伊斯兰教的麦瓦利日益增多，政府的税收日趋减少。及至哈里发政权巩固以后，便不再鼓励人们改奉伊斯兰教，对已经改宗伊斯兰教的麦瓦利也没有实现与阿拉伯人平等的诺言。麦瓦利人除免纳人头税外，必须缴纳包括土地税在内的各种赋税，参加军队也只能当步兵。未改宗伊斯兰教而仍保持原来信仰的原住民，阿拉伯人称他们为"迪米人"。迪米人的社会地位更低，他们必须缴纳包括土地税和人头税在内的一切捐税，并且不能担任公职，也不得反对穆斯林。

被征服的广大农民是生产者阶级，他们租种地主的土地，缴纳收获量的1/3乃至1/2的高额地租和其他各种赋税。其中占大多数的"迪米人"，处境尤为艰难。他们被迫在颈下挂着一块牌子，上面写着自己的姓名和住址，以免他们弃耕逃亡。迪米人除比麦瓦利农民多缴纳一种人头税外，在生活方面也受着种种限制，如不准骑马，不准拥有武器，甚至衣着和发型都有特殊规定，其实际地位等同于农奴。

阿拉伯帝国残存着为数很多的奴隶。伊斯兰教虽然反对蓄奴制度，但在长期征服战争中，阿拉伯人仍然把成千上万的俘虏贬为奴隶。仅穆萨·伊本·努赛尔就从非洲俘虏了30万人。阿拉伯帝国的奴隶贸易也很兴旺。阿拉伯贵族一般都占有几个、几十个乃至成千的奴隶。奴隶主要供家庭使役，或在国家和大贵族的土地上从事兴修水利及采矿等繁重劳动。也有部分奴隶从事手工业生产。阿拉伯帝国的奴隶，有相当部分是解放奴隶，即"释奴"。伊斯兰教禁止把穆斯林当做奴隶，但奴隶改奉伊斯兰教以后并不能获得完全的自由，他们作为释奴，依附于主人，为其服役。释奴多为有文化或有技艺的人，阿拉伯统治者利用他们从事工艺、文化教育、翻译以及行政事务等工作。释奴的社会地位仍然十分低下，阿拉伯人常把他们与奴隶等同看待，甚至视为牲畜。阿拉伯帝国尽管残留着相当数量的奴隶，但奴隶直接从事生产劳动的是少数，而且奴隶劳动在整个封建生产过程中不占主导地位。

统一的阿拉伯帝国为社会经济的发展提供了条件。倭马亚王朝前期，农业发达，商业兴旺。哈里发政府每年从各类生产部门中获得大宗税收。但是，倭马亚王朝的统治者没有把这些巨额财富用于发展社会生产，而是用于奢侈的浪费。大马士革皇宫，富丽堂皇，宫廷生活糜烂不堪。哈里发和宫廷贵族嗜好赛马、狩猎、斗鸡等游戏，为此不惜耗费巨额资财。哈里发希沙木（724—743 年在位）组织一次赛马会，参赛良马多达 4 000 余匹，耗资巨大；哈里发叶齐德一世（680—683 年在位）用黄金脚镯装饰猎犬。哈里发沉缅于酒色，宫中经常豢养大量歌伎和美女，终日欢歌宴舞，纵情享乐。豪门贵族，竞相斗富，挥霍无度。他们在麦加、麦地那和其他大城市建造豪华的住宅和别墅，招徕各地的歌伎和艺奴，设置妓院，极尽享乐之能事。

为了满足这种穷奢极欲的生活需要，哈里发政府对人民横征暴敛。为了增加税收，哈里发阿卜杜·马立克（685—705 年）时代，停止了鼓励人们改信伊斯兰教的政策，并且下令把聚集在城市里的麦瓦利工商业者逐回农村，强制他们从事农耕。伊拉克和埃及等行省总督，甚至要改信伊斯兰教的麦瓦利也缴纳各种高额捐税，包括土地税和人头税。这些措施引起人们的强烈不满和仇恨。欧麦尔二世（717—720 年）时期虽然被迫减免了麦瓦利的人头税，但其他赋税负担仍然很重。另一方面，他对迪米人采取了更加苛刻的政策。把迪米人从各级政府部门中驱逐出去，遣送农村，强制他们固着在土地上，服从统治者的剥削和奴役，负担包括人头税在内的一切捐税。

8. 改朝换代——倭马亚王朝的灭亡和阿拔斯王朝的建立

倭马亚哈里发政权，对人民的残酷剥削和无情压迫，激起广大人民群众的强烈仇恨和反抗。帝国的各种社会矛盾，特别是阶级矛盾、民族矛盾和教派斗争重新高涨起来。

8 世纪前半叶，中亚、叙利亚、埃及和北非等地，到处爆发人民起义。其中波斯人的斗争，具有特别的重要意义。波斯是什叶派活动的中心。什叶派从来不承认倭马亚哈里发的合法性，主张哈里发的位置应由阿里及其后裔继承。许多不满倭马亚王朝的波斯人，特别是麦瓦利，参加了什叶派的行列。波斯人原来指望改奉伊斯兰教后，可以获得与阿拉伯穆斯林同等的地位。但这种愿望不但没有实现，反而落到受奴役、受凌辱的地位，因而十分忿恨。波斯是具有千年文明的古国，波斯人的文化水准远远高于统治者阿拉伯人。强烈的民族主义情绪，激发他们渴望摆脱阿拉伯人的统治。

747 年，一个波斯人麦瓦利阿布·穆斯林，以减轻赋税为号召，在波斯东部的呼罗珊发动反倭马亚王朝的起义，得到当地农民、奴隶和手工业者等广大群众的积极支持，声势浩大。反对倭马亚王朝的什叶派和阿拔斯派，积极利用人民起义来加强自己的势力。阿拔斯是穆罕默德叔父阿拔斯的玄孙，伊拉克的大地主，在波斯东部地区颇有影响。阿拔斯派指责倭马亚家族是穆罕默德的仇敌阿布·苏非扬的后裔，非法窃取了哈里发职权。主张哈里发职位应由穆罕默德的同族古莱西·哈希姆家族的成员来担任。呼罗珊人民起义在什叶派和阿拔斯派的支持下，不断取得胜利。750年，起义军击溃哈里发的主力，占领大马士革，倭马亚王朝灭亡。阿拔斯利用这一胜利，建立阿拔斯王朝（750—1258年）。初期定都库法，762年迁都巴格达。阿拔斯王朝旗帜尚黑，我国史书称之为"黑衣大食"。

阿拔斯利用人民起义的力量夺取了政权以后，立即站到人民运动的反面，以极残酷的手段消灭一切异己势力。第二任哈里发曼苏尔（754—775年）不仅镇压了原来的同盟者什叶派，还杀害了人民起义领袖、阿拔斯王朝的开国元勋阿布·穆斯林。幸存的倭马亚王朝后裔阿布杜勒·拉赫曼逃到西班牙，以科尔多瓦为中心建立独立的国家，史称后倭马亚王朝或科尔多瓦哈里发国家（756—1492年）。曼苏尔为摆脱呼罗珊人民的忿恨，决定离开呼罗珊，迁都巴格达。巴格达位于底格里斯河下游，扼东西方交通之要冲，具有十分重要的战略意义。从此以后，阿拔斯王朝趋于稳定。8世纪中叶至9世纪中叶，阿拔斯朝阿拉伯帝国达到极盛。

9. 社会变革——阿拔斯王朝时期的阿拉伯帝国

阿拔斯王朝的建立，标志着阿拉伯帝国进入一个新时代。在这个时代，帝国的最高统治者已不再是征服者阿拉伯贵族阶级，新帝国的高级官吏不仅有阿拉伯人，也有伊拉克人、叙利亚人、埃及人，特别是波斯人。新的官僚阶级代替了阿拉伯贵族的统治。在这个时代，帝国境内各民族基本上实现了阿拉伯化或伊斯兰化，阿拉伯血统已不再是决定人们社会地位的重要因素。迁都巴格达，也产生了巨大的影响。一方面，国家的重心由地中海沿岸的叙利亚转移到美索不达米亚，这里不仅是两河流域的肥沃地带，而且正处于四通八达商道交接的要冲。巴格达的商业很快发展起来。另一方面，首都由大马士革东迁巴格达以后，波斯专制主义的政治因素以及波斯的社会风尚，对帝国发生了巨大的影响。

阿拔斯王朝在倭马亚王朝行政制度的基础上，参照萨珊王朝波斯帝国的行政体系，建立了一套专制主义的官僚体制。哈里发是独揽政治、军事和宗教大权的专制君主，他的权力是神圣不可侵犯的。哈里发宣称，他不再是先知的代理人，而是安拉的代理人，是"安拉在大地上的影子"，其权力是直接受自安拉的。因此，穆斯林每星期五举行聚礼时，也要为这个神权统治者哈里发祈祷、祝福。为了贯彻专制主义，哈里发建立了一个由享有薪俸的官吏们所组成的庞大的官僚政体。新的官僚政体不再是单纯以阿拉伯贵族阶级为基础，而是由一个成分相当广泛，既包括阿拉伯贵族，也包括波斯人麦瓦利以及各民族和各宗教成分的官吏、商人、金融家、地主、伊斯兰宗教学者（教法学家、神学家、教师、宗教首领）等所组成的封建官僚统治阶级。官僚机构的最高行政长官，称"维齐尔"，即首相。维齐尔由哈里发从亲信中选任，辅佐哈里发总理万机，权力极大。首相以下有各部大臣分掌各部门的行政事务。重要的部有财政、驿站、司法、工商、农业和军事部等，此外还有主管文书的枢密院以及督察院等机构。地方建制，全国分为24个行省，省以下设县。各省总督由哈里发任命，掌全省军政大权（财政除外），地位显赫。但总督必须接受哈里发派驻各省的钦差大臣的监督，一般任期较短，时常调任，以防其日久坐大，威胁中央权力。

　　完善而有效的官僚机构是哈里发神权专制政体的有力支柱之一。哈里发视财政收入为帝国的命脉，财政大臣和派驻各省的财政总监都由哈里发任命。财政总监的任务是测量土地和调查、统计人口，据以征收各种赋税。财政总监不受行省总督的辖制，直接对中央负责。驿站部除管理全国交通、运输和通讯工作外，还兼司侦察和监督地方官吏的职务。为了加强中央集权，保证贡税的运输，以首都巴格达为中心，开辟通往各省的大道；各地重要城市也有道路相通，沿途设置驿站，多达900余处，形成遍布全国的交通网络。驿站大臣和行省的驿站长官都由哈里发任命，并直接对他报告工作。司法是哈里发统治的重要手段。在阿拉伯帝国，宗教信仰和礼仪同民法、刑法和国家法密切结合。伊斯兰教教法"沙里亚"就是立法的基础，它的内容包括宗教、政治、社会、家庭、个人生活准则，以及民事和刑事等各个方面，是穆斯林必须遵行的法规。教法官（即法官）必须是虔诚的穆斯林，是精通教义和教律的宗教学者。教法官由政府任命，除根据"沙里亚"审理穆斯林的诉讼外，还负责管理宗教基金、孤儿财产，主持婚丧仪式等。

　　军队是哈里发政权的另一有力支柱。阿拔斯朝的军队与倭马亚朝的军队不同，它不是以阿拉伯部落组成的军队为基础，而是在各地、各民族中征募，经过严格训练，领受军饷的正规军和常备军。它的核心是由波斯的呼罗珊人组成的近卫军，包括骑兵队、步兵队和弓弩队。近卫军的待遇相当优厚，除口粮和津贴外，步兵的兵饷平均每人每年为960第尔汗（银币），而骑兵的饷银比步兵还多一倍。后来，近卫军主要由突厥奴隶充任。此外，哈里发还有严密而庞大的警察组织，各大城市都有警察维持社会秩序，薪俸优厚。马木路克近卫军兴起以后，逐渐取代警察的职能，警察组织因之解体。

　　阿拔斯王朝建立之初，没收了前期哈里发及其家族以及各省总督的领地，哈里发成为帝国最大的土地所有者。以后由于没收失势大臣的土地、开发新土地和接受捐献等，哈里发的领地不断增加，遍布全国各地。王公显宦、高级军官和大商人等有势力者，当然也是大土地所有者。他们的土地主要来源于哈里发的封赐、买卖和捐献。一般中小地主，特别是那些保有少量份地的弱小农民，为了避免征税官的诛求，把自己的份地捐献给有势力的大官僚地主，从而失掉土地所有权，作为租佃者而保有耕作权。上述大土地所有者大都居住在城市里，除征收地租外，还领取丰厚的俸禄。

　　全国土地分为什一税地和贡税地两种。在倭马亚朝时期，前者是赐予阿拉伯穆斯林和早期皈依伊斯兰教的少数麦瓦利的特惠土地（除征1/10的天课外，免除一切捐税），后者是按土地面积征收全额租税的一般人的土地。阿拔斯王朝把这种"按人定税"的租税制度改为"按地定税"的租税制度，即把全国土地分为什一税地和贡税地。不管什么人占有土地，一律按该地所应缴纳的税额上缴赋税，而且贡税地也改为按产额征税的办法。什一税地主要分布在伊拉克和东方各行省。耕作什一税地和贡税地的农民，须向地主交纳收获的 1/2 的高额地租，其中谷物和货币各半。由于农民必须把部分产品出售，换取货币，以完纳地租，就给谷物投机商人提供了可乘之机。

阿拔斯朝初期的统治者，以其国家幅员之辽阔，拥有世界上最富庶的地区和世界贸易中枢的有利条件，积极发展农业和手工业生产，鼓励商业贸易，从而促进了阿拉伯帝国社会经济的繁荣昌盛。

农业是国家财政收入的主要来源。因此，哈里发政府十分注意发展农业生产。兴修水利，开垦荒地，使许多荒芜和不毛之地变成了良田，沃野千里，物产丰盛。埃及、美索不达米亚、呼罗珊、大马士革和俄波拉等地，都是农业最发达的地区。主要农作物有小麦、大麦、水稻、棉花、亚麻等。园艺也很发达，椰枣、橄榄、桃、李、杏、桔、苹果、西瓜、葡萄和蔬菜等，都是普遍培植的园艺作物。

手工业相当发达，尤其纺织业占有重要地位。布匹、绸缎、呢绒、服装、地毯、帷幕、斗篷、帽子、椅垫等制品，畅销各地。埃及是亚麻手工业的中心；丝绸手工业集中在波斯东部的朱尔詹和锡斯坦两省；地毯手工业几乎到处都有。其他手工业，如玻璃、武器、皮革、造纸、珠宝以及家具制造业等，也很兴旺。中国的造纸技术，8 世纪中叶由中亚传入阿拉伯帝国。撒马尔罕首先兴起了造纸业，以后传入巴格达、大马士革、埃及、摩洛哥直到西班牙，并通过西班牙传入整个欧洲。阿拉伯帝国生产的纸张，不仅供本国需要，而且远销欧洲。此外，还有金属制造、陶器、肥皂和香水等手工业。

工农业生产的发展以及帝国所特有的东西方之间的过境贸易，为商业的广泛发展提供了条件。穆斯林商人活跃于亚欧非三大洲，他们贩卖丝绸、香料、宝石、铜镜、金银及玻璃器皿、药材、纸张、椰子、蔗糖、各种毛皮以及奴隶和阉人等等。从东南亚的苏门答腊、马来亚、印度，直到北欧波罗的海沿岸和斯堪的纳维亚半岛，都有阿拉伯商人的足迹。我国的广州、泉州和扬州等地也聚居着不少的阿拉伯商人。大规模的商业贸易，促进了银行事业的发展。阿拔斯王朝采用金银两种货币，东部各省通用银币第尔汗，西部各省通用拜占庭的金币第纳尔。从事金银币的兑换者逐渐变成了银行家。9 世纪，帝国银行业发达，巴格达总银行在各城市设有分行。大商人都在银行里有自己的账号，凭支票支付，而不用现金。由于伊斯兰教不准许信徒赚取利息，所以经营银行的多是犹太教徒和基督教徒。

随着生产和国内外贸易的发展，城市结构发生了质的变化。原来阿拉伯人在被征服地区建立的军事城堡，这时变成了市场和交易的中心。城镇的主要居民不再是各部落的阿拉伯人，而是经营商业或手工业，成为已阿拉伯、伊斯兰化了的麦瓦利人。首都巴格达不仅是帝国的政治中心，而且是世界巨大的商业城市。巴格达水陆交通发达，城里有各行各业的专门市场，码头上经常停泊着几百艘船只。各地通过水陆运输，把各式各样的产品源源不断地运到巴格达，然后再转销世界各地。巴士拉、西拉夫、安条克、的黎波里、开罗、亚历山大里亚、吉达等港口城市，也都成为水陆贸易的中心。市场上除各省的货物外，还有中国的丝绸和瓷器，印度和马来群岛的香料、矿物和染料，中亚的红宝石，东非的象牙、金砂和黑奴，北欧和俄罗斯的蜂蜜、黄蜡、毛皮和木材等等。

阿拔斯王朝的经济繁荣是建立在对各族人民残酷剥削和专制统治的基础之上的，随着阶级斗争和政治动乱的深化，9世纪中叶以后，帝国经济急剧衰落，而强大一时的阿拔斯王朝，日趋衰亡。

10. 宿命轮回——阿拉伯帝国的衰亡

阿拔斯王朝的苛政和人民起义

阿拔斯王朝权力的两大支柱是强大的军队和组织庞大而严密的官僚机构。而官僚机构的主要任务之一，是千方百计最大限度地剥削人民，向人民征收名目繁多的捐税，以维系帝国的专制统治，保证皇室和贵族的享用。9世纪初，国库存款9亿多第尔汗，其中主要是来自农民的租税。哈里发马门时期（813—833年），每年仅土地税的现金收入，即高达4亿多第尔汗。从人民手里榨取来的这些巨款，除军队费用（每年2亿第尔汗）和政府开支（每年1亿第尔汗）外，其余大部分被皇室和贵族挥霍浪费。曼苏尔（754—775年）在底格里斯河西岸巴格达村落建设新都，动员10多万人，费时4年，耗资480多万第尔汗。新都命名为"麦地那·赛兰"，意为"和平之城"，但在习惯上人们仍称之为"巴格达"。新巴格达为圆形城市，直径2 352米，分外城、内城和皇城三层，有三道城墙。皇城位于全城中心，皇宫建筑，富丽堂皇，宫内陈设，尽是稀世珍品。哈里发的衣着，价值数万第纳尔。拉西德（786—809年）的皇后左白黛朝觐时，花费了300万第纳尔。马门与布兰结婚时，用龙涎香把黑夜照成白昼，以金盘盛着千颗珍珠，撒向马门和皇后。参加婚礼的皇亲国戚和达官贵人，每人得到一份优厚的礼品，其中有现金、土地、香料和奴隶。哈里发大多是酒色之徒，穆台瓦基勒时期（847—861年），内宫妃妾多达4 000人。宫廷生活，极端奢侈糜烂不堪。

皇族显贵除占有大量土地外，还从政府领取高额薪俸，一个省级法官的月俸，即高达4 000第尔汗。达官显贵的富有与豪华，不亚于皇室。巴尔麦克家族，仅是动产就有3 000多万第纳尔。

统治阶级的穷奢极欲和劳动人民的困苦生活，形成鲜明对照。农民被束缚在土地上，负担各种沉重的徭役和赋税。城市手工业劳动者的工资很低，一个瓦匠每月工资不过30第尔汗，难以维持最低生活。奴隶的处境更为恶劣。有的为宫廷和贵族家庭服役，任凭主人随意奴役和处置，女奴往往成为歌伎或婢妾，惨遭蹂躏；宫廷的男奴还被阉割，成为阉人，受尽种种非人待遇。有的在田野或矿山从事繁重的生产劳动，食不果腹，衣不蔽体。尤其在底格里斯河盐碱地劳动的大批黑奴，为主人排水采盐，开辟耕地，劳动最艰苦，待遇最低，每天只能得到几把麦粉或椰枣充饥，住处不蔽风雨，处境不如牛马。

尖锐的阶级对立，必然激起人民的反抗。早在帝国兴盛时期，广大人民的反抗斗争就不断发生。随着阶级矛盾的深化，9世纪中叶以后，人民起义遍及全国。其中最大的几次起义是：

（1）巴贝克起义（816—837年）。

巴贝克出身于下层社会，家境清贫，青年时代曾为地主放牧，当过驼夫，到过许多地方。巴贝克是一个虔诚的胡拉米派教徒，见识过人，精明强干，后来成为胡拉米派的首领。胡拉米教是8世纪后期产生于中亚胡拉木（因而得名）地方的一个教派，该派受琐罗亚斯德教（袄教）的影响，认为世界存在着善恶二神。一切暴力、压迫和社会不平等，都是恶神造成的。主张同这种不公正的社会制度进行斗争，要求土地公有，取消捐税和徭役，建立平等公正的社会。

816年，巴贝克在阿塞拜疆拉恩和比勒干地区率众起义。提出没收地主土地，取消捐税，打倒阿拔斯政权的战斗口号，得到农民、手工业者、奴隶以及其他人民群众的热烈拥护和支持。起义者以红色为标记（象征光明），被称为"红衣军"。在巴贝克的领导下，"红衣军"屡败官兵，除恶霸，杀贪官，很快席卷了阿塞拜疆、亚美尼亚和波斯西部的广大地区，控制了帝国北部商业要道。起义群众发展到30多万人，声势浩大。巴贝克还巧妙地施展外交手段，利用拜占庭皇帝和哈里发的矛盾，与拜占庭结盟，并得到物质援助。在国内外反哈里发势力的支持下，巴贝克起义对哈里发政权构成严重威胁。

哈里发政府军屡次败北。穆耳台绥木（833—842年）时期派大将艾弗辛镇压起义，他以100万第尔汗悬赏，缉拿巴贝克。837年，巴贝克被叛徒出卖。9月4日，被敌人肢解，英勇就义。起义群众遭到残酷镇压，坚持20多年的巴贝克起义，最终失败了。

（2）黑奴起义（869—883年）。

阿拔斯朝时期，从东非奴隶市场上输入大量黑人奴隶，投放在美索不达米亚南部低洼的盐碱地区，为地主巨商从事排水采盐和开辟耕地的繁重劳动，过着非人的生活。869年3月，在巴士拉附近爆发了震撼全国的黑奴大起义。

领导黑奴起义的领袖阿里·伊本·穆罕默德，是伊斯兰教哈瓦立及派（军事民主派）的穆斯林。他自称是先知穆罕默德的堂弟阿里和女儿法蒂玛的后裔，是安拉派遣的使者；他的使命是使奴隶获得自由和财富。伊本·穆罕默德号召奴隶们起来废除无道的哈里发，建立包括奴隶在内的人人平等的公正社会。他的号召得到了广大奴隶和贫苦群众的积极响应，成群结队的奴隶参加了起义队伍，众多的农民和牧民，甚至黑人士兵也加入了起义者的行列，起义人数多达 20 余万。871 年，起义者占据了两河流域通往波斯湾的要冲巴士拉城，处决官僚和显贵，将城市劫掠一空，并付之一炬。伊本·穆罕默德进而控制了伊拉克南部和波斯西南部的广阔地区，切断了巴格达通往东南部的交通线，直到逼近距巴格达仅有 20 公里的地方，帝国首都岌岌可危。

面对起义者的进攻，统治者惊慌失措。哈里发穆耳台米德（870—892 年）不得不派其兄、摄政王穆瓦法格出征。穆瓦法格一面备战，一面对起义者进行诱降。他假意许诺恢复黑奴自由，赦免参加起义者等条件，号召起义者放下武器。但穆瓦法格的阴谋被起义者识破，未能得逞。穆瓦法格利用假谈判，赢得了缓冲的时间。881 年 2 月，他向起义者发起了全面进攻。起义黑奴退守大本营穆赫塔赖，坚决抵抗。

但是，这时起义者阵营暴露了严重的弱点。起义的奴隶获得了自由，但没有废除奴隶制；起义的将领们占据了土地，成为地主，继续向农民征收租税。伊本·穆罕默德没有实践起义时许下的诺言，广大奴隶和农民感到失望。因而支持起义的人越来越少，起义者陷于孤立。在关键时期，内部出现了叛将，与敌人里应外合，使起义陷于困境。883 年 8 月，穆赫塔赖陷落，伊本·穆罕默德被杀，坚持斗争 14 年之久的黑奴大起义，终于失败了。这次黑奴大起义规模之大，持续时间之长，给统治者打击之重，其影响之深远，都不逊于古代罗马的斯巴达克起义。

（3）卡尔马特派起义。

卡尔马特派是在黑奴起义过程中，由什叶派的伊斯玛仪派的信徒建立的秘密的教派组织。相传因创始人阿布·阿布杜拉的绰号"卡尔马特"而得名。该派承认伊斯玛仪派的领导，反对逊尼派哈里发政权，主张财产共有，社会平等。在宗教仪式方面，不接受正统的逊尼派的一般规定，不进行一日五次的祈祷，不执行整月斋戒，不举行朝觐。890 年左右，该派在哈马丹·卡尔马特领导下于伊拉克南部库法附近举行起义，得到当地广大贫苦农民的积极响应，起义势力迅速扩张到波斯和中亚一带。899 年，在波斯湾西岸巴林建立国家，都艾赫萨（今胡富夫）。

卡尔马特国家由六个人组成的政务委员会领导。政府对农民实行优遇政策。农民不负担繁重的赋税，贫困的家庭还可以得到无息贷款及其他生活照顾。但奴隶担负最繁重的劳动，仅从事农业生产劳动的黑奴就达 3 万之多。卡尔马特国家拥有 2 万军队，经常袭击周围地区，劫掠商旅和朝觐者，并把俘虏变为奴隶。930 年，劫掠圣城麦加，把克而白神庙洗劫一空，并劫走了黑石。951 年，应法蒂玛王朝的要求，把黑石送回麦加。卡尔马特国家存在 200 余年，大约在 12 世纪衰亡。

波澜壮阔的人民起义，沉重地打击了阿拔斯王朝的统治。此后，阿拉伯帝国四分五裂，日趋衰落。

阿拉伯帝国的衰亡

阿拉伯帝国是一个主要通过征服而拼凑起来的多民族、多宗教和具有不同社会发展水平的庞大而松散的联合体，即使在哈里发政权最强大时期，中央的权力也是有限的，尤其对于边远行省，更是鞭长莫及。及至 9 世纪中叶，主要由于人民起义的打击以及统治者内部权力斗争，国势衰微，哈里发权力削弱，各行省总督和近卫军首领乘机扩大权势，或割地自立，或直接控制朝廷，阿拉伯帝国分崩离析，最后由于外族入侵而灭亡。

早在 750 年，阿拔斯王朝创建时，被消灭的倭马亚王朝的王子阿卜杜勒·拉赫曼逃到西班牙，在当地阿拉伯贵族和柏柏尔人支持下，于 756 年宣布独立，建立后倭马亚王朝（756—1492 年），都科尔多瓦，故亦称"科尔多瓦哈里发"。这是阿拉伯帝国分裂的开端。此后，帝国先后失去了对非洲各省区的控制。摩洛哥于 788 年、突尼斯于 800 年相继独立；868 年，埃及也脱离了巴格达政府，成立了图伦王朝（868—905 年）。阿哈默德·本·图伦原来是奴隶出身的埃及总督，他据埃及而独立，并把势力扩展到叙利亚。

东部各省区的情况也在恶化。820 年，一个名叫塔希尔的波斯将领，在波斯东部建立了独立的塔希尔王朝，控制了呼罗珊及其周围地区。其后，锡吉斯坦省驻军司令撒法利，利用哈里发政权困于黑奴起义的机会，割据自立，建立撒法利王朝（867—903 年），并于 872 年攻灭塔希尔王朝，把势力扩展到呼罗珊及法尔斯全省。903 年，撒法利王朝为新兴的萨玛尼王朝（874—999 年）所灭。萨玛尼王朝的版图，北达咸海，南至波斯东南部，东抵阿姆河和锡尔河上游，西迄里海，成为中亚最强大的国家。继萨玛尼王朝而崛起于中亚的大国是哥疾宁王朝（962—1186 年）。它是萨玛尼王朝的一个奴隶出身的警卫队长阿勒卜特勒创建的，以阿富汗的哥疾宁（今加兹尼）为都城，故名。哥疾宁王朝全盛时期，其领域东起北印度，西至波斯的西北部，北抵花刺子模，南迄锡吉斯坦。此时哈里发只保存了对巴格达和伊拉克的直接控制，对帝国其他省区，只满足于名义上承认他其宗主权和不定期地交纳贡税。

哈里发宫廷的无限挥霍浪费和军政的庞大开支，造成了财政危机，而人民起义和各地方势力的独立，更加剧了这种危机的尖锐程度。为了解决财政危机，哈里发政府实行包税制度。能获得包税特权的除少数大商人外，主要是各省总督和驻军首领。包税人须预先向哈里发政府交纳承包的税额，然后在其包税地区内随意征税，实际征收的税额远远超过他们向政府所交纳的承包税额。包税制使总督和驻军首领的政治、经济势力急剧膨胀，独立性日益加强。自穆耳台希木（833—842年）时代以来，哈里发逐渐丧失了对他们的控制，甚至成了他们手中的傀儡，任其废立。

945年，波斯西北部的地方长官艾哈迈德率军攻占巴格达。当时受突厥近卫军控制的穆斯台克非把艾哈迈德视为救星，封他为大元帅。艾哈迈德取代突厥近卫军，成为巴格达的真正统治者。两年后，艾哈迈德废黜穆斯台克非，另立新的傀儡哈里发。从此以后，哈里发完全听从大元帅的摆布。

艾哈迈德出身于波斯人德莱木部落的白益家族，其所创立的王朝，称"白益王朝"（945—1055年）。白益王朝属于什叶派，因而将其首都设在什叶派的中心法尔斯省的设拉子。但是为了缓和逊尼派的敌对情绪，形式上仍然维持哈里发的传统地位，而只图掌握实际的统治权。白益王朝实行军事封建统治体制，军人不仅掌握了最高行政权力并且亲自掌握了税收权，成为社会上压倒其他一切势力的统治势力。白益王朝剥夺了从前军人总督、高级官僚和大商人的包税特权，把它转给本朝军人，并开始对现役军人授予"伊克塔"（采邑），作为其服役的俸禄。伊克塔封建主一般只享有对该土地的征税权而没有土地所有权和行政支配权，并且不能世袭，伊克塔的大小和占有时间的长短，皆由白益王朝最高统治者的意志决定。受领伊克塔的军人封建主，不是以伊克塔的收入来供养自己的部下，也不是把自己的伊克塔分割授予其部下，其部下是从政府领受伊克塔或年俸，这是白益王朝军事伊克塔的特点。军事伊克塔制奠定了军人统治体制的基础，改变了阿拉伯帝国官僚统治体制的传统。

白益王朝统治时期，帝国东方出现了新兴的塞尔柱人。塞尔柱人属于突厥的乌古思部落，初居吉尔吉斯草原，11世纪后半叶，在部落首领塞尔柱率领下西迁。当时哥疾宁王朝内乱，势力衰微，塞尔柱人乘机夺取了哥疾宁王朝的木鹿和内沙布尔等地，1037年建立塞尔柱王朝。此后，塞尔柱继续侵占哥疾宁王朝的领地，势力日益强大。1055年，塞尔柱人推翻白益王朝，控制了巴格达政权。哈里发噶伊木任命塞尔柱军事首领突格里勒为摄政王，并赐予"苏丹"（意为"权威"）称号。从此，塞尔柱王朝取代白益王朝控制了巴格达哈里发政权。但这时期的哈里发只保有宗教首领的地位，政治首领已被塞尔柱苏丹所取代。塞尔柱王朝继续实行白益王朝的军事统治体制，并把军事伊克塔制推广到全社会，不仅军人，政府官僚也授予伊克塔，而且伊克塔可以世袭占有。这样就导致了封建割据势力的增长。12世纪，塞尔柱王朝封建内讧，势力衰微。

1194年，花剌子模突厥王朝的统治者塔卡什为驱逐塞尔柱人，占据了巴格达。和塞尔柱人一样，他仍以苏丹的名义独揽巴格达的世俗大权。但是，它的统治寿命不长。1258年，蒙古军征服巴格达，彻底消灭了哈里发政权。持续几个世纪、盛极一时的阿拉伯帝国最后灭亡了。

第三节　海洋霸主——西班牙帝国

1. 海上"马车夫"——西班牙帝国发迹简史

西班牙帝国是世界上第一批全球帝国之一，也是世界历史上最大的帝国之一。

16 世纪中，西班牙和葡萄牙是欧洲环球探险和殖民扩张的先驱，并在各大海洋开拓贸易路线，使得贸易繁荣，路线从西班牙横跨大西洋到美洲，从墨西哥横跨太平洋，经菲律宾到东亚。西班牙征服者推翻了阿兹特克、印加和玛雅文明，并对南北美洲大片领土拥有宣称。一时之间，凭著经验充足的海军，西班牙帝国称霸海洋；凭著其可怕、训练有素的步兵方阵，她主宰欧洲战场。著名法国历史学家皮埃尔·维拉尔称之为"演绎出人类历史最非凡的史诗"。西班牙在16 至 17 世纪间经历其文化黄金年代。

16 世纪中期开始，西班牙哈布斯堡王朝利用美洲采矿所得的金银取得更多军费，以应付在欧洲和北非的长期战争。西班牙从 1580 年兼并葡萄牙帝国开始，一直维持著世上最大的帝国，直到 19 世纪丧失美洲殖民地，纵使她从 17 世纪 40年代开始在军事及经济连番遇到波折。正当西班牙因建立帝国而面对新冲击、困境和痛苦，其思想家在自然法、主权、国际法、战争和经济建构了一些最早的现代思想。其有关思想学派统称为萨拉曼卡学派。他们甚至怀疑帝国主义的正统。

西班牙与敌对国家持续斗争，引起领土、贸易和宗教冲突，都使得西班牙国力在 17 世纪中叶开始下滑。在地中海，她与奥斯曼帝国战事频繁；在欧洲大陆，法国逐渐变得强大；在海外，西班牙首先与葡萄牙竞争，后来的对手包括英格兰和荷兰。而且，英、法、荷三国支持海上抢劫，西班牙在其领土过度动用军力，政府贪污渐趋严重以及军费导致经济停滞，最终导致帝国的衰落。

1713 年的《乌得勒支和约》使西班牙失去在意大利和低地国家的剩余领土，终于结束了其欧陆帝国。西班牙以后的情况转好，可是在欧洲政治一直只是二流国家。

然而，西班牙一直维持并扩张其殖民帝国。而到了 19 世纪，半岛战争的冲击引起委内瑞拉和巴拉圭宣布独立。随后发生的革命使西班牙丧失在加勒比海附近的殖民地。西班牙帝国在加勒比海的古巴和波多黎各、亚洲的菲律宾和大洋洲关岛、密克罗尼西亚联邦、帕劳及北马里亚纳群岛都保留相当多领土，直到 1898年的美西战争。西班牙瓜分非洲所得甚少，包括西属摩洛哥、西属几内亚和西属撒哈拉，至今，只有位于北非沿岸的加那利群岛、休达、梅利利亚和其他主权地仍然属于西班牙。

2. 历史称谓——西班牙帝国释义

"西班牙帝国"一般指西班牙在美洲、太平洋及其他地方的殖民地。不过，西班牙帝国应该包括什么，历史学家并没有共识，故此难以为其欧洲领土下定义。例如，传统说法指出，低地国家是西班牙国王的属地，由西班牙官员管理，由西班牙军队防卫，所以计算在内。但是，亨利·卡门（Henry Kamen）等作家主张，这些领土从未融入"西班牙的"国家，而只是哈布斯堡王朝部分属地。因此，很多历史学家提及查理五世和腓力二世的王朝遗产，称之为"哈布斯堡的"或"西班牙的"，几乎交替使用。

同样地，在18世纪波旁王朝的那不勒斯王国是否属于"西班牙"，也似乎是喜好的问题。它与西班牙同属一个王朝，又与之结下军事联盟，但按宪法仍为独立国家。而"西班牙"本身的定义演变，使问题更复杂。它统一于王朝之下，但按某些意义仍然只是几个独立王国，也就是卡斯蒂利亚王国、阿拉贡王国和纳瓦拉王国。

而且，要注意，虽然西班牙的军队入侵葡萄牙，并以共主邦联统治之，但葡萄牙王位仍独立于西班牙王位，故此葡萄牙正式保持其独立。而且，里斯本政府仍然控制其海外属地，使西班牙君主其人有效地共治西班牙与葡萄牙。故此，这个帝国有时又被称为西班牙葡萄牙帝国。因此，当葡萄牙重获独立，她保留其殖民地，而政府、法律和商业并没有内部转变。

3. 殖民运动——帝国的建立

阿拉贡帝国、勃艮第帝国和葡萄牙帝国是西班牙后来成为帝国的模范。

在收复失地运动末期期间，卡斯蒂利亚的国王收取附庸摩尔人的格拉纳达王国进贡之黄金，并容许它存在，因此让黄金能从非洲尼日尔运送到欧洲。卡斯蒂利亚也开始向北非扩张，与葡萄牙帝国争雄。1402年，卡斯蒂利亚国王恩里克三世派遣诺曼底探险家让·德贝当古，开始在加那利群岛建立殖民地。

阿拉贡的斐迪南二世与卡斯蒂利亚的伊莎贝拉一世两位天主教君主联婚，使得两国变成一个共主邦联，仍由其独立管理，却由同一个君主政体统治。根据亨利·卡门称，西班牙由帝国缔造，而非西班牙缔造帝国。卡斯蒂利亚在新大陆、菲律宾和非洲迅速扩张殖民地，故此创造帝国，分别在1497年和1509年占领梅利利亚和奥兰。

1491年开始，两位天主教君主决定支持那不勒斯的阿拉贡王室，在意大利战争对抗法兰西的查理八世。身为阿拉贡国王的斐迪南与法国和威尼斯竞争，以争夺意大利，使这贡些冲突成为它外交政策的重点。在这些战役，西班牙步兵压倒法兰西骑兵，而贡萨洛·费尔南德斯·德科尔多瓦将会缔造在16世纪和17世纪初期几乎无敌的西班牙军队。1492年，西班牙驱逐格拉纳达最后一位摩尔人国王。

西班牙取胜后，其君主与热那亚水手克里斯托弗·哥伦布商讨，希望能向西方航行到日本。当哥伦布向伊莎贝拉一世提出其大胆的航行计划，卡斯蒂利亚正在与葡萄牙展开探险竞赛，以最先到达远东。哥伦布不经意地"发现"了美洲，让西班牙开始开拓美洲殖民地。东印度群岛则预留给卡斯蒂利亚。

1493年，教皇诏书的颁布确立了西班牙对这些土地的宣称；第二年，《托尔德西里亚斯条约》将全球西葡宣称拥有的土地分成两半球。这使西班牙获得独有权利，能在整个新世界建立殖民地，从阿拉斯卡到合恩角（巴西除外），以至亚洲西部。

伊莎贝拉女王死后，她的丈夫斐迪南二世独掌政权，并推动比以前更积极的对外政策，扩大西班牙在意大利的势力范围，并对抗法国。在康布雷联盟战争，他首次派出西班牙军队，与威尼斯共和国战斗。法军在1509年的阿尼亚代洛战役取得胜利，与西班牙军队同样享有盛名。仅一年之后，斐迪南为了夺得王朝宣称拥有的米兰和纳瓦拉，而加入意大利天主教联盟抵抗法国。1516年，法国签署停战协定，但继续控制着米兰，并确认西班牙控制上纳瓦拉。

16世纪初，伊斯帕尼奥拉岛殖民地成功建立。之后，殖民者开始到处找寻新殖民地。来自不太繁荣的伊斯帕尼奥拉岛一些人，渴望在新殖民地取得新成就。其中，胡安·庞塞·德莱昂征服波多黎各，而迭戈·贝拉斯克斯·德奎利亚尔则夺得古巴。1512年，巴斯科·努涅斯·德巴尔沃亚在巴拿马的达连建立首个美洲大陆殖民地。

1513年，巴尔沃亚横越巴拿马地峡，展开欧洲首次从新大陆航行到太平洋的探险行动。他宣称，大西洋和所有毗连的土地为西班牙王室所有。

在商业方面，卡斯蒂利亚帝国的早期表现并不好。但它的殖民扩张却刺激西班牙的贸易和工业，并且让一些大城市发展。直到1546年，当墨西哥萨卡特卡斯和上秘鲁（今玻利维亚）波托西的大银矿开业，卡斯蒂利亚及其王室才能从航运得到大量白银。但最终这些进口使其他工业的投资萎缩，令西班牙在16世纪后期经历通货膨胀。而犹太人和摩里斯科人被驱逐，更令商业和手艺行业流失人才，情况更坏。大量白银流入，致使西班牙过度依赖外来的原料和制成品。

富人喜欢将其财富用来买公债（juros）。公债由这些进口白银支持，而非制造业的生产和农业之改进。公债使西班牙贵族阶级一直认为劳动工作是可耻的，而这时其他西欧国家正逐渐摒弃这种偏见。在低地国家、法国、英格兰及其他欧洲地区，金银之流通促成经济及社会变革，在西班牙却不然。萨拉曼卡学派和规划者对通货膨胀问题提出建议，但他们未能左右哈布斯堡政府的政策。

4. "日不落"帝国——西班牙的黄金年代

16~17世纪有时被称为西班牙的黄金年代。在16世纪，西班牙就从新西班牙得到了相当于15 000亿美元的黄金及白银。当时西班牙的版图广阔，被誉为"日不落"帝国。这个黄金时代中运转不灵的帝国，权力重心并非远在内陆的马德里，而是塞维利亚。哈布斯堡王朝挥霍从卡斯蒂利亚和美洲殖民地得来的财富，为自身利益而在欧洲屡开战端，数次拖欠借款，使西班牙破产。西班牙帝国与卡斯蒂利亚人民的矛盾，终于引发 1520—1522 年的卡斯蒂利亚社区起义。

哈布斯堡王朝野心勃勃，有很强烈的政治企图。主要有 4 个政治目标：

(1) 获取美洲（金、银、蔗糖）和亚洲的产物（瓷器、香料、丝绸）。

(2) 削弱法国的势力，并阻法国其东进。

(3) 维持天主教哈布斯堡王朝在德意志的霸权，以助天主教抵抗宗教改革。

(4) 抵抗穆斯林对欧洲的威胁，尤其针对奥斯曼帝国。

在这期间，两位天主教君主的政治婚姻，使他们的外孙查理继承了卡斯蒂利亚在美洲的帝国、地中海的阿拉贡帝国（包括今意大利大部份地区）、神圣罗马帝国、低地国家及弗朗什孔泰的王位。查理平定了卡斯蒂利亚社区起义后，成为欧洲最有权势的人，他的欧洲帝国无可匹敌，直到拿破仑年代为止。此外，他又尝试在沃木斯议会遏止宗教改革，但马丁·路德拒绝公开放弃"异端邪说"，而且他对宗教的虔诚，并未能阻止其哗变的部队劫掠罗马教廷。

哥伦布之后，一群称为"西班牙征服者"的探险战士继续在新大陆开拓殖民地。这些军队利用当地族群和国家的争端以获益。当地一些势力为了打败比自己强大的敌人，而过于渴求与西班牙人结盟，例如印加人及阿兹特克人。后来，其他欧洲殖民势力都经常利用同样的战术。而且，疫病的传播也使西班牙人更轻易征服美洲大陆。疫病（如天花）在欧洲常见，在新大陆却从未出现，使得大量美洲原住民死亡。这造成劳工短缺，因此殖民者最初非正式地渐渐开始大西洋奴隶贸易（详见美洲原住民人口历史）。

当中最成功的西班牙殖民者领袖，可能是荷南·科尔蒂斯。他带领一支小军队，并同时有大约 20 万名美洲原住民的支持，于 1519—1521 年间征服强大的阿兹特克帝国，将墨西哥纳入西班牙帝国版图，作为建立新西班牙的基础。此外，佛朗西斯科·皮萨罗征服印加帝国，后来更成为秘鲁总督，可说是同等重要。征服墨西哥后，北美洲的基维拉和西沃拉、黄金城市的传言南美洲的黄金国等引起更多远征活动，不过很多都空手而回；即使找到城市的人，都发觉所得的比预期少得多。其实，矿场成立后，美洲殖民地才开始为王室带来大部分收益。

1521 年，法国国王弗朗索瓦一世发觉自己的国家被哈布斯堡领土包围，于是攻击西班牙在意大利的属地，再次引起两国的冲突。法国遭遇灾难性败绩，先后在比克卡会战（1522 年）、帕维亚会战（1525 年，弗朗索瓦本人被房）和兰德里亚诺战役（1529 年）受挫。结果，弗朗索瓦退出战争，再次放弃米兰予西班牙。

5. 势力膨胀——帕维亚会战及《奥格斯堡和约》

1525 年，查理五世在帕维亚会战中击败法国，使很多意大利及德意志人感到意外，令人担心他将会继续扩张势力。当时，教皇克莱孟七世倒戈支持法国及意大利一些重要城邦，参与针对哈布斯堡帝国的科尼亚克同盟战争，但是失败。后来在1527年，查理渐渐厌倦教皇干预他认为与宗教毫无关系的事务，并攻陷罗马，使教皇蒙羞。结果，克勉七世和继任的教皇与世俗势力交往时，都显得加倍谨慎。1529年，教皇与查理签署《巴塞罗那和约》，建立更和谐关系。西班牙正式成为天主教的保护者，而查理被加冕为意大利国王。而且，西班牙需要出兵，以推翻佛罗伦萨共和国。1533年，克勉七世拒绝让亨利八世离婚，主要原因是他不希望触怒查理五世，令罗马再度被洗劫。

1522年，葡萄牙人斐迪南·麦哲伦主导一支西班牙船队进行环球航行，途中在菲律宾去世。胡安·塞瓦斯蒂安·埃尔卡诺将会承继领导工作，使航行成功。

1528年，著名海军上将安德烈亚·多里亚与查理五世结盟，打败法国军队，使热那亚重新独立，也让查理有改善财政的机会。同年，热那亚的银行首次借贷给查理。

西班牙更积极在新大陆建立殖民地，在1530年代建立新格拉纳达（今哥伦比亚），在1536年建立布宜诺斯艾利斯。

西班牙曾订立法例，保护其美洲殖民地的原住民，首条法例在1542年建立。法例的法律意义，成为现代国际法的基础。欧洲殖民者借着殖民地的遥远，感到权力受制时，便发动叛乱，使部分新法律被废除。后来，约束力较弱的法律订立，用以保护原住民，但记录显示这些法律效力不足。监护征赋制重新建立，印地安人不受保护，反而受到剥削。

1543年，法国国王弗朗索瓦一世宣布首次与奥斯曼帝国苏丹苏莱曼大帝结盟，并与奥斯曼军队占领西班牙控制的城市尼斯。亨利八世虽然不满查理五世阻止他离婚，但更不满法国，所以跟查理五世一起侵略法国。虽然西班牙在萨伏伊的切雷索莱战役遭受重大挫败，但法国仍然难以威胁西班牙控制的米兰，又在北方败于亨利八世，故此被迫接受不利的条件。查理五世的弟弟斐迪南领导奥地利军队，继续在东方与奥斯曼军队交战。查理则处理早前未解决的国内问题，由路德派德意志诸侯及其他新教邦国组成的施马尔卡尔登同盟。

这个同盟已经跟法国结盟，并阻止一些德意志人企图破坏它的行动。可是，法王弗朗索瓦在1454年战败，使其与新教徒的同盟瓦解，令查理有可乘之机。首先，在1545年，特伦托大公会议举行，查理尝试进行和谈。然而，新教领导层在会上感到被天主教徒出卖，于是参与由萨克森选帝侯莫里茨发动的战争。于是，查理带领来自荷兰和西班牙的军队入侵德意志，希望能恢复帝国统治。1547年，查理的军队在重要的米尔贝格战役击败新教徒，令施马尔卡尔登同盟崩溃。1555年，查理与新教邦国签署奥格斯堡和约，并根据他的"统治者的宗教乃人民的宗教"原则，重建德意志地区之稳定，但并不受西班牙和意大利宗教人士的欢迎。查理对德意志的政策，令西班牙成为神圣罗马帝国内天主教和哈布斯堡王朝的保护者。这样的先例，在七十年后令西班牙参与战争，并结束其在欧洲的领导地位。

查理决定在海岸与奥斯曼军队作战，结果牵制了奥斯曼军队企图在地中海东部进侵威尼斯共和国领土之攻势。1545 年，当奥斯曼军队进犯西班牙东岸，查理才亲自率兵进攻非洲大陆。

6. 巅峰之战——圣康坦到勒班陀战役

查理五世唯一合法婚姻所生的儿子腓力二世（1556—1598 年在位）与叔父斐迪南一世瓜分了哈布斯堡王朝的领地。腓力视西班牙为他帝国的基础，但西班牙人口仅有法国的三分之一，难以为帝国提供足够的兵力。后来，腓力与玛丽·都铎联姻，使西班牙与英格兰结盟。

但是，西班牙仍然未得和平。1547 年，深具野心的法王亨利二世登位，不久就再与西班牙发生冲突。腓力二世继位后，继续进行西班牙与法国的战争，先后在皮卡第的圣康坦战役和格拉沃利讷战役击败法军。1559 年，两国签署《卡托—康布雷齐和约》，永久确认西班牙在意大利的主权。和约签署后庆祝典礼举行，亨利参加马上枪术比赛时被断矛插中，数天后去世。在往后的三十年，法国陷入长期内战与动荡，故此不能在欧洲强国竞赛中与西班牙和哈布斯堡王朝竞争。于是，由1559 至 1643 年，没有法国威胁的西班牙国力达到巅峰，版图扩张至最大。

1557 年，腓力二世统治的西班牙面对破产，于是给热那亚银行财团发展的机会。它们使德意志银行集团陷入混乱，并取代富格尔家族成为西班牙的金融巨头。哈布斯堡王朝制度累赘，热那亚银行为之提供流动借款和可靠的稳定收入。王朝则协助银行，将塞维利亚不太可靠、来自美洲的白银迅速运到热那亚，以提供更多资本。

1565 年，佩德罗·梅嫩德斯·德阿维莱斯创立圣奥古斯丁，并建立殖民地佛罗里达。后来，法国海军军官让·里博与 150 名同胞企图在西班牙佛罗里达建立非法殖民地，不久后被德阿维莱斯击败。圣奥古斯丁很快就成为重要的战略地点，让满载金银的西班牙船只从新大陆的殖民地航行到西班牙。

同年的 4 月 27 日，米格尔·洛佩斯·德莱加斯皮在菲律宾创立首个永久的西班牙殖民地，马尼拉大帆船正式开始服务。这些大帆船把货物经太平洋从亚洲运载到墨西哥海岸的阿卡普尔科；然后，货物又在墨西哥运上西班牙珍宝船队，最后运返西班牙。1572 年，西班牙为了促进此贸易活动，建立了马尼拉。

当时，西班牙需要军队负责占领葡萄牙，以稳定对其之统治。而在 1576 年破产的西班牙，就仍然在恢复元气。1584 年，奥兰治的威廉被一名神智不清的天主教徒刺杀。这位受尼德兰人欢迎的抗争领导人之死，似乎能令战争结束，但事实恰恰相反。1586 年，伊丽莎白一世出兵支持尼德兰和法国的新教徒，其部下弗朗西斯·德雷克在加勒比海和太平洋攻击西班牙商船，并特地主动进攻港口加的斯。1588 年，为了停止伊丽莎白一世的干预，腓力派遣无敌舰队以攻击英军。当时天气良好，英格兰派遣较小型和敏捷的战舰，而且得到在尼德兰的间谍帮助，得以作好作战准备。结果，英军击败了为数更多、防备更佳的西班牙战舰。虽然西班牙遭受重大挫败，但随后的德雷克—诺里斯远征（1589 年）是英西战争（1585—1604 年）的转折点，使西班牙占上风。几乎人人都肯定西班牙的舰队是欧洲最强，直到 1639 年的唐斯战役中，逐渐疲乏、弱态渐现的西班牙被尼德兰海军击败。

法王亨利二世去世后，西班牙参与法国的宗教战争。1589 年，瓦卢瓦王朝最后的国王亨利三世在巴黎城外去世。其继位者、首位波旁王朝的法国国王纳瓦拉的亨利四世是能力出众的领导者。他在阿尔克战役（1589 年）和伊夫里战役（1590 年）击败法国天主教联盟，取得重要胜利。腓力二世坚决阻止亨利成为法国国王，于是分派军队到尼德兰，并在 1590 年入侵法国。

7. 纵横捭阖——"神眷顾西班牙"

面对着与英、法、荷的战争，而对方都有卓越将领，处于破产的西班牙发现自身实力不及三者。西班牙为了脱离连串冲突的困局，在 1598 年与法国签订《韦尔万条约》，承认亨利四世为法国国王，并恢复《卡托—康布雷齐和约》中很多条款。英国在海上多次战败，而西班牙又支持天主教徒在爱尔兰不断进行游击战，遂于 1604 年签订《伦敦条约》，当时英国君主是较易相处的斯图亚特王室的詹姆士一世。

西班牙与英法修好，使西班牙可以集中精力，巩固其尼德兰行省的统治。当时荷兰领袖奥兰耶的威廉之子、拿骚的毛里茨。他也许是当代最有才略的军事家，在 1590 年以后夺取数个边境城市，包括布雷达要塞。西班牙与英国缔结和约后，其新任将领安布罗西奥·斯皮诺拉能力可与毛里茨相比，加紧进攻荷兰，却因为西班牙在 1607 年发生最后一次破产而未能成功。西班牙和联合省在 1609 年签署十二年停战协定，西班牙终于再次回到和平，史称西班牙和平。

停战期间，西班牙国力恢复良好，并稳定其财政。在成为下一场大型战争的主要角色前，西班牙积极恢复威信。腓力二世的继承人腓力三世能力平庸，无心理政，选择由下属管理他的政务细节。此时他的首相是有才干的莱尔马公爵。

1618 年，腓力三世撤换了首相，换来了饶有经验的驻维也纳使节（唐）巴尔塔萨·德苏尼加为首相。唐巴尔塔萨认为，只要西班牙和哈布斯堡的奥地利紧密合作，就能制约复苏中的法国及消灭荷兰境内的反对势力。1618 年，布拉格掷出窗外事件两度发生后，奥地利及神圣罗马皇帝斐迪南二世便开始着手对付新教联盟及波希米亚。唐巴尔塔萨鼓励腓力联合奥地利哈布斯堡王朝加入战团。而在西班牙驻尼德兰军队冒起的新星斯皮诺拉，统领佛兰德军参战。自此，西班牙加入三十年战争。

1621 年，腓力三世去世，比他更虔诚的儿子腓力四世继位。次年，奥利瓦雷斯伯爵—公爵接替其舅父唐巴尔塔萨为首相。奥利瓦雷斯是正直而有能的人，相信西班牙一切的困扰都来自尼德兰。波希米亚人在初期受挫，先后在 1621 和 1623 年于白山和施塔特洛恩被击败，而与荷兰的战斗在 1621 年继续。1625 年，斯皮诺拉攻下布雷达要塞。1626 年，神圣罗马帝国将领阿尔布雷希特·冯·瓦伦斯坦先后在德绍河和巴伦山麓卢特成功击退丹麦，解决了忧患。

当时丹麦被击退后，德意志境内的新教徒似乎被肃清。西班牙于是期望将尼德兰重新纳入版图。法国局势再度不稳，西班牙帝国呼之欲出。奥利瓦雷斯伯爵—公爵坚定地断言："神眷顾西班牙，在这些日子为我国作战。"

8. 中衰之路——罗克鲁瓦战没

奥利瓦雷斯的时间并不够用。他理解到西班牙需要改革，改革需要和平。然而，他仍然把"摧毁尼德兰联省共和国"列为首要之事，他认为荷兰的财富就是反对哈布斯堡王朝统治的根源：荷兰银行家资助塞维利亚的东印度群岛商人，世界上荷兰的企业家和殖民地开拓者都在侵蚀著西班牙人和葡萄牙人霸权的基础。

正当安布罗西奥·斯皮诺拉和西班牙军集中进攻尼德兰，战争似乎对西班牙有利。可是，卡斯蒂利亚王国的经济却在 1627 年崩溃。西班牙人一直在将其货币贬值，以致物价飞涨，正如数年前在奥地利一样。直到 1631 年，卡斯蒂利亚部分地区透过实物交易来解决货币危机。这时，政府无法从农民阶层抽取任何有意义的税金，只好依赖从殖民地所得的收入。在德意志的西班牙军队也只能"自负盈亏"。

奥利瓦雷斯曾经支持某些税制改革在战后实行，但是因另一场令西班牙尴尬、在意大利发生的战争而被谴责。在二十年的停战期间，荷兰人重视发展其愈来愈强大的海军，成功破坏西班牙的海上贸易，那西班牙在经济崩溃后所全盘依赖的事业。

此时西班牙与尼德兰在许多地方展开竞争，例如 1629 年，西班牙在尼德兰占领台湾南部之后，不久也占领台湾北部，不过 16 年后在又尼德兰的攻击下撤出。

西班牙的军事资源完全投放在欧洲各处以至海上，用来保护海上贸易和防范荷兰人的战舰。帝国中葡萄牙的部分，其航运被袭击，其贸易站和领土被攻击，受害尤甚。

1628 年，尼德兰船长皮特·彼得松·海因捕获西班牙宝藏船。西班牙经济严重衰退，尼德兰的却蒸蒸日上。西班牙发现她不能应付日益增长的海军之威胁，不单是尼德兰，还有法国和英格兰。但这时候，他们在地中海仍然有强大的海军实力，抵抗奥斯曼海军和穆斯林海盗。

1630 年，瑞典的古斯塔夫二世成为历史上最有名的将领之一。他登陆并攻取德意志的最强欧洲大陆要塞、对抗他的施特拉尔松德港。古斯塔夫其后挥军南下，并在布赖腾费尔德战役及吕岑战役取得显著的胜利，愈加吸引新教徒的支持。但后来，他于 1632 年在吕岑去世，天主教帝国在讷德林根战役中大败瑞典军。1635 年，神圣罗马皇帝跟因战乱而疲乏的德意志邦国议和。很多邦国都同意，包括最强大的勃兰登堡和萨克森。法国却在此时介入事件，使外交情势不明朗。

在战争初期，法国首相黎塞留曾经大力支持尼德兰及清教徒反对西班牙及神圣罗马帝国，并向他们提供资金及装备，企图遏止哈布斯堡在欧洲的扩张。然而，黎塞留认为布拉格和约的签署会对法国的计划有所不利，于是法国在条约签署几个月内向神圣罗马帝国及西班牙宣战。西、法两国交战初期，较有经验的西班牙军曾取得成功：奥利瓦雷斯命令军队从尼德兰突击法国北部，希望借此粉碎路易十三下属的信心，并促使黎塞留下台。1636 年西班牙军推进至法国科尔比的南部，并威胁首都巴黎的安全。对西班牙而言，战争即将结束。

但 1636 年以后，奥利瓦雷斯停止向前推进，恐怕令王室再次破产。他举棋不定，并未借势进攻，引起重大影响。西班牙军队以后都没有如此深入敌阵。1639 年，西班牙舰队在唐斯战役中被尼德兰海军击败。西班牙人方才发现他们在尼德兰未能补给，亦没有足够的增援。1643 年，在尼德兰境内的罗克鲁瓦战役中，代表西班牙最强军力和领导力的佛兰德军被波旁的路易二世的军队所突击。这支由弗朗西斯科·德梅洛率领的军队遭遇溃败，大部分士兵被法国骑兵或杀或擒。佛兰德军名誉毁于罗克鲁瓦，而西班牙从此开始走向中衰。

9. 偏安一隅——哈布斯堡王室下的西班牙帝国

传统上，历史学家认为 1643 年的罗克鲁瓦战役标志着西班牙在欧洲之霸权结束。可是，这场战争其实还没完结。17 世纪 40 年代，法国煽动加泰罗尼亚人、那不勒斯人和葡萄牙人蜂起，反抗西班牙统治。而西班牙于 1648 年失去对尼德兰的统治权后，便与荷兰人议和，签署《威斯特法伦和约》，承认尼德兰联省共和国的独立。自此，西班牙与尼德兰的八十年战争及与欧洲各国进行的三十年战争正式告终。

可是，西班牙与法国的战争仍持续了十一年。虽然法国于 1648 年至 1652 年爆发了内战，但西班牙的经济情况已经困乏不堪，无法同时处理几场战争。然而，在这期间，西班牙之衰落常常被夸大。西班牙分别于 1648 年和 1652 年收服那不勒斯和加泰罗尼亚。但是，蒂雷纳子爵带领法军在沙丘战役击败了西班牙在尼德兰的残兵，结束这场战争。西班牙在 1659 年与法国签订《比利牛斯和约》，割让出鲁西永、富瓦、阿图瓦和大部分洛林给法国。

1640 年，布拉甘萨的若昂宣称拥有葡萄牙王位继承权，主导叛乱，得到葡萄牙人广泛支持。西班牙既要平息其他叛乱，又与法国战斗，未能及时作出反应。若昂登基为布拉甘萨王朝第一任君主，称为若昂四世。从 1644 年到 1657 年，西、葡两个国家实际上和平共存。1657 年，若昂逝世，西班牙企图从葡萄牙新君阿方索六世手中夺回葡萄牙。可是，西班牙在 1663 年的阿梅希亚尔战役和 1665 年的蒙蒂斯克拉鲁斯战役中连番被葡军击败。最后，西班牙在 1668 年承认葡萄牙的独立。

西班牙仍然拥有一个庞大的海外殖民帝国，但面对著欧洲霸主法国和大西洋的尼德兰。

1667年至1668年，路易十四引起了权力转移战争，希望夺得西属尼德兰。卡洛斯二世和他的摄政团对此无能为力，不但使西班牙声望大跌，更失去了里尔和沙勒罗瓦城市等领地。在大同盟战争，路易十四再次进犯西属尼德兰。1690年卢森堡公爵率领法军，在弗勒吕斯大败西班牙军，随后击破与西班牙同一阵线、由奥兰耶的威廉三世所率领的尼德兰军。战事结束后，法国占领了西属尼德兰大部分的领土，包括重要城市根特和卢森堡。此役向欧洲人揭示了西班牙的军队和官僚脆弱而落后，而哈布斯堡政府却置之不理。

17世纪后期的几十年间，西班牙已经全然衰败。西欧其他地方的政府与社会正经历急速转变，例如英格兰有光荣革命，法国有太阳王之治世。西班牙却命运茫然。有号召力、勤奋和聪明的查理一世和腓力二世所建立的官僚制度，需要强势、勤劳的君主。但后继的腓力三世及腓力四世软弱和无心理政，令国家开始衰退。卡洛斯二世是一个有智能障碍及阳痿的君主，令哈布斯堡家族后继无人，结果王位由波旁家族王子安茹的腓力继承，这后来引发西班牙王位继承战争。

10. 改革复苏——波旁王室下的西班牙帝国

1713年4月11日，乌得勒支和约签署欧洲列强，决定了西班牙的命运，用来保持欧洲的实力均衡。西班牙新君腓力五世继续保留西班牙的海外殖民帝国，但割让西属尼德兰、那不勒斯、米兰及萨丁岛给奥地利；西西里岛及部分米兰让予萨伏依；梅诺卡岛及直布罗陀则交予英国。因此，西班牙帝国开始减少干预欧洲领土。此外，西班牙更把西属美洲贩卖奴隶的专利权让予英国三十年，又让英国注册船只航行到西班牙的殖民地，这为合法运输和走私打开大门。

波旁王朝统治之初，以中央集权为基础，实行一切重商主义的思想，在美洲缓慢实行，但在这世纪期间愈加快速。波旁王朝主要是希望破坏根深蒂固的美洲贵族阶层——本土出生的欧洲裔殖民，并最终削弱耶稣会对领土的控制，也就是实际上独立的神权瓜拉尼人的米西奥内斯。1767年，耶稣会被驱逐出西属美洲。一些商人协会早已在墨西哥城和利马确立，并由本土地主牢固控制。另一与之竞争的工会在韦拉克鲁斯成立。

腓力政府马上成立了海军及印度群岛部，并创立首家洪都拉斯公司。1728年成立了一家加拉加斯公司和唯一注定兴盛的哈瓦那公司。1717—1718年，负责管理印度群岛的印度群岛议会和印度群岛贸易馆也管理笨重的宝藏船，从塞维利亚迁移到加的斯，使之处理所有印度群岛的贸易，私人的定期出航缓慢取代旧有的武装护航船。到了1760年，已经有邮船定时来回加的斯、哈瓦那和波多黎各，也有较疏落的航班前往拉普拉塔河。1776年，该地新增一个总督。相对于有注册航运，西班牙赖以为生的非法贸易减少。1735年，航运注册处成立。

1780年，图帕克·阿马鲁二世在秘鲁发动起义，委内瑞拉发动叛乱。两次事件同样都是对于更严密、有效统治的反应，表现出西属美洲局势之不安，并显示制度改革再度引起抵抗。

实际上，西班牙在18世纪只是法国的附庸国，所以不能称为超级强国。然而，即使考虑到弗洛里达布兰卡伯爵的改革，都难以说西班牙与奥地利和俄罗斯并列，更不要说是称强于法国或英国。由于西班牙未能夺回直布罗陀，但是在18世纪它的海外帝国还是趋向繁荣，贸易在其改革下稳步增长，尤其在后半世纪。英国海军在七年战争（1756—1763年）取得重大胜利，使18世纪40年代以来航运的快速增长受阻。之后，贸易再度复苏，但是西班牙参与美国独立战争（1779—1783年）期间，英国的攻势再度阻碍贸易。不过，由于商船制度以外的贸易得到准许，故此帝国的船运贸易在18世纪80年代再次增长，而且发展速度特别快。

加的斯对美洲的贸易垄断结束，使西班牙制造业复苏。其中最显著的是，加泰罗尼亚的纺织业在18世纪80年代中期，已经显示出工业化的最初现象。一小群活跃于政治的商家阶级在巴塞罗那出现。这些工业的规模与兰开夏郡的庞大工业比较确实很细小，但它们快速发展，并将会在19世纪成为该行业在地中海的中心。这些细小、零散的地方现代工业的发展固然不能夸大，尤其考虑到位于北方的工业规模如此庞大，当中以英国为甚。但是，这些发展的确反证西班牙的经济停滞。大部分经济增长在沿海主要城市和大型岛屿发生，例如古巴的种植业发展，以致美洲贵金属采矿业再度增长。在西班牙国内，郊区及其国内大部分地区，有大量居民生活。很多人居住在偏远社区，道路不济，环境落后，更有人不愿妥协陈旧风俗。虽然新的农业技术推出，但被剥削的农民不感兴趣，工人阶级又没有农地，因此生产量持续低下。由于政府推行的政策并不一致，纵使西班牙经济在18世纪有改善，可是仍然落后。西班牙重商主义的贸易安排，使它不能为帝国提供足够货品和市场。

波旁王朝的制度改革在军事方面取得成就。1734年，西班牙军队在波兰王位继承战争从奥地利轻易夺得那不勒斯和西西里岛。1739—1942年在詹金斯之耳战争中阻止了英国夺取战略城市卡塔赫纳和古巴。虽然在七年战争1756—1763年之末，西班牙败于英国大幅改良和强大的海陆部队并失去一些领土，但是在美国独立战争（1775—1783年）期间收复失地，并夺得英国的军港巴哈马。

到加利福尼亚传教的计划在1769年开始。1791年西班牙与英国签署《努特卡协议》，将英国在俄勒冈地区划归不列颠哥伦比亚。同年，西班牙国王下令亚历山德罗·马拉斯皮纳寻找西北水道。

西班牙帝国仍未恢复一等强国的地位，但相对于18世纪初，命运完全被其他强国的政治交易控制时，国力已经大幅提升。在新君统治之下，西班牙能够重建并开始为国家制度和经济展开长期的现代化道路。17世纪时的人口倒退业已扭转。西班牙居于列强的中游，其强国地位的声称不容忽视。可是，时移势易，殖民地的贸易与财富增长，与西班牙本土的贸易也见改善，却仍受限制，引起不满，使政治更紧张。马拉斯皮纳提议西班牙帝国改为实行联邦制，以改善统治和贸易，并解决帝国边缘的精英与中央之间在政治的紧张局势。然而，王朝害怕权力旁落，拒绝改革。在世纪之交，法国大革命战争和拿破仑战争带来的战乱降临欧洲，扫除一切。

第四节　昙花一现——亚历山大帝国

1. 沧海横流——亚历山大帝国的形成

公元前336—前323年，马其顿王腓力二世在位的时候征服了整个希腊，其子亚历山大后来整合了希腊的力量开始东征，建立了史上有名的亚历山大帝国。腓力二世最终征服希腊的时间是公元前338年，前337年成立"希腊联盟"，即"科林斯联盟"。

亚历山大死后，帝国崩溃，大体分裂为三部分，其中欧洲部分即希腊本土地区曾几易其主，最终为安提柯王朝所统治，公元前2世纪中叶为罗马所灭。

亚历山大帝国版图包括今天的希腊、马其顿、保加利亚、阿尔巴尼亚、塞浦路斯、土耳其、黎巴嫩、叙利亚、以色列、巴勒斯坦、埃及、约旦、伊拉克、科威特、伊朗、巴基斯坦、阿富汗全境或大部和印度一小部分。"让我们把战争带给亚洲，把财富带回希腊。"这是希腊最著名的雄辩家的雄心，只可惜当时的希腊已失去了当年的气势，处于日薄西山的时候了。但事隔几年，马其顿的国王亚历山大率领浩浩荡荡的大军踏上了征服亚洲的征途。

马其顿是希腊北部一个贫瘠落后、默默无闻的城邦。到腓力二世时，这个城邦走向强盛。公元前338年，腓力二世击败反对他的希腊联邦，真正确立起他在全希腊的霸主地位。公元前336年，腓力二世被波斯派来的刺客杀死在他女儿的婚礼上。亚历山大是腓力二世的儿子，当年年仅20岁就继位了。

亚历山大从小兴趣广泛又聪明勇敢，12岁时曾驯服过别的骑手不能驾驭的烈马。13岁到16岁，他的父亲为他聘请了当时希腊"最博学的人"亚里士多德作家庭教师，他向老师学习了哲学、医学、科学等各方面的知识。他最喜欢的书是《伊利亚特》，他一心想向阿喀琉斯学习，创下辉煌的伟绩。腓力二世被害后，希腊被征服的城邦认为这是摆脱马其顿帝国控制与奴役的天赐良机，他们纷纷起义暴动，但年轻的亚历山大在短短的两年里就平息了骚动。为了维持庞大的军队以镇压希腊各城邦的反马其顿运动，为了实现自己征服世界的野心，亚历山大把目光放向了领土辽阔、资料丰富、财富滚滚的波斯。

公元前334年的春天，亚历山大率领35 000人的大军和160艘战舰，开始了远征东方的行动。行前，他把自己的所有地产收入、奴隶和畜群分赠给人。一位大将迷惑地问道："请问陛下，您把财产分光，给自己留下什么？"

"希望。"亚历山大说，"我把希望留给自己，它将给我无穷的财富！"

将士们被亚历山大的雄心所激励，他们决心随他到东方去掠夺更多的财富。

亚历山大率领部队首先占领了小亚细亚，消灭了那里少量的波斯军队；然后他又挥师北上，向叙利亚进军，在伊苏城，他打败波斯王大流世三世，并俘获了他的母亲、妻子和两个女儿。

接着，亚历山大向南进军叙利亚和腓尼基，又派手下大将攻占了大马士革，从大流士的军械库里获得大量战利品。他亲自率领部队南下，经过7个月的艰苦战斗，攻下了推罗城，把推罗城的3万居民卖为奴隶。

亚历山大围攻推罗城时，大流士三世曾派使者求见亚历山大，愿意出巨款赎回他的母亲、妻子和女儿。还要割让半个波斯帝国给亚历山大。亚历山大的一员大将帕曼纽心满意足地说："如果我是亚历山大，我就接受这个条件。"亚历山大则毫不动心，他说："我不是帕曼纽，我是亚历山大。"公元前332年，亚历山大切断波斯陆军与海上舰队的联系后，长驱直入埃及，自称是太阳神"阿蒙之子"。他亲自勘查设计，在尼罗河三角洲西部，建立亚历山大城，他要它永存人世，作为他伟大战绩的纪念碑。埃及的法老为亚历山大加上了"法老"的称号。在庆功的宴会上，亚历山大分外兴奋，他说："英雄的伟大就在于不断开拓疆土，不断增加权力，尽情享受美味佳肴和少女美色。"

公元前331年，亚历山大率军穿过美索不达米亚北部，在高加米拉平原和波斯进行生死决战。大流士三世败退，被自己的部下杀死。亚历山大在巴比伦、苏萨、波斯波利斯和埃克巴坦各波斯王宫，掠夺了金银财富达15万塔兰特。公元前330年，亚历山大彻底击败了大流士的继位人，征服了整个波斯帝国。

公元前327年，亚历山大率领军队离开中亚，南下侵入印度，在印度河谷建立了两座亚历山大城，迅速占领了西北印度的广大地区。他想进一步征服印度的心脏地带，向恒河流域进发。但此时亚历山大的士兵已厌倦了长期的紧张战争，再加上印度的炎热、暴雨和疾病，他们拒绝前进，要求回家。他们纷纷举行集会，发生哗变，印度的土著居民也群起反击。亚历山大在万般无奈的情况下，公元前325年，将大部队撤出印度。

亚历山大的部队分两路撤回。一路在海军将领涅阿霍斯的率领下取海道由伊朗海湾入波斯湾；一路由亚历山大亲自率领，从陆路经卡曼尼亚沙漠而归。公元前324年初，两路大军会师在巴比伦境内的奥皮斯城。由于长途跋涉，亚历山大的部队消耗极大。将近10年的亚历山大远征，终于结束了。亚历山大将巴比伦作为首都。他建立了一个庞大的帝国。它的版图西起希腊、马斯顿，东到印度河流域，南临尼罗河第一瀑布，北至药杀水。

在远征以前，亚历山大认为希腊民族是世界独一无二的民族，只有这个民族才真正具有开化的文明，而其他非希腊民族都是野蛮的民族。随着东征，亚历山大逐渐认识到波斯人和希腊人一样具有杰出的智慧和才能，他们也应该受到尊敬。因而亚历山大的思想观念发生了改变，他认为各民族应该是公平、平等、和睦相处。他因此产生了一个伟大的计划，想让波斯人、希腊人与马其顿人结为友好的同伴。为了促进马其顿人和波斯人、东方人的融合，亚历山大和大夏贵族罗克珊娜结婚，并鼓励马其顿人和东方女子结婚。在苏萨城，亚历山大举行了一次盛大奢华的结婚典礼，他亲自和波斯国王大流士三世的女儿斯塔提拉结婚。同一天举行婚礼的马其顿将士有 1 万对之多。在婚礼上，亚历山大宣布：马其顿人和东方女子结婚，可以享受免税待遇，他还给新婚夫妇馈赠了许多礼物。

在巴比伦，亚历山大还整编一只庞大的军队，将 3 万波斯青年编入马其顿部队，并准备继续进行远征。他计划侵入阿拉伯与波斯帝国北面的土地，还想再次入侵印度征服罗马、迦太基和地中海西岸地区。但不幸的是公元前 323 年 6 月，亚历山大突然患恶性疟疾，从发病到生命结束仅 10 天时间，他匆匆离开了人世。

由于死亡的突然降临，亚历山大未明确他的接班人，导致争夺王权的激烈斗争。在斗争中，他的母亲、妻子与儿女都被反对党杀死。将领们纷纷拥兵自立为王，横跨欧、亚、非三洲的马其顿王国从此分裂为若干个希腊化的国家。亚历山大庞大的帝国只存在了短短的 13 年。

亚历山大的东征，促进了东西方文化的交流，开拓了人们的眼界。东方的城市出现了优美的希腊式雕塑和建筑，东方的天文学和数学知识也传入希腊、西方，丰富了西方的知识宝库。亚历山大的东征还开辟了东西方贸易的通路。他在东方建立的几十座城市都逐渐发展成为商业中心。如埃及的亚历山大港至今仍是埃及著名的大海港。

亚历山大帝国和塞琉西王国的统治（公元前 330 年至公元前 247 年）：亚历山大三世在波斯积极推行"希腊化"的殖民统治。公元前 323 年，亚历山大三世死后，他所建的帝国分裂，其部将塞琉古（马其顿人）夺得帝国东部广大地区，并于公元前 312 年称王，以叙利亚为中心建立塞琉西王国，中国古称条枝。塞琉西王国全盛时，疆域包括小亚细亚、叙利亚、两河流域、波斯和中亚的部分地区。

2. 天马行空——亚历山大的史诗

亚历山大横空出世

伯罗奔尼撒战争的结束，标志着希腊文明的旗手雅典在历史舞台上的谢幕。而新霸主斯巴达随即又因与昔日的盟友波斯帝国争夺小亚细亚而展开了激烈的战争，整个希腊世界的力量就在这不断的战争中被慢慢消耗殆尽了。就在这个时候，一个一直在历史舞台上默默无闻的国家崛起了，它接过了希腊文明的接力棒。这个国家就是马其顿。

马其顿是位于希腊北部的一个城邦。他们的祖先和多利亚人一起入侵希腊，最后定居在了希腊北部地区。由于一直地处偏僻，所以总被希腊人看做是蛮夷之邦，不算文明世界。这倒有点像同时代的秦国，在中原各国看来也只是一个蛮夷而已。不过有意思的是，这两个"蛮夷"最后都修成了"正果"，成为东西方两个"文明世界"的统一者和领导者。

历史演进到公元前4世纪，东方的秦国发生了商鞅变法，一跃成为东方最强的国家，而西方的马其顿这时候也出现了一位杰出的国王：腓力二世，再加上借着希腊内战的东风，从默默无闻的小邦一举成为希腊世界最强大的军事国家。在腓力二世成为国王之后，他大力发展了马其顿的军事力量，尤其是发明了著名的马其顿方阵。在他的统率下，马其顿军队相继征服了一个个希腊城邦，到前337年，马其顿已经取代斯巴达，成为希腊世界新的领导者。

希腊人当然不甘心被"蛮夷"领导，于是在前336年派出刺客刺杀了腓力二世，而腓力的儿子亚历山大才20岁，毛头小伙一个。希腊人无不庆幸，以为这下终于可以摆脱马其顿人的统治了。但没想到这个18岁已经就随父出征的亚历山大却是个比他父亲更狠的角色。这位继承马其顿王位的青年一登基就立即组织对叛乱的希腊各城邦发动打击，训练有素、装备精良的马其顿军队在亚历山大的指挥下，把拼凑起来的希腊联军打得一败涂地，重新确立了对希腊世界的领导权。

然而，仅仅当希腊的统治者是不能让亚历山大满足的。他虽然是个马其顿人，却从小就受到希腊大哲亚里士多德的教诲和熏陶，早以希腊人自居，而且一直为希腊文化的辉煌灿烂而自豪。所以他早就立志要征服世界，把希腊文化传播到世界各地。因此在稳定了希腊后方之后，他就决定发动东征，第一个征服的目标就瞄准了希腊人的死敌——波斯帝国。

公元前334年，亚历山大率领4万马其顿军队渡过了黑海海峡，抵达小亚细亚。亚历山大深知波斯国土辽阔、兵力雄厚，远非马其顿可比，因此他下了破釜沉舟的决心。行前，他把自己所有的财产都分给了自己的朋友，而他给自己留下的，只有两个字："希望"。他希望从富有的波斯帝国获取十倍、百倍的财富，当然，如果失败，那便只有死亡一条路。

马其顿人的到来出乎波斯人的意料。他们并未在小亚细亚部署重兵以拦截马其顿人，结果让马其顿军队顺利在小亚细亚站稳了脚跟。波斯的小亚细亚总督急忙拼凑了几万人，企图在格拉尼库斯河堵住马其顿人，结果却被马其顿大军杀得大败。亚历山大初战告捷，信心高涨，于是继续向波斯的腹地挺进。

此时波斯的统治者是大流士三世。此人其实也非平庸之辈，上台之初就以出色的手段平息了波斯各地的叛乱，重新巩固了波斯帝国。只是经历了两百年的时间，波斯帝国发展到这个时候，衰落已是不可避免。尤其是军队方面，昔日强大无比的波斯军队现在战斗意志已经弱了很多，以至于大流士最可信赖的部队竟然是来自希腊的雇佣兵。在得知亚历山大的军队入侵的消息之后，他急忙组织大军去迎战马其顿人。公元前333年，亚历山大率领3.5万马其顿军队在伊苏斯同16万波斯大军展开大战。亚历山大身先士卒，率领马其顿骑兵绕开波斯军的正面，直接插向大流士的中军所在。一心准备打"堂堂之阵"的大流士没想到亚历山大如此玩命，心理顿时崩溃，急忙抽身逃走，结果留下了十几万大军群龙无首，被马其顿人一举打垮，连随军出征的大流士的母亲和妻子女儿都成了亚历山大的俘虏。

伊苏斯之战对波斯人的心理打击是巨大的。会战结束后，大流士派人给亚历山大捎信，同意割让半个帝国给这个马其顿人，还赔偿巨额的金银。这个条件足以让没见过什么世面的亚历山大的部将们垂涎三尺、心满意足，但亚历山大却根本不屑一顾——什么半个帝国？他要的是整个东方！他自然拒绝了大流士的求和。在伊苏斯之战后，他没有选择继续进攻波斯首都，而是南下夺取两河流域和埃及。他以征服者的姿态进入世界名城巴比伦，被巴比伦僧侣们称为"万王之王"——而这个称号从前是给予波斯皇帝们的；他又兵不血刃征服埃及，被埃及人拥戴为埃及的法老。就在亚历山大头上的荣誉一个接一个涌来的时候，大流士也没闲着。他利用马其顿人南下的机会，抓紧时间组织新的军队。等到亚历山大回过头来再攻击波斯本土时，时间已过去了两年，而大流士已经重新拥有了数量众多的兵力，形势又一次严峻起来。

公元前331年，亚历山大统率4万马其顿军在高加米拉与大流士统率的25万波斯大军展开了决战。亚历山大故技重演，再次亲率骑兵绕到波斯军侧翼，插向大流士的中军所在。大流士吸取了伊苏斯的教训，派骑兵死死缠住了马其顿骑兵，但是亚历山大竟然只带了少数近卫骑兵脱离了双方骑兵的混战，直奔大流士的卫队而来。本来，大流士的卫队人数众多，还是可以抵挡一下的，但是大流士被亚历山大的英勇无畏震撼了，再加上伊苏斯留下的心理阴影，他的心理彻底崩溃了。他再次选择了逃跑。于是人数绝对占优势的波斯大军重蹈了伊苏斯的悲剧，在高加米拉尸横遍野，一败涂地。

这一次，亚历山大不想再给波斯人任何机会，他率领马其顿军一路向东，直取波斯首都。大流士在逃亡途中被杀，波斯人一片混乱，再也无法组织有效的抵抗。前330年，波斯的最后一个省份陷落，至此，自居鲁士开始延续了近200年的波斯帝国彻底灭亡了。而自马拉松之战起，延续了一个半世纪的希波战争也终于画上了句号——代表希腊的马其顿灭亡了波斯，战争以希腊人的胜利而告终。

此时，年仅26岁的亚历山大已站上了历史的顶峰，在他的身后，是人类历史上第一个横跨三大洲的大帝国——亚历山大马其顿帝国。西方古代最重要的几个文明聚集地——希腊、埃及、巴比伦都已在他的统治之下了。他已写下了西方历史上前无古人的伟大史诗。然而，他的脚步没有停止，他向着他所知道的人类最后一个尚未被他征服的文明——印度发起了新的远征。

爱琴海的落日

公元前326年，亚历山大对印度的征服战争已经进行了四年。曾经横扫欧亚非的马其顿大军在印度遇到了极大的困难。在印度炎热、潮湿的森林中，他们水土不服，纷纷病倒，连亚历山大自己也染上了重病。再加上当地部落的不断袭击，马其顿人伤亡惨重。尽管亚历山大一心要征服印度，但在全军士气低落、减员严重的情况下，他也只好下令班师。前324年，马其顿大军回到了帝国的首都巴比伦，从而结束了历时10年之久的东征。

结束了长期征战的亚历山大开始享受他的征服成果了。他被尊称为"亚历山大大帝"，他放弃了马其顿的传统，开始像东方的帝王一样唯我独尊，任意杀死敢于反对自己的部下；他大量任用对他俯首帖耳的波斯人为官吏，而那些长期跟他征战的将士们却没有得到应有的封赏，却反过来要受那些波斯官吏的管辖；他娶了波斯公主为妻，因此称波斯人为亲戚，每当马其顿人与波斯人发生矛盾时，他总是偏袒波斯人……这一切虽然暂时巩固了他的帝国，却深深伤害了跟随他出生入死的马其顿将士的感情，更为整个帝国的未来蒙上了阴影。简而言之，亚历山大知道如何去征服，但征服之后如何维持一个帝国，他却还没学过。

在终日的酒色过度的生活中，亚历山大的身体状况急转直下。从印度回来之后仅仅1年的时间，他就被一场突如其来的疾病击倒了。公元前323年，这位叱咤风云的伟大征服者去世了，死时年仅33岁。亚历山大的突然去世对他的帝国的打击是致命的，由于他没有明确自己的继承人，结果在他尸骨未寒的时候，他的部将们就为了争夺最高权力内讧起来，最后连亚历山大的儿子也在内乱中被杀死了。

马其顿宫廷的内讧后来升级为帝国的内战，经过一番混战，最后帝国被亚历山大的三员大将瓜分：马其顿本土由安提柯统治，建立了安提柯王朝；埃及由托勒密统治，建立了托勒密王朝；巴比伦及两河流域由塞琉古统治，建立了塞琉古帝国。而原本受马其顿统治的希腊各城邦也乘机恢复了独立。人类历史上的第一个横跨三大洲的帝国仅仅存在了十余年，就这样分崩离析了。

亚历山大的帝国对于希腊文明而言是矛盾的：它既是希腊文明最辉煌的顶点，同时又是希腊文明辉煌的终结。亚历山大从雅典人手里接过了希腊文明的火炬，通过武力征服使希腊文明突破了希腊世界的范围，让希腊文明的光芒照亮了东方，从此，整个东方开始了希腊化的时代，这对于希腊文明是一个无上的光荣。然而，亚历山大帝国的迅速崩溃又使希腊文明进一步发展的势头被很快打断。受到希腊文明影响的东方国家利用希腊文明的成果取得了更大的发展，而希腊文明本身的发展却随着希腊人力量的衰落而走到了尽头。瓜分了亚历山大帝国的三大王朝忙于争夺地盘，而希腊各城邦更是各自为政。从此之后，再也没有一个强者能接过希腊文明的火炬，将这个文明继续发展下去了。

公元前3世纪初，一位希腊统帅决心复兴亚历山大的事业，重新建立起伟大的帝国，将希腊文明的火炬传承下去。这个人就是伊庇鲁斯（位于今阿尔巴尼亚）的国王、希腊世界的最后一位杰出军事家——皮洛士。

皮洛士自幼崇拜亚历山大，立志要像亚历山大那样征服世界，恢复希腊的光荣。为此，他在登上伊庇鲁斯的王位之后，就积极建设军队，用短短几年的时间练出了一支训练有素的精锐军队，使伊庇鲁斯这个小国在希腊世界里成为有名的军事强国。皮洛士深知，要恢复亚历山大的事业，第一步就是要成为希腊世界的盟主，因此他不断干涉希腊各城邦的事务，企图获得盟主的地位。

公元前280年，位于意大利南部的希腊城邦他林敦为了争夺意大利南部的霸权，与意大利中部新兴的强国罗马爆发了战争。他林敦无法抵挡罗马人的进攻，于是向皮洛士求救。皮洛士率领伊庇鲁斯军队渡海登陆意大利，他满怀重现亚历山大伟业的激情，投入了与罗马人的战争。依靠着组织严密、训练有素的步兵方阵和第一次出现在欧洲的战象，皮洛士取得了初战的辉煌胜利。然而，罗马人不是亚历山大面对的波斯人，他们虽然一次次战败，却始终没有被打垮。罗马不同于波斯，他们的军队不是靠临时拉壮丁拼凑的，而是通过完善的预备役制度不断征召的。所以只要罗马国家还存在，罗马军队就会源源不断地涌来。而皮洛士的军队却是有限的，不可能承受长期的消耗。前279年，皮洛士依靠威力强大的战象再次战胜了罗马人。但是，他自己的军队也付出了惨重的伤亡。当战后他的将领们向他祝贺时，他不无感慨地说道："再来一次这样的胜利，我们就谁也回不去了！"从此以后，西方谚语留下了"皮洛士式的胜利"。因为无法战胜罗马人，于是皮洛士转战去了西西里，企图在那里打开局面。然而三年转战，他却徒劳无功，只好又返回意大利。这三年的时间里，罗马人已经找到了对付皮洛士的战象的办法。前275年，皮洛士率军与罗马人展开决战。罗马人利用了动物怕火的特点，用火攻皮洛士的战象，结果取得了巨大成功。被火吓得发疯的战象反过来践踏皮洛士的军队，皮洛士一败涂地，终于黯然结束了五年之久的远征，带领残兵败将离开了意大利，回到了伊庇鲁斯。三年后，他在一次战斗中阵亡，"亚历山大第二"的梦想也随之破灭。

皮洛士的失败不仅是他个人的悲剧，更是希腊世界的悲剧。皮洛士是希腊世界最后的杰出统帅，在他之后，希腊世界再没有人能取得辉煌的军事胜利了。从公元前8世纪希腊的复兴开始，历经了500年的辉煌，希腊文明终于如爱琴海中的落日一样，带着金色的余晖无可奈何地向西方落去。而在不远的西方，一个新兴的强大民族正在如朝阳一般勃勃升起……

第五节　青史留名——罗马帝国

1. 横贯东西——罗马帝国的形成和建立

罗马帝国（公元前27—476年）

●官方语言

拉丁语、希腊语。

●首都

罗马；分裂后西部帝国定都拉文纳，东部帝国定都君士坦丁堡。

●政体

伪装成共和的君主政体（元首制），后为君主制。

●国家元首

罗马皇帝。

●政府首脑

有名无实的两个同等权利的执政官，其中一为皇帝。

●议会

元老院。

●面积

鼎盛时期约 590 万平方公里。

●人口

估计 5 500 万到 1.2 亿不等。

●建立时间

前 27 年，屋大维获"奥古斯都"称号。

●灭亡时间

395 年统一的罗马帝国分裂，西罗马帝国亡于 476 年，东罗马帝国（拜占庭帝国）亡于 1453 年。

●第一个皇帝

盖乌斯·屋大维（前 27—14 年）。

●最后的皇帝

狄奥多西一世统一罗马帝国的最后统治者。罗慕路·奥古斯都路斯西罗马帝国的最后统治者，君士坦丁十一世东罗马帝国的最后统治者。

罗马帝国正式名称元老院与罗马人民，中国古书称为大秦，是古代罗马文明的一个阶段，理论上仍是共和制，实际上是一个专制的政体。

罗马帝国可以用来表示所有在罗马统治之下的土地。罗马的扩张使罗马超出了一个城邦的概念，成为一个帝国。罗马疆域的全盛时期是图拉真统治时期，罗马帝国此时总共控制了大约 590 万平方公里的土地，是世界古代史上最大的国家之一。

屋大维建立帝国后，创立元首制，称奥古斯都。罗马帝国一般被分为前期帝国（前 27—192 年）和后期帝国（193—476 年）两个阶段。前期帝国经朱里亚·克劳狄王朝、弗拉维王朝，至安敦尼王朝（五贤帝时代）达到鼎盛。国家稳定、社会繁荣，被称之为罗马的黄金时期。后期帝国从三世纪危机起，经伊利里亚诸帝、戴克里先的四帝共治、君士坦丁大帝的帝国，至狄奥多西一世死后将帝国正式分为两部分（395 年）。西部在内忧外患中衰落，在 476 年奥多亚克废黜最后一个西罗马帝国皇帝罗慕路·奥古斯都路斯，西罗马帝国灭亡。而东部帝国直到 1453 年为奥斯曼帝国所灭，史学家更多称东罗马帝国为拜占庭帝国。

罗马帝国的建立

罗马共和国在马略和苏拉的争权夺利中被削弱，紧跟着是凯撒对庞培的内战。在这些动乱中，许多元老院议员阵亡、被处死、被谋杀或是自杀。元老院里充斥着前三头的支持者，后来则是后三头的支持者。

后三头同盟瓦解后，屋大维、安东尼分掌罗马的东西部，双方矛盾日趋激烈。公元前 31 年 9 月，屋大维与安东尼和埃及女王克利奥帕特拉七世在希腊的亚克兴会战。在战争最激烈的时候，埃及女王认为安东尼获胜无望，将自己的军队撤回埃及，安东尼也一起到了埃及。屋大维随后入侵埃及，埃及女王和安东尼自杀，埃及也被罗马占领。

公元前 27 年，屋大维一面表示卸除一切大权，恢复共和制；一面又装作迫于元老院和公民的请求，接受与共和制度完全违背的绝对权力，成为元首（或可译作"第一公民"）、最高统帅、最高的代行执政官、终身执政官、保民官、大祭司长、第一元老等，并获得了"奥古斯都"和"祖国之父"的称号（以后的皇帝也有这些头衔）。屋大维的这场精彩演出宣布了罗马帝国的建立。

前期帝国——儒略·克劳狄王朝

屋大维在位期间，不断对外征战。经过对西班牙北部部落的连年苦战，在前 19 年完全征服了西班牙。从公元前 16 年起，帝国出兵阿尔卑斯山东部和多瑙河上游，建立了雷蒂安和诺里克两个行省。接着又出兵多瑙河中下游，建立潘诺尼亚和米西亚两省。罗马在前公元 12 年到 5 年间经过连年征战，征服了莱茵河到易北河之间的土地。但新征服的土地不断发生暴动。9 年，罗马将领瓦鲁斯在镇压日耳曼人起义的条陀堡森林战役中遭伏击而全军覆没，以至于罗马不得以放弃莱茵河到易北河间的土地。之后屋大维没有进行大的征伐，随后的百余年是很长一段时期的稳定局面，称之为罗马和平时期。

屋大维在 14 年死后，传位养子提比略。提比略加强皇权，取消了公民大会的立法权和选举权，将近卫军集中到罗马以保卫皇帝，并制裁一切反对皇帝或是非议皇帝的言行，要求元老院只能和他发表相同意见。由于提比略独断专行，和元老院关系紧张，他于 26 年隐退到卡普里岛，并在那里统治罗马近十年。在 37 年，提比略被近卫军杀死在卡普里岛。

提比略死后，近卫军立卡里古拉为帝。这是罗马史上第一次军队拥立皇帝。卡里古拉患有精神病，不理国政，沉迷于娱乐活动，并喜怒无常，经常处死人或没收财产。他甚至任命自己的坐骑为执政官。40 年，他在罗马演讲鼓吹个人独裁，并神化皇帝。41年，卡里古拉被近卫军杀死。

卡里古拉死后，近卫军拥立他的年迈的叔叔克劳狄即位。克劳狄改革政权机关，建立了一套官僚体系。中央有三个部门，即秘书处（掌内政军事外交）、财务处（掌财务）及司法处（掌法律），并提高骑士地位和将罗马公民权授予行省居民，由此行省贵族也可以充任高级官员或是元老。克劳狄在位期间还修建了台伯河口的奥斯提亚港以及大规模的输水管道。对外扩张方面，克劳狄又新征服了不列颠南部和毛里塔尼亚。54年，克劳狄被皇后小阿格里皮娜毒死。

克劳狄死后，养子尼禄即位。尼禄是罗马史上著名的暴君，不理国政，残暴嗜杀，热衷于娱乐、演戏、玩女人，以"伟大的艺人"自居。64年，罗马发生大火，全城几乎全部焚毁，尼禄反而在宫中吟诗歌唱，在大火过后又修建新宫，号为"金宫"。当时盛传尼禄放火以便建造新宫，尼禄为消除流言，以基督徒为替罪羊，大肆捕杀基督徒。由于尼禄暴政，各地反抗不断，不列颠、高卢、西班牙等地爆发了大规模的起义，在巴勒斯坦更是爆发了犹太战争。此时，尼禄又到希腊进行长时间的艺术戏剧的巡回演出，称"希腊人是唯一能欣赏音乐的民族"。68年，西班牙地区的将军加尔巴造反自立为帝，元老院立即承认加尔巴为帝，宣布尼禄为祖国之敌并判处死刑。尼禄在逃亡途中自杀。

四帝内乱期

加尔巴称帝后，由于年老体衰，无力控制局面，导致各地将领拥兵自重。69年1月，下日耳曼总督维泰利乌斯称帝，同时加尔巴被部下奥索所杀，奥索自立为帝。3月，维泰利乌斯出兵与奥索争夺帝位，奥索战败自杀。7月，平定犹太人叛乱的将领韦帕芗称帝。10月，韦帕芗击败维泰利乌斯，结束了内战。

弗拉维王朝

韦帕芗上台后帝国面临危机，他首先镇压各地起义，其中70年，他的儿子提图斯率兵进攻耶路撒冷，城破后屠城抢掠，被钉死在十字架上的人不计其数。为了弥补财政上的巨大赤字，他猛增税率，提高行省的税额，使他得到了足够的钱来整顿军事和内政。另外，韦帕芗统治时期大大加强了行省的地位。73年，他将各行省贵族加入元老院，并授予许多行省贵族罗马公民权，使行省贵族广泛参政。

79年韦帕芗死后，儿子提图斯即位。提图斯为政温和，在他任内维苏威火山爆发，埋没庞培城。提图斯于81年去世，弟弟图密善即位，传言提图斯为图密善所毒死。图密善专制独裁，以"主上和神"自居，蔑视元老院。对外扩张方面，图密善在南日耳曼取得了成功，但在对达西亚的战争中两次失利，不得不送礼媾和。89年，图密善借口支持叛乱，处死了一大批元老显贵，招致众人不满。96年，图密善死于宫廷政变。

安敦尼王朝（五贤帝时期）

图密善死后，元老院推举参与政变的前执政官涅尔瓦为帝。涅尔瓦尊敬善待元老，元老院的权威得到一定恢复。但涅尔瓦相当不受军队和军事统帅的欢迎。为了争取军队支持，涅尔瓦在即位的第二年，挑选战功卓著的日耳曼总督图拉真作为养子，成功平息了军队的不满。

98 年，涅尔瓦去世后，图拉真即位，他是第一个出身行省贵族的皇帝。图拉真继续执行涅尔瓦善待元老的政策，兴建公共设施，并积极对外扩张，图拉真时期是罗马帝国疆域最大的时期。从 101 年起图拉真就率兵入侵达西亚，至 106 年完全征服达西亚，设达西亚行省。图拉真举行了盛大的凯旋式，宣布过 123 天的节，并建造图拉真圆柱纪念。在 105 年，图拉真占领阿拉伯北部，设阿拉伯行省。114 年，图拉真并入亚美尼亚，设亚美尼亚行省。图拉真继续东进，击败了帕提亚军队，于 116 年占领帕提亚首都泰西封。当年年底，图拉真兵抵波斯湾，他是罗马军队中唯一到达过此地的统帅。117 年，图拉真病重撤军，设亚述和美索不达米亚两个行省。临终前宣布哈德良为养子。

图拉真死后，哈德良即位。哈德良转攻为守，放弃了图拉真在东方征服的土地，在北部边疆修建连绵的边墙来加强防守。哈德良将元首制向绝对君主制过渡，以自己的意志为最高法律，并大力加强骑士地位，使其成为一个专门的官僚阶层。他还设立元首顾问会，直接对他负责，执行他的指令，命令法学家编成《永久剌令》，作为帝国的法律基础，加强行省罗马化，缩小行省城市和罗马的距离。但在 131 年，哈德良禁止犹太人举行割礼、过安息日和阅读犹太律法引发了犹太人大起义，罗马军队耗时 3 年，屠杀 58 万犹太人，才把起义镇压下去，从此犹太人被迫流浪世界各地。138 年，哈德良去世，病重时宣布安敦尼为养子。

安敦尼即位后，对外收敛边境大体无事，对内勤政爱民与元老院关系良好。罗马享受了 20 多年的太平盛世。161 年，安敦尼去世。

安敦尼死后，帝位由两个养子维鲁斯和马克奥里略继承，这是罗马史上第一次两帝共治。马克奥里略人称"哲学家皇帝"，著有《马上沉思录》，是斯多葛派哲学的主要阐述者。维鲁斯则是一个平庸的人。两人登基时，帝国边境形势严峻，帕提亚在 162 年入侵亚美尼亚，维鲁斯经过四年苦战才击退帕提亚人。接着又爆发了瘟疫，大量罗马人死亡。167 年，日耳曼人又入侵，两位皇帝不得不率军征讨，由于财政拮据，皇帝卖掉皇冠上的珠宝以筹集军饷。169 年，维鲁斯去世，帝国又恢复了一个皇帝的局面。马克奥里略为减轻日耳曼人对帝国的压力，允许他们定居帝国边境，这为以后的蛮族入侵埋下了隐患。175 年，东方还爆发了将领卡修斯发动的叛乱。平定叛乱后，马克奥里略又开始了对日耳曼人的战争，试图吞并波西米亚，但在即将成功时，180 年马克奥里略病死军中。罗马已经衰败了。

后期帝国——3 世纪危机的开始

马克奥里略死后，儿子康茂德继位。康茂德放纵荒淫，政事都交给宠臣和近卫军长官处理。182 年，他的姐姐和一些元老试图暗杀他，事泄后，他处死了参与暗杀的所有人以及许多无辜者。康茂德残暴多疑，喜爱马戏、摔跤等体育活动，自称大力神转世，并穿上角斗士服装，参加角斗。康茂德的统治引起人民不满，许多人都密谋刺杀他，而康茂德变得更加乖僻暴虐。193 年元旦，当康茂德宣布要以角斗士装扮担任当年执政官时，他的情妇给他喝了杯毒酒，随后就被近卫军长官派来的摔跤手掐死。

康茂德死后，近卫军将城市长官珀蒂纳克斯扶上皇位，珀蒂纳克斯不过是傀儡，当他想整肃军纪时，马上就被近卫军杀死。珀蒂纳克斯死后，近卫军居然宣布将皇位拍卖，谁出钱多谁就可做皇帝。经过多人之间的竞争和讨价还价，朱利安努斯以近卫军满意的价格买到了皇位。但朱利安努斯没有一个追随者，不过是个傀儡而已，行省军队更是对他不屑一顾。叙利亚总督奈哲尔率先自立为帝。接着潘诺尼亚总督北非人塞维鲁造反，攻进罗马，元老院转而宣布塞维鲁位皇帝，处死了朱利安努斯。塞维鲁也将原来的近卫军以叛国罪的罪名全部处死，并以自己的士兵组成了新的，更为庞大的近卫军。

塞维鲁王朝

塞维鲁称帝后马上和已经称帝的奈哲尔开战，194 年奈哲尔在伊苏斯战败。197 年，塞维鲁又在里昂击败造反的不列颠总督阿尔拜努斯，从 193 年起的内战结束了。塞维鲁是军人，习惯独断专行，不把元老院放在眼里，将元老一个个撤下重要职位，以没有文化的骑士代替他们。塞维鲁的统治是以军队为后盾的，他大肆扩军，将罗马军队扩充到了前所未有的地步，其中大多是外族人，并以尽一切手段笼络军队，给军队发高饷，奖赏军队毫不吝啬。塞维鲁在军事上取得了不小的成功，除了结束内战外，还在 199 年打败了帕提亚人，并入美索不达米亚。塞维鲁将皇权提高到至高无上的地步，他的法学家称塞维鲁不受一切法律的约束，是任何人的主宰，帝国是他的财产。208 年，塞维鲁出兵不列颠，没有取得多大进展，211 年病重死于约克。临终时对两个儿子的遗言是："愿你们兄弟和睦相处，让士兵们都发财，不要管其他人。"

塞维鲁死后，两个儿子卡拉卡拉和盖塔同时即位，不到一年，卡拉卡拉就杀了盖塔。卡拉卡拉又是一位暴君，杀了他的弟弟以及同党，他的妻子和岳父也被杀了，被杀的还有许多有名望的人。卡拉卡拉继续塞维鲁优待军队的政策，为了增加收入，扩大税源，卡拉卡拉在 212 年颁布卡拉卡拉刺令，授予帝国境内所有自由民以罗马公民身份。217 年，卡拉卡拉在出征帕提亚时被近卫军杀死。接着，近卫军长官马克利努斯自立为帝，并以迪亚杜门尼安为共治皇帝。马克利努斯是罗马史上第一位不是元老只是骑士的皇帝。马克利努斯继位后在极其不利的条款下结束了与帕提亚的战争，又缩减军费，导致军队不满。218 年，塞维鲁的妻妹朱丽娅·米萨煽动了一场叛乱，马克利努斯和迪亚杜门尼安被杀。

米萨立她年仅 13 岁的外孙埃尔巴伽路斯为帝，罗马开始女人当政的时代。埃尔巴伽路斯崇拜东方诸神，和元老院的关系不好。222 年，由于埃尔巴伽路斯无节制的淫乱，米萨杀死了他，并立自己的另一外孙 14 岁的亚历山大·塞维鲁为帝。亚历山大·塞维鲁时，皇帝与元老院的关系有所改善。帝国边境又爆发了危机，231 年，亚历山大·塞维鲁去东方与波斯人作战，情况稍有好转，又要赶去西方抵抗日耳曼人。235 年军队叛乱，亚历山大·塞维鲁被杀。

3 世纪危机的高潮

亚历山大·塞维鲁死后，军队拥立马克西密努斯·特拉克斯为帝。马克西密努斯·特拉克斯出身低微，遭人鄙视，以残暴手段对待元老院和人民，结果在 238 年被元老院秘密指示近卫军杀死。接着，同年元老院推出四个皇帝，全部被杀。随后即位的戈尔迪安三世不过 13 岁，是近卫军的傀儡。244 年，军队选举阿拉伯的菲利普登上皇位，他举办了罗马建国 1 000 年的庆祝活动。249 年，阿拉伯的菲利普被造反的将领迪西乌斯杀死。迪西乌斯又在 251 年与哥特人的战争中战死。继位的高卢斯统治时又爆发了一场持久的瘟疫。高卢斯在 263 年又死于士兵之手。继位的瓦勒良和加里恩努斯不得不率领两支大军，一支在东部对付波斯人，另一支在西部对付日耳曼人，这开了帝国分为东西两部分的先河。259 年，莱茵河地区的将领波斯杜穆斯自立为帝，建立高卢帝国，包括高卢、不列颠、西班牙大部。260 年，瓦勒良在和波斯人作战时被俘。在 267 年，东部的巴尔米拉独立，将部分东方行省分裂出去。此时罗马帝国混乱到了极点，中央政权几乎瘫痪，皇帝不但要面对外部敌人，还要镇压造反的军队和人民起义。另外军队不断拥立新的皇帝，企盼更多的赏赐，赏赐不慷慨，皇帝就会被杀。268 年，加里恩努斯改革军事，将军人全部脱离其他职务，成为职业军，又新设了一支后备军，驻扎在米兰，并以米兰为帝国的军事首府。改革后的军队后来成功击溃了东哥特人的进攻。

伊利里亚诸帝

加里恩努斯改革军事后不到一年就被部下杀死，克劳狄二世即位。他先是打败了阿拉曼尼人，后来又击败了一支强大的哥特人军队，有"哥特征服者"的称号。克劳狄二世在 270 年死于瘟疫后，奥勒良即位，是他将罗马帝国重新统一，称号"世界光复者"。他在潘诺尼亚再次重创哥特人，结束了哥特人的入侵。接着又率军东征，从巴尔米拉手里收复了小亚细亚和叙利亚，随后攻进了巴尔米拉城，俘虏了巴尔米拉的女王奇诺比亚，在 273 年将巴尔米拉城夷为平地。同年，奥勒良击败了高卢帝国的君主泰特里库斯一世，将高卢、不列颠和西班牙重新并入帝国。在凯旋式上奥勒良展示了奇诺比亚和泰特里库斯。为了加强防守，奥勒良为罗马新建了一道长20公里，高6米的城墙，并放弃了达西亚，以便利用多瑙河天险防守。275年，奥勒良在出征波斯时被杀，元老院选举塔希图斯为帝，这是最后一次元老院推举皇帝。塔希图斯在位一年就被杀害，军队推出普罗布斯为帝，普罗布斯粉碎了日耳曼人分三路对高卢的入侵，并将汪达尔人驱逐出巴尔干半岛。282年，普罗布斯被杀后，即位的卡鲁斯在北方再次打败日耳曼人，并进攻波斯，一度占领了泰西封。283年卡鲁斯暴死后，弟弟卡里努斯继位。284年，近卫军长官戴克里先造反，在贝尔格莱德附近击败了卡里努斯，成为帝国的统治者。

四帝共治

戴克里先称帝后，将元首制改为君主制。君主头戴皇冠，身穿名贵的丝袍，浑身上下金银珠宝，臣民需对君主行跪拜礼。另外，君主被当做神来崇拜，比如戴克里先就自称朱庇特化身。另外戴克里先实行四帝共治，东西部各有两帝，一为正职，称奥古斯都，一为副职，称凯撒，最高权力属戴克里先。并且规定，副职为正职的养子和女婿，正职在位20年，须让位给副职。就这样，东方奥古斯都戴克里先驻尼科米底，统治色雷斯、东方、亚细亚、埃及和本都，凯撒伽列里乌斯驻塞萨洛尼基，统治马其顿、默西亚。西方奥古斯都马克西米安驻米兰，统治意大利、雷蒂安、伊利里亚和阿非利加，凯撒君士坦提乌斯一世驻特里尔，统治不列颠、高卢和西班牙。戴克里先还缩小行省的规模，划分了100多个行省，并设立了行政区，十几个行省为一行政区，地方总督不任军职。

戴克里先改革军事，将军队分为边防军和巡防军，边防军用于抵抗外部入侵，巡防军用于镇压人民起义和造反的军队。他还缩小军团的规模，增加军团的数量，以便调度，由于戴克里先四分帝国，每个皇帝都有大量士兵，这大大加重了帝国的经济负担。所以，戴克里先又实行新税制，人头税方面，规定成年男子为一头，女子为半头，土地税方面按粮田或果园的类型以及面积征税，城市居民方面按各种行业征税，另外官吏、退役老兵、奴隶免税。为了保证税源，戴克里先颁布法律，不许农民自由迁徙以及手工业者、商人等不得改行，甚至规定必须子承父业。戴克里先还改变币制和调整物价，但都没成功。

戴克里先在位20年后，于305年退位，同时马克西米安也退位。在西方，即位的君士坦提乌斯一世仅在位一年多，就在不列颠去世，儿子君士坦丁一世即位。君士坦丁一世即位时只占不列颠和高卢，其余地区在马克西米安的儿子马克森提乌斯的控制之下。312年，他击败了马克森提乌斯，统一了西方。在东方，伽列里乌斯在311年去世后，即位的李锡尼乌斯击败了占有埃及和部分亚洲领土的马克西密努斯·代亚，统一了东方。313年，君士坦丁一世和李锡尼乌斯颁布了米兰刺令，宣布基督教合法。314年，两人爆发了冲突，未分胜负。323年，两人再战，李锡尼乌斯战败，君士坦丁成为帝国的唯一统治者。

君士坦丁王朝

君士坦丁大帝开始统治时便在帝国各地疲于奔命，他采取了类似于戴克里先的办法，任命三个儿子君士坦丁二世、君士坦提乌斯二世、君士坦斯为凯撒，各统治帝国的一部分。君士坦丁统治巴尔干和黑海地区，君士坦丁二世统治西班牙、高卢和不列颠，君士坦提乌斯二世统治东方和埃及，君士坦斯统治意大利和阿非利加。君士坦丁改革行政区划，将全国分为四个大行政区，下为行政区，再下为行省。在经济方面，他继续戴克里先的政策，规定职业世袭，并将农民固定在土地上，并颁布法律重申奴隶主有权杀死奴隶。军事方面，君士坦丁废除近卫军，以帕拉丁骑兵卫队取代，并大量招募蛮族进入军队。君士坦丁用恐怖手段来强行招兵，拒不当兵的可能会被处死。君士坦丁另外又大兴土木，在博斯普鲁斯海峡旁修建新都君士坦丁堡，号称新罗马。君士坦丁堡的建造花费无数，经6年直到330年才初步建成。在宗教方面，君士坦丁在325年召开尼西亚会议，确定了许多基督教基本教义，并将阿里乌斯派斥为异端。337年，君士坦丁病重，在死前他接受了洗礼。

君士坦丁一死，罗马帝国就爆发了争夺帝位的混战，君士坦丁二世、君士坦斯、马格嫩提乌斯先后被杀，353年君士坦提乌斯二世成为唯一的统治者。361年，君士坦提乌斯二世的堂弟背教者朱利安造反，君士坦提乌斯二世在征讨朱利安时死去，朱利安取得政权。朱利安受新柏拉图主义影响，上台后就实行反基督教政策，大力扶助多神教以及犹太教和基督教异端，大肆攻击基督教，教堂被焚毁和抢劫，基督徒被赶出军队和学校，朱利安本人还写书攻击基督教。在其他方面，朱利安在经济上取得了成功，制止了通货膨胀。在军事上击败了日耳曼人，并入侵波斯，占领泰西封。363年，朱利安在波斯阵亡。即位的约维安取消了朱利安的反基督教政策。

瓦伦提尼安王朝

364年，多瑙河军官瓦伦提尼安一世被军队立为皇帝，接着他把东部的帝国分给弟弟瓦伦士。瓦伦提尼安一世驻米兰，瓦伦士驻君士坦丁堡。376年，瓦伦提尼安一世去世，瓦伦提尼安二世继位。378年，瓦伦士在亚德里亚那堡于哥特人的作战中阵亡，随后东部由格拉蒂安和狄奥多西共治。格拉蒂安在383年死去，狄奥多西与哥特人讲和，允许他们在境内定居，参加军队和担任官吏。他又让西部的瓦伦提尼安二世让给他一片土地，在388年他击败了西部的篡位者马格努斯·马克西穆斯和弗拉维乌斯·维克托父子。392年，瓦伦提尼安二世在维也纳被杀。

狄奥多西王朝

狄奥多西一世在392年瓦伦提尼安二世被杀后，宣布基督教为国教，反对一切异教和异端。狄奥多西一世在 394 年击败了西部的篡位者欧根尼乌斯后，成为帝国的唯一统治者，这是罗马帝国的最后一次统一。395 年狄奥多西去世，他把帝国一分为二，东部分给长子阿卡迪乌斯，西部分给幼子霍诺里乌斯。

西罗马帝国的灭亡

东西罗马帝国分裂后，哥特人首领阿拉里克不断入侵罗马帝国。而东西罗马帝国不是团结起来一致抗敌，而是坐视阿拉里克强大，希望他去攻击对方。405 年冬，阿拉里克突破了罗马帝国的莱茵河防线，罗马没有有效的抵抗，实际上等于放弃了高卢大部分地区。407 年，驻守不列颠的将领君士坦丁三世造反，西罗马帝国企图使阿拉里克去攻击君士坦丁三世，阿拉里克要求 4 000 磅黄金为代价。随后，由于罗马先答应而后食言，阿拉里克入侵意大利，在拉韦纳的皇帝霍诺里乌斯龟缩不出。阿拉里克包围罗马，罗马城内爆发了饥荒和瘟疫，元老院和阿拉里克媾和，交出了 5 000 磅黄金、30 000 磅白银以及其他许多贵重物品和财宝。409 年，阿拉里克第二次包围罗马，扶立了一个傀儡皇帝，而霍诺里乌斯在东罗马帝国的支援下才保住皇位。410 年，阿拉里克第三次包围罗马，城内的奴隶为阿拉里克打开了城门，阿拉里克的蛮族军队在城内任意抢掠三天，装载而归，而罗马则遭到了毁灭性的打击。

此后 10 年内，霍诺里乌斯的共治皇帝君士坦提乌斯三世成为帝国的军事首脑，帝国稳定了一段时间。418 年，西哥特王国建立，首都图卢兹，这是在罗马帝国境内第一个建立起来蛮族王国。423 年，霍诺里乌斯死后，瓦伦蒂尼安三世即位。439 年，汪达尔—阿兰王国建立，首都迦太基，并建立了自己的海军，不停从海上袭击罗马帝国。451 年，匈奴人首领阿提拉统兵五十万入侵，被帝国名将埃提乌斯联合西哥特王国击退。埃提乌斯又多次击退蛮族的进攻。而 454 年爆发了马克西穆斯之乱，佩特罗尼乌斯·马克西穆斯阴谋先后杀死埃提乌斯和瓦伦蒂尼安三世，随即自己称帝。455 年，汪达尔人首领盖塞里克趁乱入侵，攻进罗马，佩特罗尼乌斯·马克西穆斯被杀，全城被洗劫一空。

在此之后，西罗马帝国已经无法维持，苟延残喘。西部后来又出现过八个皇帝，但都是傀儡。实权掌握在蛮族出生的军事首领手中。李希梅尔当政 16 年间，废阿维图斯、墨乔里安、利比乌斯·塞维鲁，杀死东帝扶立的皇帝安特米乌斯，立奥利布里乌斯。冈多拜德执政时，立格利塞里乌斯。在 475 年欧瑞斯特当政时，干脆将自己的儿子罗慕路·奥古斯都路斯立为皇帝。476 年，奥多亚克废黜罗慕路·奥古斯都路斯，将西罗马帝国的国徽转让给东罗马帝国，西罗马帝国灭亡。

衣钵传人——罗马帝国的继承者

拜占庭帝国

西罗马帝国灭亡后，东罗马帝国或称之为拜占庭帝国，名正言顺地成为罗马帝国的正统。1453 年，拜占庭帝国为奥斯曼帝国所灭。

查理曼帝国

800 年，教皇利奥三世在罗马给查理曼加冕为"罗马人的皇帝"，承认查理曼的帝国为罗马帝国的承继者。查理曼死后，他的帝国就分裂了。

神圣罗马帝国

严格地说，神圣罗马帝国和罗马帝国没有合法的直接关系，相反地，它是作为罗马帝国侵略者之一出现在历史舞台上的。但是公元 962 年，罗马教廷承认了神圣罗马帝国是西罗马帝国的合法继承者，后来君士坦丁堡的拜占庭帝国也承认了它的这一地位。直到 1806 年神圣罗马帝国被拿破仑一世推翻，宣告解体。

俄罗斯帝国

文　化

拜占庭帝国灭亡后，一向与拜占庭帝国关系良好的俄罗斯帝国自视为罗马帝国的继承者，首都莫斯科号称"第三罗马"，沙皇一词也是从恺撒转化而来。

农　业

西班牙人科路美拉著有《农业论》12 卷，讲述农牧技术和管理以及社会经济，这本著作对中世纪的庄园有很大影响。

医　学

在提比略时期有名医塞尔苏斯（前 30—45 年），著有《医学大全》8 卷，其中 7～8 卷记载了许多手术，且叙述详细。马克奥里略时期，有名医盖伦（129—199 年），他任御医多年，著述颇多。盖伦使用猴类解剖以推测人类的身体结构，这开了解剖学的先河。盖伦还提出"三灵气"说，即"活力灵气"、"自然灵气"、"灵魂灵气"，以解释人体的生理机制。盖伦的药物学著述介绍了各种药材，大约有 820 余种，包括动物、植物和矿物。盖伦的学说被中世纪的西方奉为经典，直到 17 世纪哈维提出血液循环理论。

天文学

有埃及亚历山大里亚的天文学家托勒密（85—168 年），著有《天文集》13 卷。该书集古代希腊罗马天文学之大成，书中使用几何系统来描述天体运动，并有包括 1 022 颗恒星的星图，在古代是极其完备的。另外书中还论及历法的推算日月食的推算以及天文仪器的制作与使用等等。但由于托勒密信奉"地心说"，为了使这种理论成立，他设计了一种极其复杂的天体几何系统，以解决一些地心说的推算与实际不符的问题，使推算结果与实际观测大致相近。在哥白尼提出"日心说"之前，托勒密的学说在欧洲占统治地位。

地理学

斯特拉波（前 64—23 年）著有《地理学》17 卷。其中对当时罗马人的"已知世界"描写详尽，内容包括欧洲各地以及西亚和北非，涉及各地的自然地理与人文地理，在书中还探讨了环境对各地经济生活的影响以及对城市的研究。在地理大发现以前，该书是西方最为详尽的地理著作。

老普林尼（23—79 年）著有《自然史》37 卷，内容包括当时科学的各个方面，涉及天文、地理、生物、医学、农业、矿物等等。《自然史》以老普林尼在多年读书和见闻的笔记为基础写成，全书并无分类，较为杂乱，《自然史》的最大成就在于记叙了各种事物 2 万多项，摘录各种文献 2000 多种，使得当时许多珍贵的科学记录流传下来。是古代极其少见的百科全书式著作。

哲　学

新斯多噶派哲学在帝国时期盛行，主要哲学家有辛尼加和皇帝马克奥里略，宣扬宿命论和禁欲主义。

3 世纪危机后，新柏拉图主义集中了当时的神秘主义，代表人物普罗提诺和普罗克洛。称神为世界本源，是绝对无限的存在，且不可认识。而人的肉体是罪恶的本源，人必须要摆脱肉体，方能与神交往，获得真理。这便是"人神合一"的学说。

基督教方面出现了被称为"教父神学"的神学，代表人物是圣奥古斯丁。圣奥古斯丁著有《论上帝之城》、《忏悔录》等，将新柏拉图主义融入基督教教义中。教父哲学以哲学论证很多现今的基本教义，主要有：有神论、三位一体论、创世论、原罪论、救赎论和天国论等等。

史　学

屋大维时期的史学家李维（前 59—17 年），著有《罗马建城以来史》（又称《罗马史》）142 卷，现存 36 卷，叙述传说中的罗慕路斯建罗马城至 9 年的历史。这部史书是西方史学的第一部通史，且文笔精彩。

塔西陀（55—120 年）著有《历史》12 卷，主要叙述弗拉维王朝统治时期的历史。由于塔西陀生活在这一时期，许多的历史事件都亲身经历过，所以叙事也相当详细和生动。由于塔西陀政治上倾向于共和派，反对皇帝，所以在书中批评现实歌咏古代英雄。另外塔西陀著述有所褒贬，对各色历史人物进行批评和褒扬，旨在发扬高尚道德。此外，塔西陀还有《日耳曼尼亚志》和《编年史》等著作传世。

法　学

2 世纪的法学家盖约著有《法学阶梯》。3 世纪，法学家编成了《格列哥里安法典》和《赫尔莫格尼安法典》，保存了大量皇帝敕令和法令。

罗马法对现代社会的法律制定有深远影响，现在大陆法系国家的法律，如债法、物权法等法律，皆带有深厚罗马法的影子。

建　筑

罗马大竞技场建于弗拉维王朝时期，有 3 层拱门，可容纳数万人，是举行角斗表演的地方，修有复杂的地下设施供角斗表演使用，甚至可以灌水进来进行海战表演。凯旋门也发源于罗马，是为皇帝凯旋而建。现在罗马古城中有两座凯旋门，一为第度所造，另一为君士坦丁所造，上有精美浮雕。

文　学

有屋大维时期的诗人维吉尔（前70—前19年），他的早期作品有《牧歌》10篇，主要是歌咏田园生活。前29年，维吉尔发表《田园诗》4卷（又译《农事诗》），主要谈论农事生产，也歌咏田园风光，内容为第一卷论种庄稼，第二卷论种果树，第三卷论养牲畜，第四卷论养蜜蜂。晚年，维吉尔又著有史诗《埃阿涅斯纪》（又译《伊尼阿特》）12卷，写的是罗马神话中的英雄埃阿涅斯如何逃出特罗伊，来到意大利并称王的故事。

奥维德（前43—14年）以情诗闻名，成名之作为《恋歌》3卷49首，是一部情诗集。又著有《淑女书简》21篇，系奥维德取材神话故事，以爱情故事中的女主角口吻写的情书。奥维德所著的《爱经》，由于违反了屋大维"澄清风俗"的政策，被判处流放黑海地区。长诗《变形记》为奥维德代表作，大约写于流放时期，改写了许多神话传说，情节多变，想象奇特，长于心理描写。

经　济

农　业

罗马帝国的经济中，最重要的是农业。罗马帝国粮食作物主要是小麦，小麦在帝国各地都有种植，尤以东方各省为胜。罗马的经济作物主要有橄榄和葡萄，地中海地区是葡萄和橄榄的主要种植地，葡萄的种植范围向北有所扩张，橄榄的种植在西班牙为最多。罗马每年都要从东方的行省输入大量粮食、酒和油，东方行省也是罗马税收的重要来源。在生产技术上，农业生产的效率并不高，常见的还是二区轮作，使用摆杆步犁耕地的也多于使用铧犁耕地的。农业产业主要是大规模的庄园，使用奴隶和隶农劳动，小农几乎消失。在帝国后期，这些庄园严重影响了国家的税收。

手工业

罗马帝国最主要的手工业是陶器制作，因为粮食、酒、油等商品的运输都要使用陶器。意大利的制陶中心主要在波佐利，另外高卢的制陶业也很有竞争力，高卢人还发明了双耳尖底瓮。西班牙的采矿业非常发达，为国家所垄断专营。纺织业方面，帕多瓦的呢绒、西班牙的毛料大氅和高卢的一种带有风帽的大衣都比较有名。西班牙还有一种制鱼汁的手工业，这是一种用鱼制成的调味料。

外　交

罗马帝国一开始只和周边的一些小国进行贸易，范围小。一直到前138年到前119年，汉武帝两次派张骞出使西域，到达罗马的统治范围内，东方和西方才紧密地在一起（"在一起"好像有点说和得过头了）。西汉用丝织品、茶叶、瓷器来换取安息、希腊、罗马、大食和马其顿的宝石、香料、药材和玻璃器具。除了经常进行访问外，还彼此输送自己的物产和技术，推动了东西方物质文明和精神文明的交流，使东西方人民受益非浅。

历代皇帝

元首制时期

奥古斯都—提比略—卡利古拉—克劳狄一世—尼禄—加尔巴—奥索—维特里乌斯—韦帕芗—提图斯—图密善—涅尔瓦—图拉真。

哈德良—安敦宁·毕尤—马尔库斯·奥列里乌斯—维鲁斯—康茂德—佩蒂纳克斯—尤利安努斯—塞维鲁—卡拉卡拉—马克里努斯。

迪亚杜门尼安—埃拉伽巴路斯—亚历山大·塞维鲁。

3世纪危机

马克西米努斯—戈尔迪安一世—戈尔迪安二世—普皮恩努斯—巴尔比努斯—戈尔迪安三世—阿拉伯人菲利普—德基乌斯—赫伦尼乌斯。

霍斯蒂利安—加卢斯—沃鲁西安努斯—埃米利安努斯—瓦莱里安—加里恩努斯—萨洛尼努斯—克劳狄二世—昆提卢斯—奥勒良。

克劳狄·塔西佗—弗洛里安努斯—普罗布斯—卡鲁斯—努梅里安—卡里努斯。

君主制时期

戴克里先—马克西米安—君士坦提乌斯一世—伽列里乌斯—塞维鲁二世—马克森提乌斯—李锡尼—马克西米努斯—瓦莱里乌斯·瓦伦斯。

马提尼安努斯—君士坦丁一世—君士坦丁二世—君士坦斯一世—君士坦提乌斯二世—尤利安—约维安—瓦伦丁尼安一世—瓦伦斯。

格拉蒂安—瓦伦丁尼安二世—狄奥多西一世。

末期西罗马帝国

霍诺里乌斯—君士坦提乌斯三世—瓦伦丁尼安三世—佩特罗尼乌斯·马克西穆斯—阿维图斯—马约里安—利比乌斯·塞维鲁—安特米乌斯。

奥利布里乌斯—格利凯里乌斯—尤利乌斯·内波斯—罗慕路斯·奥古斯都。

2. 奋翮高飞——罗马的崛起

在希腊世界逐渐衰落的时候，在与希腊一海之隔的意大利半岛上，一个新兴的民族却正在强力崛起，这就是将在日后深刻影响欧洲历史和世界历史的罗马人。

说到罗马人的起源，还和一个古老的国家有关，这就是我们前面提到的特洛伊。传说在希腊人攻破特洛伊城的时候，有一群特洛伊人乘船逃离了灾难中的故乡，一路漂泊到了意大利半岛中部的台伯河口，并在那里建立了一个名叫亚尔巴龙伽的城邦。过了几百年，亚尔巴龙伽国王的弟弟杀了自己的哥哥，篡夺了王位，并且把自己的几个侄子都杀了，又把侄女逼去当不能结婚的祭司，企图彻底除去有人找他复仇的可能。然而，人算不如天算，侄女居然在隔绝的环境中怀孕了，而且产下了一对双胞胎兄弟。篡位者于是下令把这一对婴儿扔到台伯河中，然而奇迹又发生了，一只母狼救下了这对双胞胎，并且用自己的奶喂养他们。后来，这对婴儿被一位牧人收养，慢慢长大成人，并且练得一身本领。最后，他们带领一群青年攻进亚尔巴龙伽，杀了篡位者，终于报了仇。报仇之后，兄弟俩决定自己重建一个城邦，结果为了新城邦的命名而兄弟相残。最后哥哥杀死了弟弟，于是，这个新的城邦就以哥哥的名字——罗慕洛斯——来命名，取名罗马。而传说中罗慕洛斯建城的这一天，是在公元前753年4月21日，这一天就成了罗马的建国之日。

罗马建国最初时期是由台伯河口的几个小村落联合组成的，国家的领导人其实也就是部落联盟的首领。到后来，罗马逐渐演变成了一个小小的王国，国家的领导人变成了国王。到了公元前510年，罗马发生了一件大事：由于国王塔克文的暴虐，罗马平民和部分贵族联合起来把塔克文赶出了罗马城，并且由两位贵族暂时代行国王的权力。这无疑是"国人暴动"的罗马版，不过，与西周不同的是，这次罗马"国人暴动"的最后结果不是若干年后迎来一位新国王，而是从此结束了国王政体，建立起了以贵族元老院为主体的奴隶制共和国。不过，这个时候的罗马共和国基本上是一个贵族专政国家，所有国家的高级官职全部掌握在贵族们手中。而且，与梭伦改革前的雅典一样，罗马的平民也广泛存在债务奴隶的问题，一旦欠债还不清，就要沦为贵族的奴隶。与雅典不同的是，罗马平民不是通过等待一个梭伦来拯救，而是通过自己的主动斗争来解放了自己。他们通过拒服兵役、集体出走以及暴动等形式，不断对贵族政府施加压力，经过两个多世纪的不断斗争，平民们终于一步步争取到了自己的权利：平民拥有了与贵族同等的政治权利和地位，平民也可以当选执政官，而且罗马的法律规定，每年必须有一位平民当选执政官；债务奴隶制度被废除了；"十二铜表法"颁布了，从此罗马人有了明确而相对公平的法律，贵族再不能通过钻没有法律的空子强行占有平民的财产了……罗马人就这样用自己的力量将罗马由一个贵族共和国转变为了一个公民共和国，成为继雅典之后世界古代政治中的又一抹亮色。

在罗马的平民不断为自己的权利而与贵族政府进行斗争的同时，罗马的对外扩张战争也在不断继续。不过，罗马扩张领土的战争最初是十分艰难的。早期的罗马军队，远不是后来那支威震世界的罗马军团，而是一只真正的菜鸟，可以用"乌合之众"来形容。既没有完善的征兵制度，也没有真正的常备军队，士兵都是临时征召的罗马公民，武器装备都是公民自备。这样一支罗马军队战斗力当然可想而知。当亚历山大大帝的马其顿大军横扫波斯的时候，罗马人还在跟意大利中部的几个原始的部落联盟打得不可开交，而且经常打败仗。前390年，罗马城被处于原始社会的高卢人攻破，罗马人退缩到城内的山冈上，险些亡国。前321年，他们又在与处于原始部落联盟状态的萨莫奈人的交战中大败，5万罗马军队被俘，被萨莫奈人扒光衣服无情地羞辱。然而，罗马人在军事上最可贵的地方在于善于学习。他们善于从失败中获取教训，从对手身上获取经验，不断发现自己的弱点，不断改进军队的建设。从一次次失败中，罗马认识到了建立完善兵役制度的重要性，并且建立起了一整套完整的军事制度，作战时所有武器装备由国家供给。从此，罗马人有了一支真正能称得上是"军队"的武力。在罗马人的发愤图强之下，胜利的天平终于倾向了他们：前290年，就在高卢攻破罗马城整整一百年后，罗马人终于打败了曾经羞辱过他们的萨莫奈人，迫使对方俯首称臣，从而统一了意大利中部地区。从此，罗马人成为意大利半岛上新兴的强国。

公元前280年，罗马人扩张的脚步来到了意大利南部。于是爆发了我们前一章里提到的与希腊城邦他林敦以及皮洛士军队的战争。前275年，皮洛士败走意大利，罗马人统一了意大利南部。我们可以看到，仅仅40多年前，罗马人还被处于原始社会的萨莫奈人打得一败涂地，而40多年以后，他们已能战胜配备了战象的组织严密的强大希腊军团了。我们可以在这个历史的标尺上，看出罗马人在军事上取得了怎样飞跃性的发展。所以，可以毫不夸张地说，罗马人是世界上最善于在战争中学习战争的民族，而这一点也正是一个民族从弱到强的不可缺乏的关键因素。

现在，罗马已经不再是台伯河口的那个小村落了。它已经变成了统治意大利半岛中南部的强大国家。罗马人的力量，很快就要冲出意大利，震撼整个地中海了。

争霸地中海

在击败皮洛士之后，罗马的影响已经超出了意大利，成为地中海地区的一个新兴的强国。一个新兴强国的崛起，必然面临着与原有强国的冲突。在罗马崛起的时候，地中海南岸最强大的国家是迦太基。随着两大强国的势力不断朝对方的方向扩张，最终，一场激烈的战争无可避免地爆发了。由于当时罗马人称迦太基人为"布匿人"，因此这场战争也被称为"布匿战争"。

在这里，让我们首先花点时间了解一下迦太基这个国家。在序章里，我们提到了一个叫腓尼基的民族。他们生活在地中海东岸，以善于航海和经商而闻名。大约在公元前9世纪，一群腓尼基人来到了今天北非的突尼斯这个地方，并且在这里建立城邦，这个城邦叫做迦太基。迦太基人充分继承了腓尼基人航海和经商的特长，迅速成为地中海南岸的一个经济繁荣而且拥有强大海军力量的国家。在罗马人还在同萨莫奈人打得难解难分的时候，迦太基人已经驾着强大的商船队，行驶在地中海沿岸，成为地中海地区的第一商业强国了。他们又是技术高超的农民，因此迦太基拥有着比罗马更繁荣的农业。当时的迦太基城也远比罗马城更宏伟、更壮丽，拥有几百艘战舰的迦太基海军更是远比罗马那只有几条破船的可怜海军强大得多。尽管罗马人成为意大利半岛的霸主，但是在双方经济力量和海上力量的对比上，迦太基都远远超过罗马人。因此在公元前264年双方为争夺西西里岛而爆发战争时，罗马人处于以弱击强的位置上。

　　但是我们前面说过，罗马人是最善于在战争中学习的。当他们意识到海军对于这场战争的重要性时，他们立即开始训练船员、建造战舰。而且这两项工作是同时进行的，那些训练的桨手们就在烈日下的沙滩上练习划桨，以保证战舰一造完就可以立即形成战斗力。另外，罗马人还发明了一种秘密武器——乌鸦式战舰。这种战舰在舰首装有一个像乌鸦嘴一样的吊桥，一旦放下来以后，就能紧紧钩住对方的战舰，从而使罗马步兵能冲到敌舰上砍杀。前260年，新组建的罗马舰队与强大的迦太基舰队展开大海战，结果，自负的迦太基人被初次经历这种海战大场面的罗马人杀得一败涂地，几乎全军覆没。罗马人随即趁胜进军迦太基本土，不料却遭到风暴袭击，十多万人的远征军舰队几乎片甲不剩。战争形势看起来好像要发生转折，但罗马人没有向命运折服，而是用坚强的意志和强大的动员能力又重新组建了新的舰队，再次。相形之下，传统的海军强国迦太基在经受了接连的战败后，无论战力还是意志都大幅下降，罗马人只用半年就恢复了舰队，而受到损失的迦太基人却要用两年多的时间才能恢复舰队，更重要的是，在士气高昂的罗马人面前，迦太基舰队一再战败，使他们丧失了战胜罗马人的信心。前241年，经过重建的罗马舰队与迦太基舰队展开决战，迦太基人再次大败。尽管此时迦太基仍有很强实力，但他们已对胜利失去了信心。商人气息浓厚的迦太基人惟恐再打下去会丧失更多的利益，于是急忙与罗马人签订了一个屈辱的条约，不但割让了自己在西西里岛上的土地，赔偿了巨款，还失去了撒丁岛、科西嘉岛等海外殖民地。

　　从这场战争的过程看，罗马人能取得海战的胜利，"乌鸦式"战舰起到了极为重要的作用。但是，这不是决定性因素。罗马人的迅速动员能力、钢铁般的意志以及不可动摇的战斗决心才是他们能以弱胜强的决定性因素。作为公民共和国的罗马，平民对国家利益的认同感非常之高。当祖国需要他们时，他们会毫不犹豫地为国家效力。这样的高度统一的民意是促使罗马人能在遇到远征舰队全军覆没这样的沉重打击时仍然毫不动摇的精神力量之源。而相比之下，实行寡头政治的迦太基，它的国家是分裂的，上层的权力精英和普通的平民利益是不一致的。对迦太基的平民来说，发动或停止战争只是那些上层人物决定的事情，而作战本身，是由那些花钱雇来的雇佣军们干的事情，似乎这场战争的胜或败同他们毫不相关。一旦迦太基的上层战斗意志动摇时，整个国家进行战争的精神支柱马上就摇摇欲坠了。如果我们作一下比较的话，就不难发现这场战争同2 000多年后发生的甲午战争有着巨大的相似之处。迦太基一如拥有"远东第一舰队"的中国，而罗马，则一如上下一心、以弱胜强的日本。

第一次布匿战争结束了，迦太基一下从地中海霸主的位置上重重地跌落下来，割地赔款、丧权辱国，而一直被迦太基人瞧不起的罗马人却一跃成为地中海的新兴强国，这种形势的变化对迦太基人的心理打击不啻于甲午战争对中国人的打击。这场失败让迦太基的有识之士们心痛不已，他们发誓，未来一定要为自己的祖国报仇雪耻，与罗马人不共戴天。为了重振国势，迦太基派出军队开辟了西班牙殖民地，在西班牙建立了一个名叫"新迦太基"的城市作为基地，并且以新迦太基为中心，占领西班牙的大片富饶的土地。他们在用实际行动告诉罗马人：迦太基人没有忘记罗马人带给他们的耻辱，总有一天，他们会找罗马复仇的！

汉尼拔的誓言

第一次布匿战争结束后，迦太基人在西班牙开辟了一片新的殖民地，作为向罗马复仇的基地。而率军开辟这块殖民地的，是迦太基的名将汉密尔卡。

在第一次布匿战争中，汉密尔卡是坚决主战的将领，并且亲自上阵和罗马人交过手。迦太基的战败让他心痛不已，因此在开辟西班牙时，他把全家都搬到了西班牙，以示义无返顾的决心。他还让自己9岁的儿子汉尼拔在神坛前对神发誓，今生绝不与罗马人为友。公元前221年，汉密尔卡在与西班牙人的交战中阵亡，他年仅26岁的儿子汉尼拔就接过了他的帅旗，成为迦太基军队在西班牙地区的最高统帅。

汉尼拔深深铭记幼年发下的誓言。为了策划对罗马的复仇战争，他积极经营西班牙基地。一方面，以高超的军事才能不断打败一个个西班牙部落；另一方面，他又以怀柔的手段拉拢西班牙各部落，最终使迦太基在西班牙彻底站稳了脚跟。

后方稳固之后，汉尼拔就开始准备对罗马开战。这个时候，罗马人已经征服了阿尔卑斯山以南的内高卢地区，势力一直延伸到阿尔卑斯山以北的外高卢地区。汉尼拔很清楚，如果继续等下去，罗马人的触角很快就会伸到西班牙。因此他决定，主动出击，发动对罗马的战争。前218年春，他对和罗马结盟的西班牙城邦萨贡姆发起进攻，罗马人以此为借口决定对迦太基宣战，于是，第二次布匿战争爆发了。

战争开始后，汉尼拔深知不可坐等罗马人来攻，他决定实施一个极其大胆的计划：把战火烧到敌人的土地上。于是他留下了两个弟弟坐镇西班牙，自己率领十万大军踏上了远征罗马的路途。一路上，他们经历了土著部落的袭击和疾病的考验。尤其是横亘在意大利北部的阿尔卑斯山，成为他们最大的障碍。历史上从没有任何一支军队能翻越这座欧洲著名的高山，但是汉尼拔做到了。他率领着他的军队，冒着山顶上漫天风雪，战胜了一切困难，经过15天的艰难行军，终于在前218年10月翻过阿尔卑斯山，来到了意大利北部，进入了罗马人的地盘。这个时候，当初从西班牙出发时的十万大军只剩下了三分之一了。而对于汉尼拔来说，真正的战斗才刚刚开始。

汉尼拔的到来让罗马人极为震惊。在罗马人的意识里，主动进攻只属于自己，迦太基人只有被动防守的份，没想到汉尼拔居然千里迢迢主动进攻罗马本土，他们只得急忙调集原定进攻迦太基本土的军队去北方堵截汉尼拔的军队。这年11月间，汉尼拔在特雷比亚河设伏，以少胜多，一举消灭了一支前去迎战的罗马军团。初战告捷，汉尼拔事先的设想变成了现实——被罗马人征服的高卢人纷纷起来支持汉尼拔，企图借汉尼拔的力量摆脱罗马人的统治。他们不但给汉尼拔提供了大量给养、马匹，而且还提供了大量兵员，汉尼拔的军队在那个冬天里恢复了元气。第二年春天，汉尼拔率领大军向罗马城进发，罗马人急忙又调集了一支精锐的军团前去迎击。前217年6月，汉尼拔在特拉西梅诺湖畔设伏，凭借极其有利的地形，仅用了三个小时就将这支数万人的罗马军团歼灭，成千上万的罗马将士被逼进湖里淹死，而汉尼拔的军队的损失却极其有限。

特拉西梅诺湖之战的胜利，让整个罗马对汉尼拔充满了恐惧之情。罗马上层分成了两派，一派主张集中主力与汉尼拔决战，另一派则主张坚守不出，慢慢消耗汉尼拔的力量。最后主张坚守的费边成为执政官，于是罗马人开始全面转入防御，坚决不与汉尼拔交战。汉尼拔很清楚罗马人的用心，于是他不断袭扰罗马的乡镇和农村，一方面获得补给，一方面刺激罗马人。一时间，罗马各地大火冲天，人民流离失所。这样的惨状果然刺激了骄傲的罗马人，最终，主张坚守的费边下台，主张主力决战的瓦罗上台，一场大战终于爆发了！

公元前216年夏，汉尼拔率军攻占了罗马重要粮仓坎尼，于是由瓦罗率领8.6万人的罗马大军追击到坎尼，同汉尼拔展开决战。当时汉尼拔总共只有5.4万兵力，明显处于劣势。但是他巧妙地部署了自己的军队，他牺牲了战线的厚度，而增加了战线的长度，这样，尽管迦太基军队的数量少于罗马军队，但战线的长度却超过了罗马人。他还把优势的骑兵部署在两翼，准备首先在两翼取得突破。

8月2日清晨，西方古代战争史上极为著名的坎尼大战开始了。罗马人凭借优势的兵力，企图一举突破迦太基军队的中央战线。迦太基军队在汉尼拔的指挥下渐渐向后收缩，慢慢把罗马人放进了自己的口袋。等到好几万的罗马人全拥挤在一起的时候，两翼的伏兵一起杀出，向中央方向逼进。而两翼的迦太基骑兵很快打败了数量较少的罗马骑兵，随后穿插到了罗马人的后方。这样，一个巨大的包围圈就形成了。陷入绝境的罗马步兵奋力拼杀，但最终无法逃脱被全部歼灭的命运。黄昏时分，延续了12个小时的坎尼大战结束了，战场上堆满了罗马官兵的尸体。5万多罗马人阵亡，另有2万人被俘，侥幸逃脱者只有万余人。而迦太基军队只损失了6 000多人。

坎尼大战是汉尼拔军事指挥艺术的巅峰之作，同时也是罗马人历史上遇到过的最惨痛的失败。罗马城里几乎每一个家庭都失去了儿子、丈夫、兄弟或是父亲，整个罗马笼罩在一片悲伤的气氛中。汉尼拔断定，罗马人遭此惨败，意志必然崩溃，于是他坐等罗马人前来求和。但是他等来的不是罗马求和的信使，而是罗马人同仇敌忾、全民皆兵的消息。几乎所有的罗马男子都拿起来了武器来保卫罗马城，罗马共和国在此时显示出了它无与伦比的伟大力量。这种力量是作为迦太基人的汉尼拔无法想象的。他的祖国如果战败了，一定会向对手求和乞降，然而罗马即使遭到了如此惨重的失败，却依然没有丝毫的屈服。他深深感到了一种不祥的预感：罗马人很有可能是无法战胜的。

果然，在这之后的日子里，形势对他越来越不利了。罗马人运用他们巨大的战争潜力，又重新恢复了军事力量。主张拖延战术的费边重新上台，罗马人开始只以小部队不断消耗汉尼拔军队的力量，而汉尼拔孤军奋战在意大利，部队得不到有效的补充，战胜罗马的希望越来越渺茫。在那些艰难的日子里，汉尼拔与他的士兵同甘共苦。他用高尚的人格和高超的领导艺术始终保持着这支以雇佣兵为主的军队的团结，没有人哗变，也没有人叛逃。汉尼拔仍在苦苦等待来自祖国的援助，他深信，只要迦太基能给他派来一支援军，他就一定能战胜罗马。

然而，他始终没有等来祖国的援军，等来的却是西班牙基地被罗马人攻占的坏消息。前208年，汉尼拔的弟弟哈斯朱拔率领一支大军离开了西班牙，沿着哥哥走过的路线也进入了意大利，准备与汉尼拔会合。然而，汉尼拔虽知道弟弟的到来，却不知道他的军队到了什么位置。他只能继续等待。然而，几个月后，等来的却是哈斯朱拔全军覆没的消息，以及被罗马人割下的弟弟的头颅。汉尼拔第一次痛哭失声，因为他知道，迦太基已没有胜利的希望了。

前202年，罗马大军已攻到了迦太基本土。汉尼拔回师救援本土，结束了在意大利长达16年的转战。而此时跟随他返回北非的老兵，只有几千人了。这年秋天，汉尼拔在扎马与罗马名将西庇阿展开决战。在扎马之战中，他第一次战败了。迦太基只得再次向对手屈辱地求和。第二次布匿战争再次以罗马人的胜利而告终。

战争结束后，罗马人仍不想放过曾给他们带来噩梦的汉尼拔。可悲的是，某些迦太基人为了求得罗马人的饶恕，不惜出卖这位迦太基的英雄，汉尼拔不得不流亡于他乡。罗马人又不断派人到各国去追讨他。前183年，64岁的汉尼拔眼见无法逃脱罗马人的追捕，毅然吞下毒药自尽，实现了自己幼年许下的誓言——今生绝不与罗马人为友。

毫无疑问，汉尼拔是古代西方世界最伟大的统帅之一。他不仅拥有高超的战略眼光、杰出的战术指挥能力，而且拥有着对祖国的无限忠诚、高尚的人格、出色的领导艺术和极为简朴的生活作风。他几乎凭借一己之力战胜了强大的罗马，从而改写了历史。遗憾的是，他所面对的是一个拥有近乎无限战争潜力和坚强意志的国家，一个正处于上升期的伟大民族。他的祖国的那些当权者们与他的对手相比，是那么猥琐而软弱。就在他孤军奋战在罗马人的心脏地区的时候，他却想不到，后方的那些权贵们竟因为这场战争影响了自己的商业利益而极力陷害他、污蔑他，不但不给予他任何援助，甚至还囚禁了他的妻子。尽管他为他的祖国献出了自己的一切，但他的祖国却不打算保护他，反而把他出卖给罗马人。在汉尼拔结束自己一生的时候，给历史留下的只有长长的一声叹息。

3. 英雄迟暮——罗马帝国的衰落

古代罗马的发祥地意大利位于欧洲南部的亚平宁半岛。亚平宁山脉从西北而东南纵贯亚平宁半岛。意大利北部有肥沃的波河平原。半岛东部的狭长地带，背山面水，适宜放牧。西部有一片肥沃的平原，适合农耕，南部也是适合发展农牧业的地区。半岛上的河流很多，以波河和第伯河最为重要，第伯河下游自古以来利于航行，古罗马城就在它的南岸。古代罗马就是以罗马城为中心发展起来的。

古代罗马是第伯河畔的一个小小城邦，在一些杰出人物如恺撒、屋大维等军人的领导下，经过长期对外征服，逐渐发展成为以地中海为内湖，横跨欧、亚、非三大洲的奴隶制大帝国。

罗马共和国末期，奴隶制城邦共和国制度已经名存实亡。军事独裁从苏拉、恺撒到屋大维，一脉相承，最后转变为奴隶制帝国。

公元前27年，屋大维确立了元首制，自称元首，并获得"奥古斯都"和"祖国之父"的尊号。他总揽行政、军事、司法和宗教等大权，成为罗马帝国第一位皇帝。只不过因为罗马人民厌恶君主制，屋大维没有公开加冕罢了。

共和国终于被埋葬掉了，罗马进入了帝制时期，在屋大维的统治下，罗马发动了大规模的战争。南征北战，攻城掠地，迅速扩大了帝国的疆域。

数不胜数的被征服国家的百姓沦为罗马人的奴隶，他们在曾属于自己的但被罗马霸占了的土地上，在奴隶主的皮鞭下，被迫夜以继日地艰苦劳动，得不到片刻休息。他们成了罗马人"会说话的工具"，用他们的鲜血和白骨，培育了罗马的文明。

从屋大维统治时期开始，罗马帝国进入了一个相对稳定、经济繁荣的时期。享有罗马公民权的人，在公元1～2世纪这段时期里，过着天堂般的生活，他们心安理得地喝着奴隶的血，离开了奴隶，他们吃不到食物，穿上不衣服，在自由的罗马人眼中，劳动是受人看不起的，谁也不愿意去做那些奴隶们正在做的事情。但是，对一个民族来说，好逸恶劳是一种潜在危机，将使这个民族走向灭亡。罗马人在停止大规模的对外战争后，便开始纵情享受，挥霍无度。他们不愿意再拿自己的生命去冒险。实际上，他们也耗尽了力量，无法再发动进攻。罗马帝国已经到了衰弱不堪的地步，甚至没有力量，没有足够的兵力去保卫自己广阔的国土，不得不把傀儡扶上边境国家的王位，指望他们来巩固罗马的边境，边境蛮族虎视眈眈，不断骚扰。罗马被迫封锁自己的边境，它积极兴建了坚固的工事，以使自己和周围的蛮族隔开。罗马进入了防御时期，长久的和平快走到了尽头。事实上，公元2世纪后期，罗马帝国的黄金时代已结束了。

安敦尼王朝最后一个皇帝孔茂德被杀以后，帝国内部各军将领之间就爆发了争夺帝位的斗争，结果，潘诺尼亚省军团的塞维鲁，被士兵拥立为皇帝，成为塞维鲁王朝的创始者。塞维鲁是非洲人，出生于一个富有的家庭，他当皇帝以后，首先对军队进行改革。他的政权是以军人为支柱的。因此他大力奖赏效忠他的士兵，把他们的薪饷提高了几乎一倍。公元193年，他解散了已经堕落的旧近卫军。从各省军团中选拔新的近卫军。他提高了军人的待遇，并且允许士兵的家属居住在军营附近。士兵可以在家里住，也可以在驻防地分到土地。

塞维鲁用军团的军官担任行政长官。他加强了中央集权，以元首顾问会为国家的最高机关，它的决议可以代替元老院的法令。因此，元老院管理国家事务的职权，实际上已经被解除。塞维鲁统治时期，又对安息进行侵略，使罗马在幼发拉底河以外扩大了疆域。公元211年，他率军出征不列颠的时候，离开了人世。他临死时对他的儿子说："希望你们兄弟和睦相处，让士兵们发财致富，其他的人则可以不管。"

塞维鲁死后，他的儿子卡拉卡拉继续执行他父亲的政策。公元212年，他发布敕令，给予帝国的全体自由民，投降者除外，以罗马公民权。这个敕令使各省居民，除了缴纳他们应缴的各种捐税外，还要和罗马公民一样负担遗产税和其他各种捐税，这样就扩大了财源。

塞维鲁父子采取的各种措施，如军队与官僚相结合，给予帝国境内全体自由民居民以罗马公民权等等，都是为了巩固帝国的统治。但是所有这些措施都挽救不了帝国的危机，卡拉卡拉对东方进行了疯狂的远征，甚至想征服中国。公元235年，塞维鲁的儿子卡拉卡拉被暴动的士兵杀死，从这时起，罗马国内发生了长期的混乱，帝国分裂成许多割据的地区。军事叛乱和军事政变不断发生，皇帝更换频繁。公元253—268年，除了瓦勒良和伽里恩努斯父子算是皇帝外，其他有30多人割据称帝。政治上的混乱达到了极点。

与此同时，帝国边境蛮族部落的侵袭，一天比一天紧。帝国边境的界线到处被蛮族突破，日耳曼部落从莱茵河右岸，进入了高卢地区和北意大利，哥特人从多瑙河下游劫掠黑海地区，并进入爱琴海一带和小亚细亚，在东方，新兴的波斯也不断向幼发拉底河一带进攻。曾经强盛一时的罗马帝国，至此已是风雨飘摇，山河破碎，出现了无法挽回的衰落景象。

罗马帝国危机的另一个表现是罗马社会经济的衰落。在安敦尼王朝统治时期，罗马社会经济虽然有一定程度的繁荣，但只限于一些行省。由于高卢、西班牙、多瑙河沿岸和非洲各地经济的发展，它们不需要意大利半岛产品的供给，于是分裂主义从公元 2 世纪以来就已经开始，各省在经济上已出现了闭关自守的倾向。到公元 3 世纪，由于军队叛乱、武装政变和割据，更促使这种倾向加深。在东方，由于波斯人和哥特人的经常侵袭和掠夺，切断了各重要工商业中心彼此间的商路，各省之间的商业遭到破坏，手工业作坊又只能供应本地的市场。战争的破坏，使工商业者遭受严重灾难，结果又使赋税的来源和收入减少。历代皇帝们为克服财政危机，都用发行货币的手段压榨人民。金币发行较少，而且在败坏之中。货币败坏的结果，一方面物价上涨，另一方面是足值的货币全被居民收藏起来，因此商品经济和货币经济完全衰落下去。

罗马政府的财政，在经历了孔茂德的挥霍以后，本来已经困难重重，但它还要为塞维鲁王朝的皇帝们的对外扩张付出巨大的资金，它只能加收赋税，但这也无济于事。政府很快无耻地降低货币的成色，使本来已经不景气的经济更加混乱。对日益强大的萨珊统治下的伊朗的战争，以及日耳曼部落无休止的大规模的侵犯，使形势更加恶化。财政的拮据也影响了士兵的薪饷。士兵们杀掉了塞维鲁王朝的最后一个皇帝亚历山大，拥立他们的指挥官马克西米安为帝。

从这个时期起，罗马就开始了剧烈的政治危机，延续了 50 年。马克西米安为了拿财产搞赏他的士兵，大量屠杀有钱人和贵族，并没收他们的家产，有人把他称为"雅典尼奥第二与斯巴达克"，但是他绝不是被压迫人民的领袖，他的所作所为仅仅是取得士兵的欢心为他的统治效力。

公元 238 年，被激怒了的贵族接连推举四个元老做皇帝来反对他，但这四个人全在几个月内便被士兵杀死。马克西米安也在元老策动的士兵哗变中丧生。元老院宣布由非洲总督戈尔迪亚努斯 13 岁的孙子为皇帝，但是，这只是元老院的暂时胜利。近卫军发动兵变，杀死了皇帝，菲利浦称帝。这时候，蛮族对多瑙河边界进行侵犯，大量的哥特人开入罗马，罗马军队向他们投降了。因为这些罗马军队早已蛮族化，他们中间有相当一部分人就是日耳曼部人，必然会与哥特人结成天然的盟友。菲利浦派兵前往征讨叛逆者，他的将士却反戈杀了他。这样的政变延续了十五年以上，在这个期间罗马一共换了十个皇帝。

公元 253 年，高卢和日耳曼行省军队的统帅瓦列罗亚努斯，率军到达意大利，继任皇帝。国内经常的动乱，蛮族对边境一天比一天厉害的进攻，迫使他们分权统治。他任命自己的儿子伽利埃努斯为共治者，留驻罗马，而自己亲率大军对付波斯人的进攻。公元 260 年，波斯军队击溃了罗马军队，并把他俘虏了。他不得不在波斯国王上马时，弯下腰，供波斯国王当脚蹬。后来，这位罗马皇帝在屈辱中死去。

伽利埃努斯独掌了帝国大权，他进行一些军事改革，大量利用蛮族骑兵为自己服务。蛮族不仅充斥于下层士兵，就连上层军官也有不少蛮族人。伽利埃努斯倚重士兵，排斥元老，使元老们掌握不了军权。这样的改革自然为元老贵族不容。他们在各行省组织军事哗变，推出自己的代理人，试图脱离帝国而独立。各行省纷纷出现僭位者，以致这个时期被称为"三十僭主时代"。大部分的僭位者不久都失败了，因为他们自己无力控制局势而不敢脱离罗马，但也确实有一部分断绝了与中央政府的关系，致使罗马帝国四分五裂。

在西方，形成了一个单独的"高卢帝国"，包括日耳曼、高卢、不列颠和西班牙，存在了15年之久。叙利亚、中亚细亚、埃及也分立了，组成了一个完整的新王国，持续了10年之久。中央政权处于半瘫痪状态，僭位者不断从边疆撤去军队，用来打内战，罗马帝国处于极度危险的境地。连续的内战，无休止的蛮族进攻，加上饥荒和瘟疫，帝国的强盛已成了昨日黄花。

一些更严重的危机征象在帝国的内部表现出来。罗马人发现他们在走向贫困。以前，它靠对行省的掠夺养活自己，而没有发展起自己的经济。这个帝国的文明依靠奴隶的劳动建立起来，可是现在正在走向下坡路。罗马经济危机的根本原因，在于奴隶制生产关系的没落。奴隶对于劳动，本来就没有积极性，他们用种种办法向奴隶主作反抗。为了更有效地剥削奴隶，公元2世纪后半期的罗马皇帝们，采取一些稍微限制奴隶主虐待奴隶的措施，但是，这并不能挽救奴隶制大庄园的灭亡。奴隶不再是最好的财产，强迫奴隶使用最原始、最简陋的工具，只能使经济发展受到阻碍。奴隶主们发现役使奴隶已无利可图，他们只好改变自己原来的做法，给奴隶小块土地，让他们自行耕种，他们在交上大部分实物地租后，多少能留下一点私产。这时的奴隶叫做隶农。隶农对于农业的兴趣提高了一些，但他们的处境很快又恶化了。有关隶农义务的契约和规定，在现实遭到严重破坏，苛捐杂税使隶农难以承受，有些隶农几乎沦于无地、无房、无工具的境地。隶农无法生活下去，被迫逃亡，却又遭到官府镇压。官逼民反，隶农以怠工、流亡、逃税等方式进行反抗，甚至组织大规模的农民起义。自由租地的农民逐渐变为隶农，这正是罗马帝国后期奴隶、隶农往往联合起义的根本原因。

这样，到公元2世纪末，罗马帝国几乎在国家所有重要方面，出现了深刻的危机。就是在文化上，罗马也难以挽回它的衰落。公元1世纪兴起并大大发展的基督教，到公元2世纪末已经成为一种促使古代世界一切宗教崩溃的极大的社会力量。

公元3世纪的罗马政治危机，到其70年代已开始有所缓解。士兵出身的非常残暴的皇帝奥列良努斯，竭力镇压各地起义，大体稳定了帝国的统一局面，使罗马获得了某种稳定。他击溃了阿曼尼人、哥特人和汪达尔人，将一切威胁罗马人的危险赶到了多瑙河边。同时严厉镇压了奴隶和隶农的运动。

行省的暴动也被压服，分离的高卢帝国和帕米尔帝国又合并于罗马帝国，他在加强专制统治的路上又跨了一大步。

公元214年，宫廷近卫军首领戴克里先由军队拥戴为皇帝。他在20年的统治中遏止了政治危机，他认为当务之急是搞好军队的防御和后方的组织工作。他有感于罗马皇帝的废立篡夺，而把帝国分为两部分，每一部分设正副帝各一名，两名正帝享有同等权力。两位副帝则作为正帝的继承人，这样便确立了四帝执政制，这样的划分，对巩固他的统治是比较有利的，四个执政者能够在短时间内严厉镇压起义者和僭位者，恢复统治秩序。戴克里先称奥古斯都，驻科米底亚（在小亚细亚），统治色雷斯、亚洲各省、埃及和昔兰尼加。他副手加列利阿称为恺撒，驻西尔米伊（在多瑙河支流撒瓦河上），统治色雷斯以外的巴尔干各省。另一个奥古斯都马克西米安驻美狄奥兰（米兰），统治意大利、阿非利加省、里西亚和诺里克。他的副手恺撒君士坦西阿驻特里尔，统治高卢、不列颠和西班牙。这样，就有两个奥古斯都和两个恺撒，其中的最高统治者是戴克里先，当时罗马还是帝国的首都，但没有一个统治者选罗马为驻地，可见罗马地位已降落到何种地步。此外，戴克里先为了防止行省分立，缩小省区，把全国划分为一百个行省，每十至十二个行省组成一个行政区，实行军政分治，地方总督不再兼任军职，行政区的长官是近卫军副指挥，直属近卫军指挥。戴克里先希望以此加强对行省的统治。

军事改革是戴克里先注意的中心。他把军队分为边防军和巡防军。巡防军是用来镇压人民起义和从事远征的，边防军是用来对付外族入侵的。同时，他增加了军团的数目，而把军团的人数大大减少，以便调度和控制。他鼓励蛮族部队转到罗马政权之下，并给以特别奖赏。边防军团大部由蛮族移民组成。内地兵团中蛮族的成分也越来越大，戴克里先依靠这样的政策，使军队人数大大增加，但罗马却要为此付出沉重代价。

戴克里先又进行了赋税和币制改革。以前帝国各地征税情形很不统一，有的地区交实物税，有的地区用现金纳税，有的地区二者兼有。戴克里先以直接税的形式统一了税制，把人头税和土地税作为主要的财政收入，他把帝国的领土分成若干个固定的税区。农村居民一律课征人头税和土地税，城市居民无地者只交人头税。缴纳货币，一般成年男子纳全税，妇女纳半税，但官吏、老兵、无产者和奴隶不纳税。戴克里先的税制改革，使劳动人民生活更加贫困。不仅这样，为了保证税收，隶农被固定在一定的农庄上，手工业者被固定到一定的协会里，禁止隶农和一切农业劳动者离开土地，手工业者不得脱离作坊和同业公会。帝国的所有居民都固定在他们的职业上。城市议员固定的自己的职位上，并且用自己的资财对一切欠缴的税款负责。他还把农村收正规的赋税的责任交给大地主，从而加强了大地主对隶农的监督和奴役。大量的实物税保证了军队、宫廷、官吏等一切供应，暂时增加了政府的收入，但是这束缚了经济的发展，加剧了社会矛盾。但他的币制改革却是完全失败了，货币的贬值使物价不可遏止地上涨，他公布的"价格敕令"，成为一纸空文，罗马经济继续衰退。

戴克里先为了加强自己的君权，以地上的神灵自居。他在宗教方面给自己找到了思想根据，他自称朱庇特的儿子，目的在于表明君权神授。为此，他残酷迫害基督徒，他认为基督徒是侮辱他的神的人，是破坏他的政权的宗教基础的人。

基督徒被赶出军队，他们的集会被禁止，教堂被毁坏，许多牧师和主教被处死。这种政策没有得到统治集团中一些主要人物的支持，公元305年戴克里先退位后就停止执行了。

公元305年，戴克里先和马克西米安退位后，统治集团之间又开始争夺政权的斗争。公元306年，马克西米安的儿子君士坦丁做了皇帝。君士坦丁废除了四帝共治制，统一控制全国，他把帝国划成四大行政区：高卢、意大利、伊利里亚和东方。大行政区的民政由四个近卫军长官主管。由于罗马帝国的经济文化中心已经转到了东方，为了便于统治，公元330年，君士坦丁在东方的拜占庭建立新都，并且改为君士坦丁堡。他自己驻在新都，在那里也设立了一个与罗马元老院并存的元老院。从此，君士坦丁堡比罗马城占有更重要的地位。

君士坦丁继续了戴克里先的军事、行政、财政改革，甚至走得更远。社会各阶层在他手中遭到更严重的奴役，居民被普遍地压榨。为了巩固奴隶主对奴隶的统治权，他在实际上恢复了奴隶主任意杀害奴隶的权力。君士坦丁顽固地维护奴隶制度，重申主人有处死奴隶的权力，加重对逃亡奴隶及其煽动者的刑罚，宣布贫民出卖子女为合法。他还颁布法律，规定隶农及其后代，必须固定在主人的土地上。对逃亡隶农应该戴上枷锁送回原主，当做奴隶来处罚。总之，他竭力把隶农降到和奴隶相似的地位，限制隶农制的发展。

君士坦丁还利用基督教来巩固奴隶主的统治。君士坦丁颁布"米兰敕令"，承认基督教的合法地位。君士坦丁不但承认基督教，而且给予教会与教士许多权利。基督教会有权接受遗产和赠与。基督教士免除赋税和劳役，并获得拥有土地和隶农的权利。从此，基督教从一种受迫害的、反对富人的宗教，变成了为富人服务、压迫劳动人民的宗教。基督教成为罗马帝国垂死挣扎的精神支柱。

公元3世纪危机以后，罗马帝国（尤其是西半部）经济日趋衰落。许多城市中工商业凋零，人口稀少，荒凉冷落。由于劳动者的逃亡，农田荒芜的很多，罗马奴隶制帝国已经走上绝路。

隶农在过去已经依附于土地，公元4世纪的一些法令更使这种情况合法化了。公元332年的一项法令规定，如果有人带走他人的隶农而被发现，不仅要把该隶农送回原处，还要负责该隶农这一段时期的人头税。隶农想逃亡，就要像奴隶一样戴上枷锁，强迫劳动。

在帝国后期，宫廷大臣、高级指挥官和有元老称号的大土地所有者，享有很大的权力和特权，他们成为罗马帝国的显贵。为了防御外族的经常袭击和被压迫者的起义，他们在自己的领地上构筑防御工事，成立私人武装。他们的庄园由奴隶和隶农耕作，并在自己的领地上对他们进行审判和惩罚。这些显贵把自己的领地变成了罗马帝国境内的独立王国。他们还迫使邻近的村落和地区的居民，把土地交给他们占领，自己只作为土地的暂时所有者，借此换得他们的保护。只有这样，这些被压迫者才可以免遭他们的主人的欺凌，免遭士兵和官吏的劫掠和迫害，自由居民迅速减少。

公元 337 年君士坦丁死后，帝国由他的三个儿子分治，帝国一分为三。

君士坦丁二世统治东罗马帝国和高卢，君士坦都二世统治东、西帝国之间的领土，君士坦丁斯帝统治帝国的西方领土。但是，不到一年，骨肉残杀现象便出现了，这种争夺政权的斗争，延续了 16 年之久。最后，在公元 353 年，以君士坦丁的幼子康斯坦西阿二世的胜利而告终。但是不久，他的统治权又被堂兄弟朱里安夺去。朱里安企图恢复罗马旧教在帝国的优势地位，向基督教展开了激烈的斗争，引起局面动荡不堪，他自己也被称为"叛教者"。朱里安死后整整二十年，罗马帝国又出现了多头的政治局面，谁也控制不了局势。帝国的最后一次统一，是由提奥多西阿完成的。他由军人推举上台，采取最严厉的措施来对付窃位者和人民的起义。在他退位后，帝国由他的两个儿子分治。从公元 395 年开始，罗马帝国就再也没有统一起来，成为两个单独的部分，这就是西罗马帝国和东罗马帝国（后来称为拜占庭帝国）。

罗马皇帝的残暴统治和长期的政治混乱局面，激起了帝国境内各族人民不断反抗。在帝国西部，人民起义尤为激烈。公元 368—369 年，在不列颠爆发了纳税人的起义。此外，在戴克里先统治时期被镇压下去的巴高达运动，这时又重新爆发于高卢地区。巴高达同勃艮第人、法兰克人联合在一起，夺取土地，杀死土地所有者。罗马统治者已经没有能力把运动镇压下去。到公元 5 世纪时，罗马在不列颠、高卢、西班牙的统治便土崩瓦解了，代之而起的是日耳曼各族人的小王国。

公元 4 世纪 30 年代到 40 年代，在北非爆发了"阿哥尼斯特"（意思是"争取正当信仰的战士"）运动。运动的中心是努米底亚和毛里塔尼亚。领导这次运动的是柏柏尔人阿斯基多和法西尔，参加者都是北非的奴隶、隶农和农民。他们反对大土地所有者和高利贷者，他们袭击大庄园，打死大土地所有者，烧毁奴隶名单和债券。帝国政府派遣军队进攻起义者，许多起义者和他们的领袖都先后牺牲了。后来因罗马统治者迫害多那里斯派，这个教派也同阿哥尼斯特联合起来。多那里斯派主教主那图斯继续领导运动，帝国政府派遣军队镇压起义者，起义军被打败。到公元 4 世纪中期，运动又掀起高潮，运动的领导者是毛里塔尼亚部落首领费尔姆。起义者占领了毛里塔尼亚最大的城市恺撒列亚和许多农庄。公元 373 年，罗马皇帝派遣骑兵长官提奥多西前往镇压，经过几次血战，起义者被残酷镇压了。然而，运动仍在时伏时起。

就在罗马各地人民运动经久不息的同时，罗马帝国又经受着日耳曼民族部落大迁徙浪潮的冲击。

公元 4 世纪中期，居住在亚洲的匈奴人进入欧洲，并占领了从顿河到喀尔巴阡山脉的全部里海北岸地区。原来居住在这里的日耳曼部落的哥特人，在公元 3 世纪中期分裂为东、西两支，东哥特人被匈奴人征服，归服了匈奴人。西哥特人不愿受匈奴人的压迫，向东罗马皇帝瓦伦斯要求渡过多瑙河到罗马境内。瓦伦斯允许他们越过多瑙河到色雷斯一带居住，企图利用他们服兵役，瓦伦斯在他们解除武装、提供人质的条件下，答应了他们的请求，并允诺拨给他们土地和粮食。

哥特人进入帝国后，没有得到罗马政府许诺的东西。相反，他们遭到了罗马帝国官员的残酷迫害。他们被勒索沉重的捐税，被拐卖成奴隶，被迫为换取少量的粮食而卖儿卖女。罗马人的背信弃义，激起了哥特人的反抗，闻风而动的还有当地的奴隶、隶农、矿工和破产农民，组成了一支色雷斯劳动群众与哥特人的联军。公元378年，瓦伦斯率军进攻起义军。双方在亚得里亚堡附近发生激战。结果，罗马军队惨败，瓦伦斯也战死。此后，起义队伍迅速壮大起来。

西罗马皇帝格拉乔阿努斯派司令官提奥多西增援东方，并任命他为东罗马皇帝。提奥多西没有力量把起义者赶出国境，于是允许他们在色雷斯、弗里吉亚和吕底亚定居，并给他们粮食和牲口，起义才暂时中止。公元394年，提奥多西最后一次把帝国统一起来。但是，在人民的打击下，这时的罗马帝国已经气息奄奄，日薄西山了。公元395年，提奥多西死后，帝国终于分裂成东、西两部，即以君士坦丁堡为都城的东罗马帝国和以罗马城为都城的西罗马帝国。

在提奥多西后继者统治时期，西哥特人在阿拉里克率领下掀起大起义。

西哥特军队横扫希腊和马其顿，东罗马皇帝毫无办法，接着，西哥特军队进入意大利，围困罗马。在城内的奴隶和下层自由民发动了起义，并打开城门，放入了西哥特军队，罗马遭到了一次大洗劫。而西罗马皇帝却龟缩在北部的拉温那，束手无策。

公元412年，西哥特人进入南高卢，得到当地巴高达运动的强大支持，占领了阿奎尼亚地区，接着，他们又占领了西班牙。公元419年，在西罗马帝国境内，出现了西哥特王国，这是蛮族在罗马帝国领土上建立的第一个王国，从此，帝国在蛮族的冲击下，迅速走向瓦解。公元429年，进入北非的汪达尔人，与当地阿哥尼斯特运动汇合起来，几次打败罗马军队。公元439年，攻占了北非首府迦太基城，结束了罗马帝国在北非的600年统治，汪达尔在此建立了自己的王国，公元455年，汪达尔人渡河北上，攻陷罗马，洗劫了14天，罗马再次遭受到厄运。

公元420年，临近高卢地区的法兰克人，得到巴高达运动的支援，向高卢地区推进。他们以故土为根据地，向外蚕食，扩大地盘。勃艮第人也跨过莱茵河，占领了高卢的东南角。

公元5世纪50年代，西罗马帝国的局势更加恶化，在原罗马帝国的领土上，出现了几个日耳曼部落的王国，在剩下的领土上，罗马皇帝也只是个名义上的统治者罢了。就在这时，曾造成日耳曼部落大迁徙的匈奴人对摇摇欲坠的西罗马又发动了进攻。

公元451年春，匈奴人在名将阿提拉的率领下，攻打高卢。西罗马统帅阿提乌斯联合哥特人、法兰克人、勃艮第人，与匈奴军在特洛伊城附近展开激战，两军伤亡惨重。最后，阿提拉率军撤退，经意大利，沿途劫掠，一直到伊达拉里亚。在首领墨洛温的率领下，法兰克人乘机向南侵占罗马的领土。

勃艮第人也以里昂为首都，建立了自己的王国，西罗马帝国出现了四分五裂的局面，名义上已经不存在，这时候，西罗马帝国的军队，几乎完全是由日耳曼人组成的。公元476年，日耳曼将军奥多亚克，废掉了西罗马最后一个皇帝罗马·奥古斯都，自立为统治者。西罗马帝国终于在人民起义和外族入侵的沉重打击下灭亡了，政权转到了日耳曼各部落。

日耳曼人征服罗马后，夺取了大量的土地，国王和军事将领成为土地所有者，他们把土地分给奴隶、隶农，收取一定量的地租，从而萌发了封建制因素。西罗马帝国的灭亡，标志着西欧奴隶制度的崩溃，从此封建制度在西欧大地上，慢慢地建立了起来。

4. 影响深远——罗马帝国灭亡与中国的关系

匈奴是古时游牧于中国北方和西北方的民族，与古中国曾有数百年的边境战争，古长城最初即为防御匈奴而建。匈奴在历史上也称为胡人。从有记载的编年史开始就一直有他们的踪迹。在殷商时期他们曾被称为鬼方、犬戎等等。中国古人认为他们与我们一样都是炎黄子孙，是被殷人驱赶到北方的夏人的后裔。

犬戎与夏族同祖，皆出于黄帝。从春秋开始，直到东汉，乃至五胡十六国的时期，匈奴人不断南下骚扰。在战国末年的公元前3世纪，匈奴曾被赵国名将李牧击败北走。

匈奴人力量的决定性的崛起是自阿提拉（406—453年）登基成为匈奴帝国的王之后。公元433年，27岁的阿提拉与他的兄弟布来达一同从他们的叔父罗阿斯手中继承了帝国的王位。436年，阿提拉无情地谋杀了他的胞兄，独自君临帝国。与他的前辈们相比，阿提拉更具有雄心壮志，更富于侵略性，而且才智极为超群。在历史上，阿提拉是一个极为凸显的角色。阿提拉时期的匈奴帝国是匈奴史的最后一章，也是最辉煌的一章。他使罗马人蒙羞，使日尔曼人丧胆，具有令西人沮丧而无奈的强大力量，以至于他和他的匈奴铁骑都被称为"上帝之鞭"。公元5世纪40年代，阿提拉对巴尔干半岛东部实施了一系列致命的打击。其中有一座位于多瑙河以南100多英里的尼斯查瓦河畔的城市，被匈奴人摧毁得如此彻底，以至于数年后罗马使者前往晋见阿提拉经过此处时，仍可见岸边白骨累累，城内尸臭熏天。此后，许多高卢地区的城市都不能免遭此厄运。

匈奴人在比邻东罗马的多瑙河地区确立了一个强大的政权之后，在442年被著名的东罗马将军阿斯帕尔阻挡在色雷斯地区。447年阿提拉又对巴尔干实施了一次更大规模的入侵。他们长驱直抵君士坦丁堡城下，迫使东罗马皇帝狄奥多修斯二世乞降。阿提拉不仅收取了所有欠交的贡金，还得到了一个新的价值 2100 镑黄金的年贡额，同时又被赠予了多瑙河以南面积可观的领土。这次战役使东罗马受到前所未有的重创。史家言称，匈奴人所经之地"杀戮无数，血流成河。他们抢劫教堂和修院，遍杀修士与修女……他们彻底摧毁了色雷斯，使其不可能再恢复过去的旧貌了"。阿提拉这次对东罗马的狂胜，令他有了足够的回旋余地去实现其突袭西欧的计划。

第六节　北冰洋枭雄——俄罗斯帝国

1. 后起之秀——俄罗斯帝国掠影

俄罗斯帝国，通常简称为俄国或沙俄。14 世纪中期，从蒙古帝国之金帐汗国独立出来的诸罗斯公国之一的莫斯科公国日渐强大，兼并周围小国。1546 年，莫斯科公国大公伊凡四世加冕称沙皇，俄罗斯帝国诞生。1721 年彼得大帝与瑞典进行的北方战争胜利后，使俄罗斯元老院授予他"全俄罗斯皇帝"的头衔，俄国成为正式意义上的帝国。1917 年二月革命后，沙皇尼古拉二世被迫签署退位声明，俄罗斯帝国灭亡。

国　土

全盛时期，俄国的国土面积达到 3 000 万平方公里。19 世纪末，它的领土面积达到 2 240 万平方公里，人口达 1 亿多，首都为莫斯科。1712 年后，首都迁至圣彼得堡直到 1917 年。

历　史

一开始俄国只是一个在莫斯科附近的小国，它的帝国地位并不被西方所承认。1696 年，年轻的彼得一世成为沙皇，一开始他为了保护南方的国界而开始对抗鞑靼和奥斯曼帝国。为了继续与奥斯曼帝国的战争，彼得开始到欧洲寻找盟友并学习西方的科学技术，拜访了勃兰登堡、荷兰、英国和神圣罗马帝国等。

为了增加与西方交流的机会和寻找俄国在波罗的海的出海口，彼得在 1700 年与奥斯曼帝国停战，并对当时欧洲最强国家之一的瑞典宣战。在芬兰湾的纳尔瓦，瑞典军证明了俄国军完全不是他们的对手。幸运的是，瑞典在这时陷入了波兰王位的争夺当中。在这喘息的时间，彼得建立了一支新式西方化的军队；当两支军队在 1709 年在波尔塔瓦再度相遇时，俄国击败了瑞典。北方战争一直持续到了 1721 年，瑞典同意了《尼斯塔得条约》，俄国终于得到了在波罗的海的出海口以及与西方交流的窗口。

俄国的扩张和成熟

叶卡捷琳娜二世时代是俄罗斯帝国的第二个盛世，帝国在南方和西方得到相当大的新版图。1768 年，与奥斯曼帝国之间的俄土战争爆发，在 1774 年以《凯纳甲湖条约》的签订而结束。根据这个条约，俄国取得了黑海的出海口，克里米亚的鞑靼则从奥斯曼帝国独立，而叶卡捷琳娜在 1783 年吞并了克里米亚。1787 年，第二次俄土战争爆发，1792 年战争结束，俄国将其势力伸入巴尔干半岛；虽然奥斯曼帝国没有被俄国完全赶出欧洲，但已不再是俄国的严重威胁了。在西方，俄国则趁着波兰国势日虚之际，与普鲁士、奥地利瓜分波兰。

拿破仑战争

身为一个欧洲的主要国家，俄国也无法避免地参与了与拿破仑法国的战争。1812 年 6 月，拿破仑率领了 60 万大军侵略俄国，比俄国正规军多两倍以上，而且装备更加精良。但在拿破仑推进的同时，也同时面临了过度扩张的问题。俄国使用了焦土战争的策略，又遇上俄国寒冷的冬天，使得拿破仑遭遇了灾难性的惨败：不到 3 万人回到他们的母国。在法国军撤退之际，俄国军则推进到中欧和西欧，最后到了巴黎的城门边。在反法同盟击败拿破仑后，沙皇亚历山大一世被视为欧洲的救世主。

改革和革命

19 世纪晚期和 20 世纪初期对俄国来说是一个危机时期。欧洲的工业革命使得俄国与西方的发展相差越来越大。虽然帝国的人口较任何一个欧洲发展国家都多，但大部分都是贫穷的农奴。1905 年日俄战争的失败更导致民心对皇权丧失信心，俄国境内不断发生流血革命，而第一次世界大战则是压垮骆驼的最后一根稻草。1917 年 3 月，首都圣彼得堡市民发动反饥饿游行，引发二月革命。3 月 2 日沙皇尼古拉二世退位，传位给弟弟米哈伊尔大公，但是遭到他的拒绝，于是罗曼诺夫王朝灭亡，由亚历山大·克伦斯基所领导的俄国临时政府所取代。

俄罗斯帝国存在的历史意义

俄罗斯帝国是俄国人为了挽救落后的民族，唤醒俄国的新思想、新文化所建立的国家。他的存在仅仅不到 200 年的时间，在这段时间内，俄罗斯从一个落后的、穷困的国家发展成为一个强大的军事帝国，但他没能真正解决俄国人穷困潦倒的生活状况，另外，农奴制在这个帝国统治时期也没能真正被废除，尽管 1862 年亚历山大二世改革为俄国农奴的自由奠定了法律基础，但几百年来歧视农奴的传统没能被改变。

作为俄国历史上最后一个封建国家，俄罗斯帝国没能完成从封建制度向资本主义制度过渡的任务。因此，最终摧毁俄罗斯帝国的并非俄国资产阶级，而是平民和农奴。但是，俄罗斯帝国的建立，从一定程度上反映了俄国国际地位和军事实力的变化。自 1721 年俄罗斯帝国成立开始，欧洲的任何国际政治问题，没有俄国的干涉，都是无法解决的。

2. 桂冠之王——俄罗斯帝国的皇帝

彼得一世·阿列克谢耶维奇（大帝）

1682—1721 年为俄罗斯沙皇，1721—1725 年为俄国皇帝。他曾打败了瑞典和土耳其。1721 年，他加冕为全俄皇帝。他积极改革，是俄罗斯社会面貌向西方靠拢。他在涅瓦河上建立了新京都圣彼得堡。1725 年，彼得一世死于尿毒症，皇位传给续妻叶卡捷琳娜一世。

叶卡捷琳娜一世·阿列克谢耶夫娜

1725—1727 年在位。她遵照彼得一世的志愿，建立了俄罗斯科学院。

彼得二世·阿列克谢耶维奇

1727—1730 年在位。他在位期间，罢黜彼得一世的宠臣阿·缅希科夫，把首都迁回莫斯科。1730 年，彼得二世死于天花。此后，罗曼诺夫王朝绝嗣。

安娜·伊万诺夫娜

1730—1740 年在位。俄国女皇，是伊万五世沙皇和普拉斯科维亚·萨尔特科娃皇后的女儿。

伊万六世

1740—1741 年在位。她登基时还不到 1 周岁。他的母亲是安娜·伊万诺夫娜女皇的外甥女。1741 年被推翻。

伊丽莎白·彼得罗夫娜

1741—1761 年在位。她是彼得大帝最后的继承人和最小的女儿。她发动政变，求进了摄政女皇和伊万六世。女皇知书而不识礼，为人乖戾暴躁。她参加了奥地利王位继承战争，帮助普鲁士保住了西里西亚。还参加了七年战争。1761年，她死于圣彼得堡，王位传给外甥彼得·乌尔利希。

彼得三世·乌尔利希

1762 年在位。他是彼得大帝的外孙，霍斯丁公爵卡尔·腓特烈的儿子。1742 年从霍斯丁回到彼得堡成为大公和皇储。1744 年，他娶安哈尔特—采尔布斯特公主索菲娅·腓特烈·奥古斯塔为妻。1762 年，彼得三世继承王位。他荒疏政务，而且狂热持模仿普鲁士的制度；他憎恶妻子，结果招来了 1762 年的政变。他本人被囚禁在彼得—保罗要塞。1762 年离奇死亡。

叶卡捷琳娜二世（大帝）

1762—1796 年在位。她是俄国仅有的两位大帝之一，生于安哈尔特—采尔布斯特。1744 年，她成为大公夫人。1762 年，她发动政变成为女皇。叶卡捷琳娜奉行扩张主义政策，发动了两次俄土战争、一次俄瑞战争和三次波兰战争。她和奥地利皇帝约瑟夫二世、普鲁士国王腓特烈二世一起瓜分了波兰的领土。在这些战争中，俄国完全获得了黑海和波罗的海的出口，领土扩大了 67 万平方公里。

保罗一世·彼得罗维奇

1796—1801 年在位。俄国皇帝，官方说法是彼得三世和叶卡捷琳娜二世的独子。1796 年即位之后废除了大部分母亲所建立的制度。他狂热的仿效普鲁士的军事制度，遭到了贵族们的反对。1801 年，保罗一世死于一次政治谋杀，罪魁很可能是他的儿子和继承人亚历山大大公。

高宗亚历山大一世·巴甫洛维奇

1801—1825 年在位。他是俄国皇帝保罗一世的长子，出生在圣彼得堡。1801年策划了谋杀父亲的政变，同年成为俄国皇帝。亚历山大与拿破仑皇帝签订了《提尔西特和约》，但仍然不可避免地卷入了反法战争。1811 年亚历山大在莫斯科击败了拿破仑的 60 万大军；1814 年和 1815 年，他分别在莱比锡和滑铁卢打败法军，迫使拿破仑两度退位。此后亚历山大一世成了欧洲的保护者和英雄。他信仰神秘主义，受奥地利首相梅特涅的影响很深。1825 年，他与伊丽莎白·阿列克谢耶夫娜皇后到塔甘罗格疗养，结果离奇地死在那里。亚历山大娶巴登公主路易莎·玛丽娅·奥古斯塔（伊丽莎白·阿列克谢耶夫娜）为妻，他们只有两个女儿，他的王位由弟弟尼古拉大公继承。

尼古拉一世·巴甫洛维奇

1825—1855 年在位。1825 年，亚历山大一世驾崩，尼古拉大公遂向王兄康斯坦丁大公宣誓效忠，但康斯坦丁自愿放弃王位，尼古拉就成了沙皇尼古拉一世。尼古拉一世为人残暴，对革命和起义采取坚决镇压的态度。他洞察到了农奴制已经越来越不适应一个强大的封建帝国，但他的改革还仅限于不损害地主阶级的利益的范围内。尼古拉一世把俄罗斯引进旷日持久的克里米亚战争，俄国在这场战争中没捞到什么好处，而是损兵折将，经济崩溃。1855 年，尼古拉在战争的硝烟中去世。尼古拉一世是俄国第一位迎娶普鲁士王族的皇帝，他之所以违反祖制娶了一位一等大贵族的女儿，是因为他当时并不知道会成为君主。他和妻子弗里德里卡·路易莎·夏洛特·威廉明娜共生有 7 个子女，长子亚历山大继承王位。

亚历山大二世·尼古拉耶维奇

1855—1881 年在位。尼古拉一世死后，亚历山大二世顺应时机地结束了克里米亚战争。战争结束之后，面对国内愈演愈烈的阶级矛盾和民族矛盾，亚历山大二世不得不于 1862 年颁发敕令，解除了农奴对农奴主的义务，但他们须得用大量的金钱"赎身"。尽管亚历山大二世改革根本没有减轻农奴的负担，但它毕竟是一次自上而下的资产阶级革命，并为二月革命打好了基础。1881 年，亚历山大二世在十二月党人的未遂政变中被刺杀。亚历山大二世娶黑森－达姆斯塔特的马克西米连娜·威廉明娜·奥古斯塔·玛丽娅为妻，子女均夭折；后娶叶卡捷琳娜·多尔戈卢卡娅女大公，有数个子女，王位由次子亚历山大大公继承。

3. 彪炳史册——俄罗斯帝国大事记

（1）莫斯科公国成为俄罗斯诸公国的头目。

达尼埃尔尤里·达尼洛维奇、伊凡一世、谢苗一世（高傲王）、伊凡二世，这些莫斯科大公想方设法使莫斯科公国的王公在蒙古人那儿取得"大公"的称号。

（2）莫斯科公国打破了蒙古不可战胜的神话，莫斯科取得了短暂的国家独立。

1359—1389 年在位的季米特里·顿斯科伊大公，第一次率领俄罗斯诸公国打败了蒙古突厥鞑靼的汗国，取得了暂时的独立，但不久，独立被取消。

（3）莫斯科公园兼并周边其他俄罗斯公园，具备了国家独立的实力。

1389—1425 年的瓦西里一世和 1425—1462 年的瓦西里二世（瞎子王）时期，与金帐汗国关系时好时坏，不时发生冲突。此时莫斯科公国兼并周边的其他俄罗斯公国，不断地积蓄实力，莫斯科大公国开始具备了国家独立的实力。

（4）伊凡三世取得莫斯科公国独立。

伊凡三世·瓦里耶维奇（1440—1505 年）是莫斯科大公，在位时间为1462—1505 年。

伊凡三世是莫斯科大公，是俄罗斯历史上著名的大公之一。伊凡三世时期，莫斯科统一了雅罗斯拉夫尔、诺夫哥罗德、特维尔、彼尔姆这几个俄罗斯公国。伊凡三世是个运气非常好的莫斯科大公。1480 年，与阿赫马德汗的战斗中，贪生怕死的伊凡三世临阵逃跑，但俄罗斯的军队仍然坚持不后退，由于天气寒冷，阿赫马德汗不战而退，伊凡三世听说蒙古鞑靼的军队退走了，才在身边的人的劝说下返回前线，捡来个胜利，于是停止对金帐汗国的纳贡，结束了两个半世纪的蒙古人统治，莫斯科大公国独立。15 世纪后期，莫斯科渐渐流传一种说法，认为莫斯科公国是拜占庭帝国的继承者，莫斯科为"第三个也是永久的罗马"。伊凡三世在文件中偶尔有两次也把自己冠以"恺撒"的头衔，但始终不敢对外公开正式称沙皇。1547 年，真正正式加冕为沙皇并对外公开称沙皇的是伊凡四世。

1497 年，伊凡三世颁布了法典，初步建立了莫斯科大公国的政府机构。在这部法典中，规定了拜占庭的双头鹰国徽为俄罗斯国徽。同年，一面镀金的双头鹰徽记被安放在了克里姆林宫的斯巴斯基塔楼上。俄罗斯获得了象征自己国家的标志。同样在这部法典中，他还限制了农民的流动，规定只有在圣尤里节（俄历11 月 26 日）前后两周期间，农民才可离开土地四处走动，开辟了莫斯科公国的农奴化进程。1503 年娶拜占庭帝国的索非亚公主。

（5）瓦西里三世完成了俄罗斯的统一。

瓦西里三世·伊万诺维奇（1479—1533 年）1505 年至 1533 年的莫斯科大公。

瓦西里三世是伊凡三世和索非亚之子，莫斯科大公。他继承了父亲的政策，努力统一俄罗斯。1510 年，俄国兼并普斯科夫公国，1521 年又兼并了梁赞公国，大致完成了东北俄罗斯各公国的统一。于是，瓦西里三世宣称"我的意志就是神的意志"，不使贵族和诸大公参与政治，一切问题均以专制方式解决。这个时期，有人（僧侣菲洛费）做赞辞给大公，称"莫斯科是第三个罗马，将永远繁荣"，歌颂这种专制统治。对大公政治的反对者加以严厉的处罚。因此造难的有尼尔·叔伊斯基、马克西姆·格勒克等。在对外政策方面，与金帐汗国分裂出来的克里米亚汗国、喀山汗国的交往逐渐提到议事日程上来。对立陶宛的战争也时断时续。

（6）伊凡四世建立沙皇俄国，成为第一个沙皇，并开始对外扩张。

伊凡四世·瓦西里耶维奇（1530 年 8 月 25 日至 1584 年 3 月 18 日）俄罗斯历史上第一位沙皇，又被称为伊凡雷帝。1533 年至 1547 年，他为莫斯科大公；1547 年至 1584 年为沙皇。

瓦西里三世是叶琳娜·格林斯卡娅之子。他三岁即位，母亲暂时摄政，却苦于大贵族们的横暴。1547 年，他加冕称沙皇，俄罗斯从此开始了对外的扩张政策，得到封建领主阶级的支持。1549 年，他设立了特别会议，编纂新法典，改革地方和中央的政治、行政、经济、军事，尤其是军事改革，使俄罗斯走向强大；打破了领主政体对沙皇的一切权力限制，而以前的大公权力很小，受领主们很多限制，伊凡四世消除了领主政体，建立沙皇专制政体，打击地方割据势力，统一俄罗斯；军事强大后，开始对外扩张。

伊凡四世在 1547—1552 年的远征中灭亡了喀山汗国，1556 年阿斯特拉罕汗国也被俄国吞并。到 1557 年，西伯利亚汗国也臣服于伊凡四世。然后使大诺盖汗国臣服于俄罗斯。伊凡四世时期，俄罗斯开始成为多民族国家。1572 年，伊凡四世粉碎克里木汗国。

灭掉喀山汗国是俄罗斯历史上重大的转折点，标志着从此以后俄罗斯力量强于蒙古鞑靼人的力量，攻灭喀山改变了俄罗斯人与蒙古鞑靼人的力量对比；粉碎克里木意义重大，克里木汗国当时是奥斯曼土耳其之鞭，当时奥斯曼土耳其前进侵略的阴影笼罩着整个东欧，而粉碎克里木汗国使奥斯曼土耳其统治俄罗斯及东欧再也不可能；打开了通往西伯利亚的道路。

伊凡四世以英国船开辟北方航路为契机，开始探索通往西欧的近道。1558 年，俄国发动立窝尼亚战争，试图向波罗的海扩张。由于邻近国家的介入和贵族的反对而受阻，使战争长期化，打了 25 年。虽然没有达到预期的目的，但是向欧洲展示了俄罗斯的国力。

"沙皇"，即"царь"（"恺撒"的俄语发音）称号来自伊凡四世（在俄罗斯又被尊称为伊凡大帝）。早期罗斯人认为，拜占庭帝国是罗马帝国的继承人，是宇宙的中心。俄罗斯人尊称拜占庭的君主为"沙皇"，而认为俄罗斯的大公们是拜占庭沙皇的大臣。蒙古鞑靼人的骇人听闻的统治，使俄罗斯人转而尊称蒙古大汗为"沙皇"，俄罗斯大公是蒙古"沙皇"（即蒙古大汗）的大臣。强盛的蒙古大汗还娶了拜占庭的公主为皇后，但随着蒙古人的衰落，俄罗斯人不乐意再尊称蒙古大汗为沙皇了，但始终不敢正式自称沙皇。1547 年，伊凡大帝发表了重要讲话，要亲政并正式自称沙皇。伊凡大帝的讲话令领主们听得目瞪口呆，他们发现伊凡四世的讲话是那么深思熟虑，与他 16 岁的年龄是不相称的，伊凡四世很早熟。于是伊凡大帝成了第一位沙皇，莫斯科公国改为沙皇俄国，又称俄罗斯。在伊凡四世之前，莫斯科的大公权力很小，受到领主们很多限制。伊凡四世打破了对沙皇的一切权力限制，领主政体改为沙皇专制政体。

这时期沙皇特辖领地制度的建立，给贵族势力很大的打击，对沙皇专制体系的建立有很大的意义。俄国的农民们因 1550 年的法典和 16 世纪 80 年代公布的一系列法令被进一步束缚在土地上。

伊凡四世虽然是个富有才智、英明能干的沙皇，但是在另外一方面，他在性格上有很强的猜忌心理，好激动，残忍，对贵族们严厉镇压。盛怒之下，竟然用手杖打死了长子伊凡太子，使人感到特别惊骇和恐怖。"雷帝"的外号由此而来。

伊凡雷帝是斯大林和彼得一世的偶像。彼得一世改革时困难重重，太子儿子是改革的阻力之一，他决定以伊凡雷帝为榜样，于是，彼得大帝处死了自己的儿子。

（7）费多尔，尤里克王朝最后一个沙皇，俄罗斯第二位沙皇。

费多尔·伊万诺维奇（1557—1598 年），是 1584—1598 年的俄罗斯沙皇。

费多尔伊凡四世之子，母亲为安娜斯塔西亚·罗曼诺夫娜。他娶伊琳娜·戈东诺娃为妻，无子，有一女费奥多西亚·费奥多罗夫娜女大公。费多尔死后，尤里克王朝绝嗣。

（8）戈东诺夫成为沙皇。

鲍里斯·费奥多罗维奇·戈东诺夫（1552—1605 年），是 1598—1605 年间的俄罗斯沙皇。

戈东诺夫是鞑靼贵族出身，曾经侍奉过伊凡雷帝。他的妹妹伊琳娜嫁给伊凡雷帝的幼子费多尔。费多尔身体有病，智力不健全，因此大权被戈东诺夫所掌握。1598 年，费多尔去世，无子嗣。尤里克王朝灭亡。全俄缙绅会议推举戈东诺夫为俄罗斯沙皇。他继承伊凡雷帝遗志，停止与波兰的战争，在北方向瑞典发动战争，扩大了波罗的海出海口。他向东继续侵略西伯利亚汗国，南方与克里米亚汗国交战，修建了一系列要塞城市。戈东诺夫推进俄罗斯农奴化进程，规定如果一个自由人为他人工作满六个月以上，就沦为这个人的奴仆。他还公布逃亡农奴的追捕期限为5年。戈东诺夫在位末期俄罗斯不断发生农奴起义。1605年，戈东诺夫去世，儿子费多尔即位，不久被起义者杀死。

（9）空位时期，导致罗曼诺夫王朝的开始。

空位时期是俄罗斯历史上1605—1613年这一段时期。

1591年，俄罗斯沙皇费多尔·伊万诺维奇的同父异母兄弟、有王位继承权的季米特里被鲍里斯·戈东诺夫秘密杀害。1604年，一个自称是季米特里的人出现，并且得到了波兰国王西吉斯蒙德三世的支持。1605年，戈东诺夫的儿子费多尔二世被杀，季米特里即位，史称"伪沙皇季米特里"或"伪季米特里"。

由于采取亲波兰的政策，伪季米特里触怒了俄罗斯大贵族。在大贵族瓦西里·舒伊斯基的率领下，季米特里被杀，舒伊斯基即位，号称瓦西里四世。

1607年，另一个伪季米特里出现了，再次得到波兰的支持。1610年，波兰军队攻占莫斯科，舒伊斯基被杀。这一次，西吉斯蒙德想让自己的儿子瓦迪斯拉夫继承俄罗斯王位，后来又改变主意想自己兼任俄罗斯沙皇。但是波兰入侵者在1612年被俄罗斯贵族们召集的军队驱逐。

1613年，全俄罗斯缙绅会议宣布立17岁的米哈伊尔·罗曼诺夫为沙皇，罗曼诺夫王朝开始。

第七节 老牌列强——葡萄牙殖民帝国

葡萄牙殖民帝国为历史上第一个全球性殖民帝国，以及欧洲最早建立和最长久的殖民帝国（1415—1999年）。

葡萄牙在15世纪进行的大西洋探险和1415年对休达的征服标志着葡萄牙成为海上强权的开始。其后，葡萄牙开始大力发展航海学校，以及加强地图学的知识。在一个世纪后，葡萄牙终于成为欧洲首个打通往印度航线的国家。而其他效力西班牙的葡萄牙航海家如迪亚士、瓦斯科·达·伽马和斐迪南·麦哲伦也创下不朽的航海历史。

葡萄牙殖民帝国国力在16世纪达至顶峰。但其后因为哈布斯堡王朝对此的冷漠，以及其他新兴殖民帝国如英国、荷兰和法国的竞争下，葡萄牙殖民帝国开始走向衰落。18世纪后，葡萄牙便集中其在巴西及非洲殖民地的统治。而巴西殖民者为葡萄牙带来的黄金重新振兴了这个帝国。但无奈的是，1755年灾难性的大地震却严重打击了葡萄牙首都里斯本的国际地位，加上1822年巴西的独立和1890年英国打击了其在非洲的扩张企图，都使得这个殖民帝国趋向衰亡。

第二次世界大战后，葡萄牙曾经尝试抵抗殖民地发起的非殖民地化浪潮，并因此爆发了殖民战争（1961—1974 年）。但印度亦在 1961 年入侵及吞并了其位于印度的殖民地果阿和达曼—第乌两地，这使得葡萄牙在亚洲只剩下澳门及东帝汶两个殖民地。而经历 1974 年康乃馨革命后，葡萄牙政府转为支持其殖民地的独立运动，直至葡萄牙政府在 1999 年 12 月 20 日正式交还澳门予中国后，葡萄牙殖民帝国才正式宣告瓦解，结束其 500 多年的统治。

1. 航海起家——葡萄牙帝国的诞生

像邻接大西洋的其他欧洲地区一样，利比亚人在新石器时代居住在这个区域。在今天人们仍能在城郊发现他们留下的宗教纪念碑，叫做"麦格里斯"，有些像手指的直立的巨石。在公元 1000 年后，凯尔特人成就了他们和利比亚人的联姻，后人称作康尼人和坎普及人。

自公元 1200 年来，德古斯河的出海口就是一个天然的港口。从腓尼基来的船用这处港口来填补开往英属维京群岛和康沃尔旅途中所需要的食物，于是这里成为连接腓尼基北部和内陆的重要站点。他们的主要产品是盐、鱼和琉息太尼亚马。

康尼人得到了汉尼拔的拥护，但他们在布匿战争中被罗马人打败了。于是罗马就统治了整个西班牙和葡萄牙，带领着军队，联合奥利斯波联盟对抗西北部的凯尔特部落。

改革了的奥利斯波被加入了罗马夫利西塔斯·朱莉亚的统治之下，他统治大约 50 公里的土地。他的市民们不得不向他上纳税，可凭此获得罗马市民的身份，以及应有的权利。在罗马的统治下建了大剧院、论坛、浴池和寺庙，经济的苏醒使奥利斯波变得兴旺起来：鱼子酱、葡萄酒、盐和马都出口到罗马及罗马的一些统治地，如不列颠尼亚和莱茵。贸易的连通，各大疆土的联合，使得科学技术不断得到发展。除了拉丁人以外还有一大批希腊商人和奴隶生活在这儿。这座从属于罗马鲁西塔尼亚的城市，在 711 年由摩尔人占领。

过了大约 400 年之久，这座城市终于由唐·阿丰索·恩里克斯在 1147 年重新统治。他是葡萄牙历史上的第一个国王。在 1255 年里斯本成为葡萄牙的首都。随着 16 世纪葡萄牙帝国的雄起，也迎来了里斯本的全盛时期。他成为与远东商贸和从巴西淘金的中心城市。里斯本一直受到剧烈地震的困扰，以 1755 年的最为剧烈，60 多万人丧生，城市的百分之八十五被毁，而玛克斯·蒂·蓬又将里斯本重建，他决定把地震的残骸拆毁，以现代城市规则改建，而不是以往中世纪的风格。

在 1415 年，葡萄牙士兵占领了北非港口城市休达，并在 1418 年击败了企图夺回休达的摩尔人。而一年后，葡萄牙国王航海家亨利的两名船长在风暴下驶进马德拉，而其他葡萄牙航海家更在 1427 年发现了亚速尔群岛。葡萄牙殖民帝国就因而开始发迹。葡萄牙的船队相继于 1434 年和 1445 年到达非洲的保加多尔角、塞内加尔和佛得角。1446 年，葡萄牙航海家安东尼·费尔南多更发现了塞拉利昂，这些地理上的大发现都为葡萄牙帝国的崛起提供了有利条件。

其时，葡萄牙开始对亚速尔群岛和马德拉进行殖民政策，以攫取在蔗糖和酒类生产上的利益，尤其是来自几内亚的黄金更大地刺激了葡萄牙的商业能力。从科学及宗教的角度出发，远洋航行无疑是有利可图的。在阿方索五世（1443 —1481 年）领导下，葡萄牙的海洋探险已远至几内亚湾一带。而他更在 1458 年和1471 年分别从摩尔人手上占据了摩洛哥一部分和丹吉尔等地。而其继承人约翰二世也在西非加纳建立保护商贸用的要塞，其后这个要塞更在 1637 年起成为葡萄牙在西非的总部。此外，葡萄牙在 1482 年发现了刚果，并在 1488 年派遣迪亚士绕过好望角。

最后，葡萄牙籍航海家瓦斯科·达·伽马更率先到达印度，开辟了第一条由欧洲通往印度的航线。通过这些发现，葡萄牙提高了本国的经济，并为它带来庞大的贸易利益。

当时，人们都知道在印度洋向东出发就可以到达印度，但哥伦布认为向西航行也能到达印度，但这个想法却被当时的君主约翰二世坚决反对。其后，卡斯蒂利亚女王伊莎贝拉却大力支持哥伦布的想法，并遣之实行。结果，哥伦布成功地发现西印度群岛，此地其后更成为西班牙在美洲的殖民地。

而在东非，由伊斯兰人统治的一带东非海岸如莫桑比克、蒙巴萨等地也落入葡萄牙人手中。其后在 1490 年，葡萄牙航海家已经到达东非的埃塞俄比亚海岸。此外，葡萄牙人的势力也伸展至阿拉伯海一带，他们在 1506 年侵吞了索科特拉岛，同年更到达印度洋上的锡兰。而葡萄牙人更一直在印度洋上进行探险，如1506 年发现的马达加斯加和 1507 年发现的毛里求斯等，葡萄牙亦在 1509 年发生的第乌战役击败了奥斯曼土耳其的苏丹以及威尼斯共和国，成为印度洋上的霸主。至于葡萄牙人也大力开始在美洲的扩张，如在 1500 年登陆巴西的塞古罗港，并以之作为巴西红木的贸易站。

而葡萄牙和西班牙两国更在 1494 年签订《托尔德西里亚斯条约》。该条约列明西葡两国共同垄断欧洲以外的世界，并以佛得角以西 300 里格（大约 1770 公里）作为两国分界线，以东为葡萄牙势力范围，而以西即为西班牙所拥有。自此，葡萄牙殖民地帝国如日中天。

哈布斯堡王朝时代（1580—1640 年）

在 1580 至 1640 年这段期间，西班牙的王位便落入哈布斯堡王朝手中，而它更成就西班牙殖民帝国的霸主地位。同时，葡萄牙也受西班牙哈布斯堡王朝的支配，于是西班牙国王腓力二世便联合了所有位于伊比利亚半岛的舰队，以清除从亚速尔群岛来进行贸易的法国人。因此，亚速尔就成为最后一个抵抗腓力统治的葡萄牙领地。

但与此同时，葡萄牙却开始扩张在条约协定的分界线以西的地方，并在1616年发动了一次军事扩张，驱逐了法国在南美洲的殖民者。此外，葡萄牙人更在1625年率领舰队占据了由荷兰人控制的萨尔瓦多城市。但好景不长，自1627年卡斯蒂里亚经历经济大崩溃后，荷兰人便乘机组织海军，并破坏了西班牙的海上贸易。自此，英、荷两国便开始频繁攻击葡萄牙的海岸线，以掠夺西班牙的财富。西班牙人完全不能应付海军的威胁，因此爆发了荷西战争。

1638年至1640年间，荷兰逐渐控制了巴西东北部的地区，并以累西腓为首府。但1648年葡萄牙在对荷兰战争的胜出才扭转这个局势，荷兰当局其后交还巴西予葡萄牙。虽然荷兰在巴西的殖民政策失败了，但其后荷兰却抢夺了锡兰、好望角和东印度群岛一带的土地，更垄断了在日本长崎市的贸易。自此，葡萄牙在远东的势力减少至澳门和东帝汶两地。

巴西帝国（1640—1822年）

1661年，葡萄牙给予英国孟买和丹吉尔两地作为两国联姻的嫁妆。而其后一百年，英国乘印度莫卧儿帝国的崩溃而逐渐控制整个印度及其贸易。但葡萄牙手中仍然掌握西印度的果阿等地。在1755年里斯本发生了惨绝人寰的大地震后，葡萄牙的殖民野心就被动摇了。因此，葡萄牙殖民帝国在18世纪开始走下坡。

尽管巴西在起初并不太重要，但它后来却成为葡萄牙殖民地的中心，尤其是它积存了大量来自葡萄牙的黄金、宝石、甘蔗、咖啡和谷物等。葡萄牙更在此进行了黑人奴隶的贸易，因此巴西的人口开始大增，并开始走上发展之路。

而巴西的独立运动也在此时开始萌生。在1789年曾经发生过一次起义，但最后失败，领导者亦被绞死。而1808年，法国的拿破仑声称葡萄牙暗中援助英国，因此对葡萄牙发动入侵。而葡萄牙摄政王若奥亲王为免受到波及，便把王室迁往巴西。而若奥六世在1812年赶回葡萄牙以解决国内的问题，并留下儿子佩德罗做巴西摄政王。其后在人民的强烈呼声下，佩德罗便领导人们进行巴西的独立。最后，他在1822年正式加冕为巴西帝国皇帝，而巴西也在此时独立于葡萄牙。

非洲帝国（1822—1945年）

在殖民主义高涨的19世纪中，葡萄牙已经失去了其在南美和亚洲的领土。为了挽回劣势，葡萄牙便把殖民政策投放在非洲身上，并把佛得角、圣多美普林西比、几内亚比绍、安哥拉和莫桑比克置于控制之下。

崩溃及瓦解

第二次世界大战中，很多欧洲国家也纷纷自愿及被迫放弃其殖民地。葡萄牙却拒绝放弃其殖民地，因此它仍然维持着庞大的殖民帝国。1961年，果阿及葡萄牙统治的一部分印度受到印度的入侵。而其在非洲的殖民地也因为非殖民地化浪潮和冷战的影响逐渐独立。自此，葡萄牙只剩下澳门和东帝汶两地。

但是，东帝汶不久独立，其后受邻国印度尼西亚占领，直至1999年。

而葡萄牙的最后一个殖民地——澳门则在1999年12月20日正式交还中国。自此，统治达500多年的葡萄牙殖民地帝国正式宣告瓦解。

2. 时过境迁——葡萄牙帝国的衰落

"盛名之下，其实难符"。对一些大帝国、大家族用这句话来形容他们在鼎盛时期的实际情况都是贴切的，对像葡萄牙和西班牙这样的帝国尤其恰当。因为这两个帝国的先天不足之处很多，其中最为突出一点是：它们的海外的殖民活动反映了当时西欧各国的某种共同需要，它们吸收了当时西欧各国的许多人力、物力、财力来从事这种开辟新航路的事业（当然包括殖民），但当它们成为庞大的帝国时，迅速成长的西欧各国民族国家会不会承认它们的帝国的地位呢？就它们内部来说，它们有没有能力来维持自己的帝国地位，也是一个令当时的葡萄牙和西班牙人颇费脑筋的事情。

以葡萄牙来说，它毕竟太小了，它的人口与它从事的事业确实差距太大，所以早在它建立帝国的过程中，一些问题就已深刻地表现出来。到后来，这些问题就与一般的帝国问题混淆在一起，难分难解。

战线太长，"敌人"太多

战线太长，"敌人"太多国家的财力和人力不足，经常显得捉襟见肘，这是葡萄牙在建立帝国过程中面临的问题。这里的"敌人"加了引号，表示这些"敌人"不是天生与葡萄牙为敌，而是葡萄牙人自己制造出来的，因为他们要去掠夺他们。

早在15世纪末和16世纪初的曼努埃尔国王统治时期（1495—1521年），可以说这是帝国正进入全盛的时期，但由于国王在对外征服上的大手大脚，政府显得力不从心，一些人开始表示了自己的担心，有人用"印度的烟幕"来形容在东方殖民成功及表面的繁荣可能是一场虚幻的美梦。葡萄牙人占领果阿，在第乌打败印度阿拉伯人联合舰队，占领马六甲等，杀人无数，残忍异常，但他们也付出了血的代价。当时葡萄牙一些比较清醒的人也在关注以下事实：在遥远的东方他们的驻军被杀害，商行被烧毁，船只被击沉。占领一个地方往往要进入持续的冲突，取得一场胜利似乎是相对容易的，但要保卫胜利的成果可能是一场拖垮国力的消耗战。陆地上、海上，东方、美洲和非洲，小小的葡萄牙要同时向这些地方派出很多部队去进攻、去保卫，兵力总是显得不足。另外，漫长的航线必然存在着各种各样消耗生命的可能性，如海盗袭击、暴风雨和坏血病的折磨等都使许多海员葬身海底。

放弃北非

16世纪初，帝国在非洲碰到了第一次危机。曼努埃尔相扩大占领摩洛哥海岸的范围，想占领菲斯王国（今摩洛哥的前身）。他看中了这个王国肥沃的土地，认为这对葡萄牙构成了很大的威胁。1515年，葡萄牙军队开始了行动，可惜最后被摩尔人打败而归。这场失败意味着葡萄牙100年间在北非的殖民活动以失败而告终。

此后一段时间，葡萄牙在印度洋上、南中国海上和巴西的殖民事业虽然总的来说相对顺利，整个国家也逐渐进入佳境，但它在北非的扩张却是每况愈下。尽管这些葡萄牙士兵都骁勇善战，但摩尔人攻陷葡萄牙在北非最南端的据点圣克鲁斯（今阿加迪尔地区），只有很少的葡萄牙士兵幸存下来，全城居民惨遭杀戮。摩尔人视之为同葡萄牙开战以来最辉煌的胜利。确实，葡萄牙在北非的阵地已是全面崩溃。次年，国王下令撤出萨菲姆，这里曾是他们侵略摩洛哥的重要基地，也是主教政府所在地。16世纪中，葡萄牙又陆续撤出阿尔吉拉等地。这意味中葡萄牙的决策者开始放弃北非，把越来越多的精力放在东方。这正是他们在澳门、日本和香料群岛的事业蒸蒸日上的时候。

海外收益的下降

16世纪初期的一段时间里，葡萄牙几乎垄断了香料贸易，1515年攻下霍尔木兹后进入垄断的顶峰。但好景不长，威尼斯人和阿拉伯人的反击很快就开始了，列万特重新成为重要的东西方香料贸易地区，地中海也很快恢复了相当繁荣的香料贸易。1525年和1527年间，法国里昂市场上出售的香料有一半是威尼斯从列万特运来的。实际上，葡萄牙人对马六甲和印度洋的控制只能是相对的，它所控制的是当时东方航线上最重要的港口，但对二流港口他们基本上无能为力。东方的香料不经马六甲也可运到印度洋，而印度洋太大了，葡萄牙人对它的控制不可能做到滴水不漏。

想打破葡萄牙人对香料贸易垄断的人太多了，葡萄牙的招架能力有限。这场好望角航线与地中海航线的竞争，实际上是威尼斯及意大利、阿拉伯商人，还有法国、英国、德国商人与葡萄牙人的竞争。在这种竞争格局当中，葡萄牙人的优势并不明显，这就使得传统的地中海航线在整个16世纪依然相当繁荣。

16世纪30年代，威尼斯的报复加剧了。其中一个特别明显的标志是：在欧洲北部的安特卫普的市场上，来自列万特的胡椒再次成为一个不可低估的因素。这里，政治因素也发生了重要作用。因为这时正是西班牙的理查五世帝国与法国之间的意大利战争如火如荼地进行的时候，同时查理五世与奥斯曼土耳其帝国地冲突也经常发生，法国为了打败查理五世，开始与奥斯曼土耳其帝国合作，与其签订友好条约，马赛的船舶可以直接驶入列万特（当时在奥斯曼帝国的管辖之下），于是在法国南方各大城市中，来自地中海的胡椒与来自大西洋的胡椒展开了激烈的竞争。16世纪60年代，奥斯曼土耳其与葡萄牙进入战争状态，这时甚至连葡萄牙自身都出现了胡椒短缺，经地中海运往欧洲的香料可能超过了好望角航线开辟前的水平。

运入欧洲的香料数量大增，增加速度大过香料消费的增长速度，香料的价格于是下跌，葡萄牙从香料贸易中获得的收益不断下降。另一方面，东方贸易的成本却在不断增加。有许多原因促使成本增加，比如竞争对象增加，大西洋上海盗猖獗，运送香料的船只需要舰队护航等都使成本上升。还有一种成本也在增加：东方一些地方的人很快就掌握了葡萄牙人制造武器的技术，葡萄牙人面对着更能打仗的东方人军队。达·伽马的大炮曾令印度人闻风丧胆，但几年后印度人造出的大炮比葡萄牙人面对的大炮更大。葡萄牙人从印度一个王公的军队缴获过一门大炮，长6米，重20吨，是有名的"第乌大炮"，葡萄牙士兵从来没有见过这么大的炮。

葡萄牙政府中也有一些比较清醒的人，他们看到完全依靠政府的努力难以维持帝国现状；又由于政府收入减少，每年拿不出足够的钱来为商队护航。1570年，政府放弃了对东方贸易的垄断，开始把东方的经商大权出租给一些商人，为的是发挥私人的积极性。这虽然是葡萄牙政府在开辟东方航线的过程中曾用过的办法，但在具体处理政府与商人的关系方面，葡萄牙远远不够英国成功。

国内颓势凸显

到15世纪中，葡萄牙的经济、政治和文化表面上高度繁荣，但仔细观察一下的话，已可以明显察觉到它繁荣外表下的衰败趋势。

享乐之风蔓延

香料和奴隶贸易及在美洲等地地殖民没有给葡萄牙国内带来生产地高涨，这是的葡萄牙在某种意义上仍然是一个传统的国家，也就是说它的现代经济的发展条件尚不具备，居民手中的金钱一般还不是投入生产，而是投入消费。到16世纪中，国民缺乏追求、精神颓废的情况已经相当严重。有一位人文主义者写了一首诗，诗中说：自从发现了东方的珠宝和新世界，自从靠牺牲那么多的生命换来了"少量好处"，自从把肉桂和胡椒运回葡萄牙后，葡萄牙就变成了一个郁郁寡欢的国家。这种情况其实早已存在，因为早在15世纪，葡萄牙就通过经营非洲西海岸和大西洋诸岛的贸易发了财，但这种发财不等于这个国家真正富裕起来。早就有人指出过，印度和香料贸易将是葡萄牙走向衰落的一个因素。到了16世纪中，这种情况已是非常严重。人民从农村涌向城市，不愿从事农业生产。最严重的问题可能是宫廷和上层阶级的奢侈和排场。宫廷人员大量增加，贵族们开始炫耀自己的生活方式以表示其所享有的社会地位。国王手中掌握大量的收入，一段时间那尚可支撑宫廷的消费；但大贵族们一方面像国王一样经营自己的小宫殿，而收入却无法与国王相比，所以总是弄得负债累累。国王曾颁布过许多法令，企图阻止这种现象的蔓延，如禁止衣着过分奢侈，限制使用贵重的布匹、首饰、黄金和白银饰品及佣人的数目等，但均无济于事。

葡萄牙的整个生产没有什么变化。萨拉伊瓦说："16 世纪结束时，葡萄牙的工业生产与 13 世纪相差无几，仍然是铁匠铺、瓦窑、土布纺织、制鞋、做马具、纺麻、造船等。"但进口的东西却越来越多。1526 年上演的一部讽刺剧讲到，葡萄牙的生肉从不列颠进口，白菜从比斯开进口。实际上各种提高有钱人生活质量的东西都要从外国进口，有的材料还提到，连鸡蛋都要从外国进口。

不可靠的经济繁荣

葡萄牙开辟了到东方的航线并在一定时间内及在一定程度上控制了东西方贸易，但葡萄牙并没有能力使自己成为西方的经济中心；里斯本虽然是当时欧洲的一个大城市，最繁荣的商业城市之一，但它不可能成为欧洲的商贸和金融中心。当时欧洲的经济中心正在逐步向北转移，对葡萄牙来说很不利的一点是：当时欧洲的香料消费大多集中在北欧，运入欧洲的香料大约有十分之九是由这里的居民消费的。所以葡萄牙人从东方运来的胡椒得寻运到北部欧洲有市场，而北部欧洲从事香料转销的中心是尼德兰德安特卫普（今比利时第一大港口城市）。

安特卫普本来也不是北部欧洲的经济中心，16 世纪以前，它西面的布鲁日是比它更有活力的一个城市，而 16 世纪后期开始，阿姆斯特丹就取代了它的地位。但在 16 世纪初到该世纪后期，它在欧洲经济中有当之无愧的地位。1501 年，一艘满载胡椒和肉豆蔻的葡萄牙船到达这里的斯凯尔特河码头，接着其他船只也接踵而来，它很快就成为欧洲北部屈指可数的商业城市。

1508 年葡萄牙政府在安特卫普成立"佛兰德商行"，作为设在里斯本德印度商行的分支机构，经销运到这里来的香料。葡萄牙人缺乏自己的商业网，也缺乏经营管理这种销售网的经验，同时，漫长的东方航线需要保护，需要他们派出众多的商战，围剿无数的海盗，这个小小的国家已经没有多余的精力再去建立面向全欧洲的经销网及分销香料和从事零售所需要的信贷，它只得把这些工作交给欧洲其他国家的商人。佛兰德商行的作用，主要是批发出售香料，收回到东方购买香料所需的银和铜。

安特卫普是一个高度开放的城市，国际资本在这相当自由地流动。这个城市自身拥有的商船不多，商人也不多，从事国际贸易的不是本国人，而是外国人，德国的、英国的、法国的、葡萄牙的、西班牙的和意大利的商人特别多。这些国际商人利用这里政治上和宗教上均比较宽松的环境，利用这里面向整个欧洲的商业网，能够大批大批地处理自己的财产和货物。

在 16 世纪上半叶，葡萄牙的经济依赖性的另一个表现是：它的东方贸易仰仗于德国的白银。早就有人指出，该世纪初的经济繁荣靠的是掌握胡椒的葡萄牙国王和掌握白银的德国商人合作的结果。换言之，只有通过与德国商人和德国银行家合作，葡萄牙才有可能在东西方贸易中大出风头，因为那时候，东方人卖得多，买得少，葡萄牙需要把白银和铜运往东方才能获得香料。到16世纪中，西班牙的白银大量涌入市场。西班牙的白银虽然不是直接进入里斯本，这是不可能的，因为两个国家一定程度上处于敌对状态，但这些从美洲来的白银通过各种渠道也进入了安特卫普或欧洲其他商业中心，通过购买香料而落入葡萄牙人手中。

葡萄牙的本土经济出现了衰退的景象。首先表现在农村的凋敝。很多人离开了农村，农业处于半荒废状态。1521年发生了一场饥荒，许多农民逃往里斯本，不少人饿死于途中。海外财富到不了农村，有钱人都在城市里安家；但海外活动的恶果基本上由农村来承担。教俗封建主都加重了对农民的剥削，因为他们希望自己的生活水平赶上那些在海外发了财的人。由于缺乏劳动力和必要的投入，农田的产量愈来愈少。从非洲来的黑人奴隶开始取代农村的劳动力，这更加降低了农业劳动力的社会地位和生活水平。1541年时有人估计，每年约有12 000个非洲黑人进入这个国家。大体上讲，葡萄牙的农村情况已经非常严重：雇农纷纷离家出走，自耕农经营条件恶化、破产；教俗贵族加强剥削；海外发财回来购买了土地的新贵并未在经营上作任何改革，只是想把土地作为永远保持富裕的手段；黑人奴隶成了农村中的重要劳动力。

人口的损失也是一个非常严重的危机。大量处于生命力旺盛时期的男性死于海外。到东方的船只往往去的时候有许多葡萄牙人，回来时大多是香料，人却少了很多，一些人是补充海外驻军，一些人干脆不回来了，许多人死在途中。航行中的死亡率很高。当时有人讲到，有4 000人与他一起登上到印度的船队，下船时只有2 000幸存者。在东方停留期间的死亡率也很高，因为葡萄牙人不习惯那里的气候。远航船还必须在多风暴的季节渡过印度洋，帆船经常遇难，造成死亡。

宗教迫害的加剧

在整个16世纪里，宗教势力在不断加强。这有几个原因：一个是宗教改革及由此引起的反宗教改革导致了宗教势力的强化，这在欧洲所有天主教国家里都是一样的；一个是由于教会在海外扩张中起到了重大作用；还有一个是由于当时葡萄牙人，特别是农民把进入教会看成是拜托日益贫困的基本出路。当时农民的出路有三条：出海谋生、服侍王室成员或大贵族、入教。1533年上演的一出关于农民的剧本中，农民主人公痛心地说他穷得像条狗，他唯一的希望是把儿子送进教堂，这样好让他活得好一点。为什么进入教会生活会变得好一些呢？因为教会占有大量的土地，特别是教会对任何土地征收十一税的权力。16世纪里，葡萄牙教堂林立，修道院从200所增加到400所。

葡萄牙是天主教国家，新教徒的活动极其有限，但国王还是主张大力镇压。

这种国策不仅是个宗教问题，也有现实的经济动机。1531 年，若奥三世请求教皇批准在葡萄牙成立宗教裁判所，其目的很大程度上是为了没收犹太人的财产。葡萄牙住着许多犹太人，他们在光复运动后被迫皈依了天主教，但心理上仍信犹太教。政府规定，如果改变信仰后仍参加犹太教活动，就要处以死刑，或没收财产。犹太人往往拥有万贯家财，政府靠镇压犹太人增加了收入。从 1541 年起开始施行火刑，到 1684 年，小小的葡萄牙共烧死了 1 379 人。

受到宗教裁判所镇压的还有其他思想比较开明、激进的人，其他镇压对象还有收藏所谓的"异端邪说"的书籍或撰写不合乎天主教要求的文学作品的人，特别是宗教裁判所鼓励告密，在群众中造成了大量的冤假错案。比如远洋航行中因天气恶劣，船长着急，出口骂了某个圣人，也会受到告发。在宗教裁判所的猖狂活动下，文化思想变得空洞无物，各种作品或书籍只是华丽词藻堆砌起来的文学垃圾而已。一些有思想的人文主义者最多也只能说一些隐晦的模棱两可的话。除了对教会和对国王的颂歌，这个国家渐渐失去了灵魂和生气，余下来的就是奢侈和浪费。

政治危机与独立的丧失

到 16 世纪中，葡萄牙面临的困难已经相当明显，但国王却没有意识到这些问题的严重性。这时，国内发生了关于葡萄牙如何维持帝国地位的争论。有人提出了征服中国的计划，但响应者寥寥无几。有一个叫迪奥多·多·科乌多的战士作家主张放弃东方帝国，建立一个从安哥拉海岸到莫桑比克海岸之间的帝国，包括整个南部非洲。这样可以缩短航程，减少相对庞大的海外驻军（其实人也不多）及这些驻军的开支。这一计划颇得人心，有人称之为"大门口帝国"。

1557 年，若奥三世去世，王位交给了他的孙子 D. 塞巴斯蒂昂，但 D. 塞巴斯蒂昂才 3 岁，所以由母后摄政。由于母后卡塔琳娜是西班牙皇帝查理五世的妹妹，国内反对她摄政的呼声很强烈。5 年后，她放弃摄政，由任大主教的若奥三世的弟弟接替。这位大主教悲观地表示：维持对印度的统治看来只有出现奇迹才有可能。在这年召开的议会上，各地代表纷纷要求保持非洲的要塞，建议增加军费，要求教会和贵族承担部分军费。代表们还反对兴建新的大学，认为要读书可以到巴黎或别的什么地方去，要求把这笔钱拿出来用于战争。可以看出，葡萄牙要强化对非洲的侵略，不仅仅是因为非洲距离葡萄牙较近，而是与当时的宗教狂热有关系。

1568 年，14 岁的 D. 塞巴斯蒂昂开始执政，这个年纪轻轻的国王是个典型的宗教狂热分子。他从小所受到教育就是：葡萄牙是受到威胁的基督教的救星，他来到这个世界上就是为了拯救基督教。在执政的 10 年中，他朝思暮想的就是如何讨伐异教徒。

上台 4 年后，他就想组织军队讨伐不同信仰者，由于集中在特茹河上的船只被一场风暴吹得七零八落，他才把出兵的时间推迟了两年。1574年，他偷偷乘船来到北非，准备发动对摩尔人的战争。临走时他下诏书，要求人民拿起武器等待他的召唤。但发动大规模战争需要机会。两年后，摩洛哥的王位落入奥斯曼帝国的支持者手中，D. 塞巴斯蒂昂认为，这是对伊比利亚半岛和基督教欧洲生死攸关的大事，因为意味着奥斯曼帝国要占领整个北非。1578年，这年D. 塞巴斯蒂昂24岁，他率领约17万大军，包括5 000名外国雇佣军，前往非洲战场。他还不听有作战经验的军官劝阻，离开海岸前往迎战摩洛哥国王的军队。结果葡萄牙军队一半丧生，一半被俘，国王本人也一命呜呼。

国王年纪轻轻就去世，没有留下后代，使葡萄牙陷于进退两难之中。这时最有可能继承王位的是他祖母卡塔林纳的外孙菲利普二世。由菲利普二世继承，意味着伊比利亚半岛上的这两个国家西班牙和葡萄牙合并。

当时葡萄牙的上层阶级几乎都希望与西班牙合并。他们希望借助西班牙的力量挽救葡萄牙的萧条，弹压群众的不满以保持自己的权势和财产，同时他们还希望东方贸易从此会得到强大的西班牙舰队的保护。对葡萄牙的大商人来说，与西班牙的合并还意味着盛产金银的西班牙对葡萄牙人的开放。总之，这是葡萄牙的统治阶级希望强大的西班牙保护他们的既得利益。1580年，他们迎接菲利普二世当上了葡萄牙的国王。

从1580年到18世纪初，总体来说葡萄牙与西班牙是站在同一条战壕，迎接着各各强大起来的西欧国家的挑战。

3. 日渐式微——葡萄牙帝国的覆灭

20世纪70年代，荷兰在北海发现油田后，因为石油而突然引起收入增长，而通过国际收支平衡调节机制，导致了荷兰其他产业部门的国内生产下降。对国内货物和服务需求的增加，使支出从出口以及进口相竞争的货物向其他方向转移。后来这种现象被现代经济学家称为"荷兰病"。

葡萄牙帝国的衰落，早在1580年之前就显出端倪。首先就是让他们富足起来的香料贸易带来了"荷兰病"，让葡萄牙始料未及。具体原因如下：

（1）他们将一些欧洲的产品带到亚洲交换香料，当时亚洲对欧洲的产品也有一定需要，如布匹和水银。遗憾的是，葡萄牙自己并不出产这些原料，也不想生产这些工业品，而是要到国外去购买。当时开往东方的一艘船上的货单上显示：船上装卸了热那亚的平绒、佛罗伦萨的绯布、伦敦的棉布，还有荷兰的亚麻布。

船队要向这些国家赊账购买布匹，等船运回香料后再付账。但是这些贷款的利息都很高，而且运输路线漫长，短时间也无法偿还。所以债务越来越大，到1524年，葡萄牙已经欠下了300万克路扎多。

（2）葡萄牙为了东方的战争需要花钱，为了维持与当地部落的联盟需要花钱。更重要的是，航行到印度仍然充满风险，海上死亡率很高，一些人不适应印度的气候而死，而另一些人则永远留在了东方。

（3）大量的东方香料进入欧洲，导致香料贬值。土耳其衰败后，意大利城市重新经红海老商路运回香料。他们大肆鼓噪说，葡萄牙的香料经过漫长的海上运输，很多已经变质。

（4）很快，香料贸易变得入不敷出，葡萄牙不得不发行国债，向国民借钱。到16世纪中叶，内债比外债还高4倍。葡萄牙国内的全部积蓄就这样留到了国外，东方贸易使国家变得日益贫穷。

葡萄牙的致命弱点就在于它的工业能力没有提高，在帝国存在的100年中，工业生产和13世纪没有任何差别，反而刺激了英国和荷兰的工业生产。这也就是为什么后来荷兰和英国能靠自己的工业品和舰队击败葡萄牙，一旦他们意识到葡萄牙人只是在转手贩卖他们制造的东西，他们就一步步用自己的舰队剥夺了葡萄牙人在远东的据点，自己取而代之。

（5）1521年，葡萄牙发生了饥荒，在土地上的农民又面临非洲黑奴的竞争，他们更能忍受重活。在城市，随着扩张和快速致富，产生了许多新的国家机构，官吏大量增加，他们却不思进取，吟风弄月，勾心斗角。来自国外的财富促使一个不事生产的阶层成长，这个阶层像肿瘤一样吸收国家集体和其他部分的养分长大，以致压断了国内劳动者的脊梁骨。

1580年，西班牙兼并了葡萄牙，葡萄牙的东方帝国非洲殖民地和巴西也同属西班牙国王菲利普二世。在1580年到1640年漫长的60年中，葡萄牙成为西班牙的附庸。

西班牙压榨葡萄牙引起了人民的反抗，西班牙没落后，葡萄牙独立。

葡萄牙（西班牙）在1622年失去了波斯湾的重要据点霍尔木滋。不久，荷兰人夺取了马鲁古群岛、马六甲和锡兰。

1822年，巴西独立。

1961年，印度收复果阿。

1999年，中国收复澳门。

第三章　饮誉世界——亚洲帝国巡视

第一节　惊天伟业——蒙古帝国

1. 大漠雄鹰——蒙古的渊源与蒙古部落早期历史

蒙古地区，自古以来是诸游牧部落的活动场所。自夏、商以来，大大小小的部族和部落出没在这块广阔的草原地带，各部族和部落的兴衰、更替的历史，直到 13 世纪初才告结束，最终形成了稳定的民族共同体——蒙古民族。

至于蒙古民族之族源，现、当代多数学者认为出自东胡。

东胡，是包括同一族源、操有不同方言、各有名号的大小部落的总称。据司马迁《史记》记载："在匈奴东，故曰东胡。"公元前 5 至前 3 世纪，东胡各部还处于原始氏族社会发展阶段，各部落过着"俗随水草，居无常处"的生活。公元前 3 世纪末，形成东胡人的部落联盟，与匈奴为敌，不断向西侵袭。冒顿单于（前 209—前 174 年）时，匈奴遂强，东袭东胡，破灭东胡各部，大掠其民众及牲畜。东胡各部均受匈奴人统治达 3 个世纪之久（公元前 3 世纪末至公元 1 世纪末）。公元 48 年，匈奴分裂为南匈奴和北匈奴，势力衰落。乌桓、鲜卑乘机而起。

乌桓、鲜卑是东胡人的后裔。公元前 209 年，冒顿单于破灭东胡以后，一部分东胡人居于辽河流域的乌桓山，一部分居于潢水流域的鲜卑山，故称乌桓、鲜卑。据《后汉书》记载，汉和帝永元年间（89—105 年），汉朝击破匈奴，北单于出走，鲜卑人转徙到该地居住。匈奴余者 10 万余落，皆自称鲜卑。鲜卑至此便强盛起来，到 2 世纪中叶，即檀石槐统治时期，据《三国志》描述："尽据匈奴故地"，占据"东西万二千余里，南北 7 000 余里"的广大地区，建立起一个空前强大的鲜卑部落军事联盟。各部首领割地统御，各有分界。檀石槐死后，鲜卑部落军事联盟也随之瓦解。

根据考古发掘与汉籍中记载的有关鲜卑人的风俗习惯和语言，也基本证明蒙古人与鲜卑人有渊源关系。

4 世纪中叶，鲜卑人的一支，自号"契丹"，生活在潢水和老哈河流域一带。居于兴安岭以西（今呼伦贝尔地区）的鲜卑人的一支，称为"室韦"。室韦，始见于《魏书》，作失韦。室韦与契丹同出一源，以兴安岭为界，"南者为契丹，在北者号为失韦"（《北史》卷 94《室韦传》）。6 世纪以后，室韦人分为南室韦、北室韦、钵室韦、深末怛室韦、大室韦等五部，各部又分为若干分支。

按语言学家从语系方面的推论，活动在蒙古地区的诸部分为蒙古语系和突厥语系两大部分。在突厥文史料中，称室韦为"达怛"（鞑靼）。732年在斡尔浑河右岸建立的《阙特勒碑》文中，记有三十姓达怛。三十姓达恒可能是紧邻突厥的一个强大的室韦部落或部落联盟的名称，突厥人用这一名字称呼所有的室韦部落。后来，达怛又成为蒙古诸部的总称。因为，"他们在远古的大部分时间内，就是大部分部落和地区的征服者和统治者，伟大、强盛和充分受尊敬"，"由于〔他们〕极其伟大和受尊敬的地位，其他突厥部落，尽管种类和名称各不相同，也逐渐以他们的名字著称，全都被称为塔塔尔〔鞑靼〕"（拉施特《史集》卷1第1册）。由于蒙古部的强大，"达怛"一名逐渐又被"蒙古"所代替，成为室韦诸部的总称。

文字记载蒙古之称谓，始见于《旧唐书》，称作"蒙兀室韦"，是大室韦的一个成员，居住在额尔古纳河以南地区。这和拉施特《史集》记载的蒙古历史传说也基本吻合。传说："大约距今两千年前，古代被称为蒙古的那个部落，与另一些突厥部落发生了内讧，终于引起战争。据值得信赖的贵人们〔所转告〕的一则故事说，另一些部落战胜了蒙古人，对他们进行了大屠杀，使他们只剩下两男两女。这两家人逃到了一处人迹罕至的地方，那里四周唯有群山和森林，除了通过一条羊肠小道，历尽艰难险阻可达其间外，任何一面别无途径。在这些山中间，有丰盛的草和〔气候〕良好的草原。这个地方名叫额尔古涅－昆。"额尔古涅－昆意指额尔古纳河以南的山林地带。

随着蒙兀室韦部的逐渐强大，内部又产生出许多新的分支。这些分支各有各的名号，室韦这一称号逐渐消逝，到12世纪以后，为蒙古诸部名称所替代。

"蒙兀"与"蒙古"是同名异译。"蒙古"一词在蒙古语中意为："永恒的火焰"。

蒙古部，最初只是一个包括捏古斯和奇颜两个氏族的小部落。他们在额尔古纳河以南的山林地区生息繁衍，大约经过400年时间，部落才逐渐兴盛起来，从原氏族部落中分出若干分支。各个分支以某个名称著称，并单独成为一个斡巴黑（氏族）。当他们走出额尔古涅－昆时，已经分出70个分支（灶）——斡巴黑。这70个斡巴黑被称为"迭尔勒勤蒙古"。

迭尔勒勤蒙古到10～12世纪时，共有兀良合特、弘吉剌特、斡罗纳兀特、许慎、速勒都思、伊勒都尔勤、巴牙兀特、轻吉特等18个部落。

8世纪后半叶，迭尔勒勤蒙古从额尔古涅－昆走出后，以孛尔帖赤那为首的若干部西迁到克鲁伦河、斡难河（鄂嫩河）、土拉河的发源地——布尔罕合拉敦山一带居住。

在金代，他们"持强中立，无所羁属"（《金史·宗浩传》）。

孛尔只斤氏的始祖是孛端察尔。出自孛端察尔的诸氏族部落，因各有名号，概被称为"尼伦"。到屯必乃的儿子合布勒汗时，才复用古老的奇雅特称号，其子孙被称为奇雅特氏。发展到合布勒汗的孙子也速该巴特尔时，起用孛尔只斤，他自称孛尔只斤－奇雅特。奇雅特氏是蒙古部的古老姓氏，孛尔只斤－奇雅特是其分支。依照血统，成吉思汗应该是奇雅特氏人，其祖辈是该氏族的族长。所以自成吉思汗始，奇雅特就以高贵和伟大而闻名于世，并且凌驾于其他各部之上。

迭尔勒勤蒙古和尼伦蒙古，通称为"伊克蒙古"（大蒙古）。成吉思汗就是以此为基础建立了蒙古国，国号为"伊克蒙高勒兀鲁思"（大蒙古国）。

在当时，蒙古语系其他诸部有札剌亦尔部、塔塔尔部、篾尔奇特部、斡亦剌特部和巴尔虎特部等；突厥语系诸部有克烈亦惕、乃蛮和汪古三大部落（内蒙古社科院历史所《蒙古族通史》，民族出版社，2001 年版）。

据传说，蒙古人的祖先——室韦人，在远古时期以树叶为衣，用木、石做器皿。5～6 世纪他们已过着夏季定居、冬逐水草的半定居生活。

狩猎在室韦人的经济生活中占有重要地位，弓箭是当时的主要生产工具，其箭尤长，主要用于捕猎。牧业尚未居主要地位，只饲养马、牛、猪，没有羊。农业仅能种植粟、麦、黍，收获很少，一直到隋、唐时期，室韦的农业仍处在"剡木为犁，人挽以耕，田获甚褊"的原始状态。

室韦人在冬天逐水草迁徙时，以牛车为交通工具，在车上搭起用柳条编制成的固定房屋。这种车蒙古语称之为"古列延"，它一直保留到 13 世纪。当时已能对皮毛进行各类加工，用皮制舟，用角、骨制做弓箭。乳品加工和酿酒业在当时也有一定发展。

从 8 世纪中叶自西迁到肯特山后，一直到 9 世纪 40 年代，蒙古部始终是个狩猎部落。此后，蒙古部逐渐过渡为游牧部落。其原因是，西迁后突厥畜牧业生产技术的影响，以及原统治蒙古草原的回鹘汗国于 840 年被黠戛斯攻灭后，被迫向天山南北迁徙。为此，三河流域即成为蒙古人的天地，有利的自然条件和先进的生产技术，为蒙古部向游牧业转化创造了条件。饲养的牲畜有马、牛、羊和骆驼。据《契丹国志》记载，蒙古人"不与契丹战争，惟以牛、羊、驼、马、皮毳之物与契丹进行交换"。从 10 世纪以来，蒙古人已有了相当数量的剩余牲畜和畜产品，并用此交换中原地区和中亚的丝绸、布匹与金银饰品。

蒙古人向游牧业转化后，游牧业成为主要经济部门，其特点是逐水草迁移，没有单纯从事农业生产的人口。随着游牧经济发展的需要，从牧民中逐渐分离出一部分专门从事农业生产的人，他们过着定居生活。土拉河和克鲁伦河流域是人们定居下来比较早的地区，这里已有许多村落和城郭。另据《蒙古秘史》记载和出土文物考证，在 10 世纪，居住于斡难河（鄂嫩河）流域的蒙古部已有发达的冶炼业，已有多种铁制工具和锻铁的风箱，不仅能制造金、银饰品，还能制造铁车等。

蒙古人可追溯得最远的男祖先，是从成吉思汗上溯到 2 000 年前的捏古斯和奇颜。传说中的捏古斯和奇颜，可能是远古时代两个氏族的名称，他们在额尔古涅－昆生息繁衍400年，从原氏族群体中分出70个分支——斡巴黑（氏族）。蒙古人的斡巴黑，是出自共同男祖先的人们所组成的血缘集团。每个斡巴黑都保持血缘上的绝对纯洁性，有明确而详细的世系族谱，世代相传。亲族间不能互为婚姻，只能与外族通婚，这种古老的族外婚制在蒙古保留了很长时间，在12世纪的蒙古社会中依然能看到此种迹象。

远古时期的蒙古氏族财产为公有，成员地位平等。

11世纪，蒙古的氏族制基本解体；12世纪初建立了早期的蒙古国，宋朝称之为"蒙古"，金朝称之为"朦骨国"，创始人为成吉思汗的三世祖合布勒汗。1147年，合布勒自称祖元皇帝，改元天兴。

1115年，女真人建立了金国，并在10年间征服了辽国，期间还占领了漠南蒙古各部。1137年，金熙宗派万户呼沙呼北攻蒙古，深入蒙古腹地后，因粮草断绝，被迫撤退。合布勒汗率军乘机追击，至海岭大破金军。金军失败后，熙宗"邀请"合布勒汗入辽和议，企图加以暗害。合布勒汗入辽后，当面羞辱了熙宗，便动身返回了蒙古。熙宗派使臣追拿合布勒汗，结果被杀。但由于金宗室内部以左丞相挞赖发动叛乱，使熙宗无暇顾及蒙古。1139年挞赖被杀后，其子腾花都率父之旧部向辽东举兵，并求援于蒙古。合布勒汗乘机向金界袭扰，金兵战败。此后，金兀术亲自率8万精兵多次向蒙古发动进攻，但连年不克。1147年，金与蒙古双方只好议和，条件是：金军撤退；割克鲁伦河以北的27个团寨于蒙古；金需要年年向蒙古贡献一定数量的牛、羊和粮食。

合布勒汗的内兄赛音·德金患病后，曾请塔塔尔部的萨满察尔乞勒·纳都伊用巫术治疗，因医治无效而死去，赛音·德金的兄弟们又杀死了察尔乞勒·纳都伊，从此，塔塔尔和蒙古结了仇怨。金失去克鲁伦河以北地区后，利用塔塔尔与蒙古原已存在的矛盾，支持塔塔尔部，对蒙古施加压力。俺巴孩汗送女儿去呼伦贝尔的途中，遭到塔塔尔人的劫持，并被送往金国，金廷将俺巴孩汗钉在"木驴"上处死。俺巴孩汗临终前，曾让别速特部人巴剌合赤转告熙宗："汝非能以武力获我，又置我于非刑。我死，则我子合答安（合丹）太师、耶速该巴特尔必复我仇"（魏源《蒙兀儿史记》卷1）。巴剌合赤回蒙古后，将俺巴孩汗的遗嘱转告给合丹和忽图剌，他们发誓要为合布勒汗报仇，召开"忽里勒台"（大会）共举忽图剌为蒙古可汗。

忽图剌汗前后向塔塔尔部出兵13次，使金军和塔塔尔部军队遭到重大损失，蒙古军缴获了大量战利品。在与塔塔尔部和金军的作战中，耶速该巴特尔俘虏了两个塔塔尔部首领。

1196年，塔塔尔部反金，金军伐之。蒙古铁木真汗与脱斡里勒汗联手援金，杀死塔塔尔部首领。金廷特封铁木真为部落统领，脱斡里勒为王汗。蒙金关系趋缓。

2. 脱颖而出——成吉思汗统一蒙古"毡帐百姓"

铁木真的磨难与十三翼之战

铁木真（成吉思汗），是尼伦蒙古孛尔只斤·奇雅特氏人，1162 年生于迭里温·孛勒答合（今蒙古国肯特省达达勒县境内）。他的父亲是蒙古军事首领耶速该巴特尔。

铁木真 9 岁时，他的父亲被塔塔尔人所害，家产被洗劫，仅余 9 匹马。铁木真的母亲诃额伦夫人靠拾果子、挖掘野菜，养活自己的儿子们。铁木真兄弟稍长，在斡难河（鄂嫩河）边捕鱼，以奉养母亲。在困境中，诃额伦夫人经常告诫儿子们要为父亲报仇，恢复祖业。

耶速该巴特尔死后，首先惧怕铁木真成为后患的是泰亦赤兀特部的塔尔忽台·乞邻图黑。泰亦赤兀特人是铁木真的亲族，其始祖是铁木真的五世祖察剌孩领忽。12 世纪末，泰亦赤兀特部发展成为蒙古诸部中最强大的部落，拥有众多的属民和军队。在耶速该统治末期，泰亦赤兀特部阿答汗的儿子塔尔忽台·乞邻图黑挑起内讧。耶速该死后，泰亦赤兀特人便脱离了蒙古部，随之，其他部落也相继离去。塔尔忽台为称霸蒙古，视幼年的铁木真为后患，武装袭击并捕拿了铁木真。铁木真幸得速勒都顺人锁尔罕失剌的暗中相救，才免一死。

磨难和挫折，自幼所负的重托，再加上母亲出色的教育，造就和培养了铁木真异常刚毅的性格和极其过人的胆识与谋略。

铁木真在绝境中一再奇迹般地脱颖而出。在最艰难的时期，铁木真曾到克烈部脱斡里勒汗营地参拜，希望得其支持和帮助。脱斡里勒汗答应并协助了他；通过脱斡里勒汗，铁木真又得到了札木合的支持。借此相助，铁木真于 1185 年消灭了篾尔奇特部。

篾尔奇特战役的胜利，成就了铁木真在蒙古诸部中的威望，各部首领，尤其是铁木真家族，把统一蒙古、复兴蒙古的希望都寄托在铁木真身上。当 1186 年春，铁木真离开札木合时，有 20 多个部落的人马紧随其后，他们向铁木真盟誓，愿拥戴他为汗。

1189 年，铁木真被部分蒙古贵族推举为汗。铁木真随即成立了"切薛"兵（过去一直汉译为"怯薛"，侍卫军）组织，并着手整顿和扩充军队。铁木真的迅速崛起，引起了他的对手们的强烈反映。雄踞一方、窥视汗位已久的蒙古贵族势力派人物札木合更是坐立不安，直至剑拔弩张。

札木合"雄勇有大意，能用其民，时人以为贤，称之曰薛禅"（魏源《蒙兀儿史记》卷20）。札木合的斡耳朵（行宫）建在斡难河（鄂嫩河）源头的豁儿豁纳黑·珠布尔。耶速该死后，泰亦赤兀特、亦奇烈思、巴鲁剌思、豁罗剌思等诸部均依附于札木合，而札木合与脱斡里勒汗之间又有着亲密关系。此时，札木合打落铁木真，夺其汗位，的确胜券在握。于是，又一场汗位争战一触即发。

说来战火起因纯属偶然。札木合之弟岱察尔带领人马到铁木真营地抢劫，盗走了铁木真属部答尔马剌的马群。答尔马剌跟踪并射死了岱察尔，将马群夺回。札木合乘机组织泰亦赤兀特、亦奇烈思等部3万人马准备向铁木真进攻。铁木真闻讯，也立即组织了13个古列延，共3万人马前去应战。双方在答兰·巴勒渚特发生激战，史称"十三翼之战"。在这次战役中，成吉思汗出师不利，奔向斡难河（鄂嫩河）以南的哲列捏山隘。

十三翼之战，札木合虽然取得胜机，但因性情残暴，军纪不严，使各部首领纷纷离他而去，归附于铁木真。其中兀鲁特、忙忽特尤为勇敢善战，遂成为铁木真手下的主力军。

十三翼之战后，蒙古草原的政治形势发生了重大变化，出现了以札木合为首的反铁木真汗联盟。在此联盟形成时，合塔斤、撒勒只兀特二部起到了重要作用。该二部属尼伦蒙古，在铁木真和札木合的斗争中持中立态度，史称"恃强中立"。

奎腾战役与哈拉哈战役

1196年，金朝章宗皇帝派遣完颜丞相带兵镇压塔塔尔部首领篾古真·薛古勒图的反抗。铁木真乘机为报世仇，联合脱斡里勒汗截击正在溃逃的塔塔尔部首领及残部，杀死了薛古勒图，并获大量战利品。金朝赏其功，封铁木真为"札兀特忽里"（部落统领），封脱斡里勒汗为"王汗"。

至此，塔塔尔人失去了在蒙古诸部中的优势地位。铁木真出兵帮助金朝夹攻塔塔尔，又接受金朝的册封，从而缓和了蒙古与金朝的矛盾，防止了来自金朝的军事压力。塔塔尔人原为金朝驻守兴安岭防线，在金朝的挑动下经常进攻蒙古克烈亦特部。塔塔尔的叛变及其失败，使金朝在蒙古领属已无势力，这为铁木真后来的统一大业创造了有利条件。

1200年，铁木真派人前往"恃强中立"的尼伦蒙古合塔斤、撒勒只兀特二部加以劝说："若谓蒙古人同类异族诸民，今已悉来亲附，隶我旄纛之下。"可是，这二部首领于1201年联合弘吉剌特、亦奇烈思、塔塔尔以及篾尔奇特的脱黑脱阿和乃蛮的布亦鲁黑汗等共11部，在阿勒辉布拉阿聚会，商议推举札木合为"古尔汗"。为此，他们砍杀牛羊，设宴立盟："如果我们不遵自己的誓言，破坏誓约，让我们落得跟这些牲畜同样的下场！"（拉施特《史集》卷1）接着他们在刊河（今根河）附近的忽兰也尔吉举行正式会议，推举札木合为"古尔汗"，决定共同讨伐铁木真和脱斡里勒王汗，两大联盟的决战由此开始。

以札木合为首的联军逆克鲁伦河向铁木真营地进发，企图趁其不备一举歼灭。但此举动被联军中的豁罗剌思人火力台速告之于铁木真汗。铁木真即邀王汗共同迎战。昔日王汗与札木合素有往来，但此次札木合却联合王汗的仇敌乃蛮、塔塔尔、篾尔奇特攻打铁木真汗，而且把矛头也指向了王汗本身。于是，王汗自土拉河黑森林出发，到铁木真汗大营——肯特山以南的古连勒古会合，两军顺克鲁伦河迎战札木合。当铁木真和王汗率军至克鲁伦河的下游盆地——赤忽尔忽时，与札木合联军遭遇。次日，铁木真见对方人多势众，战则必败，决定退到阔亦田（奎腾河）。布亦鲁黑汗率军紧追不舍，到阔亦田时，因大风雪许多兵卒牲畜坠落到涧中而死，不战而溃。随之札木合赶来，见联军死伤甚多，便慌忙向额尔古纳河下游退却。王汗追击札木合一直到额尔古纳河，札木合因无力抵抗，向王汗投降。

泰亦赤兀特首领阿兀楚巴特尔率众渡过斡难河后，与铁木真连战数次，胜负未决。突然，铁木真颈部中流矢，其军被迫停战，泰亦赤兀特军也连夜离开。次日，铁木真率军追击，结果俘获了阿兀楚巴特尔及其家属，并将他们全部处死；泰亦赤兀特的众百姓全部降服。哲别、纳牙阿、锁尔罕失剌也相继归附；塔尔忽台投奔了乃蛮的太阳汗。

阔亦田战役后，以札木合为首的军事联盟溃散解体，蒙古内部的汗位之争宣告结束。铁木真为了彻底扫清道路，决定向塔塔尔等残余势力发动进攻。

札木合联盟溃散后，察阿安、阿勒赤、都塔兀特、阿鲁孩等塔塔尔人部落撤回其驻牧地贝尔湖一带。以阿剌黑·兀都尔为首的篾尔奇特和以奇尔罕为首的泰亦赤兀特残部也跟踪其后，与塔塔尔结成联盟。1202 年，铁木真率军开始向塔塔尔发动进攻。这一年秋，双方战于哈拉哈河入海口处的答兰·捏木尔格思。在这次战役中，蒙古军战胜了塔塔尔军，铁木真将也遂、也速干两姐妹纳为妃妾。

铁木真出战之前，曾颁布了第一道"札撒"（军令），其中有"若战胜，不准贪财，事后均分"等条规。但战役结束后，铁木真的叔父答力台·斡特赤斤、阿勒坦，堂弟忽察尔违反军令，将掠夺的财物归为己有。对此，铁木真命令忽必来等人将他们的财物分发给全军人马。由此，阿勒坦等 3 人与铁木真结下仇怨，后投奔了王汗，成为铁木真的又一反对势力。

额列特战役和温都尔山战役

随着共同敌人的不断消失，铁木真汗与王汗之间的关系却变得越益复杂起来。此前，他们彼此能够坦然相待，皆有感激之情。王汗在两次夺取克烈亦特国的汗位过程中，均得到铁木真的帮助。而铁木真的创业，更是多次得到王汗的支持和帮助。铁木真近来对王汗却不能不存有戒心。1198 年冬，铁木真与王汗联合征讨北乃蛮时，在回师途中，与南乃蛮军相遇，因天黑，两军暂时对阵扎营。是夜，王汗在营地虚燃篝火，实际已迁移他处。

1202 年，铁木真曾向王汗提亲，但遭到王汗父子拒绝。这更加重了铁木真的疑心。年事已高的王汗见诸子无能，深怕自己百年之后，政权落入铁木真之手，因而对铁木真汗逐渐产生了敌意，并开始蓄谋暗害之。就在同年，铁木真曾与王汗在萨里河（今克鲁伦河上游之西）聚会，王汗企图借机杀害铁木真，因事情败露未遂。

札木合势力衰败后，在蒙古草原上形成了铁木真汗、王汗、太阳汗三足鼎立的局面，这更引起了王汗的不安。而投奔王汗的札木合、阿勒坦、忽察尔等人，又在一旁进行煽动，并表示"我等愿佐君讨宣懿太后诸子"（《元史》卷1《太祖本纪》），企图借王汗之手消灭铁木真。王汗之子桑昆也极力鼓动父亲讨伐铁木真，保存江山。于是，在1203年春，王汗父子以答应婚约为名，邀请铁木真汗前来赴宴，企图乘机将其杀死。而铁木真虽有疑心，但还是信以为真。铁木真正率十骑赴宴时，幸遇蒙力克中途劝阻。王汗发觉事已败露，决定次日清晨举兵先发制人。但其谋又被阿勒坦的弟弟的两个牧马人探知，连夜驰奔告诉了铁木真。铁木真率军仓促上阵，双方战于卯温都尔山附近的合刺·合勒只特·额列特（哈拉哈河、纳木洛格河附近）。经过一天激战，终因双方力量众寡悬殊，铁木真的队伍遭到溃败，只剩下2.6万人，只好向东转移到哈拉哈河附近。

这次战役，虽然使铁木真蒙受重大损失，但与王汗再次较量的决心并未改变。铁木真一方面遣使指责王汗的忘恩负义和言行不一，重申自己没有丝毫侵占克烈亦特（王汗领地，也可称作领国）之意，表示愿意继续与王汗和好；另一方面则收集溃散的部队，休养生息，准备再战。1203年夏，铁木真将营帐从统格黎河附近迁往巴勒渚纳河的巴勒吉布拉格，准备与王汗进行较量。据《元史》卷120《札八儿火者传》载，铁木真与追随者那可尔共饮巴勒渚纳河水，仰天盟誓："使我克定大业，当与诸人同甘苦，苟渝此言，有如河水。"

这一举动，在蒙古族历史上被传为佳话，史称"巴勒渚纳同盟"。参与者还有札八儿火者、镇海、别的因等19人。

王汗方面虽然取得了胜利，但部落内部同时也发生了很大变化，原归附者，如答里台·斡特赤斤、札木合、忽察尔、阿勒坦以及其他诸部头面人物，约定联合叛离并暗害王汗，自当君主，"我们去突袭王汗，自己当君主；既不与王汗合在一起，也不与铁木真汗合在一起"。不料，事情被泄露，王汗出兵将他们击败，阿勒坦等人投奔了太阳汗，答里台·斡特赤斤归附了铁木真。至此，王汗阵营内部彻底分裂，势力渐衰。面对此种形势，铁木真与合撒尔商议，准备再次进攻王汗。他们遣使向王汗伪称："我兄太子今既不知所在，我之妻孥又在王所，纵我欲往，将安所之耶？王傥弃我前愆，念我旧好，即束手来归矣。"王汗信以为真，派遣亦图尔坚面见合撒尔，约定会盟。铁木真派出的两个使臣回来禀告：王汗毫无提防，正在金撒帐里举办宴会；如果日夜兼行，可以掩袭。铁木真于是从克鲁伦河的阿尔合勒苟吉出发，以珠尔尺岱、阿尔孩为先锋，经过日夜行军，在哲哲额尔温都尔山将王汗团团围住。王汗手下勇将合答黑巴特尔率众顽强抵抗，苦战三天三夜，未能获胜，只得向铁木真投降。为了纪念在卯温都尔战役中负重伤而故去的忽亦勒答，铁木真命合答黑巴特尔带领100人，做忽亦勒答妻子的奴仆。王汗的弟弟札阿绀孛有两个女儿，其次女莎尔合黑塔尼嫁给铁木真幼子托雷为妻。

王汗和桑昆逃入乃蛮境内，王汗被乃蛮哨兵豁里速别赤所杀，桑昆继而逃奔西夏，西夏不留，又经忽炭至可失哈尔，被当地合剌赤部首领奇里赤·合剌处死。

纳忽昆山战役

铁木真占领克烈亦特后，蒙古与乃蛮接壤。乃蛮国地大民众，而且反对铁木真的残余势力，如篾尔奇特的脱黑脱阿、克烈亦特的阿邻太师、斡亦剌的忽图合别乞、札答兰的札木合，以及朵尔边、塔塔尔、合塔斤、撒勒只兀特诸部，都聚集到乃蛮太阳汗处，兵势颇盛。可是，太阳汗年幼无能，没有指挥才能。但他恃其国大民众，认为"天无二日，民岂有二王邪？"坚持出兵蒙古部（此时的"蒙古"仅指铁木真部落群），消灭铁木真。太阳汗的主战政策遭到他的部将可克薛兀·撒卜里黑等人的反对，他们认为太阳汗"除飞放打猎之外，别无技能心性"。

另外，札木合等人并不与太阳汗一条心，只图利用乃蛮之势力消灭铁木真，其联合只是权宜之计。汪古部原与乃蛮部有姻亲关系，此时，太阳汗想利用这一层关系，遣使约汪古部共同讨伐蒙古部，"君能益我右翼，吾将夺其弧矢也"。汪古部首领阿剌忽失十分清楚铁木真在力量上占据着优势，因此，他不但没有接受太阳汗的盟约，而且将其使者囚禁，并遣使向铁木真告急，奉酒六尊。铁木真在帖篾延客额尔（贝尔湖和克鲁伦河河口处）围猎处接见来使，以宽厚待之。当使臣返回时，馈赠牛马，相约为盟，共同讨伐乃蛮部。

铁木真得悉乃蛮出兵的消息后，在帖篾延客额尔围猎处召集大会，与众臣共商出兵之策。诸臣以方春马瘦为由，不同意出师，待秋高马肥时再出师也不为迟。但铁木真的弟弟斡赤斤和别勒古台不同意诸臣意见，主张立即进攻乃蛮。别勒古台说："乃蛮欲夺我弧矢，是小我也，我辈义当同死。彼恃其国大而言夸，苟乘其不备而攻之，功当可成也"。

铁木真将军队集合于哈拉哈河的客勒贴该合答，定军制，颁布札撒（军令）。军制按千、百、什组织，委派了千夫长、百夫长和什夫长；组建了由70散班、80宿卫组成的切薛兵（侍卫军），委任了6个扯尔必官，分掌6班宿卫，令斡歌列、忽都思合勒潺二人分管护卫散班，又命阿尔孩合撒尔选拔千名勇士，组成先头部队。

1204年，铁木真祭旗出师，逆克鲁伦河西上，以哲别、忽必来二将为先锋。先锋部队首先到达撒阿里客额尔后，与乃蛮哨兵相遇，蒙古军一匹瘦马被哨兵送至太阳汗帐内。当铁木真大军到达该地时，人马多已疲惫。朵戴车尔毕对铁木真说："我们人少远来，只可先此牧马；多设疑兵，将此撒阿里客额尔地面布满，入夜每人各烧火五处。彼人虽多，其主软弱，不曾出外，必是惊疑。如此我军兵养马饱，然后追彼哨望者，直抵大营，击其不整，必然可胜"。铁木真纳其建议，令每人点火五处，休养待命。此情果然被乃蛮哨兵发现，并向太阳汗告急道："蒙古兵就像天上的星星一样多！"当时太阳汗驻扎在杭爱山合池尔水边，得知铁木真人马已布满撒阿里客额尔，并且每日都在增兵的情况后，认为："蒙古之马瘦弱如此，今当诱其深入，然后战而擒之。"可是，太阳汗的儿子古出鲁克和部将豁里速别赤则认为"先王战伐，勇进不回，马尾人背，不使敌人见之。今为此迁延之计，得非心中有所惧呼？苟惧之，何不令后妃（指太阳汗的继母古尔别速）来统军也？"太阳汗遭到豁里速别赤等人的反对，只好率5万余士兵向铁木真部队进攻。自合池尔水出发，顺塔米尔河渡过斡尔浑，至纳忽昆之东边。铁木真亲自率兵打先锋，令其弟合撒尔指挥主力军（中军），斡赤斤掌管后援之军马。铁木真麾下四员大将忽必来、者勒篾、哲别、速字额台率部冲击，把乃蛮部队一直逼到纳忽昆前的大本营。太阳汗见蒙古军势，甚感畏惧，遂向札木合询问其各队将领的情况，听后使太阳汗愈加不敢迎战，只有步步退却。而札木合见铁木真的军队军容整肃，也不战而逃，其他首领随其逃走。同时，札木合还遣人告诉铁木真：乃蛮军已没有斗志，太阳汗惊恐万状。结果，铁木真先锋部队把乃蛮军逼到了纳忽昆山前后，兀鲁兀特部和忙兀特部赶来，从两翼包抄，其主力一直冲到乃蛮军的大本营，将乃蛮军逼进两边山势陡峭的山谷里。至夜，乃蛮军被层层包围，企图突围，由于天色漆黑，"坠崖死者不可胜计"。第二天，余众纷纷来降。朵尔边、塔塔尔、合塔斤、撒勒只兀特诸部亦投降了铁木真汗，札木合和篾尔奇特的脱黑脱阿、答亦尔兀孙带领少数人逃走，太阳汗负重伤而死，豁里速别赤顽强抵抗而阵亡。古尔别速和大臣塔塔统阿被俘。古尔别速被铁木真纳为妃妾，塔塔统阿在铁木真手下效力。太阳汗之子古出鲁克奔往北乃蛮，依其叔父布亦鲁黑汗。脱黑脱阿及诸子等少数人也逃往北乃蛮。答亦尔兀孙率部投降，将女儿忽兰献给了铁木真汗。至此，南乃蛮被铁木真军队全部占领。

1204年冬，铁木真在阿尔泰山之阳休兵养息之后，于次年春，越过阿尔泰山，向北乃蛮发动进攻，在兀鲁黑·塔黑（今布拉格山）俘虏了布亦鲁黑汗。就这样，乃蛮部被铁木真汗全部征服。

在征服乃蛮过程中，原投降于蒙古部的蔑尔乞特人乘后方空虚之机发动叛乱，被守军镇压；期间，答亦尔兀孙复叛，铁木真到泰寒赛派遣孛罗欢、沈白二人领右军前往平定之。战争结束后，一部分篾尔奇特人逃到台格勒（和林城旧址）寨子企图顽抗到底，铁木真下令沈白率左翼军将其镇压。成吉思汗为了防备篾尔奇特人再叛，把他们沦为仆人分配给诸位功臣。追随札木合的各部也前来投降，札木合身边只剩下5名那可尔，逃入傥鲁山（今唐努山）。后来，扎木合被他的这5名那可尔押送给铁木真，并被赐以自尽。

铁木真如此经过10多年的战争，于1205年统一了蒙古"毡帐百姓"，占领了东起兴安岭、西迄阿尔泰山、南达阴山的广大地区。

3. 强者为王——成吉思汗建立大蒙古国

1206年春，铁木真召集贵族及诸那颜（官员）在斡难河（鄂嫩河）源举行

"忽里勒台"（大会），建九脚白旄纛，即大汗位，号"成吉思汗"。敬献这个汗号的是晃豁坛人阔阔出。阔阔出，蒙古人称他为"帖卜·腾格里"（通天使者）。他平日常说："神在和我谈话，我在天上巡游"。他对铁木真说："神命你为普世的君主"。"忽里勒台"之日，他对铁木真说："如今，被称为古儿汗的这个地域上的君主，已被你一手征服，你已取得了他们的领地，你可以像他们那样采用一个同样意义的尊号：成吉思汗。"蒙古语"成吉思"是"浩大强盛者"，"成吉思汗"义同"古儿汗"，有"伟大至上的君主"之意。

成吉思汗建立的国家称为"伊克·蒙高勒·兀鲁思"，即大蒙古国，俗称"蒙古汗国"。从此，蒙古高原及其相邻地区群雄林立、互相争伐的局面得以结束，近百个大小不一各有名号的诸部都统一在大蒙古国的旄纛之下，按照统一的法律和军事行政机构组合起来。

这样，"蒙古"也由一个部落（群）的称谓变成蒙古高原各部落的总称，形成了统一的蒙古民族共同体（"蒙古"一词本意为"永恒的火焰"）。

成吉思汗建立了从中央到地方的一整套政权组织机构。其中，十进制军政管理体制，即什户、百户、千户和万户制，效用颇高。汗国的最高行政长官为"札鲁忽赤"（即大断事官），掌管民户分配和诉公司法等，拥有至高权力。成吉思汗委任其义弟史吉忽图忽为"札鲁忽赤"；委任忽必来为最高军事长官（军事那颜）。

在蒙古汗国，成吉思汗的"黄金家族"，尤其是他的诸子均占有重要地位。他的四个儿子术赤、察合台、窝阔台、托雷是"汗国宫廷的四根栋梁"。长子术赤掌管狩猎；次子察合台掌管《札撒》即法律，既管审判，又管对犯法者的惩处；三子窝阔台治理朝政；幼子托雷负责军队的组织和指挥及兵马的装备。

成吉思汗将萨满教定为国教，委任兀孙老人为掌管宗教的"别契"。别契那颜兼管天文、挑选吉祥年月等事务，享有很高地位。

在成吉思汗建国初期，没有固定的都域。1220 年确定哈拉和林（今蒙古国后杭爱省额尔德尼召北）作为首都，但因战争爆发，没有兴建成功。成吉思汗的斡尔朵（行宫）仍分居四处：第一处斡尔朵设在克鲁伦河之库迭额·阿剌勒，亦称大斡尔朵，是汗国的政治中心；第二处斡尔朵设在撒阿里客额儿；第三处斡尔朵设在土拉河黑森林；第四处斡尔朵设在色楞格河支流伊德尔河。

在有关地方设置方面，大蒙古国打乱原有的氏族或部落组织，按地域划分为左、右两个万户：左翼万户的管辖地直到大兴安岭的东部地区，以木华黎为万户长；右翼万户的管辖地直到阿尔泰山西麓，以孛斡尔楚为万户长。万户之下，以十进制的组织，分千户、百户、什户。成吉思汗直接统治的地区共有 95 个千户，委派他的开国功臣为千户长。千户多数是由不同部落的门户混合编组起来的，其中也有一小部分是由同族门户组成。如成吉思汗的姻亲弘吉剌特部的按陈、亦乞烈思部的孛图、汪古部的阿剌兀思特吉忽里，都依旧"统其国族"；有的部落百姓因战争而失散各处，其首领归附成吉思汗后战功卓著者，准许他们把散亡各处的本氏族成员重新召集起来，组成千户。除此，成吉思汗还分配给母亲和幼弟斡赤斤1万户，长子术赤9千户，次子察合台8千户，三子窝阔台和幼子托雷各5千户，弟合撒儿4千户，侄儿阿勒赤台（合赤温之子）2千户，称为"忽必"（领地）。在授予"忽必"的同时，还委派了诸多那颜。

1207年占领"林木中百姓"后，成吉思汗又封巴阿邻部的豁儿赤为万户长。该万户由巴阿邻、阿答儿乞、赤那思、脱斡列思、帖良古特诸部组成。因斡亦剌特部的忽图合别乞自愿归附成吉思汗，故而允许他统辖本部4千户，那颜可以自置。

各千户的户数并不完全为整数，它是以战时提供千名战士为条件组织的。各千户有按地域划分的一定地段，其百姓在指定的牧场范围内游牧。十进制的组织，带有军事组织的性质，军队以千户为单位征调，千户长即是军事统帅，又是地方行政长官。15岁到70岁的男性都要在本管千户内"著籍应役"，故此各千户编制内的民户不得随意变动。成吉思汗制定的《札撒》规定："人们只能留在指定的百户、千户或十户内，不得转移到另一单位去，也不得到别的地方寻求庇护。违反此令，迁移者要当着军士被处死，收容者也要受惩罚"（志费尼《世界征服者史》）。因此，"没有人能够随意改换他的长官或首领，别的长官也不能引诱他离开。"另据拉施特《史集》记载，成吉思汗要求百姓和各级那颜"在平时应像牛犊般地驯顺，战时投入战斗应像扑向野禽的饿鹰"。那颜们不仅必须效忠于成吉思汗，而且要严格遵守《札撒》（法典），"十夫长不能统率其十人队作战者，将连同其妻子、儿女一并定罪，然后从其十人队中另择一人任十夫长，对待百夫长、千夫长、万夫长们也这样！"

成吉思汗建立蒙古汗国之前，蒙古没有成文的法规，人们遵行的只是传统习惯法。汗国建立后，制定了具体的法律条款，称为《大札撒》（即《成吉思汗法典》、《成吉思汗大法》）。

"札撒"，意即"军令"、"法度"。1202年征讨塔塔尔时，成吉思汗首次颁布《札撒》。次年，消灭克烈亦特部后，成吉思汗召集"忽里勒台"又订立了比较完善的《札撒》，并在1206年召开的"忽里勒台"（类似代表大会）上通过，蒙古第一部成文大法由此形成。1211年和1219年召开的两次"忽里勒台"，分别通过了成吉思汗补充规定的《札撒》。据《世界征服者史》说，成吉思汗制定的《札撒》都用畏吾儿文字记录下来，保留在斡尔朵里。诸宗王、大臣每当举行"忽里勒台"或处理重大问题时，均需首先查阅《札撒》。

成吉思汗经历过干戈纷扰的时代，他知道用《札撒》来整顿社会秩序的重要性。他说："凡是一个民族，子不遵父教，弟不聆兄言，夫不信妻贞，妻不顺夫意，公公不赞许儿媳，儿媳不尊敬公公，长者不保护幼者，幼者不接受长者的教训，大人物信用仆从而疏远周围亲信以外的人，富有者不救济国内人民，轻视条例和法规，不通情达理，以致成为当国者之敌。这样的民族，窃贼、撒谎者、敌人和各类骗子将遮住他们营地上的太阳……"（《史集》卷1）。因此，成吉思汗要求各级那颜必须自觉遵守《札撒》。

　　成吉思汗制定的《大札撒》原文，今已失传。据《蒙古秘史》、《世界征服者史》及《史集》等记载，《大札撒》包括选举、财政、商业、赋税、外交、刑事诉讼、财产继承等基本条文。除《大札撒》外，还有成吉思汗的训言也被记录下来，称为"必里克"（箴言）。成吉思汗的训言，如同《大札撒》一样，诸宗王、那颜必须严格遵守，因为其中规定了万户长、千户长、百户长，每年年初和年终前来聆听训言的制度。

　　1204 年，铁木真在征服乃蛮过程中，俘虏了太阳汗的掌印官、畏吾儿人塔塔统阿。铁木真让塔塔统阿借用畏吾儿文（回鹘文）字母，拼写蒙古语，创造了蒙古文字。蒙古汗国建立后，畏吾儿蒙古文成为全蒙古（包括四大汗国）的通用文字。

　　1206 年，成吉思汗将在两年前组建的"切薛兵"（侍卫军）由 150 人扩大到万人编制，包括精选出来的 1 000 名宿卫、8 000 名散班和 1 000 名箭筒士。万名常备"切薛兵"，被称作中央万户（大中军），纳牙为万户长。

　　蒙古汗国的土地归国家所有，土地的最高支配权，属于大汗。全国的土地分为两种占有形式：一种是由成吉思汗直接管辖，其内分成 95 个千户，委派千户长统治。千户长平时管理所辖范围内的土地和人民，于每百户指定一牧场；战时负责指挥。另一种是分封给诸王姻亲的赏赐地。

　　分封给家族的土地称为"忽必"，分封给功臣的土地称为"莎余儿合勒"。"忽必"，意为"份额"，包括领地和百姓，因此，各位宗王的"忽必"又称作"兀鲁思"（国家）。合撒儿的"兀鲁思"在额尔古纳河、呼伦湖和海拉尔河一带；阿勒赤台的"兀鲁思"在蒙古的东部，始自哈剌沐涟（潢河）河，止于女真海的长城边境；斡赤斤的"兀鲁思"在蒙古的东北角，与合撒儿的农土相邻；别勒古台的"兀鲁思"在斡难河、克鲁伦河中游一带，西边靠近成吉思汗的大斡尔朵，南与阿勒赤台的"兀鲁思"为邻。因四位宗王的"兀鲁思"均在汗国的东部，故称为"东道诸王"。他们对"兀鲁思"的世袭占有具有相对的独立性，宗王就是"兀鲁思"之汗。

　　在建立分封制初期，成吉思汗只赐予诸子"伊儿坚"（百姓），对"兀鲁思"的界限没有明确规定，1219 年成吉思汗西征时，对诸子说："天下地面尽阔，教你们各守封国。"1225 年西征回来后，决定授予诸子每人一个王国。其"兀鲁思"在汗国的西部，故称"西道诸王"。

　　关于西道诸王的"兀鲁思"（汗国），据志费尼《世界征服者史》载，成吉思汗把"从海押立和花剌子模地区，伸延到撒哈辛及不里阿耳的边境，向那个方面尽鞑靼马蹄所及之地"，赐予长子术赤。察合台受封地起自畏吾儿居住地，止于撒麻耳干（今乌兹别克撒马尔罕）和不花剌，其居地在阿力麻里境内的忽牙思。窝阔台的都城原先在叶密立和霍博（今和布克赛尔）地区的斡尔朵；他登极后，把都城迁回介于契丹和畏吾儿地之间的本土，将领地赐给他的儿子贵由。托雷的领地与之邻近，位于帝国的中心。成吉思汗在把也儿的石河（今额尔齐斯河）和阿尔泰山一带的所有地区和兀鲁思以及四周的冬夏游牧地，都赐给其长子术赤汗管理时，还颁降了一道务必遵命奉行的诏书，命令术赤征服钦察草原诸地区附近的各国，并入其领地，斡尔朵设在也儿的石河地区；把阿尔泰山到质浑河（阿姆河）地区赐给了察合台；叶密立和忽巴黑（霍博）赐给窝阔台；幼子托雷因在成吉思汗身边，协理大汗"朝政"，监管国务与军机。

成吉思汗对其姻族也授予了特权。允许他们领有本部的百姓和军队，有任命千户长的权力；有的允许继续统治原有的牧地，有的则另赐封地。诸姻族成为半独立性的藩部，但不能各自成立兀鲁思，其封地属大汗直接管辖，其军队也作为大汗直属部队的组成部分。

4. 野心勃然——成吉思汗对外征战的内外因素

成吉思汗自 1207 年至 1227 年，进行了 20 余年的对外战争。其声势之大，征途之遥，占领疆域之广，均可谓举世空前。

那么，是哪些要素，导致了蒙古人对外扩张并且一发而不可收兵了呢？

成吉思汗统一"毡帐百姓"后，彻底打乱了氏族部落之间的界限，按地域划分了军事——行政组织，把全国人民组织在十进制的军事——行政组织内。这一措施，消除了各部之间的纷争和仇杀，保障了全国的统一，缓和了汗国内部的尖锐矛盾。

蒙古人信仰萨满教，相信"长生天"是主宰一切的最高神。人的一切都是由"长生天的意志"安排的，人们把成吉思汗看做是"长生天的代表"，他的所做所为都符合"长生天的意志"。所以，成吉思汗具有强大的号召力。而成吉思汗本人也是个萨满教徒，他认为征服世界、一统天下天经地义。

蒙古人中保留着浓厚的血缘复仇概念。这种复仇观念对汗国制定对外政策，产生了很大的影响，往往是"复仇"二字即成为战争的动员令。如金朝原先对蒙古进行三年一次的"减丁"，掳走男女及儿童，充做奴婢加以出卖。这种"减丁"实质就是减灭种族，所以蒙古人首先想着如何征讨金国。

成吉思汗手中有一支强大的武装力量，军种齐全，有骑兵、步兵、炮兵和工兵。军队组织严密，纪律性强，官兵平等，"其中有一种真正平等的精神，每人的劳动都和他人一般多，无有差别，因为不管财产和势力"（志费尼《世界征服者史》）。所以，蒙古兵具有强大的战斗力。

而蒙古汗国远郊近邻们的基本状况又如何呢？

蒙古汗国南邻女真族建立的金国。而金国正值金章宗在位时期（1190—1208年），由于腐败日甚，元气渐衰，其兵力已大不如从前。"将帅非才，既无靖安之谋，又无效死之节"（《金史》卷106《刘炳传》）。

蒙古西部的西辽和西夏，当时也已趋衰落之势。西辽，在古儿汗统治时期，其附属国花剌子模叛变，畏吾儿投降蒙古。1208 年以后，古儿汗受到花剌子模沙（"沙"为君主）及乃蛮古出鲁克的东西夹攻。1211 年，古出鲁克夺取了西辽政权。西辽的百姓多数信仰伊斯兰教，可是，古出鲁克强行他们改信佛教，着契丹人服饰；并在每一百姓家中派驻一兵，以备反抗。凡此种种，加剧了内部的各类矛盾。

西夏，蒙古人称为"合申"或"唐兀惕"。13 世纪初，西夏占有今宁夏、甘肃、陕西、内蒙古的部分地区，其兵力不过几万人。自建国以来，曾称臣于辽、金两国。西夏与金之间建有军事同盟。1206 年，李安全废其堂兄，请封于金，但遭拒绝。内部仍处于纷乱之中。

此时的中亚大国花剌子模（居今黑海东、威海西，锡尔河南），原先是一个仅占有今伊拉克的一部分和呼罗珊（今阿姆河以南，兴都库什山脉以北地区）的小国，臣属于西辽。1200 年，阿拉乌定·摩诃末即位后，其国势盛兴。摩诃末为了摆脱西辽的统治，于 1208 年进攻西辽的河中城撒麻尔罕（今乌兹别克斯坦城市），但被西辽击败。当时西辽国内充满矛盾，撒马尔罕王奥斯曼叛西辽，自立为汗。于是，摩诃末又与奥斯曼相联合，共同夹击西辽，从河中地区赶走了西辽势力。后来，摩诃末又击败奥斯曼，占领了河中地区（指阿姆河与锡尔河间的大片地区），再次向阿富汗进攻，征服了迦色尼王朝。从此花剌子模成为一个强国。但是，花剌子模国内有着不可调和的矛盾。其国土的大部分，是新征服的地区，统治尚不巩固；军队成员主要由土库曼人组成，而康里人是善人（上等人），又是国王的外戚，享有崇高地位，因此引起了土库曼人和康里人之间的矛盾。1217 年摩诃末向报达哈里发发动战争，军队到达阿撒答巴忒山后，恰遇大风雪，兵马冻死多半。摩诃末的母亲图儿干合敦是康里人，乘摩诃末远征之机，依仗康里将领，别居乌龙格赤（今土库曼尼亚乌尔根奇）另立朝廷，干预国政，造成母子不和。所以，花剌子模国虽拥兵 40 万，但其战斗力相对比较松散。

可是话又说回来；花剌子模国如果一直和蒙古保持友好往来关系，而不是杀了蒙古特派的大商队，成吉思汗未必会向西大规模征战。

12 世纪，罗斯国（俄罗斯）分裂为许多独立公国。各公国之间经常发生混战，使罗斯国社会经济遭到严重破坏。

鉴于上述国内外状况，成吉思汗抱着征服世界的目的，发动了空前规模的对外战争。

5. 摒除后患——成吉思汗征服"林木中百姓"与畏吾儿、哈剌鲁的归顺

1206 年，成吉思汗只统一了蒙古"毡帐百姓"，北边的"林木中百姓"尚未统一，西邻的畏吾儿、西夏还未归附，一旦出兵金国，它们很可能成为后患。成

吉思汗为了解除后顾之忧，决定首先向北、西方向进军。

1207年，成吉思汗派其长子术赤带领右翼军去征服"林木中百姓"，斡亦剌特部的忽都合别乞首先降服。随后他又引领术赤前去征讨斡亦剌特其他各部。在失黑失特征服了斡亦剌特、布里雅特、巴尔浑（巴尔虎）、兀尔速特、合卜合纳思、康合思、图巴昔等"林木中百姓"。兀尔速（今鄂伦春）部居住在谦河以北乌斯河流域。合卜合纳思部居住在谦河之源。康合思属乞尔吉思人中的一个部落，居住在贝加尔湖西侧的安加拉河。图巴昔部居住在唐努乌梁海。

术赤占领斡亦剌特诸部后，继续向乞尔吉思进军，该部首领也迪亦纳勒表示归附。

成吉思汗为了奖励忽都合别乞首先降附，将女儿其其格嫁予忽都合毕齐的次子伊纳勒赤；将术赤的女儿豁雷罕嫁给了伊纳勒赤的兄弟。从此，成吉思汗的"黄金家族"与斡亦剌特部建立了永久的婚姻关系。

占领西伯利亚以南"林木中百姓"后，设置了万户，委派豁尔赤为万户长，并命豁尔赤将巴阿邻、赤那思、脱斡勒思、帖良古特等组成万户，负责统辖"林木中百姓"。

公元9世纪中叶，回鹘汗国灭亡。一部分畏吾儿人迁往西州（今吐鲁番一带），以高昌为中心建立了政权，文史料中称作"高昌回鹘"。它的领土东至哈密，西至库车，北至准噶尔盆地，南至罗布泊附近。蒙古人称高昌回鹘为"畏吾儿"，称国王为"亦都护"，意为"幸福之主"。辽国建立后，畏吾儿成为其附属国。西辽政权建立后，畏吾儿又臣属于西辽，古尔汗曾派少监到畏吾儿做监国。少监在畏吾儿作威作福，对亦都护及其将官百般凌辱，遭到贵族和平民的共同反对。1209年巴而术王杀死少监，宣布叛离西辽，归顺成吉思汗。成吉思汗得知消息后，便派阿勒普－兀奴克、答尔拜德两名使者面见巴而术王。他们在畏吾儿受到隆重接待，当其返回时，巴而术又派两名使者去见成吉思汗，说："臣闻皇帝威德，即弃契丹旧好，方将通诚，不自意天使降临下国，自今而后，愿率部众为臣仆。"这时，篾尔奇特部脱黑脱阿在叶尼塞河被蒙古军所杀，他的4个儿子火都、赤剌温、马札尔、图薛干带着父亲的头颅，从叶尼塞河逃到畏吾儿地区，并派一人前去面见亦都护。来者被亦都护杀掉，火都等人被驱走，与古出鲁克一起逃往西辽。随之，亦都护遣其国相来见成吉思汗，报告古出鲁克、火都等人的下落。这一举动得到了成吉思汗的奖赏，允许亦都护带金宝入贡。1211年春，成吉思汗从西夏回师，驻克鲁伦河斡尔朵（行宫）时，亦都护带金宝从哈剌火者（又称亦都护城，在吐鲁番东）觐见，说："陛下若恩顾臣，使臣得与陛下四子之末，庶几竭其犬马之力。"成吉思汗将女儿阿勒屯嫁给了亦都护，他的位次排在诸多王子的后面。

与此同时，合剌鲁的阿尔思兰汗也归附了成吉思汗。合剌鲁属突厥语系，以海押立为中心统治着伊犁和博尔塔拉地区，臣属于西辽。西辽派去的监护在当地横征暴敛，后被阿尔思兰所斩。阿尔思兰归附后，在克鲁伦河斡尔朵受到成吉思汗的接见。

6. 开疆拓土——成吉思汗征西夏伐金国

成吉思汗灭乃蛮后，国土与西夏接壤。1205 年，成吉思汗借口西夏接纳王汗之子桑昆，亲征西夏，大掠而还。

西夏乃金之附属国也。成吉思汗直接向金发兵，其右侧必然会受到西夏的威胁，有两面夹击的危险。

如先征讨西夏，金因政权内部不稳定，并惧怕蒙古，不敢轻易出兵援助西夏，势必引起西夏与金之间的不和；如能征服西夏，可切断金的右翼力量。所以，征讨西夏有着重要的战略意义。同时还可锻炼蒙古骑兵在平原地带作战的本领，积累军事作战经验。

1205 年，蒙古军初次讨伐西夏，攻占了力吉里、落思等城堡，西夏主纯佑被迫称臣纳贡。1206 年，李安全夺取西夏王位后，断绝了与蒙古的贡赐关系，请封于金国，求其援助。1207 年秋，成吉思汗率军第二次征讨西夏，李安全无力抵抗，将女儿嫁给了成吉思汗。1209 年，成吉思汗第三次征讨西夏。蒙古军击败西夏 5 万大军，俘虏了副统帅高令公。接着又在兀剌孩城，获其太傅讹答，进而包围西夏都城中兴府（今银川市），李安全投降。1211 年年初，成吉思汗回师克鲁伦河。

经三次征讨，使西夏成为蒙古帝国的附属国。成吉思汗征讨金国的准备工作已告结束。

成吉思汗在解除伐金后顾之忧和训练军队的同时，又通过长城外的汪古部人和畏吾儿商人摸清了金国的经济、交通和城堡、关卡等情况，尤其是通过契丹人耶律阿海，详尽地了解了金的政治、军事状况。耶律阿海，契丹贵族出身，其祖父撒八儿是桓州尹，其父脱迭儿是尚书奏事官。耶律阿海"天资雄毅，勇略过人，尤善骑射，通诸国语"。金章宗曾两次派他出使克烈亦惕王汗处。第一次出使，曾在王汗斡尔朵见到成吉思汗。他见成吉思汗异常，非同一般人，因此有意结交。他向成吉思汗报告说："金国不治戒备，俗日侈肆，亡可立待。"成吉思汗喜曰："汝肯臣我，以何为信？"阿海回答说："愿以子弟为质。"次年，再次出使，与兄弟图花同往，交给成吉思汗作为人质。

1209 年，成吉思汗为了亲自得知金国的内部情况，以贡岁币为名，亲往金国，觐见章宗皇帝。但是，章宗未准入界，只派永济卫绍王在净州（今内蒙古四子王旗西北城卜子村）接受贡物，将成吉思汗拒于塞外。成吉思汗鉴于金的无理举动，不仅没有献贡行礼，而且由此断绝了彼此的君臣关系。章宗欲发兵攻打蒙古，可是他于当年去世。永济即位，也无暇顾及蒙古，只派使者前去诏谕，成吉思汗问持诏者："新君为谁？"金使答曰："永济为新帝。"成吉思汗向南唾曰：

"我谓中原皇帝是天上人做，此等庸懦亦为之耶，何以拜为！"

成吉思汗利用金内部政局不稳之机，决定发兵。1211 年 2 月，在克鲁伦河誓师，祷告于天，请求神助，誓为被金所杀之祖先报仇。成吉思汗命脱忽察儿率领两千骑，留守后方，自己亲率大军向金进发，至阴山汪古部驻地，休兵避暑。七月，主力部队沿抚州（今张北）——宣德府（今宣化）——居庸关路线向中都（今北京）方向前进。抵达塔勒湖（达赉诺尔湖）后，命哲别率先头部队打前阵，先后占领了乌沙堡、乌月营。金军统帅千家奴被撤职，由参知政事完颜胡沙继任。蒙古军乘胜追击，完颜胡沙不敢迎战，东走宣平（怀安县东北），8 月，蒙古军追至宣平附近之会河堡，大败金军。1213 年秋，攻克抚州，越野狐岭，攻破宣德府，完颜胡沙逃至中都，被撤职。

术赤、察合台、窝阔台率领的西路军向西攻打西京（今大同市）。自 1211 年十月起，他们先后攻克了云内（今土默特左旗西北）、东胜（今托克托县）、武州（今山西左云县）、朔州、丰州（今呼和浩特市东）。西京留守完颜胡沙虎弃城东走，由他人代为留守。

哲别至宣德府后，成吉思汗命其攻打居庸关，因金军防守严密，久攻不克。哲别采取突然撤退的战术，诱金军出关，至鸡鸣山，结果 30 万金军战败，哲别顺利进入居庸关，进抵中都。成吉思汗亦随之入关，驻跸龙虎台。

成吉思汗为彻底切断金之后援，命哲别进军金之老巢东京（今辽阳），于 12 月攻克；成吉思汗与其幼子托雷率领的中路军自紫荆关入据，分略山东、河北、河东（今山西），计 20 余郡；术赤、察合台、窝阔台率领的右路军，循太行山向南，骚扰保、太原、汾等 20 余州；哈撒儿、斡赤斤等率领的左路军，循海而东，骚扰蓟州（今蓟县）、辽西诸郡。蒙古三路军几乎侵掠了黄河以北的大片土地，只有中都和真定（今河北正定县）等 11 城未受侵掠。1213 年，三路军在中都附近的大口会合。

正当蒙古军在黄河以北进行骚扰时，1212 年，契丹人耶律留哥叛离金国，数月之内步其后尘者竟达 10 万人之多。完颜胡沙虎率金军 60 万讨伐留哥，留哥得到成吉思汗的援助，在迪吉脑儿大败金军。1213 年春，耶律留哥称辽王，年号元统。正当耶律留歌在辽宁称王时，金廷内部发生政变。8 月，完颜胡沙虎杀死永济，立金宣宗。蒙古诸将认为时机已到，应发兵攻打中都，但成吉思汗不同意。他认为应采取遣使逼降的办法为好，"汝山东、河北郡县悉为我有，汝所守惟燕京耳。天既弱汝，我复迫汝于险，天其谓我何。我今还军，汝不能犒师以弭我诸将之怒耶？"完颜福兴也劝宣宗说："我们征集来的军队，妻子、儿女都在外地，无法知道他们每个人的想法。如果我们败了，他们全部走散，即便我们把蒙古人打败了，我们的军队也全都跑到妻子、儿女处去了……现在只好遣使请降，等蒙古人退走后，我们再另作商议吗！"

1214 年 3 月，金宣宗纳贡求和，将永济的女儿歧国公主献给成吉思汗，并献金帛、童男童女 500 人、马 3 000 匹，由丞相完颜福兴陪成吉思汗出居庸关。成吉思汗驻扎在夏于鱼儿冻（今达里湖）。

成吉思汗为了联宋灭金，于1214年派主卜罕去南宋进行联络，中途被金扣留。5月，金迁都南京（今开封市），命右相完颜丞晖等辅佐皇太子完颜守忠留守中都。6月，成吉思汗遣伊里值为使，诘责金宣宗："既和而迁，是有疑心而不释憾也"。成吉思汗决定再次征讨金国，遂命三木合拔都（巴特尔）与契丹人石抹明安（1212年降）率兵南下。护送金宣宗皇帝的卫军前来投诚，并协同蒙古军攻打中都。7月，趁完颜守忠赴南京之时，石抹明安率军攻占了中都的外围，即景（今河北遵化县）、蓟、檀（今北京密云县）、顺（今北京顺义区）诸州。1215年正月在通州（今北京通州区）收降了金右副元帅蒲察七斤，使中都陷于孤立境地。完颜福兴（丞晖）急告南京，宣宗派元帅右监军永锡、元帅左监军庆寿共率军3.9万人，每人携带3升米，增援中都。并令御史中丞李英，率数万"义军"监护粮运，队伍行至途中，遭蒙古军袭击，粮食被劫走。

中都援绝粮尽，完颜福兴无法坚守，服毒自杀，完颜尽忠弃城奔南京，被宣宗以叛逆罪斩杀。1215年5月，石抹明安领兵入城。在桓州的成吉思汗遣失吉忽图忽、翁古儿宝儿赤、阿儿孩哈撒儿三人到中都做清点仓库等事宜。负责国库和官产的金朝官员哈答向失吉忽图忽3人献纳织金服装和珍物等被失吉忽图忽拒绝，命打开国库尽数运走，留札八儿火者、石抹明安镇守中都，自己率军离开中都，将哈答押送给成吉思汗。

成吉思汗派三木合和石抹明安南下时，遣木华黎征伐辽西，随同将领有契丹人石抹也先。木华黎经由临潢，十月至高州（今喀喇沁右旗），金将卢琮和金朴投降。当蒙古军下成州（今辽宁义县北）时，金锦州兵马提控张鲸杀其节度使，自称辽海王，遣使来降。1215年2月，木华黎进攻北京大定府，金廷元帅寅答虎、乌古论投降。木华黎命令寅答虎留守北京。同月，金兴中府（今辽宁朝阳市）吏民杀其同知兀里卜，共推石天应为帅，降服于木华黎。木华黎命石天应为中兴府尹。

同年，耶律留哥觐见成吉思汗，敬献金币90车、金银牌500面。7月，成吉思汗遣伊里值为使诏谕金国主：献出河北、山东未下诸城，取消帝号，改为"河南王"。金宣宗不从，成吉思汗则命史天倪南征，授予右副都元帅官职。

正当金兵节节败退时，金都督蒲鲜万奴在开元自称天王，立国号大真，改元天泰，于1216年投降蒙古，以其子铁哥入侍，既而又叛，称东夏国，割据辽东。

1216年春，成吉思汗回到克鲁伦河行宫。八月，封木华黎为"太师国王"，赐金印，又赐象征大汗的白色大纛旗一面，并告谕诸将："木华黎建此旗以出号令，如朕亲临也。"

成吉思汗把经略中原的全权交予木华黎，以便自己全力准备西征。

木华黎在燕京、云中分别设置行省进行管理。他统帅的亲军，有汪古骑兵10 000人、兀鲁兀惕部4 000人、混合兵卒1 000人、孛图驸马率领的伊奇烈思兵2 000人、蒙和哈勒札率领的忙忽惕兵1 000人、木华黎的兄弟岱孙率领的札剌亦尔兵 1 000 人，总计约 2 万人。其他兵卒，主要是招降的金兵和汉军。前者主要是驻扎在北京一带的各族士兵，由吾也尔统帅；汉军主要是早年降服的刘柏林等地主武装。刘柏林为济南人，金时曾任都提控和威宁防城千户等职。1212年降服成吉思汗后，授予原职，令其挑选士卒，予以统领。后因进攻西京有功，赐金虎符，以原职留守并兼兵马副元帅。在跟随木华黎攻占山东、山西诸州中，又立大功，被累赠太师，封为秦国公。除此，还有耶律图花率领的契丹军。耶律图花为契丹人，世居桓州，早年降服成吉思汗，同饮巴勒渚纳河水（特指他们20 人 1203 年夏在此河边盟誓结义之举），成为至交。1211 年蒙古伐金时，充作向导。后又随从木华黎，在征服山东、河北战争中有功，拜为太傅，封濮国公，赐虎符、银印，统万户札剌亦儿部。

1223 年 3 月，一代蒙古名将木华黎病逝于凤翔之战，享年 54 岁。临终前对其弟弟带孙说："我为国家助成大业，擐甲执锐垂四十年，东征西讨，无复遗恨，第恨汴京未下耳！汝其勉之。"木华黎姓札剌亦儿氏，性格沉毅，足智多谋。手臂抵膝，擅长射箭，可挽两石强弓。木华黎功勋卓著，英名远播。后来成吉思汗亲自攻打凤翔，并对诸将说："要是木华黎在世，我就用不着来此督战了！"

7. 穷兵黩武——西辽国的灭亡与高丽国的附属

西辽国的灭亡

成吉思汗在灭西辽和征西夏之前，又搞了一次后方大扫除行动。

脱黑脱阿被蒙古军杀死后，其子忽都等逃奔西辽。在伊犁河流域一带活动。

1211 年成吉思汗伐金时，只在漠北留下两三千骑，由脱忽察儿指挥。以忽都为首的篾儿奇惕残余势力，认为时机已到，便返回到阿尔泰山以西进行活动，企图卷土重来。是时，古出鲁克正窃据西辽，一旦与忽都相勾结，其危害性更为严重。这是成吉思汗回师漠北的重要原因之一。

1216 年成吉思汗回到漠北后，命速别额台（速不台）远征忽都等篾儿奇惕残余势力，并授予就地处死之权。1217 年春，速别额台从土拉河畔出发，在楚河击败了忽都，将篾儿奇惕残余势力全部歼灭。

成吉思汗命豁儿赤为万户长，允许纳 30 名美女为妾。因图马惕部多美女，豁儿赤便向该部强征美女 30 名，遭到该部族人的不满，1215 年，成吉思汗将豁儿赤囚禁。成吉思汗返回漠北后，派忽都合别乞招谕图马惕人，忽都合别乞又遭囚禁。于是，成吉思汗决定派纳牙阿率军征讨，因患病，故改派孛罗兀勒率领。

图马惕部囚禁忽都合别乞后，据险而守。孛罗兀勒在率兵侦察途中，被图马惕部伏兵所害，蒙古军只好撤回。最后，成吉思汗派朵儿伯朵黑申平息了图马惕部的反叛。

成吉思汗通过消灭篾儿奇惕部的残余势力、镇压阔阔出政变和图马惕部的叛乱，使其统治更为巩固，后方也得以安宁。

1218 年，成吉思汗令哲别率领两万骑兵征讨西辽的古出鲁克。哲别尚未到达哈失哈儿城（今新疆喀什），古出鲁克已逃之夭夭。哲别抵达后，曾派人向当地居民宣布宗教信仰自由的政策，得到居民们的一致拥护，使古出鲁克所到之处，均遭到抵抗，被迫逃往巴达克山谷（今阿富汗境内）。因山谷崎岖不平，行走困难，蒙古军无法深入。因此，哲别跟当地猎户达成协议：如果能捉住古出鲁克并交付于蒙古军，蒙古军不再向猎户索取任何物品。猎户因此包围了古出鲁克及其部卒，将其捉拿后，送交了蒙古军。哲别下令，将古出鲁克处死。

同时，蒙古军顺利进入西辽都城八喇沙衮（今吉尔吉斯布拉多内吉城），西辽各地领主相继归附，西辽国灭亡。

西辽地处蒙古和花剌子模中间，既是交通要道，又是战略要地。西辽的灭亡，使蒙古和花剌子模之间的交通畅流无阻。

高丽国的附属

1216 年，耶律留哥手下将领乞奴、金山、喊舍等发动兵变，杀死蒙古派去的 300 名使节。8 月，他们带领数万名契丹叛军，东渡鸭绿江侵入高丽。1218 年 9 月，叛军占领高丽重镇江东城，喊舍建立了大辽国。

成吉思汗为讨平契丹叛军，1219 年命哈真（哈只吉）和扎剌二将率蒙古兵 1 万人，蒲鲜万奴东夏国出兵 2 万人前去高丽讨伐喊舍。哈真入高丽后，遣使面见国主高宗，要求以粮援助，出兵合击江东城。高丽西北面元帅赵冲、兵马使金就砺主张与蒙古议和，得到高宗的诏准。于是，赵冲发米千石，由 1000 精兵护送到蒙古军中；赵冲与金就砺各率本部兵卒助攻江东城。1219 年，蒙古军攻克了江东城，喊舍自缢身亡，5 万余名契丹叛军皆降。哈真将少量契丹兵分给高丽，多数送回辽东，归耶律留哥统辖。

消灭喊舍等人的叛乱后，哈真与高丽王于 1219 年 2 月签订了"两国永为兄弟，万世子孙无忘今日"的友好协议。根据协议，高丽须每年向蒙古纳贡，由蒙古派使者前来受贡，其人数不能超过 10 人。从此高丽臣属于蒙古，岁纳方物不绝。然而蒙古的需求无度，索取甚重，仅铁木哥斡赤斤一次就索取水獭皮 1 万张、绸 3 000 匹、苎 2 000 匹、棉花 1 万斤以及颜料、桐油等杂物无数。1225 年，当蒙古受贡使臣到达义州后，被高丽所杀。是时，成吉思汗刚从西域班师归来，翌年又征西夏，无暇东征高丽，两国绝交达七年之久。窝阔台即位后，又再次发兵征讨高丽。

8. "上帝之鞭"——成吉思汗西征中亚

向西大征战起因

成吉思汗在中都（今北京）附近停留期间，中亚大国花剌子模沙（国王）阿拉乌定·摩诃末（穆罕默德）派遣以巴哈·阿丁·吉剌为首的使节晋见成吉思汗，目的是为了了解蒙古征服金国后的真实情况。成吉思汗盛情款待了使团成员，并表示双方要保持和平友好的关系，让商人自由通行。1216 年，成吉思汗派使者和商队回访花剌子模国（居今黑海东、威海西，锡尔河南）。1218 年春，花剌子模沙在布哈拉接见了蒙古使者，同意成吉思汗的提议，双方缔结了和平通商协定。

可是事后不久，双方就发生了两起伤害友好关系的事件。第一件事是边界纠纷和武装冲突。速别额台消灭以忽都为首的篾儿奇惕残余势力，正待胜利回师时，遭到花剌子模沙的追击，一直追到谦谦州（今叶尼塞河）。速别额台前去劝说花剌子模沙，希望双方不要交锋。但花剌子模沙不听其劝告，仍然袭击蒙古军，挑起武装冲突。在冲突中，花剌子模沙险些被俘，幸被札兰丁护救脱险。此后，当哲别受命消灭西辽时，花剌子模又抢先占领了直到讹答剌（在锡尔河上游）为止的原属西辽的领地，挑起了两国间的边界纠纷。

第二件事是 1218 年蒙古大商队被害事件。成吉思汗根据蒙古和花剌子模两国达成的通商协议，派出由 450 人组成的大商队，用 500 峰骆驼驮着金、银、丝绸、驼毛织品、海狸皮、貂皮等贵重商品，带着成吉思汗给花剌子模沙的信前往花剌子模。成吉思汗在信中写道："吾人应使常行的和荒废的道路平安开放，因之商人们可以安全地和无约束地来往"。商队行至锡尔河上游的讹答剌城后，因守将亦纳勒出黑（号海儿汗）贪财，将商队扣留，并派人报摩诃末说，商队中有成吉思汗的密探。摩诃末在没有弄清事情真相的情况下，便下令处决商队成员，并没收其全部财物。亦纳勒出黑遵照摩诃末的命令，杀害蒙古商队成员，其中只有一人从牢里逃出，得以幸免，向成吉思汗报告了商队被害经过。

成吉思汗发誓要为死者报仇。但他还是希望双方能够通过和平方式解决争端，于是，派以巴合剌（西域人）为首的 3 名使者前往花剌子模索取肇事者。使者向摩诃末国王转达了成吉思汗的原话："君前与我约，保不虐待此国任何商人。今遽违约，枉为一国之主。若讹答剌虐杀商人之事，果非君命，则请以守将付我，听我惩罚，否则即备战。"摩诃末对此置若罔闻，不仅杀害了巴合剌，而且将两名副使的胡子剃光赶回。"这些不足取的做法是产生事端、引起恶感及仇报、猛袭的原因"，"使和平安宁遭到破坏"。

蒙古使臣被害后，成吉思汗觉察到两国关系已无法用和平方式解决，决定亲率大军向花剌子模问罪，令其弟斡赤斤留守蒙古。1219 年 6 月，蒙古大军从克鲁伦河畔出发，越阿尔泰山至也儿的石河（额尔齐斯河）畔度夏。术赤、察合台、窝阔台、托雷及大将速不台、哲别、大断事官失吉忽图忽等随行。畏吾儿、阿力麻里、合剌鲁皆出兵，唯西夏拒绝出兵。总计兵力 10 万 ~ 15 万，成吉思汗对外号称 60 大军。1219 年秋，经别失八里、不剌（今新疆博罗市），通过铁木儿忏察（亦称松关，今名果子沟）至阿力麻里，西行渡伊犁河，经海押立向花剌子模挺进。当时，铁木儿忏察是非常难行的隘口。1222 年，丘处机去西域见成吉思汗时也通过这个隘口，他的随徒李志常在《长春真人西游记》里写道："千岩丘万壑攒深溪，溪边乱石当道卧，古今不许通轮蹄。"蒙古大军通过时，成吉思汗的次子察合台理石开道，并且砍木修桥，共修筑48座。桥的宽度，可容两辆车并行。

撒马尔罕和乌尔根奇攻城战役

蒙古大军到达花剌子模边堡讹答剌城后，兵分四路：察合台、窝阔台率师围攻讹答剌；术赤率师征毡的、养吉干诸城；塔孩率5 000骑兵征战忽毡（今纳巴德）等城；成吉思汗与托雷取中路，渡锡尔河，向西南横渡红沙漠直逼布哈拉城。1220年3月，术赤等三路军马全部占领了锡尔河两岸的城市，成吉思汗的中路军也占领了伊斯兰教的文化中心布哈拉城，完全切断了花剌子模新都撒马尔罕（今乌兹别克斯坦主要城市）和旧都乌尔根奇（今土库曼尼亚城市）之间的交通。1220年5月，蒙古四路大军在撒马尔罕城下会师，合围撒马尔罕。经过6天的苦战，才得以攻克撒马尔罕城。当时撒马尔罕城守军约11万。城破之前，花剌子模沙已从城内逃跑，成吉思汗遂命耶律阿海留守城内，哲别、速不台率3万骑兵追击阿拉乌定·摩诃末；窝阔台率术赤、察合台进攻兀龙格赤；成吉思汗和托雷向阿富汗推进，进攻巴里黑（今阿富汗马札里沙夫西）、塔里寒（今阿富汗塔利甘）等地。

1220年7月，窝阔台率领的5万兵马攻打乌尔根奇。城内守将是忽马尔，统帅着11万大军，日夜坚守。乌尔根奇城防卫工事十分坚固。蒙古军在城周围安营扎寨，一面遣使召谕居民投降，一面忙于作攻城前的准备。待攻城的器械齐备后，蒙古军立即向城内发动了全面进攻。于当日破城，进入街区后，士兵到处烧杀，由于居民的顽强抵抗，蒙古军不得不转入巷战。袭击阿姆河桥的3 000蒙古兵，无一生存。经过7天的激烈战斗，才占领了全城。根据志费尼《世界征服者史》记载，乌尔根奇的11万守军，全部阵亡。工匠和妇女、儿童被当做俘虏，运送到蒙古。乌尔根奇（兀龙格赤）的失守，使河中地区全部被蒙古军占领。

追击札兰丁

札兰丁是摩诃末的长子，阿拉乌定·摩诃末临终前将王位继承权交付于他。札兰丁遵循其父旨意，在乌尔根奇继位，但受到部分大臣的反对，并图谋害他。所以，在蒙古军围攻乌尔根奇之前，他已逃往巴里黑、塔里寒一带，最后跑到哥疾宁（今阿富汗加兹尼），筹集几万大军，准备抵抗蒙古军队的来犯。

成吉思汗和托雷率军南下，先后攻占了那黑沙、忒耳迷（今乌兹别克斯坦的卡儿施、贴尔美兹）和巴里黑。托雷带领一支由万人组成的精锐部队，由巴里黑出发，向呼罗珊诸州（今阿姆河以南，兴都库什山脉以北地区；呼罗珊分巴里黑、马鲁、也里、你沙不儿4个城区）进军。成吉思汗转向塔里寒。由于塔里寒城堡军民的英勇抵抗，使蒙古军久攻不克，直到托雷率大军增援，塔里寒才被占领。

成吉思汗得知札兰丁消灭贴格出千人先锋队的消息后，遂派失吉忽图率3万骑前去攻打札兰丁。双方在八鲁湾川（今阿富汗查里卡东北）激战，蒙古军战败，损失过半。于是成吉思汗亲自率军火速迎击札兰丁。在途经古儿疾汪（今阿富汗境内）、范延时，遭到当地人民的顽强抵抗。在攻占范延的战斗中，察合台的长子木图干中流矢阵亡。成吉思汗为了报仇，将范延城内的居民全部杀戮，并把该城取名为"卯危八里"（意为歹城）。当成吉思汗率军来到哥疾宁城时，札兰丁已于15天前离开该城，向申河（今印度河）方向逃遁，企图在北印度建立据点，继续抵抗蒙古军，以收复失地。

成吉思汗命窝阔台镇守哥疾宁，亲率大军追击札兰丁。于1221年10月，两军在申河北岸相遇，经过激战，札兰丁的六七万大军全部覆没，札兰丁纵马入河，游至对岸，仅剩4 000余名跟随者逃往印度。1221年冬，成吉思汗在不牙迦图儿驻营，休整部队。第二年春，到白沙瓦（今巴基斯坦北部）取原路返回。巴剌率领的蒙古军继续追击札兰丁余部，一路未见踪迹，再加上时值炎夏，难以适应北印度的气候条件，就于1223年撤回，在巴鲁安与成吉思汗会师。9月，成吉思汗渡阿姆河，在撒马尔罕城东下营，10月下诏班师。1224年，成吉思汗到也儿的石河（额尔齐斯河）驻夏，224年2月，他回到土拉河行宫。

成吉思汗占领花剌子模国后，命长子术赤镇守，并在各城设置达鲁花赤（督官）。乌尔根奇城的牙老瓦赤、马里忽惕（属忽鲁木石氏）父子二人向成吉思汗提出了管理城邑的办法，得到允准，遂派马思忽惕同达鲁花赤共同管理布哈拉、撒马尔罕、乌尔根奇等中亚城市，派牙老瓦赤管理中都（今北京）。

达鲁花赤是代表成吉思汗意志的军政、民政和司法官吏，以《札撒》为根本，结合当地统治惯例行使其统治权。马思忽惕遵照成吉思汗的旨令，尊重当地居民的风俗习惯，尤其对伊斯兰教徒施行宽容政策。经过20余年的治理，到13世纪60年代，中亚的州县社会经济已恢复繁荣景象。

9. 勇武善战——加尔卡河大战役

1221年，成吉思汗军队征战中亚大国花剌子模，全部占领其河中（阿姆河与锡尔河之间）地区时，哲别、速不台两位蒙古大将奉命统帅其军约3万人从哥疾宁（今阿富汗加兹尼）继续向阿塞拜疆长驱直入。当到达阿塞拜疆首府贴必力思时，阿塞拜疆君主月即伯因年老嗜酒，惧怕失去手中的权力，便派人向蒙军求和，送去大量金银财宝和牲畜，哲别、速别额台接受了月即伯的求和，改向格鲁吉亚进军。

格鲁吉亚人民为捍卫首都第比利斯，组织成3万人的军队以抵御蒙古军的入侵。当蒙古军向都城发动进攻时，受到城内军民的迎头痛击。蒙军企图采取伴败诱敌的战术将格鲁吉亚军全部歼灭，但通过第比利斯城的道路十分艰险，难以行军。速不台只好移师东进，首先占领了格鲁吉亚的毗邻王国——西设里汪的首都谢马哈。蒙古军队向高加索以北进军，须通过打耳班城堡。打耳班城位于高加索山脉与里海之间的隘口上，是北高加索和罗斯之间的交通要道。它属设里汪管辖，于是，哲别命 9 名设里汪贵族成员充任向导，顺利通过了隘口，继续向前进发。但路的两侧，一边是海，一边是高山峻岭，难以通行，速别额台采取凿石开道的办法，才慢慢穿过了高加索山脉（也称太和岭）。

1222 年，蒙古军到达了阿兰人居住的贴雷克河流域，遭到了阿兰人和钦察人联合军团的迎击。哲别为削弱对方的实力，以金钱财物收买及"同为氏族"的诱骗方法，使钦察人离阿兰人而去，结果被蒙古军一一击败，钦察人逃往罗斯。蒙古军占领了北高加索一带。

蒙军由钦察草原向克里米亚进军，占领了里海港口苏达克。苏达克港由热内亚邦国所建，是热内亚邦与西欧诸国有频繁的贸易往来，苏达克的失陷引起了全欧的震动。

钦察人逃奔罗斯国后，向其求援说，如果罗斯坐视不救，钦察人就要遭屠杀，蒙古军的铁蹄就要践踏整个罗斯国。为了抵御蒙古军的入侵，南俄加里奇大公穆斯提斯拉夫出面邀请了基辅大公等，在基辅召开了南俄诸公国会议，决定联合起来共同抵抗蒙古军。

1223 年，罗斯各公国出兵向第聂伯河下游集中。速不台派 10 名使者到罗斯国，劝说不要出兵援救钦察人。罗斯大公不仅拒绝劝说，杀死了使者，而且命其军队渡第聂伯河东进，歼灭了蒙古千人先头部队。战斗的胜利，使罗斯国军队产生了轻敌思想，继续穷追不舍。速不台则采取了诱敌深入的策略，将军队退出近 20 天的路程，把罗斯和钦察人的 8 万军队引到加尔卡河东岸。由于罗斯公国军队内部行动不协调，穆斯提斯拉夫未通知其他诸公，便带领着几个年轻诸公和钦察军，与蒙古军交锋。蒙古军首先冲向钦察军，钦察军战败而逃，引起罗斯军的一片混乱，蒙古军乘机向罗斯军发起进攻。基辅大公及其诸公的军队就驻扎在附近的山岗上，他们目睹着钦察军的惨败，却按兵不动。经过 7 天交战，罗斯和钦察联军全部被歼灭。紧接着，蒙古军向基辅大公等发动进攻，激战 3 天，基辅大公投降。1223 年 5 月，加尔卡河战役结束。6 名罗斯公爵和 70 个贵族成员被杀。

加尔卡河战役后，蒙古军北上，经过南俄草原，到达基辅公国的旧都诺夫哥罗德，居民高举十字架，出城投降。因蒙古军人数有限，没有在罗斯久留。1223 年底，蒙古军向亦的勒河（今伏尔加河）推进，进攻位于向亦的勒河中游的保加尔王国。由于当地居民的英勇抗击，蒙古军不得不退却。1224 年，成吉思汗从中亚班师，并召回哲别和速不台。他们从里海北岸东行，哲别在中途病故。速不台率军返回，约于 1225 年年初，在乃蛮境内与成吉思汗会师。

10. 颁布政令——窝阔台汗对中原和西域地区的统治

窝阔台汗对中原地区的治理

窝阔台继承汗位后，对中原地区进行统治，但统治阶层内部意见不一。近臣别迭等认为"汉人无补于国，可悉空其人，乃为牧"。耶律楚材则认为："陛下将南伐，军需宜有所资，诚均定中原地税、商税、盐、酒、铁冶、山泽之利，岁可得银五十万两、帛八万匹、粟四十余万石，足以供给，何谓无补哉？"窝阔台汗采纳了耶律楚材的建议。1229 年开始制定税制，令耶律楚材主持。次年 11 月，设燕京、宣德、东平等十路征收课税使。为限制征收课税使的专断，"诏诸路州县长吏专理民事，万户府专总军政，课税吏专掌钱谷，不相统摄"。政、军、财政官吏分权管理是窝阔台汗统治中原的基本原则。所征税粮包括丁税、地税两种。始初，每户科粟 2 石（10 斗为 1 石，合 100 升；1 石等于 60 千克），后以兵食不足，增为 4 石。1235 年，窝阔台命中原 36 路民户立籍，共计 87 万余户，475 万余人。在此基础上，1236 年又规定新税法，民户以成丁之数征丁税，每丁年纳粟 1 石，驱丁 5 升，新户丁、驱丁各半之，老幼不纳。丁粮（丁税）专用于军需，"太宗朝立军储所于新卫，以收山东、河北丁粮，后惟计直取银帛，军行则以资之"。地税则根据牛具之数和土地等级来征收。上田每亩税 3 升半，中田 3 升，下田 2 升，水田 5 升。丁税和地税，丁税少而地税多者纳地税，地税少而丁税多者纳丁税。工匠、僧、道纳地税，官吏、商贾纳丁税。如有虚报者杖 70，徒 2 年。

科差包括 2 户出丝和 5 户出丝两种，1236 年始行。2 户出丝 1 斤输于官，5户出丝 1 斤输于本位（即投下）。此外还有"随路丝线、颜色"之不定期的临时征税，主要用于军需或使臣往来。

对诸王和功臣给予封地（诸王封地，蒙古语为"忽必"，功臣封地蒙古语为"莎余儿合勒"）。窝阔台汗的分封制始于 1235 年，当年受封的共有 21 人。1236年，窝阔台又命大断事官失吉忽图忽主持分封事宜，分拨给诸王、贵戚和功臣的民户达 76 万多户。被分封的户称为下或投下户，其他民户则统属于中央政府。投下户和中央政府管辖的户，分别立籍。

分得民户最多的是托雷，得真定路 8 万户。受封者各自分治，互不统属，形成大小独立王国，于中央集权统治极为不利。因此，窝阔台汗按耶律楚材的建议，命各投下在分地只设达鲁花赤，由朝廷置官吏统一征收赋税，投下取应得分额，非奉诏不得擅自征兵赋。而且限制他们除 5 户丝外，不得再向民户搜刮他物。这些措施，对保障国库收入和加强中央集权制，均起到了一定作用。

早在成吉思汗时代，中亚商人就来蒙古经商，蒙古统治者把掠夺来的金银交给回回商人，让其放高利贷或经商，从中取息。高利贷的利息额，每年为一倍，如当年不能偿还，连本带息再加一倍，称为"羊羔儿息"。到窝阔台汗统治末期，官民债台高筑，使朝廷不得不下诏"凡假贷岁久，惟子本相侔而止"，仅1240 年替负债官、民代还的银两即达 7.6 万锭。回回商人奥都剌合蛮买扑中原课税 2.2 万锭，以 4.4 万锭为额，得到窝阔台汗允准，并任命奥都剌合蛮为提领诸路课税所主官。奥都剌合蛮凭借蒙古汗庭的政治势力，搜刮银两远远超过 4.4万锭。

窝阔台汗于1231年在中原地区立中书省，以耶律楚材为中书令，镇海为右丞相，粘合重山为左丞相。耶律楚材主要掌管财赋和文书。地方行政设有路、府、州、县。1234年在中都（今北京）设置了燕京行台，中州断事官失吉忽图忽为行台的最高长官，任务是"主治汉民"，管理户口、赋税、刑法诸事。1241年，自西域调来牙老瓦赤，让其"主管汉民公事"，任断事官。任断事官者必须是蒙古人或西域人。

为防备中原各族人民的反抗，于1236年窝阔台汗命五部探马赤分镇中原：阔阔布花镇益都、济南；按察儿镇平阳、太原；孛罗镇真定；肖乃台镇大名；怯烈台镇东平。

窝阔台汗为了对中原实行有效的统治，非常重视录用金之旧官和儒士。如永清大地主史秉直的儿子史天泽、济南府刘柏林的儿子刘黑马等。窝阔台对儒学也极为重视，于1233年在燕京建孔庙，并规定儒学为国学。1236年，在燕京建立编修所，在平阳成立经籍所，编集经史，任命儒士梁陟为长，王万庆、赵著副之。1237年，命术虎乃、刘中试诸路儒士，中选者除本地录用者外，得4 300人。

窝阔台汗对西域的统治

河中地区是察合台的封地，窝阔台汗命自己的亲信牙老瓦赤前去主持西域财赋，并负有监督职责。据《史集》记载，察合台曾自作主张把河中的一部分土地赐予他人后，牙老瓦赤将此事报告了窝阔台。于是，窝阔台发出一道圣旨，质问察合台，并命其作出答复，1241年，窝阔台汗又将牙老瓦赤调到中原，任命为断事官。

呼罗珊被征服后，窝阔台汗任命成帖木儿为地方长官，负有任免权，军事长官绰儿马罕不得干预帖木儿的行使职权。成帖木儿以花剌子模的沙剌法丁作为拔都的代表，命为宰相，别哈丁·马合谋·志费尼为撒希卜-底万（财政部长），各宗王派一名"书记官"（令使）为其他异密。至此，呼罗珊等地直接隶属于蒙古中央朝廷的管辖之下。成帖木儿死后，窝阔台汗命克烈亦惕人诺撒耳为伊朗总督。据志费尼说，诺撒耳担任总督后"异密们、底万的书记们和大臣们就从成帖木儿的府邸迁往诺撒耳的营帐，在那里重新开始底万的工作"（《世界征服者史》）。任宰相的沙剌法丁被拔都任命为书记官长后，统治伊朗地区的实际权力已落入拔都手里。窝阔台汗为了加强朝廷对伊朗的有效统治，不久就罢免了诺撒耳的总督职务，命畏吾儿人阔儿古思接替其职。

富有才学的阔儿古思忠实地执行了窝阔台的诏旨，使呼罗珊诸地的秩序恢复正常，其财产得到保护。随后，窝阔台又将阿姆河以西的诸州委付给阔儿古思统辖，授予任命的敕书和御牌。从此，阿姆河以西的伊朗地区受蒙古中央朝廷的直接管辖。阔儿古思对这一地区实行了有效的统治，抵制了妄图分治的势力。在阔儿古思的统治时期，除了伊朗地区以外，以也里为中心的阿富汗也归入了他的管辖范围；阔儿古思还派自己的儿子到阿尔兰、阿塞拜疆实行统治，使该地也置于中央政府直接管辖之下。

11. 权力之争——乃马真摄政与贵由汗之位

乃马真，名脱烈哥那，窝阔台汗的皇妃。1241 年窝阔台汗去世，其长子贵由远征尚未归来。于是，脱烈哥那哈敦"未与宗亲们商议，便狡诈地擅自夺取了国家政权"，史称"乃马真摄政"。从此，脱烈哥那哈敦统治时间达 5 年之久。

脱烈哥那摄政后，结党营私，排除异己，任命了一批不学无术的人担任朝廷内部的命官。法提玛本是波斯徒思人，被俘虏到哈剌和林后，不务正业，但经常接近脱烈哥那哈敦的斡尔朵（宫殿）。所以，当脱烈哥那摄政后，他权倾一时，曾与脱烈哥那合谋逮捕中书右丞相镇海和燕京行台断事官牙老瓦赤。镇海、牙老瓦赤得知后，逃奔到阔端斡尔朵，寻求其庇护。中书令耶律楚材也含怨而死。大商人奥都剌合蛮却被派往中原，接替牙老瓦赤的职务。

脱烈哥那的摄政，使成吉思汗《札撒》遭到废弃，造成法度不一。诸王"人人都向四方派遣使臣，滥发诏旨牌符；他们四下结党，各自为政"，使蒙古帝国濒于崩溃境地。

窝阔台汗在位时曾指定阔出的儿子失烈门为汗位继承人。窝阔台死后，脱烈哥那违背其生前意愿，决心立自己的儿子贵由为汗。1246 年七月，诸王及那颜们召开大会，准备推举合罕（大汗）。但是，"还在拔都和宗亲们未到前，脱烈哥那和异密们就以自己的权力立了贵由为合罕"。贵由的即位为"黄金家族"内部的纷争埋下了种子。实际上，贵由自幼多病，难以料理朝政，朝纲事务多出于脱烈哥那的主张，政务由右丞相镇海、断事官哈达处理。

在脱烈哥那和法提玛的合谋下，镇海被迫逃奔到阔端处，幸免于难。贵由当政时，以谋害阔端罪处决了法提玛，重新任命镇海为右丞相；处死了奥都剌合蛮，仍命牙老瓦赤主持中原地区的财赋事务。为保证法度的统一，贵由下诏收回诸王散发的牌符；规定诸王不准擅自颁发敕令；对窝阔台汗制定的法律条文，不准改动和任意损益增删等。另外，把管理突厥和河中地区的政务之权交给马思忽惕；命额勒只到鲁木、格鲁吉亚进行统治；原属绰儿马罕的军卒统归于额勒只；诸王所属部下，每 10 户人家抽 2 人充当把阿图儿军从征；将统治波斯和阿塞拜疆的权力交给阿儿浑。

察合台的长子木图干在攻占范延堡战争中阵亡，其子哈剌斡忽剌被指定为察合台汗国的继承人。察合台去世后，嫡子也速－蒙哥想成为合罕，但哈剌斡忽剌不让其参与朝政。贵由即位后，认为儿子在世，不能让孙子继承汗位。于是，决定派也速－蒙哥君临察合台汗国。

1248 年，贵由迁移斡尔朵到叶密立－忽真的途中病逝，仅执政三年。

12. 强人政治——蒙哥汗对帝国的铁腕统治

1248 年贵由汗去世后，蒙古"黄金家族"内部的矛盾趋向公开化。拔都决定让贵由之妻斡兀立海米史与众大臣共同治理朝政，因镇海一直总理要务，可继续任职，迄至新可汗继立。斡兀立海米史在拔都的支持下，于 1249 年开始摄政。

斡兀立海米史执政期间，除乐于与商人做交易外，无其他事可做。她的两个儿子忽察和脑忽又在同一个地方建立了府邸，与其母相对抗，以致出现了三个统治者。另一方面，宗王们又擅自签发文书，颁降令旨。由于朝廷内部的纷争，使汗国陷入了混乱之中。当年，又遇大旱，水泉尽涸，野草自焚，牛马十死八九，民不聊生。

面对此种局面，拔都决定在阿剌豁马黑（今新疆博尔塔拉蒙古族自治州）召开"忽里勒台"（大会），商议推举新可汗一事。宗亲王及那颜们遵照拔都的旨令，于 1249 年四月，在阿剌豁马黑召开大会，议立蒙哥为汗，并决定于第二年四月，在库迭阿剌勒召开"忽里勒台"。此决议遭到了斡兀立海米史和忽察、脑忽的反对。1250 年春，拔都召集术赤家族和蒙哥、末哥，以及哈剌斡忽勒（察合台之孙），共同签订了拥立蒙哥为合罕的协议，并让其兄别儿哥率一支军队护送蒙哥到大斡尔朵（行宫），准备在库迭阿剌勒正式召开大会，拥立蒙哥为汗。但是，这次大会的决议又遭到窝阔台、察合台宗系的反对，认为大权不能旁落，拒绝参加库迭阿剌勒大会。致使全体宗王参加的"忽里勒台"又推迟了一年。

拔都为了尽快召开库迭阿剌勒大会，向各处派使臣前去劝说，但均遭到拒绝。1251 年 6 月，拔都下令在库迭阿剌勒召开"忽里勒台"。右翼亲王中的别儿哥、哈剌斡忽勒、合丹、蒙哥都，左翼亲王中的移相哥、额勒只带、塔察儿、别勒古台的诸子，以及忽必烈、旭烈兀、阿里布哥均出席了大会。会上，畏吾八剌以斡兀立海米史的代表身份提出"失烈门皇孙也，宜立。且先帝尝言其可以君天下"的主张。忙哥撒儿等人则站在拔都一边，提出立托雷之子蒙哥为汗的理由。经过一番激烈争论，最后决定拥立蒙哥为大汗。召开"忽里勒台"期间，失烈门勾结窝阔台系的宗王们，企图夺取汗位，事泄未遂。

蒙哥汗即位后的第一件大事就是消除异己，巩固其统治。许多旧臣被处死。为防备察合台、窝阔台兀鲁思（国家）联合作乱，又动用 10 万大军驻防于别失八里（今新疆维吾尔自治区境内）与哈剌和林（今蒙古国后杭爱省额尔德尼召北）之间，用 2 万大军驻防于吉利吉思（今图瓦北叶尼塞河、尼根河流域）、谦谦州（今叶尼塞河上游以南）地区。军事部署之后，派使臣到海押立、叶密立将忽察等人集中到哈剌和林。忙哥撒儿根据蒙哥汗的指令，把失烈门遣发为探马赤，从征汉地；把忽察、脑忽二王遣送到哈剌和林西失剌豁罗罕河之地拘禁；将镇海、哈达处死；把斡兀立海米史投入河中溺死。蒙哥汗几乎杀尽了宗室中的反对派及朝中之旧臣，并遣使至河中、中原追查窝阔台系党羽，下令逮捕贵由派驻波斯的统帅额勒只带那颜，将其交给拔都处死。

蒙哥汗铲除政敌后，又把窝阔台的封地分成数块，分给窝阔台的子孙。合丹（长庶子）分得别失八里，灭里（庶子）分得也儿的石河（今额尔齐斯河）一带，脱脱（四子合剌察儿之子）占有叶密立，海都（长子哈失之子）占有海押立。蒙哥汗分散窝阔台汗领地的目的，是"众建诸侯而少其力也"，使其子孙再无势力与大汗庭相抗衡。

察合台族系中，反对蒙哥的首要人物是第五个儿子也速－蒙哥，由于也速－蒙哥反对蒙哥，贵由汗让他君临于察合台汗国。蒙哥即位后，便下诏让哈剌斡勒忽统治察合台兀鲁思，并命令将也速－蒙哥处死。不幸的是，哈剌斡勒忽到达阿尔泰地区后便故去，其妻兀鲁忽乃哈敦处死了也速－蒙哥，自己亲自掌权达10年之久。由于察合台的孙子布里辱骂拔都，蒙哥汗将他交付拔都处死。

1252年，发生了畏吾儿亦都护萨仑德图谋叛乱事件。萨仑德是脱烈哥那哈敦任命的畏吾儿亦都护，他的同谋者是畏兀八剌书记官。他们的阴谋计划是，在某一个主麻日对居住在别失八里及其邻近的伊斯兰教徒进行一次大屠杀，同时消灭蒙古驻军。他们装备了一支有5万人的军队，集中驻营于海米史、忽察、脑忽的斡尔朵附近，企图与他们取得联系。但反叛计划被一名叫帖格迷失的仆人报告了朝廷。蒙哥汗立即下令将萨仑德、畏兀八剌等人押送至哈剌和林。经审讯，萨仑德和参与者均被处死，唯有畏兀八剌被赦免活命。按照蒙古人的风俗，畏兀八剌被遣送到埃及和西利比亚气候炎热之地。

贵由汗死后，成吉思汗《札撒》被废弃，诸王随意滥发札儿里黑（敕令），往各地派遣额勒赤，并随意征收赋税，造成蒙古帝国的法度不一、政出多门、财务混乱的局面。这种局面严重影响着蒙古的统一和汗权的巩固。因此，蒙哥大汗颁布一道圣旨：各宗王需在自己封地内追查已发出的玺书和牌符；凡是成吉思汗、窝阔台汗、贵由汗颁赐的玺书和牌符均全部收回；今后各宗王未经请示朝廷批准，不得擅自书写和颁发札儿里黑；凡朝廷颁发的诏书，须经合罕亲自过目。为此，蒙哥命令孛鲁合－阿合担任大书记官，书写他的诏敕并抄写副本。孛鲁合是蒙哥汗的宰相，他要向大汗通报每个请愿者的诉状并加以处理，赋税的征收、官职的授与也归他掌管。蒙哥汗为了维护法制的一致性，任命忙哥撒儿为大断事官，掌管一切有关案件的调查和百姓的诉讼。为了防止朝中官吏擅权乱法，规定"他们不得逮捕人，并要把每人的案情立即上达圣听"。向各地颁发汗之敕令时，"无论向什么地方宣写敕旨，都可以用该民族的语言和文字"。为此，在朝廷里专门配备了书写波斯文、畏吾儿文、契丹文、吐蕃文、唐兀文（西夏文）的书记官。

蒙哥汗治法严明，贵人犯法与民同罪。如1256年7月，诸王塔察儿、驸马帖里垓率部队路过东平等处时，掠民羊马，受到蒙哥汗的指责。部队在行军途中如破坏百姓庄稼、因私怨陷害他人、盗窃、淫乱均要受到惩罚。如哈撒儿的儿子也古，因在征伐高丽期间，以私怨陷害塔剌儿营，触犯了《札撒》，被削夺了兵权，由札剌儿台豁儿赤接替也古职。

贵由汗及其诸王臣僚，与各国诸多商人来往密切，仅贵由汗就欠50万银巴里失的债务。商人仍可凭借朝廷发的牌符，随意骑用驿马来往于各地，而且不交纳任何赋税。蒙哥汗即位后，禁止把牌符发给外国商人；不准他们擅自骑用驿马；须入当地户籍，承担应纳的课税，不享有任何特殊待遇。为了限制外国商人随意抬高物价，委派信仰伊斯兰教的书记官亦马答－木勒克、旧臣法黑剌－木勒克专理商务，负责给出售给官家的货物估价，鉴定币值。对汗国内部的各级那颜，蒙哥汗规定不得经商营利和营私舞弊；不准行贿受贿和放债。并且规定：派往各地使者所用马匹，不得超过14匹；不准在民家住宿和霸占民家的马匹；不得向当地索取供物。为保障国库有充足收入，建立了户口登记制度，并规定了应征税额——年税：汉地和河中地区（特指阿姆河与锡尔河之间的大片地区），富人需交纳10个底纳儿，穷人交纳1个底纳儿；呼罗珊（今阿姆河以南，兴都库什山脉以北地区）地区，富人交纳7个底纳儿，穷人交纳1个底纳儿；在蒙古本土的税收称为"忽卜出儿"，每1000头（只）交纳1头（只），不满百头（只）者免税；老弱病残者免税；伊斯兰教的大教司、赛夷（圣裔）、伊玛目，也里可温派及佛教中的托因等均不纳税。对税吏有严格规定，即不得徇私偏袒，不得收受贿赂。蒙哥汗对自己也严加约束，如回鹘商人送其"水精盆、珍珠伞等物"，价值银3万余锭，蒙哥汗对商人说："方今百姓疲弊，所急者钱尔，朕独有此何为。"

1251年，蒙哥汗还下令停止继续修建哈剌和林。

蒙哥汗把成吉思汗颁布的《札撒》作为他统治蒙古汗国的法律准则，使"群臣擅权，政出多门"的混乱局面基本结束；宗王、贵戚和各级那颜经商营私、行贿受贿的腐败现象基本也被制止，恢复了帝国的正常统治秩序。

蒙哥汗对被占领地区，设置了燕京、别失八里（今新疆维吉尔萨尔护堡子）、阿姆河三个行尚书省。

燕京行尚书省，委派牙老瓦赤为断事官，统辖中原汉地。牙老瓦赤遵循蒙哥汗的旨意，进行了户口调查工作，规定了税制：汉人每户征银四两，其中2两输银，2两折收丝绢、颜色等物，此种税收定为国税。分有领地的诸王，从所属分户的4两包银中分半归己。

别失八里行尚书省统辖畏兀儿和河中地区（察合台汗国），由马思忽惕统辖。经过10年左右的治理，两地基本恢复了原来的繁荣景象。

阿姆河等处行尚书省辖治阿姆河以西的波斯、伊拉克、阿塞拜疆、格鲁吉亚等地区（旭烈兀兀鲁思），由阿儿浑统辖。阿儿浑等人曾向蒙哥大汗建议："赋税应按丞相牙老瓦赤在河中采取的方法来征收，也就是所谓的忽卜绰（出）儿税，按照它，每人一年的缴纳是按他的财富和交纳能力来决定，并且在缴纳了这个规定的数目后，在同一年内不得再找他，也不得给他别的摊派"。蒙哥汗接受了众那颜的建议。任命乃蛮台、图鲁麻台为阿儿浑的那可儿（扈从）；委派4名那可儿作为忽必烈、旭烈兀、阿里布哥、本哥的代表。阿儿浑如遇重大事项需与拔都进行商议。如此，蒙哥大汗在波斯等地采取了一些减轻百姓负担的措施，使该地区的经济得以复苏和发展。

罗斯虽未包括在三大行政区范围内，但属帝国的统治范围（罗斯诸公国与金帐汗国为藩属关系）。1253 年，蒙哥汗派遣书记官别儿哥到罗斯调查户口。1257年，以驸马刺真之子乞解为达鲁花赤，镇守斡罗思（俄罗斯）。

蒙古人信仰萨满教，建国后萨满教成为国教，蒙哥汗即位后，命阿忽察掌祭祀、医巫、卜筮，阿刺布花辅之，是宫廷里专管萨满事务的那颜。其他宗教，如伊斯兰教、佛教、基督教、道教都享有同等地位，各民族有权信仰自己的宗教，而且在帝国都府所在地哈刺和林各宗教派别享有自由活动的权利。

蒙哥汗本人曾亲自到教堂聆听过"伏求圣神降临"的奠祭圣歌，接受牧师赠送的《圣经》和每日祈祷书，询问《圣经》中插图的意义等。蒙哥大汗还鼓励宗教之间开展辩论，从中求得真理所在。

蒙哥汗一方面出于统治各民族的需要，实行宗教平等政策，但在另一方面绝不允许各宗教干预帝国政务，甚至作为国教的萨满教也无权干预。

13. 横扫千军——蒙哥汗派旭烈兀西征

旭烈兀西征，是蒙古军的第三次西征。这次西征的主要目标，是征服里海以南的亦思马因派和报达（今伊拉克首都巴格达）哈里发。

亦思马因派是伊斯兰教什叶派的一支，源于阿里后裔、第六代教长的长子叫亦思马因，故称亦思马因派。此派传教者哈散撒巴于 1090 年从塞尔柱突厥人手中占取了阿刺模忒堡，并以此为中心，在里海以南山区险隘处筑百多座城堡，作为据点，形成一个独立的宗教国。

蒙哥汗即位后，曾派遣拜住那颜带军队前去守卫伊朗。拜住到伊朗后，亲眼目睹了亦思马因派和报达哈里发在当地的暴行，遂派使回报于蒙哥汗。另据《出使蒙古记》所载，蒙哥汗继位后，曾有 400 名阿昔新人，化装进入蒙古汗国境内，准备阴谋刺杀蒙哥汗。为此，蒙哥汗决定派其弟旭烈兀率大军前去征讨。

大军出发之前，封禁了从别失八里（今新疆维吉尔萨尔护堡子）到呼罗珊（今阿母河以南，兴都库什山脉以北地区）、格鲁吉亚的所有牧场和草地，不准任何人在这一带打猎，并在深流巨川上搭起桥梁。由各地百姓每人交出 1 塔合面粉和 1 皮囊酒作为军粮。蒙哥汗诏谕旭烈兀：一切事情均要遵守成吉思汗时期颁布的法令；对反抗者要坚决镇压，凡顺从者要赐予恩惠。并命令旭烈兀摧毁从忽希思丹到呼罗珊筑起的堡塞。1252 年 8 月，切地布花率领先头部队 12 000 人出发。次年三月，渡过阿姆河，向忽希思丹发动进攻，占领其大部分地区。五月开始围攻作为亦思马恩派的据点之一的吉儿迭苦黑堡，用了两年时间才将其攻克。

1253 年十月，旭烈兀率军队开始西征，第二年 9 月，驻营于撒马尔罕附近的迦尼——吉里草地。1256 年初渡阿姆河，驻营苏布尔罕。6 月，经徒思，到达尼沙布儿附近。1256年9月，逼近亦思马因派诸堡，并开始进攻。旭烈兀遣使劝谕亦思马因派教主鲁克纳丁·忽儿沙毁堡投降。忽儿沙遣其弟请降，但要求缓期一年出堡。旭烈兀拒绝之，决定分三路进攻。右路军由布花帖木儿和阔阔额里该统率；左路军由涅古迭儿-斡忽勒和切地布花那颜统率；中路军由旭烈兀亲自统率。军事布署后，旭烈兀再次遣使对忽儿沙说，只要忽儿沙能臣服出迎，其罪恶可予以宽恕。

忽儿沙同意毁掉诸堡，只请求完整地保留亦思马因派的古老城堡阿剌模忒和柳木别薛儿；他本人缓期一年出降，只让吉儿迭苦黑和忽希思丹的堡主出降。对于忽儿沙的答复，旭烈兀甚为不满，决定于10月三路大军同时发起进攻。首先围攻忽儿沙的宫府麦门底司堡，十一月，忽儿沙被迫出降，蒙古军夷平了该城堡。接着，旭烈兀命令忽儿沙遣使谕降忽希思丹境内的尚未投降的50余座堡塞的塞主，结果90余座城堡被毁，至此，亦思马因派的100余座城堡全被毁掉。战争结束后，旭烈兀派兵送忽儿沙去蒙古帝国都府哈剌和林（今蒙古国后杭爱省额尔德尼召北）面见蒙哥汗，并下令杀尽亦思马因派所有人。忽儿沙至哈剌和林，蒙哥汗拒见，下令将其送回波斯，途中被押送士兵所杀。

14. 分封领土——旭烈兀建立伊利汗国

移驻哈马丹，准备进攻报达哈里发。拜住那颜奉命也从阿塞拜疆前来援助。当时，报达哈里发是阿拔斯王朝（建立于750年）的第三十七代哈里发谟斯塔辛。旭烈兀进兵前夕，谟斯塔辛的长子阿合马杀死莫哈穆德之婿阿里，引起国相阿勒迦密的反对。于是，阿勒迦密秘密派人向旭烈兀请降，并致书说："哈里发国势衰弱，促其从速进兵报达。"1257年9月，旭烈兀遣使至报达劝告哈里发毁城出降，遭到哈里发的拒绝。哈里发致书说，如欲进攻报达，只败无胜。于是旭烈兀决定攻打报达。11月，右路军从西部进攻；左路军由罗耳边境进攻；中路军从乞里茫沙杭、火勒汪进攻。旭烈兀到达额塞德城后，遣使召哈里发来营，而哈里发则以蒙古须退兵作为面见旭烈兀的条件。此时，左路军已占领了罗耳大部分地区；右路军也渡过了小达曷水（通幼发拉底河和底格里斯河之渠）。由于1258年决堤放水，哈里发统帅哈剌辛豁儿和1万余名士兵被淹死，副掌印官艾伯克率领残军退入报达城。蒙古三路大军进抵报达城郊后，在底格里斯河两岸筑堡、修渠，封锁了报达城的水陆交通。1月30日，三路军同时向报达城发起进攻。中路军用炮石击毁了阿只迷门（东门），同时向城内射进书信一封，宣布不杀害法官、律师、司教和阿里家族人。哈里发遣其子及内政官欲见旭烈兀遭到拒绝。2月10日，哈里发只得出城投降。三天后，蒙古军进入报达城，没收了哈里发500年所积蓄的金银财宝，斩杀了哈里发及其家族。旭烈兀任命阿里把阿图儿为报达城长官，原国相阿勒迦密仍守其职，达篯干人法合鲁丁为内政长官，尼赞木丁为大断事官，亦勒哈那颜、哈剌布花率3万骑兵镇守城内。

报达的陷落使叙利亚举国震惊。叙利亚算端（国君）纳昔儿派其王子与国相到旭烈兀行营请求臣服。旭烈兀将使者遣回，要纳昔儿纳土归降。蒙古军继续西进。1259 年九月，旭烈兀兵分三路，进军叙利亚，先后攻占美索不达米亚北部诸城，渡过幼发拉底河，进向阿勒波。1260 年 1 月，旭烈兀率军架炮攻克了阿勒波城。接着叙利亚其余城市相继不战而降。叙利亚首都大马士革守将也向旭烈兀献城。四月，蒙古军占领了大马士革。纳昔儿弃城逃奔埃及（一说被蒙古军俘获）。战争尚未结束，就传来了蒙哥汗的死讯，旭烈兀决定班师回朝，令切地布花率 2 万兵卒，继续攻略巴勒斯坦和埃及诸地。1260 年，切地布花遣使劝告埃及国王（算端）忽都思投降。忽都思原为突厥人在埃及建立的马木鲁克朝的丞相，国王马合谋死后，忽都思继承王位。他收容了从叙利亚逃亡到埃及的札兰丁臣僚及部队，在他们的支持下准备与蒙古军决一死战。他们不仅杀死了切地布花的使者，并率兵出征。切地布花便亲自率军迎击，两军战于利利地区（阿音札鲁德）。蒙古军队遭到埃及军团的伏击，切地布花战死，蒙古军几乎全军覆没。埃及军乘胜进击，占领了叙利亚地区。切地布花的妻室儿女和亲族全被俘获，各地区的蒙古官员被杀，留在叙利亚的一般蒙古居民退到鲁木地区（几十年之后，伊利汗国最负盛名的合赞汗痛快地回敬了埃及和叙利亚）。

旭烈兀回到波斯后，得知忽必烈已即大汗位（忽必烈在汉地以非正统手段夺得了汗位），且与幼弟阿里布哥发生了汗位之争（大部分蒙古王储选举阿里布哥为大汗），就决定留居波斯，不再东返蒙古本土。忽必烈将阿姆河以西直到波斯的国土封给他为领地。旭烈兀于是在自己的封地内，建立了伊利汗国（也叫伊儿汗国）。伊利汗国东起阿姆河和印度河，西至小亚西亚，南抵波斯湾，北到高加索及金帐汗国（钦察汗国），都城为桃里寺（今大不里土），以蔑刺哈（今马腊格）为陪都。伊利汗国名义上和中央有藩属关系，但实际上拥有独立地位，并随着蒙古帝国的分散而进一步走上了独立发展的道路。

15. 大浪淘沙——蒙古帝国及其演变

联通亚、欧大陆的蒙古帝国，是靠武力征服建立起来的庞然大物。帝国疆域内的各民族，各有自己的语言、宗教信仰、生活方式和风俗习惯，社会发展水平也不尽相同，蒙古帝国堪称为复杂的多民族政治联合体。作为帝国的统治民族——蒙古族，主要从事游牧业，手工业和商业尚不发达。蒙古统治者通过征服战争，将大批手工业者移居蒙古地区，让他们在某种监视状态下从事手工业劳动；而商业则被西域商人所垄断。手工业和商业主要为统治者的生活需求和战争服务，并没有使蒙古的社会经济发生根本性的变化，蒙古人仍然从事松散的游牧经济。所以，在蒙古本部没有形成能够统一整个蒙古帝国的经济中心。

术赤兀鲁思（金帐汗国）统治着钦察人和俄罗斯人。钦察人操突厥语，主要从事畜牧业生产，部分人从事定居性的农业生产；俄罗斯人主要从事农业生产，信仰东正教，封建生产关系很发达。术赤兀鲁思的地理位置与蒙古本部距离遥远，从拔都斡耳朵（宫帐）到蒙哥大汗的斡耳朵，行程需要4个月。波斯、阿拉伯是个农业发达、城市工商业也很繁荣的地区，居民操波斯语和阿拉伯语，信奉伊斯兰教。在伊利汗国（伊儿汗国）和察合台汗国以及窝阔台汗国统治之下，有定居的农民和游牧的牧民，有佛教徒，亦有伊斯兰教徒；居民成分亦很复杂，有畏吾儿人、哈儿鲁人、契丹人和土库曼人。所以，西道诸王的兀鲁思（汗国），在政治、经济、生活习俗与宗教信仰方面与蒙古帝国的中心——中央汗国及其蒙古本部，有着很大的差异。

随着被蒙古军铁蹄征服的疆域不断扩大，成吉思汗与其幼子托雷将统辖的95千户组成"中央兀鲁思"（中央汗国），将东部（兴安岭及其以东地区）作为"忽必"分封给哈撒儿等他的四个兄弟，将新征服的西方诸地作为"忽必"分封给术赤等他的三个儿子。这样，在蒙古帝国初期，除成吉思汗直辖的"中央兀鲁思"外，由其"黄金家族"分别统治的东道诸王和西道诸王兀鲁思（汗国）便诞生了。

在蒙古帝国时期，成吉思汗直至蒙哥大汗将各兀鲁思的财政、军政大权均掌握在自己手里。中原汉地、河中（阿姆河与锡尔河间）地区以及阿姆河以西诸地，由大汗指派官员编籍民户，征收赋税。所征赋税，除留给诸王应得部分外，其余部分都作为帝国的费用收归国库。军政大权则由大汗派去的镇成军将领和达鲁花赤（大断事官、督官）掌握；大汗有统领全国军队的权力，战时下令征召各宗支的军队出征。不经大汗同意，诸王无权将其领地分封给他人。而东方诸兀鲁思一直在大汗控制之下。到元代，东方兀鲁思受岭北行省和辽阳行省的节制。

但西方诸兀鲁思自诞生初期就表现出离心倾向。成吉思汗在世时，四个儿子对汗位继承权曾产生过纠纷，成吉思汗对他们说："天下地面尽阔，你们要各守封国。"在西方兀鲁思中，蒙古人数很少，而且与其他民族杂居、通婚，很快被当地民族所同化。同化的过程首先始于统治阶级上层，他们迷恋于城市生活，放弃了本民族的语言文字和风俗习惯。到14世纪，术赤兀鲁思的蒙古人已操突厥语；察合台兀鲁思和旭烈兀兀鲁思到14世纪末也已完成了伊斯兰化过程。西方兀鲁思的统治阶级，除了蒙古人外，还有被征服民族的上层人士，其中蒙古上层人士担任达鲁花赤和万户长、千户长，各级行政组织保留原组织形式，由当地民族上层担任。这样，其统治方式与政权机构均与蒙古本部相异。

蒙哥大汗统治时期，各兀鲁思承认大汗的宗主权，可是据《出使蒙古记》所载，帝国似乎分成两大势力范围，蒙哥大汗控制东部，拔都汗控制西部。《史集》亦同样记载，蒙哥大汗把西方的军政大权委付给拔都全权处理。

1241年窝阔台大汗逝世后，汗位空虚达五六年之久，宗王们各自为政，蒙古帝国的中央权力开始削弱。蒙哥大汗去世后，其弟忽必烈与阿里布哥爆发了争夺大汗位的战争。察合台汗国的八刺汗（察合台之孙）联合海都反对忽必烈和伊利汗国的阿八哈汗。八刺曾率兵渡过阿姆河，同阿八哈汗作战。撒马尔罕（今乌兹别克斯坦城市）以北地区原为术赤（金帐汗国）的势力范围，旭烈兀西征后将这一地区划入自己的封地（伊利汗国）之内，结果又造成 1262 年开始的别儿哥汗同阿八哈汗争夺高加索地区的长期战争。蒙古帝国就在"黄金家族"的内讧中开始分裂。而于 1271 年即位的忽必烈则将其注意力集中在治理中原汉地上，定国号为大元，把首都从哈拉和林（今蒙古国后杭爱省额尔德尼召北）迁到大都（今北京），使蒙古本部失去了中心地位，西方诸王也随之着眼于对本兀鲁思的经营，金帐汗国、察合台汗国完全独立。忽必烈去世后，伊利汗国也成为独立国家。

16. 历史掠影——窝阔台汗国与察合台汗国

窝阔台汗国简略

　　由窝阔台后王海都所建的蒙古汗国。成吉思汗分封诸子，第三子窝阔台得到叶密立（今新疆额敏县附近）与霍博（今新疆和布克赛尔蒙古自治县）地区。窝阔台在位时，叶密立地区为长子贵由的封地，次子阔端则封于河西一带。

　　贵由汗死后蒙哥即位，大汗位便由窝阔台系转入拖雷系后王手中。窝阔台系后王中，除阔端与蒙哥友好，仍以河西之地为其封地外，其他宗王多被迁谪，窝阔台的封国被分划成几处小的封地。

　　蒙哥驾崩后，阿里布哥与忽必烈争夺大汗位，海都依附于阿里布哥，与忽必烈为敌。阿里布哥失败后，海都拒绝归附忽必烈。1268 年，海都开始举兵东犯元境。他与察合台汗国的八剌相结纳，取得伊犁河谷与可失哈耳（今新疆喀什）地区，并纠集窝阔台、察合台、术赤三系诸王，1269 年在答剌速河（今塔拉斯河）畔召开忽里台。八剌死后，察合台汗国实际上成为海都所操持的附庸，它的统治者都哇追随海都，多次进扰元朝的西北边境。海都统治下的窝阔台汗国所控制的地域，西至可失哈耳与答剌速河谷，南及天山南坡诸城，东抵哈剌火州（今新疆吐鲁番），北有也儿的石河（今额尔齐斯河）上游之地，成为中亚的一大势力。

　　1301 年，海都犯元境，在与元军战斗中受伤，回师途中死去，子察八儿继立。窝阔台后裔为争夺汗位发生矛盾和分裂，汗国力量削弱。1304 年，都哇起而与察八儿争战，大掠其国西部诸城。元朝海山的军队也同时逾阿尔泰山，大破察八儿军，察八儿投奔都哇。窝阔台汗国所属诸部，一部分归附元朝，大部分降于都哇。1309 年，察八儿因参与察合台汗国的一次内争失败，逃归元朝，元封他为汝宁王。他的领地大半为新即位的察合台汗国也先布花汗所有，窝阔台汗国亡。

察合台汗国

　　察合台汗国（即察哈台汗国）名义上为元朝西北宗藩国，由成吉思汗次子察合台依其领地扩建而成。察合台汗国最盛时其疆域东至吐鲁番、罗卜泊，西及阿母河，北到塔尔巴哈台山，南越兴都库什山，包括阿尔泰至河中地区（"河中地区"特指阿姆河与锡尔河之间的大片地区）。斡尔朵（宫帐）设在阿力麻里境内的忽牙思。巴鲁剌思、札剌亦儿和克烈亦惕三部，是该汗国中蒙古族的主体，其统治者是察合台后裔。

窝阔台大汗统治时期，察合台（窝阔台兄）在蒙古帝国的政治生活中居有崇高地位，在重大问题上起着一定的决策作用。他不仅统治了成吉思汗给予的兀鲁思和军队，而且在别失八里（今新疆维吉尔萨尔护堡子）自己的王国中也享有至高的权力。据拉施特《史集》记载，"合罕（大汗）经常派去使者就一切重大事件和察合台商议，没有他的意见和同意就不处理这些大事。"

察合台汗离世后，他的孙子哈剌斡忽勒继承汗位。由于察合台和窝阔台两家族反对蒙哥继承大汗位，所以蒙哥大汗把河中地区交拔都统辖。哈剌斡忽勒的统辖区只限于东部地区，而且本人尚未抵达府邸，就在途中夭折了。按照蒙哥大汗的旨令，乃哈敦（皇后）统治了察合台汗国，长达10年之久。蒙哥大汗死后，成吉思汗家族内部爆发了长期的争夺汗位的斗争。忽必烈、阿里布哥、海都等都企图占据察合台汗国，该地区成为角逐之地。忽必烈曾派供职于他的阿必夫合（察合台曾孙）的儿子兀鲁克去察合台汗国当君主，不幸的是，兀鲁克在途中被阿里布哥的军队所杀害。阿里布哥则派拜答儿（察合台的第六子）的儿子阿鲁忽为察合台汗国的君主，并保证军需的供应，让其注意防备忽必烈军队的侵袭。后来阿鲁忽又从拔都手中夺回了河中地区，使察合台汗国真正成为独立汗国。

1264年，阿鲁忽去世。1265年，哈剌斡忽勒的儿子木八剌－沙登上汗位。忽必烈为了控制察合台汗国，于同年派八剌与木八剌－沙共同掌管察合台汗国。木八剌－沙倾向于伊利汗国的阿八哈汗，所以对八剌并不欢迎。于是，八剌按照忽必烈的旨意，串通木八剌－沙的书记官和一部分士兵，进行了推翻木八剌－沙的活动，最后当上了察合台汗国的君主。

阿里布哥与忽必烈的争夺战结束后，窝阔台的孙子海都以叶密立为据点，联合术赤系诸王展开了反对忽必烈的斗争。八剌遵照忽必烈的旨令，率军攻打海都，占领了其中的一部分领土。而术赤系的忙哥－帖木儿又派别儿哥率5万骑兵前去援助海都，使海都重新召集起已四散的军队与八剌交战，结果八剌失利。术赤、察合台、窝阔台系诸王都想独占河中地区，但为调合彼此的矛盾，1269年在阿姆河以东的塔剌思草原集会决定：将河中地区分成三份，分归八剌、海都和忙哥－帖木儿管辖。会上还决定诸王联合起来共同反对忽必烈。塔剌思会议后，八剌与海都结为"安达"（义兄弟），他们清除了忽必烈的拥护者，并没收其资财，继而将矛头指向托雷系的伊利汗国。1270年，八剌发兵侵扰呼罗珊（今阿姆河以南，兴都库什山脉以北地区），海都派钦察和察八忒（脑忽之子）率军前去援助，八剌军占领了呼罗珊的大部分地区，并抄掠了尼沙布儿等地。钦察和察八忒却按海都的指示离开八剌回师。7月，八剌的军队被伊利汗国的阿八哈汗军队击败，仅率残军5 000人逃往布哈拉。八剌到达布哈拉后改信伊斯兰教，集兵3万人，准备分两路讨伐钦察和察八忒，未及，病故于布哈拉。八剌死后，布花帖木尔继承汗位。

布花帖木尔在位后，统治集团内部又发生分裂，八剌的长子伯帖木儿等率众投奔忽必烈；木八剌－沙及哈剌斡忽勒二人的诸子则投奔了阿八哈汗。

1274 年，海都将察合台汗国的汗位交给八剌之子都哇，统治长达 32 年之久。

都哇在位期间，把矛头指向伊利汗国和忽必烈的统治。他曾占领了伊利汗国的哥疾宁（今阿富汗加兹尼），并以此为基础，几次远征印度，进入旁遮普和信德，但在哥疾宁和印度均未建立起自己的统治。1298 年，都哇又袭击驻守于金山一线的元朝军队，俘杀守将汪古部首领阔里吉思。1301 年，都哇、海都率军与元朝军队大战于帖坚古山（阿尔泰山与札卜哈河之间），都哇中箭受伤，海都亦受伤致死。都哇与海都之子察八儿被迫向元成宗请和，重新承认元朝皇帝的宗主地位。不久，都哇与元朝联兵击败察八儿，吞并了大部分窝阔台汗国领地。

1302 年海都因伤去世后，都哇成为察合台汗国的实际统治者，他把汗国的东部土地交给海都的儿子察八儿统治。但察八儿却想控制整个察合台汗国，与都哇发生了权力之争。都哇和察八儿之间的斗争，为元朝廷干预汗国之事提供了方便。元朝统治者都支持都哇，迫使察八儿屈从了都哇。从此，窝阔台系失去了对察合台汗国的统治权。

1306 年，都哇病逝，宽彻继立为汗，继续实行与元朝友好的政策。1309 年，都哇的长子怯伯汗即位，以察八儿为首的窝阔台系诸王联合起来向怯伯汗发动了武装进攻，在几次战役中都被击败，最后投奔了曲律汗（武宗）。窝阔台家族的领地被察合台家族所占领，其臣民的一部分归属于察合台家庭，另一部分则成为钦察（金帐）汗国的臣民。窝阔台汗国于 1310 年被并入到察合台汗国中。

怯伯汗即位不足一年，就将汗位让给自己的兄弟也先布花。在也先布花统治汗国时期，为扩大牧场，率军入侵元朝，被元军击败。为弥补损失，他又入侵伊利汗国，元军乘机再度深入中亚草原，他才被迫撤兵。1318 年，怯伯汗又重新登位。当时，河中地区正处于财政混乱、政权机构不相统一的无秩序状态。怯伯汗在河中地区进行了货币改革，制造了全国通用的银币；在政权设置上取缔了双重行政机构，统一设置了万户，由汗委派的代表进行管理。

怯伯统治时期，察合台汗国与元朝恢复友好关系，双方经常遣使往来。汗国统治中心逐渐西移。1330 年，怯伯弟笃来帖木儿继承汗位。同年，元政府颁布《经世大典》，其中附图称察合台汗国为笃来帖木儿位下，与钦察汗国、伊利汗国相并列。

河中地区是察合台汗国的统治中心，迁居河中地区的部分蒙古贵族，迷恋城市生活，改信伊斯兰教，并积极主张突厥化。但有一部分人则反对突厥化，主张保持原有的游牧生活方式和风俗习惯。这一部分人的主张遭到了木八剌－沙的反对。木八剌－沙为了表示对伊斯兰教信仰的虔诚，不仅在河中地区举行加冕礼，还把居住在七河流域的札剌亦儿部和巴鲁剌思部迁到河中地区，使其很快突厥化。居住在汗国东部（今新疆天山南路）的蒙古族人仍然保留着本民族原有的生活方式和风俗习惯。1321年后，察合台汗国分裂为东、西两部分，东部称为"蒙兀儿斯坦"，西部称为"马维兰纳儿"。

察合台汗国分裂后，首先在马维兰纳儿的统治集团内部发生了争权夺利的斗争，政治局势陷入混乱。仅从1321年至1346年间，先后有10个汗即位，而且每个汗即位时，都采用谋杀手段。如1322年答儿麻失里即位后，不仅自己信奉伊斯兰教，而且强令整个河中地区百姓信奉伊斯兰教。这一强化政策引起了一部分蒙古统治者的反对，答儿麻失里的弟弟布罕将其杀死。

随着察合台汗国的分裂和马维兰纳儿的突厥化以及内部纷争，使察合台汗国失去了政治中心。为此，察合台后裔企图把蒙兀儿斯坦作为政治中心，以保障察合台系的正统统治。但此时的蒙兀儿斯坦已不存在一个为公众所承认的察合台系君主，诸异密决定迎回也先布花，拥立他为可汗。也先布花自1310年至1320年统治蒙兀儿斯坦。也先布花汗曾远征河中地区，但未能实现重新统一察合台汗国之目的就去世了，其子图古鲁克帖木儿继承汗位。

图古鲁克帖木儿是统治蒙兀儿斯坦的察合台后裔中第一个信奉伊斯兰教的人，在他统治时期，不仅伊斯兰教得到广泛传播，而且还统一了整个察合台汗国。占领河中后，将管理权交给了他的儿子亦里牙思火者，自己则返回喀什噶尔，第二年便离开了人世，察合台汗国又重新陷入混乱状态。帖木儿和忽辛（库塞音）起兵反对亦里牙思火者，把他赶回喀什噶尔，占据了河中地区。但是，帖木儿和忽辛又发生了矛盾，在河中地区出现了两雄相争、互相残杀的局面。最后，于1370年帖木儿杀死了忽辛，成为河中地区的唯一主宰。在蒙兀儿斯坦则发生了哈玛鲁丁的反叛。哈玛鲁丁是播鲁只的三弟。播鲁只死后，图古鲁克帖木儿将其官位授与了播鲁只的七岁儿子忽岱达。哈玛鲁丁乘忽岱达年幼之机，企图夺取掌管朝政的权柄，但遭到图古鲁克的反对。图古鲁克汗死后，哈玛鲁丁杀死了亦里牙思火者及其家族成员18人，夺取了汗位。哈玛鲁丁虽励精图治，但由于众异密的反对，使国内纷争不已，在帖木儿数次袭击之下，哈玛鲁丁被迫逃往伊利汗国。1388年，帖木儿征服了蒙兀儿斯坦，但只据有天山南路的阿克苏和喀什噶尔地区。天山北路为瓦剌部所据。

中亚很早就有发达的城市工商业；土地肥沃，适合于农业和畜牧业经济的发展，察合台汗国答儿麻失里在位时，提倡外国商人前来经商，从四面八方涌来的商人和旅行者云集在中亚各城镇。为了方便商旅，在每个城镇、道路两旁及村落里都设有驿馆，仅布哈拉城内就有近千个，河中地区共有1万个之多。在察合台汗国内通行的"迪儿赫木"是用纯银制作的货币，与埃及和叙利亚的货币具有同等价值。布哈拉、撒马尔罕是两座繁华的工商业城市，城内有高大的建筑和宽敞的街道，以及学校和教堂，科学文化事业比较发达。

河中地区，农业和园林业尤为发达，不仅农作物种类繁多，而且产量也高，不但可以满足当地居民的需要，还有部分剩余，可支援外地。这里种植的水果有葡萄、无花果、石榴、苹果、桃、梨等10余种，撒马尔罕的西瓜著称于世。河中地区的水利灌溉设施也比较完善，仅利用撒马尔罕上游河水建成的法失儿迪咱水渠，就可以给2 000个园林和大片农田提供水源。畜牧业有马、牛、骆驼和小牲畜的饲养。一般家庭可饲养25到500头牲畜。东部阿力麻里地区的畜牧业尤为发展。随着畜牧业的发展，牲畜贸易十分活跃。

察合台汗国统治河中地区百余年，曾经富裕而安详。令人深思的是，建立它的是蒙古人，让它饱受战乱之苦的也是蒙古人，甚至真正推倒它的竟也是蒙古人。

17. 一枝独秀——金帐汗国

金帐汗国的建立

术赤兀鲁思，称作"金帐汗国"，又称"青帐汗国"或钦察汗国，蒙古文史书称作"术赤因·兀鲁思"。1225年，成吉思汗划分了四子的封地。长子术赤的封地在额尔齐斯河以西、花剌子模以北（包括额尔齐斯河流域和阿尔泰山地区），术赤的斡尔朵（行宫）设在额尔齐斯河流域。1236年，术赤长子拔都统帅"长子军"西征，到1240年先后征服了钦察草原、克里木、高加索（到打耳班）、保加尔（保加利亚）、伏尔加河和奥卡河地区以及第聂伯河流域的罗斯各公国。被征服的这一广大地区成为拔都的兀鲁思，从1242年以后称为"金帐汗国"。汗国的疆界大致包括：东自额尔齐斯河，西至第聂伯河，南起巴尔喀什湖、里海、黑海，包括北高加索及花剌子模北部和锡尔河下游地区，向北临近北极圈。拔都把伏尔加河地区作为政治中心，在入口处建立了首都萨莱城（今阿斯特拉罕附近）。罗斯诸公国与金帐汗国为藩属关系。

1259年，蒙哥大汗去世，阿里布哥在漠北被大部分蒙古贵族选举为大汗，1260年，忽必烈则在漠南开平称帝，并发动了讨伐阿里布哥的战争。蒙古帝国的中央政权不复存在，金帐汗国成为完全独立的国家。

金帐汗国是一个由各民族组成的庞杂的联合体，其中作为征服民族的蒙古族，人数甚少。东南欧，特别是钦察草原，是钦察人居住的地方。蒙古人来到这里以后，14世纪上半叶就完成了突厥化过程，突厥语和突厥文成为汗国的通用语言和文字。此外，汗国内部各地的经济发展亦不尽相同，钦察人处于封建生产关系的初级阶段，大部分人过着游牧生活，只有极少数人迁到顿河和伏尔加河下游转入定居。克里木、保加尔则进入封建生产关系的发达时期。花剌子模具有高度发展的农业技术，过着城镇化的定居生活；克里木及其沿海城市，商业发达，可通往小亚细亚和君士坦丁堡，一直通向叙利亚和埃及；保加尔是农业国，是金帐汗国的主要粮食产地。

金帐汗国在东西方贸易中占居重要地位。13 世纪至 14 世纪，欧洲同中国的贸易主要是通过金帐汗国进行的。因此，蒙古统治者特别重视商业的发展。拔都汗和别儿哥汗在伏尔加河先后修建了拔都萨莱城和别儿哥萨莱城，后来又修建了乌维克城，在札牙黑河（乌拉尔河）河口修建了萨莱契克城。

金帐汗国之体制与机构

金帐汗国是一个封建君主国家，军队在国家机构中占居极为重要的地位。术赤、拔都依照蒙古族的军队组织形式，在汗庭内组建了由封建上层子弟组成的军队——切薛军（近卫军），其将领享有比民政长官更为优越的地位。术赤数千名军士的后裔是组成金帐汗国蒙古军队的骨干力量。他们是由撒勒只兀、勤乞特、许兀真三个部队组成，此外还有奇雅特、阿勒赤塔塔尔和弘吉剌部人。军队按万户、千户、百户组织起来，有严格的组织纪律。设置了特殊的布合兀勒军职，负责军队、军需和战利品和调配。

金帐汗国的军权和民政密不可分，汗庭与各州的政权组织形式既仿照了蒙古族原有的形式，又结合了当地的实际情况。主持汗庭的民政官员称作"维西尔"（宰相），下设各底万（部），受其管辖。札鲁忽赤和达鲁花赤是专管法律和掌管国库税收的行政长官，均由蒙古人担任。各州设总督和达鲁花赤。

金帐汗国被视作术赤家族的兀鲁思，所以，汗国内的牧民、农民和城市居民均被认为是术赤家族的成员。汗庭把百姓连同土地分配给诸王和那颜。蒙古和钦察牧民以阿寅勒（户）为单位经营个体的游牧经济，在领主分配的牧场上放牧，为领主服各种劳役。游牧民以钦察人居多数。农业区和城市以征收税赋的方式进行，汗国的收税事项往往交由花剌子模商人承办。

蒙古人征服罗斯各公国后，并没有把它们直接划入金帐汗国疆域之内，而是保留其政治上的自治权，二者尚属藩属关系。罗斯国大公或其他王公须得到金帐汗的恩准才能即位，并且处于汗政权的监督之下。每当罗斯王公即位时，金帐汗要指定罗斯大主教或委派汗的全权代理人主持即位仪式。用汗的名义立为王公的人，须受汗委派的八思哈监督，蒙古统治者每年向罗斯各公国按人口征收什一税和商税，称作贡赋。别儿哥汗和忙哥帖木儿汗在位时，曾在罗斯公国进行过两次人口登记，以确定纳贡数量。除了贡赋外，还要为汗庭提供车辆、饲料，服驿役和兵役等。只有僧侣免纳贡赋、不服劳役。罗斯王公还不定期地给汗、汗妃及其近臣们馈赠贵重礼物。

金帐汗国和伊利汗国，以高加索之打耳班为两国的分界线。当旭烈兀出征伊朗和报达（巴格达）哈里发时，别儿哥汗曾出兵援助。别儿哥汗经阿八哈汗的同意，在帖必力思修建了大清真寺，并开设了纺织工场。后来，阿塞拜疆成为两国争夺的焦点，彼此发生过战争，别儿哥汗对伊利汗国的征伐以失败告终，占领外高加索（主要是阿塞拜疆）的目的没有实现，埃及的马木鲁克王朝乘机向金帐汗国表示友好，开展积极的外交活动。因为，蒙古伊利汗国辖有埃及的邻国叙利亚，以美索不达米亚为两国国界。强大的伊利汗国的存在，对埃及是个威胁，因此，马木鲁克王朝通过不断派遣使者，送珍贵礼品等办法与金帐汗国建立了友好关系。

1320年，埃及算端（国君）篾里·纳昔儿聘娶金帐汗国属成吉思汗支系的一位公主为妻。而拜占庭皇帝劳斯卡利斯不甘心金帐汗国和埃及的强大，竭力支持伊利汗国。1271年忙哥帖木儿汗发动了对君士坦丁堡的远征，劳斯卡利斯没有应战就请求讲和了。

金帐汗国的城市与工商业

13世纪至14世纪，金帐汗国的许多城市，如克里木的苏达克、刻赤、卡法，阿速夫海的阿咱黑（阿速夫），花剌子模的兀龙格赤以及保加尔、必里牙儿等城市有了很大发展。有的经过复建，超过了原来的规模，如兀龙格赤重建后，成为东方的最大城市之一。在金帐汗国统治时代又新建了一些城市，如克里木（今旧克里木城）、伏尔加河上的拔都萨莱与别儿哥萨莱、北高加索的马札儿城等。由于汗国具有优越的地理位置，以及与邻国的贸易往来，使各城市的商业很快发展起来，特别是别儿哥萨莱城。根据1333年到过该城的阿拉伯旅行家伊宾·巴都塔的记载："萨莱城是最美丽的城市（之一），这个城市规模特别大，建在平坦的土地上，城里人众拥挤，到处有漂亮的市场、宽阔的街道……城中有十三座举行礼拜的清真寺……城中居住着不同的民族：蒙古人（他们是国家真正的居民与统治者，其中一些是伊斯兰教徒）、信奉伊斯兰教的阿速人、钦察人、契尔克斯人、俄罗斯人与拜占庭人（他们都是基督教徒）。每个民族分占一定地区，有自己的市场"。月即伯汗统治时代（1312—1341年）是别儿哥萨莱城最繁荣的时期，人口达到10万以上。城内建有街坊，每一个街坊从事一定的手工业生产，有制造铁器、农具、青铜器的作坊，其中以制作皮革和毛纺品最为发达。城内还有规模较大的熔矿厂等。

金帐汗国与外国有着频繁的贸易往来。从事手工业生产的人有俘虏，亦有当地手工业者和自愿从中亚、高加索、克里木，甚至从埃及等处来的手工业者。13世纪至14世纪时，在金帐汗国各城市里已形成了具有世袭权的手工业者居住的街区。

拔都萨莱、别儿哥萨莱、兀龙格赤、保加尔、克里木等城市，是东西贸易的集散地。根据《金帐汗国兴衰史》记载，中国、中亚以及欧洲的商品都运到这些城市，通过这里再运往东西方各国。14世纪时，丹纳（阿速夫）城与苏达克城享有同等地位，这里的贸易被威尼斯商人所操纵。克里木及其港口是联络东西方的枢纽，从克里木出发，到兀龙格赤，再转向河中方向，可到达布哈拉和撒马尔罕；从兀龙格赤出发，通过草原，经讹答剌与阿力麻里，可到达大都（北京）及哈剌和林（在今蒙古国后杭爱省境）。还有一条通往中国的商道：丹纳—萨莱—兀龙格赤或萨莱—讹答剌—阿力麻里—甘州—大都，整个行程需要9个月。

贩马贸易在汗国的贸易中占有重要地位，钦察草原的马可以运往各国，其中以印度居多，贩马商队最时可贩运 6 000 匹。15 世纪上半叶，钦察草原的一个商队向伊朗赶运了 4 000 匹马，每匹马价值 100 底纳儿以上，从中获利达四成左右。

商人在金帐汗国的政治生活中占有特殊地位。13 世纪和 14 世纪，商业集团——斡脱商，是汗的商业代理人，这种商人大部分与朝廷合股经商。斡脱商不仅投资于各种商业与手工业企业，而且还包办整个州或城市的税赋。斡脱商接近朝廷，谋取重要官职，并常担任使节。朝廷需要金钱时，则向商人借贷。

金帐汗国之盛衰与分裂

当初在钦察汗国内，拔都的 13 个兄弟及其后裔各有世袭封地，拥有军队。蒙古军事贵族统辖的万户、千户、百户、十户既是行政单位，又是军事单位。拔都的兄长斡儿答及其后裔据有今西伯利亚、哈萨克斯坦，形成了白帐汗国。贵由汗去世后，拔都支持蒙哥夺取大汗位，打击窝阔台、察合台两系势力，乘机占有河中地区。

1255 年，拔都去世。拔都之弟别儿哥在位时（1257—1266 年），名义上仍对蒙古大汗称藩，实际上汗国已成为独立国。别儿哥因同伊利汗国争夺高加索地区，无力东顾，于是河中地区被察合台之孙阿鲁忽占领，别儿哥便支持窝阔台之孙海都对阿鲁忽作战，帮助海都崛起。

拔都之孙忙哥帖木儿继位（1266—1282 年），得到忽必烈的正式册封。1277年，蒙哥之子昔里吉背叛元朝，劫走皇子那木罕，送到与海都联盟的钦察汗国拘留了数年。直到 1282 年脱脱蒙哥继位时，那木罕才被放回。

1302 年，钦察汗国脱脱汗出兵协助元朝攻打察合台后王笃哇、窝阔台后王察八儿，笃哇、察八儿战败，归顺元朝。1308 年，元武宗遣使册封脱脱为宁肃王。

月即伯继位钦察汗（1313—1341 年），1314 年元仁宗遣使册封，予以承认，此后双方经常遣使往来。1336 年，月即伯遣使请求领取分地岁赐以赈给军站。1337 年，元廷专设一总管府掌管术赤后王平阳等处分地岁赐，每年按额发给。

月即伯在位时，汗国达到极盛时期。迁都到别儿哥萨莱城（今俄罗斯伏尔加格勒附近），与伊利汗国、埃及等国通好，对外贸易兴隆。伊斯兰教在伏尔加河下游广泛传播，此后钦察汗都信奉伊斯兰教，部分蒙古牧民也伊斯兰化。

随着势力的增强，金帐汗国各万户几乎逐渐演变成为独立王国，形成与汗庭相抗衡的力量。14 世纪中叶，汗国内部又出现了新的争端，万户们互不协调，各自为政，汗庭权力日渐削弱，从 1357 年至 1381 年间共更换了 20 个汗。14 世纪末，金帐汗国呈现衰败局面。花剌子模、克里木、保加尔逐渐从金帐汗国中分裂出去，金帐汗国同时又遭到中亚帖木儿帝国的侵袭。到 15 世纪时，金帐汗国已经分裂成为几个独立的小汗国。

喀桑汗国：领地建在卡马河和伏尔加河汇合处，首都设在喀桑城。保加尔人是该汗国的主要居民，由术赤后裔统治。

诺该帐汗国：领地在乌拉尔与伏尔加河之间，蒙古人是当地的主要居民。

克里木汗国：领地在克里木半岛，该国是从金帐汗国分离出来的诸汗国中最强大的一个汗国。

西伯利亚汗国：领地在乌拉尔山以东，沿托波尔河一带地区。蒙古人是当地的主要居民，从事牧业、农业和狩猎业。

阿斯特拉罕汗国：领地在伏尔加河下游，居民主要从事牧业，渔业和狩猎业次之。

大帐汗国：占有伏尔加河和顿河之间的吉什特－钦察地区。

金帐汗国的正统汗位由大帐汗国继承，但他的实际地位同于其他汗国。1472年，阿合马汗发动了与莫斯科公国的战争，战争以阿合马的战败而告终。1480年，阿合马再次出兵进攻莫斯科公国，强迫其纳贡。由于阿合马的同盟军立陶宛大公未能如期出兵援助，致使阿合马到乌格拉河后撤兵，回到伏尔加河下游时，被诺该帐汗国人杀死。蒙古人对罗斯公国的统治到此结束（统治时间长达240年）。15世纪末至16世纪初期，卡马河沿岸和乌拉尔地区被罗斯公国占领。16世纪50年代，沙皇伊万四世统治时期先后占领了喀桑、阿斯特拉罕、克里木三个汗国。金帐汗国领土全部并入罗斯公国领地。

18. 一代枭雄——忽必烈治理中原

忽必烈是睿宗托雷的第四子，蒙哥大汗的弟弟。忽必烈以前辈的赫赫战绩为荣，并鉴其经验与教训，最终完成空前大统一中国之丰功伟业，成为中国历史上一位享有盛名的开明君主。

忽必烈还在"潜邸"时，就已结识中原文士，熟悉中原汉地的情况。在他的王府中，聚集了一大批以汉族为主的知识分子，成为忽必烈的幕僚。

早在窝阔台大汗时期就已投靠蒙古贵族的汉族知识分子窦默和姚枢等先后被忽必烈招聘重用。窦默为忽必烈讲解"三纲五常"、"正心诚意"之说；姚枢为忽必烈讲解儒家治国平天下之道。忽必烈在和林结识的僧人子聪（后赐名刘秉忠），是一个"于书无所不读"、"论天下事如指掌"的人，由于他博学多能，善于出谋划策，深受忽必烈重视。1250年，他向忽必烈上万言策，提出："治乱之道，系乎天而由乎人"，"以马上取天下，不可以马上治"。主张改革当时的弊政，减赋税差役，劝农桑，兴学校等。1242年，西京怀仁人赵璧也应召到忽必烈左右。赵璧学习蒙古语，为忽必烈译讲《大学衍义》。1244年，赵璧荐引金朝状元王鹗到忽必烈王府，为忽必烈讲《孝经》、《尚书》、《易经》及儒家的政治学和历史，"每夜分，乃罢"。1247年，张文廉被子聪推荐到忽必烈王府，被任为王府书记，"日见信任"。1247年，史天泽的幕僚张德辉被忽必烈召见时，推荐了名士元好问等20余人。

1251年，蒙哥即大汗位，遂令忽必烈主管"漠南汉地军国庶事"。从此，一些流落的儒生和地方军阀的门客陆续来到了忽必烈的帐下，大约 10 年间，在他周围形成了一个幕僚集团。忽必烈通过幕僚集团争取到了汉人地主、士大夫的支持。他们了解到忽必烈的确举良纳贤，便禁不住造舆论曰："今日能用士，而能行中国之道，则中国之主也！"前来投靠者络绎不绝。

在蒙古和金朝的战争中，金朝那些据地自雄的大地主军阀纷纷投靠蒙古。蒙古统治者为了笼络他们以加强自己的实力，一律"因其旧而令官"，授与行省、领省、大元帅之类的头衔，让他们世袭管辖原来的地盘，军民兼管。忽必烈总领漠南汉地后，继续采取拉拢和利用地方势力的方针。而一批北方汉族地主武装的头目也对忽必烈忠心耿耿，无论在争夺帝位、铲除政敌，或灭亡南宋的战争中，都立下了显赫的战功，赢得了忽必烈的信任，所以他们都成了忽必烈手下的重要统军将领。

对于其他各族上层贵族，忽必烈同样采取吸收和利用的政策。不花剌人赛典赤·赡思丁（一名乌马儿）的父亲苦马鲁丁很早就投靠了成吉思汗。成吉思汗征战中亚，赛典赤随从东来，担任宿卫。窝阔台至蒙哥汗时，历任丰、净、云内三州都达鲁花赤；太原、平阳二路达鲁花赤；燕京断事官等职。到忽必烈主管漠南汉地，赛典赤·赡思丁受到了重用。忽必烈即位，他任燕京宣抚使、吏户礼部尚书、大司农卿、中书省平章政事，后出任陕西四川行省平章。40 余年，他在仕途上一直扶摇直上。畏兀儿人廉希宪、河西人高智耀，都是接受汉文化较深的少数民族人士，也受到忽必烈的重用。武将阿里海牙（畏吾儿人），忽必烈在"潜邸"时，即任宿卫，后来随忽必烈进攻南宋，屡立战功，任湖广行省左丞相。

蒙古统治者进军中原，灭了金朝，大江以北的广大地区都归属于他们的统治。长期的战祸，使人民伤亡惨重，幸存的百姓也多已逃亡。农田荒芜，水利失修，生产凋零。如何能使流散的人民安顿下来，恢复生产，是刻不容缓的大事。忽必烈主管漠南汉地之后，采取了招抚流亡、禁止妄杀、屯田积粮、整顿财政等一系列措施，初步扭转了危机局面。

忽必烈首先将自己的封地邢州（今河北邢台）作为试点。在邢州地区重用儒吏，命其"协心为治，洗涤蠹敝，革去贪暴"。未出数月，邢州得以大治，"流亡复归"，户增十倍。

为筹备进攻南宋之军需，忽必烈十分注意屯田积粮，并实行钞法。忽必烈在藩邸时，"极知汉地不台，河南尤甚"。1252 年，宋军攻打河南边地，忽必烈请准蒙哥汗在河南设经略司，任命忙哥、史天泽、杨惟中、赵璧为经略使。他们到了河南，对"贪鄙残酷，虐害遗民二十余年"的军阀刘福严加惩处；还有两个横暴的州县官，亦被处以死刑。在河南的兴利除害，深得民心，"境内大治"。忽必烈又向蒙哥汗建议在唐州（今河南唐河）、邓州（今河南邓县）等地屯田，并在邓州立屯田万户府，敌至则战，敌退则耕。

1253 年，忽必烈又在陕西凤翔屯田，用盐换取粮食，以供军粮；又立交钞提举司，印发纸钞。同年，蒙哥分赏诸王，忽必烈得到京兆封地，遂"减关中常赋之半"。

1254 年夏，忽必烈驻六盘山，命廉希宪代杨惟中为关西宣抚使，姚枢为劝农使。廉希宪等到任后，"讲求民病，抑强扶弱"，颇能注意民间疾苦。他还推荐许衡为京兆提学，教育人才，在郡县建立学校。窝阔台时曾下令不得俘掠儒士为奴，京兆豪强多不奉行。廉希宪下令将俘掠之儒士，一律释放，"悉令著籍为儒"。

1256 年，忽必烈又增受怀孟州封地。1260 年，忽必烈派幕僚覃澄在当地开渠，引沁水灌溉田土，讲求农桑种植之利，促进了当地农业的恢复和发展。忽必烈对中原地方的治理，为他以后夺取政权奠定了经济基础，同时也博得了汉人地主儒生的广泛支持。

1251 年忽必烈刚受命总领漠南汉地军国庶事后，便把他的藩府南移至金莲川（今滦河上源一带）。1256 年春，忽必烈下令在龙岗（今内蒙古正蓝旗北）兴筑新城，营建宫室房舍，3 年后建成，是为开平府，作为王府常驻之所。

19. 丰功伟绩——元朝多民族统一大国形成

自从宋朝皇室南渡以后，南宋统治集团建立了苟安江南的小朝廷，过着腐败奢靡的生活。"山外青山楼外楼，西湖歌舞几时休？暖风吹得游人醉，直把杭州作汴州"的情景，到了南宋末年更是有增无减。理宗赵昀在位达 40 年之久，"由于中年嗜欲既多"，荒于国政，"权移奸臣"。赵昀之奢侈浪费，前辈难及。作湖上西宫，造御舟，建禁苑芙蓉阁、香兰亭；宫中饮宴频繁；后庭宫妇充斥，簪珠插翠，妖艳异常。尽管当时已是蒙古重兵压境，灾荒频仍，而皇室却照旧纸醉金迷，"无异平时"。到南宋末年，上自皇帝、宰相，下至州县官吏，统治集团的腐败堕落已到了无以复加的地步，他们还要向百姓"预借"来年的两税，"苛征横敛，无所不有"，愈使民怨沸腾。直到南宋灭亡之前，农民起义此起彼伏，始终没有间断。

自蒙古的军队开始南下以来，一种妥协苟安的气氛一直笼罩着南宋小朝廷，"甘弱而幸存"。

1259 年十月，宋理宗以贾似道为右丞相。他拜相后的第一件事就是私下与蒙古议和，先是遭到忽必烈的拒绝，后因蒙哥汗死于合州的钓鱼城，忽必烈急于北上争夺汗位，双方和议才告成功。根据这项秘密协议，南宋向蒙古称臣，割江为界，岁奉银绢匹两各 20 万。蒙古军退兵后，贾似道以"再造之功"，班师回朝。为了掩盖自己的行为，贾似道把忽必烈的使臣郝经长期拘留于真州（今江苏仪征）。

1267 年，忽必烈以宋廷拘囚郝经为借口，举兵南下灭宋。首先攻击的目标就是南宋防御蒙古的最重要据点襄阳。

襄阳地处汉水中游南岸，与北岸樊城相对，是扼守长江的屏障。金亡后，宋和蒙古多次争夺襄阳。1236 年冬，蒙古宗王口温布花、将领张柔等所率蒙古军进占襄阳。1238 年，宋军收复荆襄。1261 年，宋潼川安抚使、知泸州军州事刘整投降蒙古。1262 年，忽必烈采用刘整重贿襄阳守将吕文德，开榷场于樊城，筑土城堡垒于鹿门山，遏制了宋军南北之援。1267 年，刘整向蒙古献计曰："如复襄阳，浮汉入江，则宋可平也"。

1268 年，忽必烈命阿术、刘整督师，围困襄、樊。当时，襄、樊号称城坚池深，兵储可支 10 年，两城相为固守，唇齿相依。广大军民以大无畏的气概，决心与蒙古军决一死战。所以在战争的头几年，虽然蒙古军用了筑堡垒、造舰船、练水军、绝援襄粮道等方法，使宋军处于孤立无援的地位，但始终未能攻下。

1269 年春，蒙古军以破襄必先破樊之策，发兵围攻樊城。守将张世杰被蒙古军战败。七月，守将夏贵率舟师入援，又败。秋，守将范文虎入援，再败。

1270 年春，宋以李庭芝为京湖制置大使，督师援襄、樊。范文虎忌李庭芝战功，上书贾似道。贾似道令范文虎从中牵制之。李庭芝多次命范文虎进兵，而范文虎以朝廷诏命未到，拒不发兵，自己则"日携美妾，走马击球军中为乐"。是年底，忽必烈增派史天泽至前线，采用"城万山以断其西，栅灌子滩以绝其东"的办法，堵塞襄阳与外界的联系。1271 年夏，各路元军同时包围襄阳。六月，宋将范文虎率军 10 万援襄、樊，抵鹿门，被蒙古军战败。范文虎趁夜逃遁，战舰及辎重全部被蒙古军俘获。

1272 年，襄、樊已被围困 5 年。李庭芝造轻舟百艘，装载货物，募民兵数千，由民兵部辖张顺、张贵率领，支援襄阳。张顺转战百里，抵达襄阳城，中箭身亡。张贵约定范文虎夹击元军，到约定日，张贵率军前往，范文虎失约，张贵重创数十处，为元军所俘，不屈而死。1273 年正月，元军切断襄、樊水上联系，又用西域"回回炮"攻樊城，城陷，守将范天顺战死。守将牛富率兵百余人巷战，兵败，投火自尽。二月，吕文焕以襄阳投降元军，襄樊之战结束。

元军占领襄阳后，等于打开了南宋的大门，南宋王朝的崩溃已是无可挽回。忽必烈听从谋臣"乘破竹之势，席卷三吴"之献策，于 1274 年六月，命知枢密院事伯颜为统帅，史天泽同领兵 20 万与四川元军配合，大举伐宋。伯颜兵分两路：一路进攻淮西、淮东，直指扬州；一路由他自己率领，沿汉水入长江，并沿江南下，直奔临安。

伯颜亲率的一路元军，以吕文焕为前锋，由襄阳顺汉水而下，包围郢州，宋将张世杰设防坚守，元军不得前，绕道入汉水，攻沙洋。宋将王虎臣、王大用坚决抵抗，元军用金汁炮焚毁民房，城破。于是又进围新城，城陷，宋将居谊和 3 000 名战士全部殉职。十二月，元军抵达汉口。

元军入长江后，攻下要塞阳逻堡，宋汉鄂舟师统帅夏贵仓皇逃遁，汉阳、鄂州守将相继投降。1275 年年初，伯颜命阿里海涯守鄂，并进攻湖南，自己率军沿江东下，黄州（今湖北黄冈）守将奕喜、蕲州（今湖北蕲春东南）管景模、江州（今江西九江）吕师夔相继投降。元舟师至安庆，宋知安庆府范文虎不战而降。因沿江诸郡守将大都为宋降将吕氏之旧部，元军一到，他们也就望风而降。但许多州郡百姓，仍奋起抗敌，如池州通判赵卯发率领军民固守城池，城陷，身亡。

1274 年七月，宋度宗死，4 岁幼子赵显为帝，是为恭宗。而朝政依然控制在贾似道手中。十二月，鄂州失陷。1275 年二月，贾似道率诸路精兵 13 万，战舰 2500 艘，"金帛辎重之舟，舳舻衔接百余里"，驻军芜湖，与夏贵兵合。同时，又派宋京与伯颜议和，内容与 1260 年签订的密约相同，岁输金帛，称臣，伯颜不许。贾似道无奈，遂命孙虎臣统领步兵 7 万驻池州丁家洲，夏贵率战船 2 500 艘横亘江中，自己率后军驻守鲁港。元军方面，伯颜分步骑夹岸并进，战舰相逼，用巨炮轰击宋军中坚，"北兵摩小旗，率轻锐，横击深入，杀溺蔽江。图籍印符，悉已遗失。军资器仗，狼籍不可胜计"。孙虎臣逃奔鲁港。夏贵不战而遁。贾似道自鲁港窜至扬州。这次战役，宋军"数万众，一鼓而溃"。

贾似道遁逃到扬州后，上书迁都，谢太后（理宗后）不应允。元廷遣使向贾似道要郝经，贾似道大恐，将郝经遣还。南宋谢太后任命陈宜中为宰相，陈宜中上书奏请斩杀贾似道。谢太后纳奏，罢免了贾似道，贬往循州，押解途中，被监送者郑虎臣所杀。

元军丁家洲大捷后，乘胜沿江而下，南宋的太平、和州、无为、建康相继失守。1275 年三月，伯颜以行中书省驻建康。阿塔海、董文炳以行枢密院驻镇江。

同年五月，伯颜回上都议事，忽必烈进拜伯颜为右丞相，阿术为左丞相。八月，伯颜带着忽必烈对南宋谕降的旨意返还军前，取道益都，调淮东军沿淮河进军。十月，围扬州，伯颜召集诸将，指授作战方略，罢淮西行枢密院，以阿塔海、董文炳同署行中书省事。元军连取扬州、镇江、江阴、无锡、常州、西海州、广德等地。元军占领常州后，一度被宋将刘师勇收复，直至十一月，常州再一次陷落，守将王安节等巷战而死，城内多人遭戮。

十一月，伯颜分军三路，指向临安。参政阿剌罕将右军，自建康出四安镇，攻独松关；相威与参政董文炳将左军与舟师，从江阴顺江而下，由海道经华亭，至澉浦；伯颜和右丞阿塔海将中军，由中道节制诸军，水陆并进。

元军逼近临安，宋将张士杰主张与文天祥合兵，背城一战，为丞相陈宜中所阻。常州失陷后，元军又入据独松关，前锋抵皋亭山（今杭州东北）。陈宜中命文天祥守余杭。1276 年正月十九日，宋廷遣宗室尹甫、赵吉甫等携传国玉玺及降表赴元营，伯颜接受了南宋朝廷的降表。谢太后又命文天祥以右丞相兼枢密使衔赴元营请和，伯颜却留文天祥于营中，不让其返回南宋。二月初五，赵显正式上表投降，宣告南宋灭亡。元朝改临安为江浙大都督府，命忙古带、范文虎等入城接管。元世祖发布文告。二月初八，伯颜驱文天祥随祈请使吴坚、贾余庆等北上入都。二月二十九日，祈请使吴坚等人行至京口，文天祥脱归。三月，伯颜入据临安，赵显及太后等都被押送至大都。

临安失陷的同时，江东、江西、湖南诸路也多半被元军占领，但各地的抗元斗争仍在继续进行。如守卫扬州的李庭芝、姜才等都在抗元斗争中战死。

1276 年五月，宋端宗在福州即位。二十六日，文天祥被端宗任命为右丞相、枢密使、都督诸路军民。文天祥辞之，改为枢密使、同都督诸路军马，与张世杰、陆秀夫等抗元将领汇合一处。十一月，端宗走泉州，又入潮州；十二月，前往惠州，驻军甲子门（今海丰县东海口）。1278 年年初，端宗逃至广州。元军入广州后，与宋军战于香山海中。五月，端宗死在广东的一座海岛上。宋卫王即位，改元祥兴元年。六月，卫王驻广东新会海中崖山，元朝派张弘范率水陆兵 2 万南下，沿海漳、潮、惠、潭、广、琼诸州相继陷落。十二月，文天祥移军海丰，入南岭。元军领兵张弘正（张弘范之弟）以轻兵直指文天祥军营，文天祥被塔刺海所擒。1279 年正月十三日，张弘范命文天祥作书招降张世杰，遭到拒绝，书写了著名的《过零丁洋》，最后两句为"人生自古谁无死，留取丹心照汗青"。1282 年十二月初九，文天祥在大都被杀，终年 47 岁。

1279 年正月十六日，元军蔽塞西江，张世杰调轻舟迎战。二十三日，元军将领李恒率广州战船前来会战，以哨船阻截张世杰的轻舟。二月初六晨，元军发起总攻，宋将翟国秀、刘浚投降。张世杰、苏刘义、张达、苏景瞻等 19 只船，突围出走。宋卫王与丞相陆秀夫投海自尽。四月八日，张世杰所乘船只遭飓风袭击，张世杰溺死于海陵港。南宋残余势力至此消亡。

自 1260 年蒙古族的民族英雄成吉思汗统一蒙古之后，经过太宗窝阔台、定宗贵由、宪宗蒙哥几个大汗的努力，起朔漠，并西域，平西夏，灭女真，遂下江南，1279 年忽必烈最后完成了统一中国大业。

自从唐末藩镇割据以来，中国先后出现了五代十国的并立，辽、宋和金、南宋、西夏、蒙古、高昌、大理、吐蕃等政权并存的局面。这种相互争夺的分裂局面，长达三四百年之久。元朝灭宋后，结束了诸多政权并存的"裂局面，建立了一个多民族的统一国家，其疆域北极漠北，南到海南。元朝在建号的诏书中说："舆图之广，历古所无。"据《元史·地理志》载："自封建变为郡县，有天下者，汉、隋、唐、宋为盛，然幅员之广，咸不逮元。""其地北逾阴山，西极流沙，东尽辽左，南越海表。"幅员辽阔的多民族国家——元朝的建立，意义重大，基本上奠定了中华民族的版图。

大一统的元朝促进了国内各族人民之间经济、文化的交流和边疆地区的开发。打破此疆彼界，使政治、经济和文化的联系更加密切，许多著名的汉文著作被译成少数民族文字，少数民族的著作也被介绍到内地。徙往蒙古、河西、云南、东北等地的汉族军民，带去了先进的生产工具和生产技术，对于祖国边疆的开发，作出了巨大的贡献。少数民族的许多生产技术，如蒙古族的制毯术，畏兀儿族的丝织术、酿酒术，藏族的建筑艺术都传到了内地，促进了中原地区相关行业的进一步发展。

元代辽阔的疆域，中央集权的有效统治，遍布全国的驿站制度，都是元代科学技术发展的有利条件。元朝天文、地理、水利等科技的高度发展和上述有利条件密切相关。元朝杰出天文学家郭守敬所以能编写出当时世界上最先进、最科学的《授时历》，除了个人的天赋外，还有中央政府的大力支持。当时从北纬 65 度的北极圈附近到北纬15度附近的占城，每隔10度设1个观测站，共设立了27个观星站，郭守敬进行了世界天文史上规模空前的实测活动，搜集到了大量的科学数据。在详细占有资料的情况下写成了《授时历》。而这些资料的占有，又与上述诸条件分不开。其它如元朝河流的探索，《元一统志》的编纂以及航海、气象、水利等方面的成就，都与元朝实现全国大统一的条件息息相关。

元朝的统一大大加强了中外文化交流和中外交通。元朝中西交通发达，中国的航船一直到达非洲，中国印刷术、火药、造纸术、指南针等重大科学发明，都在这一时期传入欧洲。中国的商品亦远销世界各地。波斯、阿拉伯的天文、医学等科学成就也被大量介绍到中国。来自欧洲、非洲、亚洲各国的客商和使节，把中国的情况介绍给世界各国，而中国人通过这些客商和使节又大开眼界，进一步了解了世界。

元朝的建立，同时也促进了蒙古族社会的全面发展。

20. 大势已去——蒙古统治者退出中原

元末，农民起义，此起彼伏，元军诸帅自乱阵脚；明军南扩，元廷北迁，泱泱帝国分崩离析。

在方国珍起义军（1348年盐贩方国珍于浙江黄岩聚集劫夺漕运粮起事，屡降屡反）和白莲教红巾军（其首领为韩山童、刘福通等，1351年于安徽起义，江淮各地纷纷起兵响应，势力迅速扩大，历时12年之久）等各地反元势力影响之下，盐贩张士诚等招集盐丁，于1353年正月起兵反元，连克兴化、高邮；翌年正月，自称"诚王"，国号大周。九月，脱脱总制诸王各爱马和各翼军马，出征高邮。而就在这紧要关头，元廷却临阵易将，脱脱受到中书平章哈林等弹劾，被免职流放，且以疏于统兵的河南行省左丞相太不太花等代领其军，由此导致官军主力元气大伤。

从此，元朝统治集团的内部倾轧更趋严重，以致军阀混战的局面时有发生。哈麻因为阴荐西番僧"演揲儿"（意为"大喜乐"）法，被元顺帝宠为中书左丞相，哈麻之弟雪雪拜为御史大夫；妹婿图鲁帖木儿亦受其宠。哈麻兄弟大权在握，进而阴谋废顺帝，立皇太子爱猷识理达腊，并杀图鲁帖木儿等。事泄，遭杀身之祸。顺帝命搠思监为右丞相，太平为左丞相。皇太子生母奇皇后与爱猷识理达腊仍谋废立，令宦官朴布华与左丞相太平商议，太平不肯。于是宫廷内分为支持皇太子的搠思监、朴布华一派和支持顺帝的老的沙、图鲁帖木儿的另一派。

在镇压农民军的过程中，元朝宿卫军、镇戍军几乎消耗殆尽，靠募兵起家的察罕帖木儿、答失八都鲁、李思齐、张良弼等逐渐崛起，形成了新的军阀集团，基本上成为元军主力。答失八都鲁死后，其子勃罗帖木儿继之；察罕帖木儿死后，其养子扩廓帖木儿继之。这四家军阀争权夺利，长期以来互相攻伐不已。皇太子为了控制朝政，以扩廓帖木儿为外援；老的沙等则依靠勃罗帖木儿相对抗。

1359年年初，察罕帖木儿控制了关陕、荆襄、河洛、江淮、山西、河北等地，重兵屯驻在太行。而答失八都鲁之子勃罗帖木儿驻兵在大同，他在打败了龙凤政权的北伐军之后，便萌生了南下争夺晋冀的野心，于是与察罕集团发生冲突。拥护顺帝的御史大夫老的沙、翰林学士承旨图鲁帖木儿等人支持勃罗帖木儿反对察罕集团，而皇太子、搠思监、朴布华则支持察罕帖木儿父子。

1360 年六月，元政府诏令察罕帖木儿与勃罗贴木儿不得彼此侵犯防区。八月，朝廷以石岭关（今山西忻县、阳曲之间）为界划分双方防区，勃罗帖木儿守关北，察罕帖木儿守关南。但是勃罗帖木儿派兵越关直逼冀宁（今山西太原市）。察罕帖木儿派参政阎奉先率部抵抗。九月，朝廷出面为两家讲和，双方各自退回防区。然而，十月朝廷又下诏调勃罗帖木儿守冀宁，察罕帖木儿拒绝交出防区，并且指挥部下击败勃罗帖木儿军。十一月，两军对峙于汾州（今山西汾阳）。次年正月，朝廷再次出面调解，双方各自罢兵还镇。到九月，又命勃罗贴木儿在保定以东、河间以南屯田。

1362 年三月，政府下诏命令勃罗帖木儿为中书省第一平章，总管张良弼部。同月，李思齐部进攻张良弼，结果在武功中伏大败。六月，察罕帖木儿在益都被刺杀，其子扩廓帖木儿代领其部下，继续围攻益都，勃罗贴木儿趁机侵占了扩廓帖木儿的地盘。不久，勃罗帖木儿攻占了真定路（治今河北正定）和益都。接着他分兵攻占山东各地。

1363 年二月，扩廓贴木儿率兵回到河南，并派部将貊高率兵进攻住扎在陕西的张良弼。六月，勃罗帖木儿奉命南下镇压襄汉地区的起义军，但此时扩廓帖木儿的军队正布防于关中和河南，他不肯让道通过勃罗贴木儿军队。于是，勃罗贴木儿一面请求皇帝下诏要求扩廓帖木儿退出潼关以西，一面派竹贞偷袭并占领了奉元路（今陕西西安市）。扩廓帖木儿见陕西行省统治已经不能保全，便派貊高配合李思齐反攻奉元，竹贞被迫投降。八月，扩廓帖木儿指挥其部下进攻勃罗帖木儿，勃罗帖木儿则派兵再攻冀宁，但在石岭关大败，从此一蹶不振。年底，朝中太子一派在皇宫上占了上风，御史大夫老的沙、知院图坚帖木儿等逃往大同，躲在勃罗帖木儿军中。太子多次派人索取，勃罗帖木儿却置之不理。

1364 年三月，元朝下诏剥夺勃罗帖木儿的兵权和官爵，勃罗贴木儿拒不从命。四月初一，使命令扩廓帖木儿讨伐勃罗帖木儿。勃罗帖木儿见扩廓帖木儿声势浩大，不敢与之争锋相对，转而进攻大都。初二，勃罗贴木儿派图坚帖木儿率兵进攻大都，并在皇后店击败了知院也速等人的部队，皇太子慌忙率侍从逃出大都，往东逃到了古北口。十二日，图坚贴木儿兵到了清河，扬言一定抓住搠思监、朴布华，以除皇帝身旁的叛逆之徒。十四日，顺帝下诏将搠思监流放岭北，朴布华流放甘肃，并将此二人绑缚着送到图坚帖木儿军中，同时恢复了勃罗帖木儿的官爵和兵权。十七日，图坚贴木儿军队进入京城。顺帝下诏升勃罗贴木儿为大保，任图坚帖木儿为中书平章。次日，图坚贴木儿退出京城。顺帝下诏追皇太子回宫。

皇太子不甘心失败，在五月再次下令扩廓帖木儿讨伐勃罗帖木儿。扩廓帖木儿发兵 12 万，分三路出击。勃罗帖木儿留下部分兵力防守大同，自己则率主力与图坚帖木儿、老的沙大举进攻大都。太子离京逃往冀宁。次月、勃罗贴木儿入城。二十九日，顺帝下诏任勃罗贴木儿为中书左丞相，老的沙为中书平章，图坚帖木儿为御史大夫。勃罗帖木儿的部属分别授给了中央各部门的官职。同时，下诏要求勃罗贴木儿和扩廓帖木儿和解。八月十一日，升任勃罗贴木儿为中书右丞相，监修国史，总管天下军马事务。十四日，皇太子到达冀宁，顺帝再次诏令要求太子还京。

皇太子拒不从命，反而于1365年三月下令扩廓贴木儿、李思齐讨伐勃罗贴木儿。这时，大都已被扩廓帖木儿都将关保攻占。七月二十九日，威顺王之子和尚受顺帝密旨，与徐士本密谋，派勇士刺杀了勃罗帖木儿。老的沙闻讯逃跑。顺帝下诏根除勃罗帖木儿的党羽同僚。第二天，派使携带勃罗帖木儿首级前往冀宁，召还太子。大约与此同时，奇皇后也派人告诉扩廓，带重兵护送太子进京，用武力逼顺帝禅位。九月，扩廓帖木儿护送太子至京，但在离京30里处遣散重兵，轻车简从送太子入城，没有按奇皇后、太子的意图去照办，从此扩廓与皇后结下了怨恨。同月，任扩廓帖木儿为大尉、中书左丞相、录军国重事，同时监修国史，知枢密院事，兼太子詹事。十月，抓获并处死老的沙。不久又处死了图坚帖木儿，彻底打败了勃罗帖木儿的势力。闰十月，封扩廓贴木儿为河南王，代替太子亲征，管辖或统领关陕、晋冀、山东等处并南一应军马，诸王各爱马应该总兵、统兵、领兵等官，凡军民一切机务、钱粮、名爵、黜陟、予夺、悉听便宜行事。扩廓帖木儿的权力之大使他几乎成立了一个独立的小朝廷。十二月，因大皇后弘吉剌氏已死，便册立奇氏为大皇后。

1366年二月，扩廓帖木儿回到河南，他设立分省机构以调度各处军马，并准备南下进攻朱元璋。由于他资深位尊，引起李思齐、张良弼等人的嫉妒。张首先不听从他的调遣。三月，扩廓帖木儿派关保、虎林赤率兵进攻张良弼。李思齐、脱烈伯、孔兴等联合出兵援救张良弼。七月，扩廓贴木儿又派竹负等率兵与关保部等合攻张良弼。张良弼、李思齐等联合抵抗，对关保形势十分不利。由于李思齐等也没有作好准备，于是他主动请求顺帝下诏双方和解。

而此时，南方农民起义军首领们也在相互对杀和吞并。在江南地区，一度曾形成张士诚之东吴与朱元璋之吴国两吴并立的局面。但朱元璋在一路吞并和扫荡、占据江南地区之后，循其军中参谋朱升"高筑墙，广积粮，缓称王"之高见，正蓄势北伐中原。

1363年春，张士诚部杀刘福通，致使红巾军彻底灭亡。也在这一年，陈友谅特制数百艘"楼船"，兵号60万，包围洪都（今江西南昌），攻打朱元璋，守将朱文正率军死守85天。七月，朱元璋亲率20万大军来救洪都，陈友谅退至鄱阳湖迎战，陈友谅大败，中流矢身亡（此乃史称之"鄱阳湖大战"）。1364年正月，朱元璋在应天称吴王。二月，陈友谅之子陈理以武昌降，汉亡。1366年五月，朱元璋发布《平周檄》。八月，朱元璋令徐达为大将军、常遇春为副将军，率军20万攻打张士诚。十一月，开始围攻平江。1367年正月，朱元璋始称吴元年。九月，城破，张士诚被俘，自缢身亡。

朱元璋灭张士诚后，遣军分两路进攻方国珍农民军。十一月，方国珍投降。同月，又派军南下征陈友定。陈友定本为驿卒，因袭击红巾军有功，官至福建行省平章，占有闽中八郡，一直效忠元朝，与朱元璋为敌。1368年正月，朱元璋在应天府即皇帝位，建国号明，年号洪武，是为明朝太祖高皇帝。同月，明兵进围延平，陈友定被俘，福建平定。接着，两广也为明军所有。

同年十月，朱元璋命中书右丞相徐达为征虏大将军、平章常遇春为副将军，率军25万北伐。而这时，元朝统治下的北方仍没有摆脱军阀混战的状态。

1367年正月，李思齐、张良弼、脱列伯等会盟，推李为盟主，共同抵抗扩廓帖木儿。五月，两军对峙于华阴一带。八月初二，元顺帝诏令皇太子总领天下军马；扩廓帖木儿守潼关以东，进攻江淮；李思齐守凤翔以西，进攻川蜀；张良弼进攻襄樊。不久，貔高占据彰德（今河南安阳市）起兵反对扩廓帖木儿，并上奏朝廷表示愿服从诏令。顺帝下诏奖赏，并命其讨伐扩廓帖木儿。不久，关保也起兵反对扩廓帖木儿，拥护朝廷。初八，元廷专设大抚军院，用来主持讨伐扩廓帖木儿。十月初一，貔高军入山西，不久无功而还。初九，顺帝下诏罢免扩廓帖木儿太傅、中书左丞相等职位，只保留河南王封爵。并要他将军队交给琐住、虎林赤、李克彝、关保也速、沙蓝答里、貔高等分别统领。扩廓帖木儿对此仍然置之不理。

1368年正月初一，太子命关保固守晋宁（今山西临汾市），总领诸军，以对抗扩廓帖木儿，并下诏剥夺扩廓帖木儿封爵采邑，命李思齐等率军讨伐扩廓帖木儿。不久，扩廓帖木儿军自泽州（今山西晋城）退守晋宁。关保退至泽、潞（今山西长治市）二州，与貔高军会合。

此时，朱元璋主力徐达兵团已先抵淮安，攻占了山东全境。1368年三月，徐达等进入河南，同时，由冯宗异率领的明军偏师克陕州，扼潼关，西略华州，以防李思齐等援兵东进。

朱元璋北伐军抵达河南时，季思齐、张良弼致书扩廓帖木儿，希望和解，然后退回陕西。只有关保、貔高仍挥师进攻普宁。

五月，朱元璋抵汴梁，准备进军大都。

闰七月，北伐大军会集德州，步骑舟师继续沿元修新运河北上，下长芦，克清州，至直沽，大都震惊。而这时，扩廓帖木儿大败关保、貔高军，生擒二将，然后"请示"朝廷。

顺帝无奈只好让扩廓帖木儿处死关保、貔高。十九日，顺帝和太子撤消大抚军院，将讨伐扩廓帖木儿之事推到知大抚军院事伯颜帖木儿等人身上。同时恢复扩廓帖木儿的一切官爵和权力，希望他率部抵抗明军。但晚矣，此时的元军阵脚大乱，已无力抵抗北伐明军。七月二十六日，扩廓帖木儿自晋宁退守冀宁。二十八日，当明军占领通州后，元顺帝带着后妃和太子等一应人马退出大都，逃往上都开平（今内蒙古多伦县西北）。八月初二，徐达率北伐明军进入大都。

元廷北迁至上都开平不久，元顺帝妥欢帖木儿即命扩廓帖木儿率兵出雁门关，由保安州经居庸关进攻大都。明将徐达趁扩廓帖木儿出兵大都之机，率军突袭太原。扩廓帖木儿至保安州得到这一情报，马上还兵救太原。前锋上万骑兵与明军激战，不分胜负。

扩廓帖木儿在城西安营扎寨欲与明军决战，扩廓帖木儿部下却暗投明军作内应，明军夜袭扩廓帖木儿军营，大败其军。扩廓帖木儿仅率十八骑北走大同。

就这样，蒙古统治者退出中原，元朝在全中国范围内的统治到此结束。自成吉思汗至此，共 15 帝、163 年；自世祖定国号起，共 11 帝、98 年。元廷北迁，其继承者仍用元国号，史称北元。

元廷北迁后，仍保存着完整的统治机构和相当的军事力量。

当时，山西、甘肃方面有中书左丞相扩廓帖木儿所率 10 万大军，陕西方面有太尉李思齐、张良弼所率 10 余万大军，辽东方面有太尉纳哈出所率 20 万大军。丞相也速率军驻守永平路（今河北卢龙县），也先不花驻守辽阳，云南仍然在梁王把匝拉瓦尔密控制之下，甘肃以西哈密、赤斤、火州、吐鲁番等地，青海、宁夏一带都还在元廷控制之下。其中有：哈密威武王忽纳失里，吐鲁番万户赛因帖木儿，火州王子哈散，柳城万户瓦赤刺，赤斤幽王亦怜真，沙州路阿鲁哥失里王子，青海方面有宁濮郡王附马章古，镇西武靖王卜纳刺亦，撒里畏兀儿地宁王卜烟帖木儿，曲先答林元帅等各路军士。而且更为关键的是，北迁以后的蒙古政权仍占据着东起贝加尔湖、兴安岭山麓，西到天山，北至额尔齐斯河及叶尼塞河上游，南抵长城的大片领土；并与东面的藩属国高丽，西面蒙古人建立的的蒙兀儿斯坦、中亚的帖木儿帝国等保持着联系（莫久愚、赵英主编《中国通史图鉴》，内蒙古大学出版社，2001 年版；内蒙古社科院历史所《蒙古族通史》，民族出版社，2001 年版）。

所以，明朝和北元之间虽然发生过多次战争和冲突，但直至 1644 年明被清朝推翻，两政权始终处于对峙并存的状态。

第二节　"天下之主"——奥斯曼土耳其帝国

1. 幅员辽阔——奥斯曼土耳其帝国

奥斯曼帝国为土耳其人所创立之国。始王奥斯曼一世初居中亚，并奉伊斯兰教为国教，后迁至小亚细亚，日渐兴盛。极盛时势力达欧、亚、非三大洲，领有南欧、中东及北非之大部，西达直布罗陀海峡，东抵里海及波斯湾，北及奥地利和斯洛文尼亚，南及苏丹。自灭亡东罗马帝国后，定都君士坦丁堡，且以罗马帝国继承人自居，奥斯曼土耳其的皇帝视自己为"天下之主"，继承了罗马帝国及伊斯兰文明，东西文明在其手中因而得以统合。

奥斯曼土耳其帝国位处东西文明交汇处，并掌握东西文明之陆上交流达 6 世纪之久。在其存在其间，不止一次实行伊斯兰化及现代化改革，使得东西文明之界限日趋模糊。其对西方文明影响举足轻重，其建筑师米玛·希南名留至今。于16世纪，苏莱曼大帝在位之时，日趋顶盛，在17世纪，其领土更达最高峰。而在海雷丁带领下，其海军更掌控地中海。

其为唯一的伊斯兰势力能于15至19世纪期间，挑战日趋强盛之欧洲霸权。然而，终不敌之，于19世纪初趋于末落，并最终于第一次世界大战里败于协约国之手，因而四分五裂。国民陷于水深火热之中，今土耳其国父凯末尔因而领导国民起义，击退西方势力，据小亚细亚立国，废哈里发，更国号为土耳其，奥斯曼帝国至此灭亡。

2. 光阴故事——奥斯曼土耳其帝国的历史

奥斯曼土耳其人原属中亚阿姆河一带（突厥斯坦）西突厥乌古斯人的卡伊部落，从事游牧，逐水草而居。13世纪初，蒙古人大举入侵中亚，卡伊部落首领埃尔图格鲁尔率部400多帐被迫西迁，进入安纳托利亚，信奉伊斯兰教（一说在中亚时已信伊斯兰教）。归顺塞尔柱突厥人的罗姆素丹国，受封安纳托利亚北部的卡拉贾达地区，并委以守卫边境重任。埃尔图格鲁尔从毗邻拜占庭手中夺取瑟于特、多马尼奇等地，这成为奥斯曼国家的发祥地。1281年，奥斯曼一世继其父担任部落首领后，继续兼并拜占庭领土卡拉贾希萨尔、比莱吉克、亚尔希萨尔等地，定都耶尼谢希尔。1289年罗姆素丹国被迫承认他夺取的领土为其封地。1299年，奥斯曼趁罗姆素丹国分裂，正式宣布独立，称号"加齐"，奠定了奥斯曼国家的雏形。1324年，奥斯曼之子奥尔汗继位后，首先攻占布尔萨，并迁都于此，正式宣布使用"素丹"称号，立伊斯兰教为国教，实行伊斯兰教法，建清真寺和宗教学校。他继续向外扩张，先后又攻占尼西亚、尼科美底亚、斯库塔里、安卡拉等地，其势力达于马尔马拉海南岸地区及加利波里半岛。他开始建立常备军队，组建近卫军团（即童子军团），确立国家行政组织，中央设立迪万（即国务会议），任命维齐尔（即大臣），向各地派遣贝伊（即行政军事长官）和卡迪（即教法官），铸造统一钱币，成为奥斯曼国家的真正缔造者。1360年素丹穆拉德一世（1360—1389年在位）继位后，向东南欧扩张取得决定性的进展。1362年，采取大规模军事进攻，占领埃迪尔内，并以此为都。接着又征服西色雷斯、马其顿、索菲亚、萨罗尼和整个希腊北部，迫使保加利亚和塞维利亚统治者称臣纳贡。1389年在科索沃战役中大败塞尔维亚、保加利亚、匈牙利联军。素丹巴耶济德一世（1389—1402年在位）征服多瑙河以南的巴尔干地区，初步统一安纳托利亚突厥塞尔柱各埃米尔公国。1394年，迫使埃及马穆鲁克王朝扶植下的哈里发穆泰瓦基勒赐封他为"罗姆素丹"。1402年，帖木儿率军侵入小亚细亚，奥斯曼军队战败，巴耶济德一世被俘后身亡，其后代陷入内争。素丹穆罕默德一世（1403—1421年在位）结束分裂局面，收复帖木儿征战时丧失的领土。

1444 年，穆拉德二世（1421—1451 年在位）对欧洲基督教王国作战，再次征服波斯尼亚和塞尔维亚，确立了在欧、亚所辖地区的统治。

3. 得陇望蜀——奥斯曼土耳其帝国的扩张

（一）

奥斯曼一世之子奥尔汗统治期间，即 14 世纪初中期，建立了常备军，并且吞并了罗姆苏丹国之大部分地区。于 1331 年，打伤了东罗马帝国皇帝，并攻占了尼西亚城；1337 年，夺取尼科美底亚，将东罗马帝国之势力逐出小亚细亚。奥尔汗改称"总督"。1349 年，奥尔汗以 2 万骑兵打败了塞尔维亚，占领亚得里亚堡，并迁都于此，改名"埃迪尔内"。

奥尔汗之子穆拉德一世更自号"苏丹"，并于 1389 年取得科索沃战役之胜利，打败了巴尔干诸国联军，征服塞尔维亚。再于 1393 年征服保加利亚。1396年，罗马教皇授权匈牙利国王率领多国部队与之决战，结果联军大败，欧洲诸国震惊。至 14 世纪末，其控制了巴尔干半岛大部及小亚细亚。

15 世纪初，其曾一度衰落。至穆罕默德二世时期，国力恢复。1453 年，其帝亲率 30 万大军进攻君士坦丁堡，激战 53 天，终于 5 月 29 日攻克，并迁都于此，东罗马帝国灭亡。

攻灭东罗马后，奥斯曼帝国继续扩张。先于 1463 年征服波斯尼亚；再于1478 年征服克里米亚汗国；翌年征服阿尔巴尼亚；1514 年向东打败伊朗。1517年更向南征讨，灭亡埃及马穆鲁克王朝。随后麦加、麦地那亦相继被占领，苏丹因而自称为"两个圣城之仆人"，成为穆斯林世界之首脑哈里发。

苏莱曼一世在位时，国力达到鼎盛，其被尊为"大帝"。1521 年，占领贝尔格莱德；1529 年围攻维也纳；1555 年进占两河流域。至 1574 年，势力更达到黎波里、突尼斯和阿尔及利亚。版图包括巴尔干半岛、小亚细亚、南高加索、库尔德斯坦、叙利亚、巴勒斯坦、阿拉伯半岛部分地区及北非大部，形成地跨亚、非、欧三洲之大帝国。

由于其穷兵黩武，因而战事不断，打断了东西方之贸易，使得西欧往东方之交通不时受阻。而帝国向过境商人征高额税收，乃原产东方之香料、茶叶等商品价格昂贵之原因之一。然而，丰厚之商业利润使得西欧诸国寻找去东方新航路，免受其威胁，从而促生了地理大发现。

（二）

1451 年，素丹穆罕默德二世（1421—1481 年在位）执政后，帝国步入强盛时期。1453 年攻克君士坦丁堡，灭拜占庭帝国。君士坦丁堡（后改名伊斯坦布尔）成为帝国的新都，并将圣索菲亚大教堂改为清真寺。他制定伊斯兰法典，完善行政管理制度，扩建用先进武器装备的军队，对新征服地区实行伊斯兰化的各项政策，对其他宗教团体实行自治的"米勒特制"，发展经济，从而巩固了统治，增强了向外扩张的实力。1459—1478 年，最终占领了塞尔维亚、波斯尼亚、克里木、阿尔巴尼亚、伯罗奔尼撒半岛等，并统一了小亚细亚。自称"两地（指罗梅利亚和安纳托利亚）和两海（指爱琴海和黑海）的主人"。16 世纪初，素丹赛利姆一世（1512—1520 年在位）先后打败伊朗萨法维王朝和埃及马穆鲁克王朝，从开罗俘虏哈里发穆泰瓦基勒予以监禁，自称哈里发。他占领了埃及、叙利亚、巴勒斯坦等阿拉伯地区。麦加圣地谢里夫表示臣服，并将大量伊斯兰教圣物供奉给素丹。赛利姆遂取得"两圣地护卫者"称号。素丹苏莱曼一世（1520—1566 年在位）统治时期，奥斯曼帝国国势臻于极盛。他励精图治，整顿朝纲，加强中央政权，发展经济，国库充盈。他先后征服和控制了伊拉克、黎巴嫩、希贾兹、也门等地，辖有除摩洛哥外的马格里布地区，并向东南欧派驻军事长官、伊斯兰教法官、传教师，使伊斯兰教在东南欧广泛传播。帝国极盛时，其领土东迄高加索和波斯湾，南抵非洲内地，西达非洲摩洛哥，北迄奥地利边界直到俄国境内，囊括今欧、亚、非近 40 个国家和地区的土地，领土面积约 600 多万平方公里。

（三）

奥斯曼帝国攻陷君士坦丁堡，攻陷贝尔格莱德，攻陷布达，围攻维也纳，夺取了地中海的东岸和红海要道。奥斯曼帝国成为一个庞大的帝国，版图囊括以前的阿拉伯和拜占庭两个帝国的大部分地区，地跨欧、亚、非三大洲，称雄一时。奥斯曼帝国在中古后期和近代的历史发展中曾起了重要的作用。这个国家是中古后期兴起的。它的建立者是游牧于里海东南部呼罗珊一带的一支突厥人。13 世纪时，蒙古人开始向西扩张，迫使他们迁移。最初他们依附于塞尔柱突厥人建立的罗姆苏丹国，在和拜占庭相邻的萨卡利亚河畔得到一块封地。1242 年，罗姆苏丹国在蒙古人的打击下瓦解。于是这支突厥人获得了充分发展的机会，从此开始发展壮大。部落酋长埃尔托格鲁尔死后，他的儿子奥斯曼（1282—1326 年）继位。

1300 年，奥斯曼开始自称苏丹，宣布他的部落为独立的伊斯兰国家，即爱米尔国。1301 年，奥斯曼侵占了富庶的卑斯尼亚平原。当时奥斯曼的主要敌人是拜占庭帝国。拜占庭帝国在小亚的土地是它扩张的主要对象。1326 年，奥斯曼夺取拜占庭在小亚的重镇布鲁萨，控制了马尔马拉海峡，并把首都迁到布鲁萨，这一新的国家称为奥斯曼帝国，在国内居于统治地位的土耳其人被称作奥斯曼土耳其人。这时奥斯曼帝国已经靠近了欧洲，定都布鲁萨使得这个国家的发展方向必然是指向欧洲。

奥斯曼帝国真正大举扩张是在奥斯曼的儿子乌尔汗（1326—1359 年）统治时期。乌尔汗为了进一步扩张，建立了正规的常备军。他的常备军分为两种。一种是由得到采邑的封建主提供的军队，另一种是新建立的军队，这种军队的规模初期并不大，但是装备精良，训练严格，是奥斯曼帝国的主要战斗力量。这种军队的特殊之处是要终生服役，不得建立家庭，待遇优厚，享有特权。在奥斯曼帝国，几乎仍然采用中亚的战斗体制，男孩自小就要接受军事训练，社会以战争掠夺为荣，战士打起仗来英勇顽强。新军建立初期只有1万人，到16世纪中期发展到4万人，17世纪初发展到9万人。当时，奥斯曼帝国有着良好的扩张条件，拜占庭已经衰落，罗姆苏丹国也已经分裂。奥斯曼帝国首先占据了原来罗姆苏丹国的大片地区，并以此为基础，开始大规模地向欧洲扩张。1331年，奥斯曼军队打败拜占庭帝国军队，攻占了尼西亚城。133年攻占了克米底亚，距离君士坦丁堡很近，实际上已经占领了拜占庭在小亚的全部领土。1354年，乌尔汗率军渡过达达尼尔海峡，占领了加里波利半岛，并把这里作为进攻巴尔干半岛的桥头堡。

乌尔汗的儿子穆拉德一世（1359—1389年）在位时，奥斯曼帝国占领了整个色雷斯东部。1362年，奥斯曼帝国攻陷亚得里亚堡，切断了君士坦丁堡与巴尔干半岛其他地区的联系，并把首都迁到这里。1389年，欧洲联军与奥斯曼军队在科索沃发生了激战，尽管由塞尔维亚、保加利亚、波斯尼亚、瓦拉几亚、阿尔巴尼亚和匈牙利人组成的联军作战英勇，在战斗中甚至击毙了苏丹穆拉德一世，但由于奥斯曼军队在数量上占有优势，联军终于被打败，塞尔维亚、波斯尼亚和保加利亚先后成为奥斯曼帝国的附庸国，后来又被兼并为奥斯曼帝国的行省。这一胜利震动了欧洲各国的统治者。欧洲各国为了拯救拜占庭帝国，派出了援军。1396年，在多瑙河畔的尼科堡战役中，奥斯曼军队一举打败了匈牙利、法兰西、德意志等国的联军，将近1万名十字军被俘，除了用巨款赎回300名贵族骑士外，其余的几乎全部被杀。从此，欧洲人只能眼睁睁地看着奥斯曼帝国扩张。于是，巴尔干半岛逐渐落入奥斯曼帝国的版图，拜占庭帝国危在旦夕。

但就在此时，中亚的帖木儿帝国强大起来，并开始向小亚扩张。1402年，在安卡拉附近的一次大战中，帖木儿军大败奥斯曼军，奥斯曼苏丹巴耶塞特（1389—1402年）被俘。这一事件暂时挽救了拜占庭，使之又勉强存在了一段时间。因为在这场战役以后，奥斯曼帝国的地方割据势力抬头，巴耶塞特苏丹的四个儿子之间开始了争夺王位的战争，新征服地区的人民也乘机掀起反抗运动，奥斯曼帝国处于严重的危机之中，不得不推迟了向欧洲的扩张。

苏拉德二世时（1421—1451年）时，奥斯曼帝国内部的战争停止下来，又继续向欧洲扩张。1430年，苏拉德二世率军占领帖撒罗尼加，拜占庭实际上已处于包围之中。到穆罕默德二世（1451—1481年）统治时期，开始了对君士坦丁堡的直接进攻。1453年，他率领20万大军和300艘战舰从陆上和水上同时进攻君士坦丁堡。君士坦丁堡虽然有许多险要和堡垒，军民也进行了拼死的抵抗，但力量对比悬殊，守军只有不足1万人。最后，城中的热那亚人作了土耳其人的内应。奥斯曼帝国以保留热那亚人在君士坦丁堡城内加拉太区的商业殖民地特权为条件，利用涂油板将70多艘土耳其战船运过加拉太后面的陆地，然后用这些船只搭浮桥，从侧面攻城。君士坦丁堡被打开一个缺口。在顽强地坚持了 5 天之后，君士坦丁堡终于在 1453 年 5 月 29 日被攻陷，皇帝君士坦丁十三世阵亡，千年的帝国灭亡了。土耳其人攻陷该城之后，大肆劫掠 3 天，许多居民被杀或被掠为奴隶。奥斯曼帝国迁都于此，并把君士坦丁堡改名为伊斯坦布尔，即伊斯兰教的城市，著名的圣索菲亚教堂也被改为清真寺。

拜占庭帝国的灭亡，使东欧失去了屏障。奥斯曼帝国继续扩张，在巴尔干，征服了摩利亚和雅典公国，在爱琴海上，攻占了威尼斯人和热那亚人占有的岛屿。1459 年又征服了塞尔维亚全境，1463 到 1465 年间征服了波斯尼亚和黑塞哥维那，1479 年占领了阿尔巴尼亚。此外，在中间地区，奥斯曼帝国迫使瓦拉几亚和摩尔达维亚承认其宗主权。土耳其人还把热那亚人在黑海岸边的殖民地及重要商业城市卡法夺了过去，克里米亚汗也被迫臣服于奥斯曼帝国。

此后，奥斯曼帝国暂时把侵略矛头指向东方。在苏丹塞里姆一世（1512—1520年）统治时期，开始了与伊朗的长期战争。但是对伊朗的战争并不顺利。土耳其人主要是为了夺取伊朗占据的伊拉克、库尔德斯坦和南高加索。只是在 1514 年打败过伊朗，并夺取了查尔兰高地。此后进展不大。受阻的奥斯曼帝国又把矛头指向了南部。1516 年，在阿勒颇打败埃及苏丹的军队，1517 年，奥斯曼军队没有受到抵抗就进入了叙利亚、巴勒斯坦和埃及。埃及国家灭亡。这样，在很短的时间内，土耳其人夺取了地中海的东岸和红海要道，占领了麦加和麦地那。

苏里曼一世（1520—1560 年）时期，帝国达到了鼎盛。苏里曼是个非常有作为的苏丹。他把全部精力放在进攻欧洲上，继位不久就开始向欧洲全面进攻。1521年，他派兵攻占当时属于匈牙利的贝尔格莱德。1526 年，在摩哈赤战役中击溃了匈牙利国王的军队，攻陷布达。以后数次进攻奥地利，甚至打到了维也纳。但在欧洲碰到了德意志神圣罗马帝国的全力抵抗，进攻的势头被遏止。

此后，苏里曼开始大举进攻阿拉伯半岛地区和北非。他首先派兵占领巴格达，完全占据两河流域，吞并了格鲁吉亚和亚美尼亚，又在很短的时间里占领了非洲的大片土地，攻占了的黎波里和阿尔及利亚。他的后代在 1574 年攻占了突尼斯。到 16 世纪中期，奥斯曼帝国已经成为一个庞大的帝国，版图囊括了以前存在过的阿拉伯和拜占庭两个帝国的大部分地区，地跨欧、亚、非三大洲，称雄一时。

4. 历史宿命——奥斯曼土耳其帝国的衰落与灭亡

（一）

1571 年，奥斯曼帝国的海军在勒班多战役中被西班牙和威尼斯的联合舰队打败，失去了对地中海的控制。从此，奥斯曼帝国开始走下坡路。17 至 18 世纪，其与奥地利帝国、俄罗斯帝国交战迭遭失败，势力转衰。9 次俄土战争几无胜迹，失地千里。至 19 世纪初，境内民族解放运动兴起，巴尔干半岛诸国先后独立；英、法、俄、奥相继争夺其领土。及后，于第一次世界大战与同盟国共同作战，最终战败，结果遭列强宰割。土耳其民族陷于水深火热之中，因此于1919年，今日之土耳其国父穆斯塔法·凯末尔（凯末尔·阿塔图尔克）领导民族抗战运动，击退外国势力。1921年1月，大国民议会通过根本法，改国名为土耳其。1922年11月1日，废苏丹制，奥斯曼帝国正式灭亡。第二年10月29日土耳其共和国建立。

（二）

自苏莱曼一世死后的200多年间，奥斯曼帝国渐趋衰落。在内部，地方封建割据加强，土地高度集中，对农民的徭役赋税加重，国家财政危机。国内民族压迫严重，阶级矛盾和民族矛盾日趋尖锐，小亚及西亚各地先后爆发了数十次农民起义和教派起义，尤以16—17世纪的杰拉勒运动、18世纪初伊斯坦布尔的帕特罗纳·哈利勒起义时间长、规模大，动摇了帝国的统治基础。1683年，围攻维也纳失败，丧失大量土地。18世纪末两次俄土战争失利，帝国所属黑海北岸土地划归俄国。19世纪初，境内民族解放运动兴起，埃及、叙利亚、也门脱离控制，巴尔干半岛诸国先后独立。在帝国衰败时，促使一些政治家寻求摆脱危机的出路。曾实行的主要内政改革有，1789—1839年的"新秩序运动"、1839—1856年的"坦志麦特"运动、1876—1878年的立宪运动等，素丹哈米德二世（1876—1909年在位）又鼓吹泛伊斯兰主义，企图维护帝国摇摇欲坠的统治。但均收效甚微，却扩大了西方列强对土耳其政治和经济上的影响。后英、法、俄、奥、意等加紧争夺和瓜分了帝国在欧、非、西亚的大部分领土。第一次世界大战参加同盟国作战失败后，领土仅保有土耳其本部。1919年国内爆发凯末尔领导的资产阶级革命。1922年，国民政府宣布罢黜素丹穆罕默德六世，废除素丹制，奥斯曼帝国告终。

5. 上层建筑——奥斯曼土耳其帝国的政治制度

奥斯曼帝国为政教合一的军事性封建国家，设有完整的中央集权的行政管理制度。素丹为最高统治者，集政治、军事、司法、宗教权力于一身，实行世袭制。作为宗教领袖，采用"埃米尔·穆米尼"（即正统派的长官）称号，从素丹赛利姆一世起自诩为世界穆斯林的"哈里发"，但未得到伊斯兰世界的承认。国家实行封建土地制度，国有土地占80%，称"米里"。此外还有封给清真寺、宗教社团的瓦克夫地和私有地（即穆尔克）。国有地分为哈斯、泽美德、梯马尔三类。哈斯为王室成员领地和高级文武官员的禄田，其收入在10万阿克切（即银币单位）以上。泽美德和梯马尔是以服军役为条件赐给有军功人员的土地，其收入分别为2万以上及不足2万阿克切。帝国的主要财政收入是土地税、贡赋、天课、人丁税和战争掠夺。其经济主要为农业、手工业和商业，政府不注重发展对外贸易往来，本土经济发展处于封闭状态。

6. 承前启后——奥斯曼土耳其帝国时间表

奥斯曼一世	1280—1324 年
奥尔汗	1324—1359 年
穆拉德一世	1360—1389 年
巴耶济德一世	1389—1402 年
大空位期	1402—1413 年
穆罕默德一世	1413—1421 年
穆拉德二世	1421—1444 年
穆罕默德二世	1444—1446 年
穆拉德二世（复位）	1446—1451 年
穆罕默德二世（复位）	1451—1481 年
巴耶济德二世	1481—1512 年
塞利姆一世	1512—1520 年
苏莱曼一世	1520—1566 年
塞利姆二世	1566—1574 年
穆拉德三世	1574—1595 年
穆罕默德三世	1595—1603 年
艾哈迈德一世	1603—1617 年
穆斯塔法一世	1617—1618 年
奥斯曼二世	1618—1622 年
穆斯塔法一世（复位）	1622—1623 年
穆拉德四世	1623—1640 年
易卜拉欣	1640—1648 年
穆罕默德四世	1648—1687 年
苏莱曼二世	1687—1691 年
艾哈迈德二世	1691—1695 年
穆斯塔法二世	1695—1703 年
艾哈迈德三世	1703—1730 年
马赫穆特一世	1730—1754 年
奥斯曼三世	1754—1757 年
穆斯塔法三世	1757—1774 年
阿德阿尔——米德一世	1774—1789 年
塞利姆三世	1789—1807 年
穆斯塔法四世	1807—1808 年
马赫穆特二世	1808—1839 年

阿德阿尔——马吉德	1839—1861 年
阿德阿尔——阿齐兹	1861—1876 年
穆拉德五世	1876 年
阿德阿尔——哈米德二世	1876—1909 年
穆罕默德五世	1909—1918 年
穆罕默德六世	1918—1922 年

7. 国家命脉——奥斯曼土耳其帝国的经济

奥斯曼政府每定都一处，都大力改革该地的经济，使它成为新的政治、经济中心。诸如布尔沙、埃迪尔内、君士坦丁堡。

穆罕默德二世与其继承人巴耶济特二世，皆尝鼓励欧洲各地之犹太人移居君士坦丁堡或其他城市，如萨罗尼加等。其经济政策之最终目的仍使苏丹之权力得以巩固并扩大，故此特别着重于生产阶级之利益上，使之生活富裕，从而使帝国生产力大增。另一方面，亦可减少纷乱，使得万民顺服。

直至 17 世纪，其国之国库管理与法治皆领先同济，伊斯兰诸国无有及者，而经过高度训练之金融专才不断涌现。

这是因为其掌控东西贸易之咽喉，从而累积了大量财富。但西班牙、葡萄牙两国因与之交恶，无法依照马可波罗之路线前往东方，故另拓海路，从而掀起了大航海时代之序幕。此后经过百余年，因为海路贸易兴盛，丝绸之路渐渐衰亡，其国之经济亦开始衰退。

纵然如此，其仍鼓励城镇自行发展，通由扩张领域至未开发地，吸引更多民众聚居，增强生产力，从而发展成金融中心，以保持竞争力，颇有现代资本主义之影子。

8. 神学至上——奥斯曼土耳其帝国的宗教

奥斯曼帝国统治时期，伴随着向外扩张，促进了伊斯兰教在世界的第三次大传播。在 15～19 世纪成为伊斯兰世界的盟主。帝国立伊斯兰教逊尼派教义为国教，哈乃斐学派教法为官方立法、司法的准则。帝国为了推行伊斯兰化的各项政策，在中央设立"伊斯兰委员会"作为最高宗教权力机构，由伊斯兰长老、大法官、穆夫提、学者组成。其职责是从事宗教立法、司法的教律裁决，管理清真寺、宗教基金和社会慈善事业，领导和管理宗教学校和全国的宗教事务。素丹任命一伊斯兰教大长老担任宗教助手，奉素丹之命发布宗教政令和法特瓦（教律意见），核审政府法令，主持素丹登基仪式。下设"欧莱玛会议"和"教律裁判委员会"附属机构，以伊斯兰教长老为首的欧莱玛阶层享有崇高的社会政治地位和特权。帝国以沙里亚教法为依据，制定了民事、刑事、瓦克夫、商事及行政实体法规，完善和全面实施伊斯兰教法。从中央到各地建立了伊斯兰法院（庭），还设有司法监督检查机构。16～18 世纪，帝国境内苏菲教团十分活跃，受到官方尊崇的有毛拉维教团、比克特西教团、里法伊教团等，素丹赐以大量瓦克夫地和宗教基金。卡迪里教团、亚萨维教团、哈尔瓦提教团、纳格什班迪耶教团、契斯提教团等广泛传播于民间，各地建有大量苏菲扎维叶（即道堂）和苏菲长老陵墓，盛行吾里和圣墓崇拜。帝国对麦加及分布在各地的圣裔赐封有土地，仍享有宗教特权。

9. 教育发展——奥斯曼土耳其帝国的文化

奥斯曼帝国重视发展伊斯兰学术文化，保护伊斯兰文物古迹。帝国以大量的宗教基金在各主要城市兴建规模宏大、华丽的清真寺、宗教大学、图书馆，仅首都伊斯坦布尔就建有 400 多座清真寺，其中素丹艾哈迈德清真寺堪称杰作。素丹以巨资扩建了麦加圣寺、麦地那先知寺，修葺了阿里的陵墓等。在新征服的东南欧建造了大量清真寺，如在塞尔维亚的赛拉吉夫城建有著名的"加齐清真寺"。在阿尔巴尼亚建有多所清真寺和教法学校。在布达佩斯城建有 61 座清真寺、10 所伊斯兰学校及图书馆。在原希腊各地建有 300 多座清真寺。在南斯拉夫建有 20 多所清真寺及宗教学校。16~18世纪是帝国伊斯兰文化大发展的时期，先后将《古兰经》、圣训、哈乃斐学派的教法著作及阿拉伯文学、历史、地理古典名著翻译成土耳其文广泛传播。17 世纪起土耳其学者用土耳其文从事著述。在宫廷和各地统治者的赞助下，在教义学、教法学、历史、地理、文学等领域均有建树，涌现出大批著名学者。国家组织学者编写了土耳其文《伊斯兰大百科全书》以及教权主义刊物《大东方杂志》。19 世纪中叶，素丹哈米德二世极力鼓吹泛伊斯兰主义，宣称自己为世界穆斯林领袖，并向各地派出代理人，在印度掀起"哈里发运动"，但收效甚微。帝国对本土和属地的其他宗教实行"米勒特制度"，允许信奉其他宗教社团实行民族、宗教、语言、文化上的自治，保留原有的风俗习惯和法律制度，政府不加干涉。

1453 年，征服者穆罕默德二世征服了君士坦丁堡，一个新的纪元，即帝国的纪元正式开始了。这个新的巨人，跨博斯普鲁斯海峡而屹立，一只脚踏在亚洲，另一只脚踏在欧洲。他的版图日愈扩大，在灭亡麦木鲁克王朝后，他不仅变成了拜占庭的继承者，而且变成了继阿拉伯哈里发帝国而崛起的各小国的继承者。这个新帝国继承了东方和西方的国土，也继承了东方和西方的思想，这种联合的遗产，大概是奥斯曼土耳其历史上内容最丰富的事实。16 世纪时，北非其余的阿拉伯国家，被吸引到逐渐上升的土耳其新月的轨道上来。在这些国家当中，有阿尔及利亚。征服埃及次年，即 1518 年，希腊血统的奥斯曼海盗赫伊尔丁·伯尔伯罗萨和他的弟弟，侵入这个国家，打退了西班牙的侵略，把这个国家献给"崇高的阙下"。"崇高的阙下"赏赐赫伊尔丁总督的称号，作为报酬。赫伊尔丁建立了一个军事贵族政体，以一支土耳其禁卫军团作为这个政体的中坚。赫伊尔丁也为土耳其素丹建立了一支由熟练水兵组成的装备完好的舰队，那些水兵是从叛教的基督教徒中招募来的，有意大利人，也有希腊人，他们随时准备在整个地中海里贯彻土耳其帝国的侵略政策。这支舰队，把奥斯曼这个怕人的名字向西一直传到西班牙海岸，正如土耳其禁卫军把这种恐怖向东一直传到底格里斯河两岸一样。于是，一个危险的邻国就在突尼西亚以西建立起来了。1534年，突尼西亚国内发生王位继承之争，赫伊尔丁乘此机会，暂时占领了突尼西亚，但是，过了四十年，这个国家才被划入土耳其的版图，成为一个省。征服突尼西亚的陆军，是由息南帕夏指挥的，他是一位显赫的将军，原籍阿尔巴尼亚，1568年，曾以埃及长官的身份，指挥攻打南阿拉比亚的战役，将也门纳入了奥斯曼帝国的版图。在息南之前，一位伟大的土耳其海军大将皮利·赖伊斯（原来可能是一个基督教徒）曾在阿拉伯半岛的南岸和东岸采取军事行动，占领了阿登（亚丁，1547年）和马斯喀特（1551年），一直远征到波斯湾口。他的一张地图，最近被发现了，即所谓的"哥伦布地图"，上面画着大西洋和美洲大陆。自1705年起，突尼西亚的长官历来都称为贝，过了一个世纪，才改称为岱。早在结束西班牙人在突尼西亚的统治和本地的各朝代之前，息南帕夏和另外的两个土耳其将军，就已经从的黎波里赶走了马耳他岛的圣约翰的骑士们，并于1551年占领了的黎波里。原来腓尼基人在迦太基的三个殖民地和邻近的领土，在罗马人的统治下，曾一度构成的黎波里塔尼亚省这个希腊名称的由来。在突尼西亚，柏柏尔人的成分是最弱的。除多山的摩洛哥外，大半数人口是柏柏尔人后裔的几个柏柏尔人的国家，就这样倒入了奥斯曼人的怀抱之中。一般地说，柏柏尔人人口的比例，不仅是自东至西地，而且也是自北至南地逐渐增加。的黎波里、突尼西亚、阿尔及尔，现在都已变成省会，这三个省，名义上是土耳其的属国，但实际上是半独立的，在一个长时期内，都由土著的统治者管辖，有许多统治者，曾将政权传给他们的后人。这三个政府都由军事寡头政治的统治者加以控制，每年向土耳其政府称臣纳贡，表示承认土耳其的宗主权，尽管那种贡税具有更多的礼物性质。奥斯曼帝国代理人的横征暴敛所激起的暴动，偶尔震动了这些国家。自1711年到1835年，的黎波里塔尼亚由盖赖曼利家族治理。自17世纪以后，由于奥斯曼帝国舰队的衰落，就放松了帝国对非洲三省的控制，给统治者以更多的权力，去行使地方自治，无论统治者是帕夏，或贝，或岱，他们的权力都比埃及和叙利亚的统治者的权力还要大些。柏柏尔人的几个省，变成了海盗的国家。海盗行径，主要是针对基督教徒的，首先采取了圣战的性质。当海盗就像当兵一样，变成了一种职业。这种职业，对于政府和人民都是有利的。对于俘虏和战利品，都征收定额的捐税；俘虏不是留着待赎，就是卖做奴隶。大约三百年的期间，这种收入是国库岁入的主要来源。海盗船只，常常作为一些单位，编入奥斯曼舰队。从穆斯林的西班牙流落在外的亡命徒，纷纷参加了地中海海盗的行列，他们的劫掠，变成了海上的灾难。海盗的活动，在17世纪前半期，达到了极点，危及意大利、法兰西和西班牙的海岸。在17世纪后半期，英国和法国在海上作战，迫使海盗尊重这两个国家的国旗，但是，较小的国家，仍然要每年纳贡，替自己的侨民和商业取得豁免，而这种豁免无论如何也是靠不住的。荷兰、丹麦和瑞典的情况，就是这样的。甚至北美合众国，也曾为寻求安全而每年纳贡，并且在1783年，卷入对阿尔及利亚的战争，在那个时候，阿尔及利亚是海盗的大本营。自 1796 年以后，美国向的黎波里缴纳 3800 美元的年贡，到 1801 年，的黎波里的岱坚持要美国增加年贡的数量，因此引起一场持续四年的战争。1815 年，美洲又开出一支敌意的舰队，访问了的黎波里。由于跟柏柏尔国家进行海战，这对美国舰队的发展是起了一些刺激作用的。北非大部分地区的征服，是在素莱曼一世在位的时侯（1520—1566 年）完成的，他是叙利亚和埃及的征服者的儿子，在他的统治之下，奥斯曼帝国达到了极盛时代。在素莱曼在位的时代，大半个匈牙利被征服了，维也纳被围攻了，罗得岛被占领了。奥斯曼人的版图，从多瑙河上的布达佩斯连绵到底格里斯河上的巴格达，从克里米亚连绵到尼罗河第一瀑布。这不仅是现代最强大的穆斯林国家，而且是最持久的穆斯林国家。历代的素丹不下三十六位，都是奥斯曼男性的直系亲属，自 1300 年传位到 1922 年。素莱曼在他的人民中间，是以"立法者"这个荣誉的称号闻名的，因为以他的名字命名的那部法典，曾受到后代高度的尊重。他曾委托阿勒颇人易卜拉欣·哈莱比编纂一部法典，名叫《群河总汇》。在 19 世纪的改革之前，这部书一直是奥斯曼法律的标准著作。但是，对欧洲人来说，素莱曼是以庄严者闻名的，而他确是庄严的。他的宫廷是欧亚两洲最辉煌的宫廷之一。

素莱曼曾用清真寺、学校、医院、大厦、灵庙、桥梁、水管桥、队商旅馆、共公澡堂等建筑物，去装备和美化首都和其他城市，据说有 335 座建筑，是他的总建筑师息南所建成的。息南原来是安纳托利亚的一个基督教青年，可能是应募到君士坦丁堡来的，后来成为土耳其最卓越的、精力最旺盛的建筑家。他的杰作，是富丽堂皇的素莱曼清真寺（为了纪念他的恩人素莱曼），以此来使圣索斐亚教堂暗淡无光。它的庄严的圆顶，比查士丁尼大教堂的还要高十六英尺左右。它的凹壁和后墙，都是用波斯式的瓷砖加以装饰的。当灰光灯照耀着博斯普鲁斯海峡上的这座都城的时候，曾一度迷人的麦地那、大马士革、巴格达、开罗——从前强大帝国的首都和灿烂的文化名城——都已被用做各地区长官和来自君士坦丁堡的驻军的住所了。从前在历史上，在君士坦丁堡这座城市的城墙下面，曾经四次出现过气势汹汹的来自大马士革和巴格达的阿拉伯军队。土耳其文化完全是由各种不同成分构成的惊人的混合物。远在突厥人迁移到西亚之前，他们就与波斯人接触，从波斯人那里采取了艺术的主题、纯文学的典范以及颂扬国王的那些政治观念。他们爱战争，喜征服，好客而且有同化力的倾向，这些可以说是游牧生活的纪念物。拜占庭人曾供给他们军事的和政府的各种制度，那主要是由小亚细亚的塞尔柱克人间接传授的。但最重要的是，阿拉伯人是土耳其人的教师，与希腊人是罗马人的教师具有同样的意义。从阿拉伯人那里，土耳其人获得了科学和宗教——包括社会经济原理和宗教法律——以及书写用的字母体系，这种字母一直用到 1928 年。土耳其人（突厥人）还居住在中央亚细亚的时候，他们只有少量的书面文学，因此，他们曾采用过叙利亚书法，那是由叙利亚的基督教徒传授他们的。由于采用伊斯兰教和阿拉伯字母，就有成千上万宗教的、科学的、法律的和文学的术语，是借自阿拉伯语和波斯语的。尽管最近民族主义者想方设法企图肃清外来语，那些术语仍然有许多埋置在土耳其语里面。奥斯曼人在三个方面曾作出比较重大的、创造性的贡献：治国才能、建筑学、诗歌。

奥斯曼帝国，像以前罗马人的帝国和阿拔斯人的帝国一样，在特征上和组织上，本来是军事的和朝代的帝国。它的主要目标，与其说是人民的福利，不如说是以素丹兼哈里发为化身的国家的福利。人民当中包括阿拉伯人、叙利亚人、伊拉克人、埃及人、柏柏尔人、库尔迪人、亚美尼亚人、斯拉夫人、希腊人、阿尔巴尼亚人等民族集团，他们各有不同的语言文字、宗教信仰、风俗习惯，奥斯曼人用宝剑把他们结合了起来。统治阶级，喜欢自称"欧斯曼利"、"奥斯曼利"、"奥托曼"，土耳其农民与统治阶级不同，他们也算作被统治的人民。土耳其人在自己广阔的领土上，过去是，现在仍然是一个占优势的少数集团，他们没有企图在阿拉伯人的地区殖民。但是，他们与非穆斯林的妇女结婚，以便他们的血统得以保持新鲜，同时对任何一个臣民，只要他信仰伊斯兰教，说土耳其话，并参加土耳其宫廷，他们就承认他有充分的公民权。当时实行定期征募儿童的制度，在继续实行这个制度的年代里，他们能够迫使受过训练的青年去服兵役和参加行政事务，并且把非穆斯林家庭出身的优秀的男性青年加以同化。被征服人民中的最有才能的人物，有些被吸收并集中到首都来，加以伊斯兰化和土耳其化，然后利用他们去促进帝国的繁荣和进步。塞加西亚人、希腊人、阿尔巴尼亚人、斯拉夫人、意大利人，甚至亚美尼亚人，都有被提升到帝国最高职位的，还有一品当朝为宰相的。这个国家与其说本来是为人民的福利而组织的，不如说是为战争的便利而组织的，它幅员广大，交通不便，民族复杂，在穆斯林和基督教徒之间——甚至在土耳其穆斯林和阿拉伯穆斯林之间，在基督教的这个教派和那个教派之间——存在着裂痕，具有这些缺点的一个国家，衰退的种子早已埋置在它的基本组织里了。它曾经面临民族主义获得胜利的世界，因而它的处境变得很坏。伊斯兰教国家，为了解决少数民族问题，而精心制定了宗教团体内部的自治制度，根据这个制度，各宗教团体享有大量的自治权，这个国家向来贯彻这个古典的制度，同时国家的最高权力，集中在一个人——素丹兼哈里发——的手中（最少在理论上是这样的），王位继承的系统，又不明确，所有这些，都增加了帝国组织先天的弱点。奇怪的不是帝国的分崩离析，而是分崩离析竟没有更早地发生。素莱曼死后不久，这个帝国就开始走下坡路，这是一条漫长而曲折的道路。1683 年进攻维也纳失败，可以认为是下坡路开端的标志；土耳其在欧洲的扩张，再没有取得更多的进展。此后，土耳其人的问题，变成了如何保持既得领土的问题，而不是获得更多领土的问题；武装力量的任务不再是进攻，而是防守了。除国内堕落腐化的势力之外，在 18 世纪又来了外国的势力，当时，法兰西、英吉利、奥地利甚至俄罗斯，已开始要求"势力范围"，而且开始用贪婪的眼光，注视着欧洲"病夫"的财产。但是，由于列强竞争，互相猜忌，缺乏一致行动，病人才得以苟延残喘。北非的阿拉伯人地区是奥斯曼帝国最初丧失的领土。那些地区，接近南欧，远离伊斯兰国家在西亚的中心和心脏，那里伊斯兰教的传统比较薄弱，柏柏尔人和欧洲人的血统，在人口中又占着较高的比例，因此，那些地区从一开头就是自便的。阿尔及利亚，是从这个帝国被分割的第一个阿拉伯地区。1830年，法兰西的军队在阿尔及利亚海岸登陆，外表上是报复海盗的活动，是为遭受阿尔及利亚统治者侯赛因岱侮辱的法国领事报仇。十八年之后，法国宣布这个国家及其沿海一带为法国领土的一部分。1942年11月，美军在那里登陆，赖法尔援引1848年法令，提出抗议，坚持整个地区都是法兰西自然的延长。像其他省份一样，阿尔及利亚也派代表参加法国议会。法国军队和阿尔及利亚民族主义者经过八年的流血战争，于1962年缔结了和平条约，阿尔及利亚遂获得独立。法兰西帝国向东发展，结果于1881年占领了突尼西亚，在那里奉行同样的政策，其范围几乎是一样广大的。正如在阿尔及利亚一样，法兰西语代替了阿拉伯语，成为当地人的文学语言。突尼西亚，名义上虽然是一个保护国，但是，实际上简直是法兰西的一个属国。一个法国总督坐在本国贝的旁边，管理一切公务。但是，由于接近埃及，穆斯林的民族传统保持得比较牢固。在这两个地区都有成千上万的法兰西移民定居下来。突尼西亚的情况是错综复杂的，因为那里有数量和规模都很大的意大利殖民地。在法兰西的制度下，阿尔及利亚和突尼西亚都享受了较高程度的安全和公共卫生，得到更便利的交通设施，这是毫无疑义的。突尼西亚在1955年获得内部自治，1956年获得完全独立。突尼西亚和阿尔及利亚，现在都是共和国了。的黎波里塔尼亚，大部分是干燥的沙漠，沿海一带有几个绿洲，曾是柏柏尔人国家里最后的土耳其前哨。作为1911—1912年土耳其与意大利战争的结果，的黎波里塔尼亚从奥斯曼人的手中被夺去，改成一个殖民地，于1934年与昔兰尼加合并成意大利的利比亚。二次大战期间，英国、法国和利比亚当地的军队共同行动，把有德国人帮助的意大利的军队赶出了利比亚。1951年，利比亚宣告成为一个独立的主权王国。

1901年，法兰西开始征服摩洛哥。在这里，曾经建立过两个强大的阿拉伯—柏柏尔帝国，但并不是奥斯曼帝国的一部分。法兰西的地带是在1907年到1912年期间完全取得的。同时，西班牙也在忙于夺取自己的份额，即与西班牙海岸正对面的那个地区。1956年法国和西班牙都放弃了自己的保护国，满足了摩洛哥素丹（现为国王）的要求。撒哈拉沙漠以北的"白非洲"（以南的通称为黑非洲），在1830年后的82年间，全部落入南欧三个拉丁国家的手里，而经过二次大战后，这里完全获得了解放。在二次大战之前，虽然有些民族主义的骚扰，整个地区却并没有受到多大的影响。

10. 逐波随流——奥地利帝国多民族国家的形成

16～18世纪间，奥地利帝国和奥斯曼土耳其帝国为争夺东南欧和中欧的霸权而进行了一场旷日持久的战争。

奥斯曼土耳其人原是一支游牧突厥部落。13世纪末叶，奥斯曼突厥部落酋长的儿子奥斯曼袭封后，宣布成立独立公国，遂不断进行扩张，于1326年建立奥斯曼帝国。14世纪，奥斯曼土耳其乘拜占庭帝国内讧，开始插足欧洲。到14世纪末，巴尔干的绝大部分土地都处于土耳其的统治之下。15世纪，土耳其开始对拜占庭帝国展开新的攻势。1453年5月29日，君士坦丁堡被土耳其占领。奥斯曼帝国迁都君士坦丁堡，更名为伊斯坦布尔。1461年，拜占庭帝国灭亡。到15世纪末叶，奥斯曼帝国已经占有几乎整个小亚细亚和巴尔干半岛，成为当时最强大的军事封建帝国。

奥斯曼土耳其占领君士坦丁堡和东部地中海后，直接威胁巴尔干邻近的波兰、捷克、匈牙利、奥地利等国。这些国家不断与奥斯曼土耳其发生争斗，以哈布斯堡家族为首的多民族的奥地利国家也在长期争斗中形成。从此，奥地利和土耳其为争夺东南欧和中欧的霸权，双方展开了旷日持久的战争。

奥斯曼帝国在1453年占领君士坦丁堡后，继续对外扩张。塞里姆一世在位期间（1512—1520年），开始对伊朗的战争，占领南高加索的阿塞拜疆，格鲁吉亚一部和库尔德斯坦。

苏里曼一世在位期间（1520—1566年），奥斯曼帝国达到鼎盛时期。苏里曼进行多次扩张，1521年，进占贝尔格莱德和罗德斯岛。1526年8月，土耳其军队在摩哈奇附近打败匈牙利和捷克联军。土耳其在匈牙利东部有了立足之地，也就有了向西进一步扩张的跳板。匈牙利王国其余领土归奥地利哈布斯堡王朝管辖。匈牙利内部呈现两派，一部分贵族选立斐迪南（奥地利王室亲王）为王，借以与土耳其对抗。土耳其苏里曼王支持另一部分贵族选立查帕尔亚为王，反对斐迪南，与哈布斯堡王朝发生直接冲突。1529年，土耳其苏里曼向匈牙利中部发起进攻，9月，占领布达（匈牙利首都），入侵奥地利，并开始围攻维也纳。但是，土耳其屡攻不克，最后由于粮秣匮乏和疾病流行被迫撤退。1530年，奥地利与土耳其进行和谈，但未达成任何协议。1532年夏，双方重又开战，奥军在查理五世统率下，在匈牙利中部地区，阻止了土军的进攻。1533年7月，奥土双方在伊斯坦布尔签订和约。根据条约规定，匈牙利西部和西北部仍归奥地利管辖；奥地利控制的匈牙利（奥地利皇帝兼任奥属匈牙利国王）每年向土耳其苏丹纳贡3万杜卡特（古威尼斯金币）；匈牙利其余部分归苏里曼控制，奥军保证不对驻军进攻。

匈牙利就被正式分成了奥属匈牙利和土属匈牙利。

1540—1547年，土耳其与法国国王法兰西斯一世联盟，反对哈布斯堡王朝。土军趁奥地利大部兵力被牵制在意大利北部和法国东部边境之际，对匈牙利西部发起攻势，于1541年和1543年先后占领布达和埃斯特格。1544年，奥地利与法国媾和，奥军得以抽出与法作战的兵力阻止土军的前进。1547年，奥土双方签订《亚得利亚那堡和约》，奥地利把匈牙利中部地区割让给土耳其，匈中部地区的政权落入土耳其代理人之手。哈布斯堡王朝承认土耳其对匈牙利大部地区的统治。

1551—1562年，奥土双方为争夺特兰西瓦尼亚而展开争斗。

　　土耳其军队获得局部胜利：1552 年，攻占特梅什瓦尔（今蒂米什瓦拉）；1553 年，攻占埃格尔。但是，根据 1562 年的双方和约，土耳其寸土未得，双方呈胶着状态。在 1566—1568 年的战争中，土耳其仍无建树。1592—1606 年的战争是由土耳其挑起的，双方各有胜负。根据 1606 年双方缔结的《席特瓦托罗克和约》，奥属匈牙利首次被承认为平等的缔约一方（奥属匈牙利和土属匈牙利地位平等），它无须每年向土耳其苏丹纳贡，但需一次付清 20 万杜卡特。

　　1660—1664 年的战争，是因土耳其大举进犯匈牙利西部地区而爆发的。双方于 1664 年 8 月，在拉布河畔的圣戈特哈特附近进行了决战，土军遭奥军迎头痛击失利。根据 1664 年双方缔结的《瓦什瓦尔和约》，土耳其从特兰西瓦尼亚撤军，但该地区仍属奥斯曼帝国所有。

　　双方经过 16—17 世纪的角逐，奥斯曼帝国已经渡过它的强盛时代。从 16 世纪后期开始，奥斯曼帝国对西方的威胁的势头逐渐减弱。由于广大农民和被征服民族的反抗，地方贵族的离心倾向和宫廷贵族争夺政权的内讧，以及因侵略扩张政策而引起的与邻国的不断战争，土耳其的实力开始走向衰落。到 17 世纪中期，土耳其矛盾重重，内外交困，越来越走向衰落。

　　在 1683—1699 年的战争中，土耳其企图联合对奥地利哈布斯堡王朝不满的匈牙利封建主的军队进行对奥的战争。

　　1683 年 7 月，土耳其军队围困维也纳。奥军得到波兰军队的支持，9 月，土军被击溃，损失惨重：亡 2 万余人，损失火炮 300 门。维也纳一战的败北，迫使奥斯曼帝国转入防御，并逐步撤离中欧。1684 年，奥地利、波兰和威尼斯之间建立反土耳其的"神圣同盟"，1686 年，俄国加盟。此后，战局发生变化。1686 年，奥军攻占被土耳其占领的布达，1687—1688 年，先后占领匈牙利东部、斯拉沃尼亚、贝尔格莱德等地。1689 年，土耳其海军在多瑙河上的维丁城附近败北。同年，土耳其曾一度扭转败局，迫使奥军放弃原先占领的保加利亚、塞尔维亚和特兰西瓦尼亚等地。由于俄国的参战，使奥地利得以恢复原来的态势。1697 年 9 月，奥军在蒂萨河畔泽特一战获胜，土军亡 3 万余人，损失全部火炮和辎重。根据 1699 年奥地利、波兰、威尼斯与土耳其签订的《卡尔洛维茨和约》，以及次年俄国、土耳其签订的《伊斯坦布尔和约》，奥地利获得了匈牙利、斯拉沃尼亚、特兰西瓦尼亚和克罗地亚大片领土；波兰获得第聂伯河西岸乌克兰南部和波多里亚；威尼斯获得摩里亚和爱琴海中的土属各岛；俄国获得亚速夫要塞。这是对奥斯曼帝国的第一次分割。

　　进入 18 世纪，土耳其利用俄国与瑞典战争的机会，伺机报复俄国，土耳其取得了胜利。1716 年，土耳其乘胜向奥地利开战，但告失败。1716 年 10 月，奥军攻占特梅什瓦尔；1717 年 8 月，在贝尔格莱德附近击溃土军，贝尔格莱德守军投降。

　　根据 1718 年《波日阿雷瓦茨和约》，土耳其又失去包括贝尔格莱德在内的塞尔维亚北部。1735—1739 年期间，奥斯曼帝国连战失利，奥军开始取得部分胜利，占领了波斯尼亚、塞尔维亚等地。军事失败加深了奥斯曼帝国的危机。1788—1790 年期间，根据 1781 年奥俄同盟条约，奥军发起进攻，1788 年 9 月，在洛多什城附近被土军击溃。俄军在俄土战争中的获胜使奥军得以整顿兵力，重新转入进攻。1789 年 10 月，奥军经过三个星期的围攻，攻占了贝尔格莱德，接着又攻陷谢苗德利亚、波日阿雷瓦茨等要塞。欧洲形势，尤其是法国大革命后形势的变化促使奥地利退出战争。1790 年之后，奥地利和土耳其在解决双方冲突时不再诉诸武力，并且转而相互合作。

总之，奥土战争加速了奥斯曼帝国的衰亡，促进了多民族的奥匈帝国的形成。

奥土战争持续近三个世纪。奥斯曼帝国曾盛行一时，在其鼎盛时期，幅员跨欧、亚、非三大洲。早在 15 世纪中叶，奥斯曼帝国就开始远征欧洲，之后，土耳其与东南欧和中欧各邻国之间一直存在领土纠纷，各国统治者经常进行武力争夺。奥斯曼帝国的对外扩张政策激起了各邻国之间的不满，促使各邻国结成反土耳其的"神圣同盟"，在战略上把自己摆在东南欧和中欧国家的对立面，"失道寡助"。长期的征战使国库空虚，激起了广大农民和被征服民族的反抗，人民愤懑情绪增长。1730 年 9 月，伊斯坦布尔爆发人民起义。到 18 世纪后半期，奥斯曼帝国境内被压迫民族也掀起争取独立的斗争。

这一切都加速了奥斯曼帝国的衰落。奥斯曼帝国的日趋衰落，给欧洲各国瓜分土耳其的欧洲领土创造了契机，昔日的奥斯曼帝国已无往日的威风。

而奥地利本是德意志神圣罗马帝国（德意志第一帝国）的一个最大的邦国，同时奥地利国王还兼任帝国皇帝。在奥地利与土耳其帝国的持续战争中，奥地利从土耳其手中夺取了整个匈牙利、斯洛文尼亚、克罗地亚、罗马尼亚的特兰西瓦尼亚、土属乌克兰的一部分。还曾多次占领塞尔维亚和波斯尼亚。这样奥地利不再是纯粹的德意志国家了，成了由德意志人统治的多民族国家。奥地利虽然变成了大帝国，但对它控制其他德意志邦国是不利的。而普鲁士是纯粹的德意志国家，这也是日后普鲁士统一德国而不是奥地利的重要原因。

第三节　泱泱大国——大清帝国

1. 背影回放——历史上的大清王朝

清朝（1636—1912 年，1644—1911 年统治全中国），是历史上统治中国的最后一个朝代，统治者为出身满洲的爱新觉罗氏。

1616 年，努尔哈赤建立王朝称汗，定国号为大金，史称后金，定都于赫图阿拉（后改称兴京，在今中国辽宁省新宾县境内）。

1636 年，清太宗皇太极改国号为大清，改元崇德，称帝。

1644 年，李自成率领的农民军攻陷北京，明朝崇祯皇帝自杀于皇城后的景山，李自成在北京建立了大顺。由于镇守山海关与统制关宁铁骑的吴三桂与李自成谈判失败，吴三桂遂答应了多尔衮的条件，联合清军入关打败李自成的农民军，随后多尔衮迎顺治帝入关，迁都北京。

1911 年辛亥革命爆发后，各省纷纷宣布独立。末代皇帝溥仪于 1912 年退位，清朝正式覆亡。自入关以来，清朝共历十帝，享国祚 268 年。

2. 化地为龙——清朝建立和入关

1626 年，努尔哈赤在宁远战役中被明军的大炮打成重伤，不久逝世。第八子皇太极继位。

1636 年，皇太极在沈阳称帝，改国号为大清，改元崇德，清朝正式建立。1643 年皇太极病死，第九子福临继位，是为顺治帝。

1644 年，李自成农民军推翻明朝，明崇祯帝自杀。吴三桂引清兵入关。同年，多尔衮迎顺治入关，于北京再次即位，并定都北京。清廷联合了汉将吴三桂、耿仲明、尚可喜、孔有德等先后镇压各地的农民军和南明朝廷的军队。在清廷控制全中国的过程中，由于作出了剃发易服的规定，所以在中国一些地区遭到了武装抵抗，导致了清兵的血腥镇压，尤其以江南为盛。

此外郑成功还在 1661 年攻下了当时为荷兰东印度公司殖民地的台湾来作为他抗清的基地。清朝为加强对郑氏的作战，一度行海禁，将沿海居民迁入内地。清朝统一台湾后才解禁。

康（雍）乾盛世

清初，为缓和阶级和民族矛盾，实行奖励垦荒、减免捐税的政策，内地和边疆的社会经济都有所发展。

康熙帝 8 岁即位，享国达 61 年，是中国历史上在位时间最久的皇帝。在位期间，擒鳌拜，扫除吴三桂等三藩之乱，平定台湾的明郑政权，平定西蒙古准葛尔叛乱，打败沙俄侵略，签订了维护黑龙江南北领土的《尼布楚条约》，并编纂了《古今图书集成》和《康熙字典》等。康熙去世后，亟思振作的雍正帝即位，他以有效的办法成功地打击贪腐，整顿经济，推行改土归流，因平叛而纳入青海省。继位的乾隆帝则编纂《四库全书》，建造圆明园，正式统一了天山南北（新疆）并且称自己为"十全老人"，认为自己有"十大武功"，是历史上唯一一位在没有任何人逼迫下自动退位的皇帝，但其六次游江南普遍被认为是导致清朝由盛转衰的主因。至 18 世纪中叶，清朝经济发展达一个历史上的新高峰，人口也大大增加，史称"康、乾盛世"或"康雍乾盛世"。

雍乾二帝由于出于统治威慑，屡兴时人所诟病的文字狱。其中，有些很可能只是牵强附会，但统治者发现后均采取了严格的惩罚措施，而且涉及面往往很广，凡是这个"大逆不道"的犯人的家属，只有处死充军、流戍、入官这几个下场。后果是许多无辜的书籍为了安全也被统统烧掉。一般认为文字狱的盛行压制了人民的思想。

也有一种历史观点认为，所谓康乾盛世是战乱引起的破坏后习惯性恢复，其经济规模在世界的总比例上并未明显超过明朝末期。明朝末期和康乾盛世之后中国的国内生产总值分别为960亿美元（1600年）、2 286亿美元（1820年），都占世界的30%左右。

<h2 align="center">近代时期</h2>

清朝从乾隆末年有衰落的现象，朝政日渐腐败。继位的嘉庆帝和道光帝也失去了早期君主锐意进取的精神，掌政风格趋保守和僵化。19世纪上半叶，英国开始大量向中国贩售鸦片，导致道光末年1840年中英鸦片战争的爆发。鸦片战争失败后，继位的咸丰帝所面对的时局是西方列强开始入侵，迫使清政府与其缔结了一系列不平等条约，第一个是因为输掉鸦片战争所签的《南京条约》，接着因亚罗船事件和广西教案照成中英法战争输掉而签的《天津条约》和《北京条约》等。根据这些条约，清政府被迫割地赔款，开放通商口岸，清廷的威信一落千丈，同时中国也自此逐步沦为半殖民与半封建社会，主权受到严重损害。由于人民的负担逐年加重，因此引发了一系列反抗运动，其中规模最大的太平天国运动，甚至一度对清朝的统治构成了严重挑战。

为挽救自身命运并增强国力，清政府内部的有识之士遂展开了维新运动，试图革新图强，其中最为著名的是自1860年代开始的洋务运动。随着洋务运动的开展，全国各地开始先后引入国外科学技术，开设矿业、工厂、建设铁路，架设电报网，修建新式学校，培训技术人才；同时也成立了新的军事工业，逐步改进清军的武器装备和作战方法。

洋务运动使得清朝的国力有了一定程度的恢复和增强，到慈禧太后与恭亲王联合执政的同治年间，清朝在文武齐心合力之下，一度出现了较安定的局面，史称"同治中兴"。其间清朝在西方人的帮助下成功消灭太平军，平定捻军之乱，并收复新疆，在国际上的地位和形象因此有相当大的改善。

至19世纪80年代，清朝军队的装备和洋务运动之前相比已有了明显的提高；在1884年至1885年中法战争期间的一系列战役中，清军和法军互有胜负。战后，清朝设立了海军衙门，并建成了近代海军舰队——北洋水师。

洋务运动虽取得了很大的成果，但是由于时人多数未明当代的国际形势，少数人的急迫性并无法改变多数官僚的旧思维，清朝的维新运动最终未达日本明治维新般的成效，结果导致1894年中日甲午战争的失败，并于1895年与日本签订《马关条约》。随后，由光绪帝与梁启超和康有为领导发动的政治改革运动——戊戌变法又因为慈禧太后和保守派的反对，而软禁了光绪帝，变法因此失败，因为只有 103 天，因此称为百日维新。

19 世纪末，中国国内的排外情绪开始高涨，结果在慈禧太后的纵容下引发义和团运动仇杀洋人，因此造成八国联军的入侵。1901 年因此而签订了丧权辱国的《辛丑条约》。慈禧太后为了笼络人心开始推行"新政"，进行了包括建立新军、废除科举在内的一系列改革。不久，中国发生了立宪与革命的改革路线之争，一开始立宪派占上风，清政府也答应实行君主立宪。不过，1911 年 5 月组成的"责任内阁"中的大多数成员为皇族身份，故被称为"皇族内阁"，结果引发立宪派的不满。同年 10 月，武昌起义爆发，各省随后纷纷宣布独立，清朝的统治开始瓦解。清帝于 1912 年退位，标志着中国两千多年来的君主制度的正式结束。到 1917 年张勋又曾复辟清朝，但只持续了 12 天。

政治制度

努尔哈赤起兵时实行的是军民合一的八旗制度，政治权力集中于王公贵族，重大决策由贵族共同讨论决定，是为满洲议政王大臣会议。后皇太极于 1631 年仿明朝制度设立六部，试图逐渐削弱满洲贵族权力。皇帝试图实行中央集权的努力主要集中于清朝前期。

清朝设六部（吏、户、礼、兵、刑、工），各部长官称尚书，副长官称侍郎，以前尚书均由满人担任，1644 年规定尚书及侍郎满、汉各一。

在六部之外和六部并立的中央行政机构有：大理寺、太常寺、光禄寺、太仆寺、鸿胪寺、国子监、钦天监、翰林院、太医院、理藩院、宗人府、詹事府、内务府、都察院。清朝官员等级分"九品十八级"，每等有正从之别，不在十八级以内的叫做未入流，在级别上附于从九品。

1650 年，顺治皇帝对八旗制度进行改革，由自己亲自掌握正黄、镶黄、正白三旗，形成了"上三旗"和"下五旗"，改变了以前八旗由不同王公掌握的局面，同时加强上三旗的实力，满洲议政王大臣会议的权力有所削弱。

1677 年康熙皇帝设立南书房，起初是康熙帝为了与翰林院词臣们研讨学问，吟诗作画而设。因在乾清宫西南角特辟房舍故名南书房。由于南书房"非崇班贵檩、上所亲信者不得入"，所以它完全是由皇帝严密控制的一个核心机要机构，随时承旨出诏行令，这使南书房"权势日崇"。

南书房地位的提高，是康熙帝削弱议政王大臣会议权力，同时将外朝内阁的某些职能移归内廷，实施高度集权的重要步骤。

1729 年，清军在西北与准噶尔蒙古激战，为及时处理军报雍正皇帝始设军机房，雍正十年（1732 年）改称军机处。乾隆皇帝即位后服孝，安排数位"总理事务王大臣"进入军机处，故改名总理事务处。1737 年乾隆服满亲政，总理事务王大臣等自请罢职，恢复军机处名称，自此遂成定制，军机处成为直接对皇帝负责的核心权力机构，满洲议政王大臣会议的地位更被削弱至几乎可忽略不计，政治权力全部掌握在皇帝手中，成为清代中央集权制度的顶峰。直至宣统三年（1911年）四月初十清廷宣布成立"责任内阁"，军机处废止。

清朝疆域

1759年清朝统一全国后的疆域是：北起蒙古唐努乌梁海地区及西伯利亚，南至南海，包括"千里石塘、万里长沙、曾母暗沙"（今西沙群岛、南沙群岛等岛礁），西南达西藏的达旺地区、云南省的南坎、江心坡地区等缅甸北部，西尽咸海与葱岭地区，包括今新疆以及中亚巴尔喀什湖，东北抵外兴安岭，包括库页岛，东南包括台湾、澎湖群岛。总面积达1300万平方公里。

除此之外，周边国家如朝鲜、安南（越南）、南掌（老挝）、缅甸、琉球、廓尔喀（尼泊尔）、哲孟雄（锡金）、兰芳共和国等则为清朝的保护国。

不过在近代时期，由于清朝的衰落和列强的入侵，鸦片战争以后清朝以不平等条约的形式先后失去了以下领土：

*香港（1842年至1898年间分批割让或租借予英国，直到1997年交还其继承政权中华人民共和国）、外满洲［包括黑龙江以北约60万平方公里，以及乌苏里江以东，包括库页岛（萨哈林岛）在内的约40万平方公里的领土，分别于1858年和1860年被迫割让给俄罗斯帝国］。

*新疆及西帕米尔高原（巴尔喀什湖之东南、伊犁以西、以及喷赤河以东的帕米尔等地区约45万平方公里的领土，于1864年被迫割让给俄罗斯帝国）。

*台湾岛和澎湖列岛（1895年被迫割让给日本帝国，直到1945年日本战败投降后交还其继承政权中华民国）。

地方行政区划

清朝的地方行政区划基本沿袭明制，但根据自身实际作了很多改革，如东北三省、少数民族地区、西藏、新疆等地区行政区划和内地不同。

内地行政区划

清朝继承元明以来的分省建制，以省为地方上的最大行政区域，下设府、厅、州、县，构成地方上的省、府、县三级基本行政系统组织。

1743年，定顺天府之地为四路厅、二十四州县，州县隶属于路厅。设官有兼管府尹事大臣一人，由大学士、尚书、侍郎内特简。府尹正三品，府丞正四品，俱各一人。府尹总管京畿及四路的政令条教，"以成首善之化"，比一般府尹权力大，品级高，如升调州县官，可与总督会衔。府丞掌学校政令。属官有治中、通判，经历司经历，照磨所照磨，司狱司司狱，皆汉人。儒学教授，满、汉各一人；所辖四路厅同知正五品，各一人；州、县，知州、知县正七品，俱各一人。大兴、宛平二县并与五城兵马司分区而治，比外县高一品级。

1634 年设盛京，顺治元年入关，原来盛京的六部俱废。自 1658 年至康熙三十年（1664 年）又重建户、礼、兵、刑、工五部。均置侍郎以下官，称"盛京五部"。又设盛京内务府，为外地所无。自 1653 年设辽阳府，1657 年更名奉天府，至光绪三十三年（1902 年）改行省。

奉天府所辖地方为府二，兴京同知一，直隶厅一、厅二，州五，县十四。设官有兼领府事大臣一人，由盛京五部侍郎内特简，后归盛京将军兼辖。府尹，满洲一人；府丞，汉一人，品级同顺天府。属官治中、围场通判、库大使、经历、司狱、巡检兼司狱、府学教授，俱各一人。府尹主府事，小事决之，大事呈报。

总督为省级的最高长官，全称为总督某省等处地方提督军务、粮饷，或兼巡抚事。清朝一共建立了二十三个省，其中内地十八省为沿袭旧制或以旧制为基础，其余在边境并为清末所置。这些省是：直隶、奉天、吉林、黑龙江、江苏、安徽、山西、山东、河南、陕西、甘肃、浙江、江西、湖北、湖南、四川、福建、台湾、新疆、广东、广西、云南、贵州。其中奉天、吉林、黑龙江、新疆、台湾为后设。

理论上总督管两省或两省以上的地方军政事务，尤其侧重军事。雍正元年（1723 年）定总督加衔制，加尚书衔的兼都察院右都御史，从一品；余为兵部右侍郎兼右副都御史，正二品。有清一代，全国共设总督九人，即东三省、直隶、两江、陕甘、闽浙、湖广、四川、两广、云贵。此外还在省级地方没有专门管理漕运的漕运总督和治河的河道总督。

总督之下设巡抚，其全称为巡抚某省等处地方提督军务兼理粮饷，或节制各镇，职权很广泛。有的加侍郎衔，为正二品，否则为从二品。巡抚基本上是管一省，也侧重于军事，但比总督管民政更多，为总管一省军事、行政、监察及教育在内的高级长官。清朝所设巡抚共二十一人，其中由总督兼的有奉天、直隶等八人，单独设的有江苏、安徽等十三人。山东、山西等五省巡抚皆兼提督衔，贵州巡抚兼节制兵马衔。

各省设提督学政一人，由侍郎或科道进士出身的官员委任，带原品级，掌学校和科学考试之政令。

各省设承宣布政使司，简称布政使司或藩司。布政使为从二品，每省一人，但江苏设二人。布政使实际是一省长官，上承朝廷旨令，下帅府、州、县官，但因有督抚之设，渐居次要。其属经历司经历、都事，照磨所照磨，理问所理问，库大使、仓大使等，分掌出纳文书、照刷案卷、审核刑名以及保存档案、财政收支等。

各省设提刑按察使司，简称按察使司或臬司。按察使一人，正三品，比布政使地位略低，掌司法监察，"澄清吏治"，常与布政使并称为"布按"。其下设知事掌勘察刑名，司狱检察囚犯，经历、照磨所掌同藩司。

各省设道员，正四品，或有专责，或作为布、按副使。专责者有督粮道或粮储道，简称粮道；又有管河道或河工道，简称河道。官则有的单设，多数为兼任。其他如驿传道、海关道、屯田道、茶马道等，一般由当地同品级官兼道员。

作为布、按副使者，有分守道与分巡道。守道由布政使下的参政、参议发展而来，巡道是按察使下副使、佥事演变的结果。初设只辖一府，或数道同辖一府，后来有的统辖全省，有的分辖三四府之地。为此，守、巡二道由原来临时性差使变为固定的地方长官。而且前此守道主管钱谷，巡道侧重刑名，久之两者各加兵备衔，所掌渐趋一致。乾隆、嘉庆时又准其密折封奏，权势日益加重，以致有人视道为省下、府上一级地方行政机构。实际上道不完全具备地方政府性质，不过是省级行政机构的派生物。

府是省之下的一级地方行政机构。知府为一府长官，从四品，掌总领属县，宣布条教，兴利除害，决讼检好。三年一考属吏，具其优劣上报。一切要政皆需通过督、抚允准乃行。清朝以知府"为承上接下要职"，故严谕督、抚对其考核。同知正五品，通判正六品，协助知府，分掌粮盐督捕，江防海防，河工水利，清军理事，抚绥民众诸职。属官有经历、知事、照磨、司狱等。

在府之外，同时还有直隶厅、州和一般厅、州。凡统治地方人多并直隶于布政使司的为直隶厅、州，地位与府大致相同。厅设官同知正五品，通判正六品，州设官知州正五品，州同从六品，州判从七品。清朝在全国设有直隶厅41个，直隶州73个。其外的厅、州，称为散厅、州，地位略同于县。至清末，全国已设散厅78个，散州145个。散厅、州设官与直隶厅、州相同，而品级差一等。散厅、州属府管辖，个别的隶于将军或道员。

县是地方基层政权机构。清末全国设1 358个县。每县设官为知县一人，正七品，县丞正八品一人，主簿正九品，无定员。知县掌一县治理，主要是决讼断辟，劝农赈贫，讨猾除奸，兴养立教。县丞、主簿分掌粮马、征税、户籍、缉捕诸职。典史掌稽检狱囚。

少数民族行政区划

努尔哈赤起兵时得到蒙古协助，故清朝后宫有大量蒙古嫔妃，八旗中特设蒙古八旗，而外蒙古地区又是清朝前期战争频发地带，故蒙古区划与内地和其他少数民族地区均不同。

清朝以大漠为界，将蒙古分为漠南内蒙古和漠北外蒙古，并以此为基础建立了盟旗制。

盟由各部定期会盟而形成的机构，旗是分解原来的部落而组成。旗隶于盟。内外蒙古的盟旗设官基本相同。每盟设盟长、副盟长各一人，掌管盟务。盟长先由各旗会盟时，从旗长即札萨克中推选。后来改为清朝理藩院开列盟内札萨克，由皇帝任命。其外每盟各设兵札萨克一人，管理军务。有的盟还设帮办一二人，协理盟务。

旗是军政合一的地方政权机构，每旗设旗长一人，又名札萨克，掌全旗要务。又设协理副之。其属有管旗章京、副章京及参领、佐领、骁骑校等官。

札萨克等官员多数都是原来蒙古各部落的首领并经清朝封有爵位的王、贝勒、贝子、公、台吉等人。

内蒙古的盟旗是把原来的二十四部，按其活动地区划分为六盟、四十九旗。具体组合是，东四盟：哲里木盟统十旗，卓索图盟统五旗，昭乌达盟统十一旗，锡林郭勒盟统十旗；西二盟：乌兰察布盟统六旗，伊克昭盟统七旗。

清朝在这些盟旗之上由理藩院及派驻地方的将军、都统进行管辖。他们是，盛京将军监督哲里木盟的科尔沁六旗；吉林将军、黑龙江将军监督哲里木盟的郭尔罗斯前旗和杜尔伯特旗等；热河都统监督卓索图盟五旗及昭乌达盟十一旗；察哈尔都统主要掌管察哈尔八旗及四牧群，其外监督锡林郭勒盟十旗；绥远城将军管辖土默特二旗并监督乌兰察布盟六旗及伊克昭盟的鄂尔多斯七旗。

外蒙古虽在清入关前已建立了"九白"的常贡关系，但入关后一度受噶尔丹的骚扰，直到康熙平定噶尔丹之后才恢复并确定外蒙各部的牧地。清封各部首领为汗和王、贝勒、台吉等，如内蒙一样建立盟旗制度。其各部所组合的盟旗是：喀尔喀四部及附额鲁特、辉特部四盟、八十六旗；杜尔伯特部及附辉特部二盟、十六旗；新土尔扈特一盟、三旗。此外札哈沁、明阿特、乌梁海部等，虽也有旗之设，却不属于外蒙古各盟。清朝对外蒙古盟旗的管辖，中央有理藩院的典属、柔远清吏司等机构，地方上有驻防将军或大臣等。其中定边左副将军（或称乌里雅苏台将军）为当地最高统治者，下设乌里雅苏台参赞大臣二人，一人由蒙古王公担任，与将军共同管辖喀尔喀诸部盟旗。科布多参赞大臣及帮办大臣管辖杜尔伯特、辉特、新土尔扈特等盟旗及札哈沁、阿明特、乌梁海等旗。库伦办事大臣掌中俄交涉事务，其属恰克图办事司员一人，负责监督中俄贸易。

青海主要为蒙古额鲁特部居牧之地，共分五部、二十九旗。即：和硕特部二十一旗、绰罗斯部二旗、辉特部一旗、土尔扈特部四旗、喀尔喀部一旗。还有察罕诺门汗部自编一旗。每旗各设旗长，掌治一旗，属官之设如内蒙古。旗之上，青海各部与察罕诺门汗部一旗共会一盟，但是不设盟长，而以清朝驻西宁办事大臣莅盟统辖之。道光三年（1823年）又分河北二十四旗为左右翼，每翼设正、副盟长各一人。

清代称藏族为图伯特，或唐古特，所居地区分为卫（前藏）、唐（又称喀木）、藏（后藏）、阿里四部。

崇德年间达赖及班禅已派人贡于清朝，经康熙至乾隆，先后平定噶尔丹叛乱及其所造成的影响，清朝在西藏便建立了政教合一的制度。当地的最高统治者为达赖喇嘛，驻前藏拉萨，掌全藏政令。班禅喇嘛，驻后藏扎什伦布，掌后藏寺院与其教民。在宗教上班禅略低于达赖，在政权上达赖高于班禅。前藏行政机构主要有噶厦和商上。噶厦为总管藏务会议厅，设三品官噶布伦四人。商上为分管财政的机构，除以噶布伦一人管理外，设四品三人，商卓特巴二人。还有专掌粮务的叶尔仓巴、掌道路的朗仔辖、掌刑名的协尔帮、及第巴等四至七品的各种名目官员。后藏也设四品商卓特巴、叶尔仓巴，五品等官员，掌管相应的政务。武官则有四至七品的，从几人至百多人。凡前后藏皆有营寨，按其地理险易和大中小，各设边营官及营官，总计一百六十余人。

佛教在西藏盛行，喇嘛很多，有的喇嘛在噶厦、商上任职，而僧官又分国师、禅师、札萨克大喇嘛、札萨克喇嘛、大喇嘛、副喇嘛等，专掌教事。

清朝在西藏设官始于雍正五年，派驻藏大臣二人，驻前藏，统管前后藏地方及喇嘛事务。后改为办事大臣、帮办大臣各一人，分驻前后藏。按规定，驻藏大臣督办藏内事务与达赖、班禅地位相等，实际驻藏大臣职权更大，是清政府的代表。达赖、班禅及以下呼图克图十八人、沙布隆十二人等活佛转世，称为"呼毕勒罕"，即奔巴金瓶掣签，均由驻藏大臣监督。

清政府在新疆实行盟旗制和伯克制。清末建省之前，曾就额鲁特旧土尔扈特部与和硕特部的实况，如内蒙设盟旗制。即：旧土尔扈特部为盟四，和硕特部为盟一。盟下为旗。每盟设正、副盟长各一人，旗设旗长（札萨克）一人，掌盟、旗政令。但是盟长由清朝政府任命，旗长则基本是世袭。此外新疆大部分地区为维吾尔族居住，清代称为"回部"。哈密、吐鲁番率先归服，曾设旗，部长被授札萨克。自康熙至乾隆平定回部诸乱之后，在这些地区不设札萨克，而实行伯克制。伯克原来是回部的酋长，经清朝重新任命，按职责和品级称某某伯克，共三十余名目。最高的为阿奇木伯克，掌综回务，三品至六品，其次为伊什罕伯克，掌赞理回务。四品至六品。其余分掌地亩、田粮、税务的，大抵四品至七品。

在清朝所封的札萨克郡王和诸伯克之上，清朝还派驻了伊犁将军，掌天山南北最高军政大权，下设参赞大臣一人辅之。又设塔尔巴哈台参赞大臣，喀什噶尔参赞大臣及帮办大臣，叶尔羌办事大臣及帮办大臣，和阗、阿克苏、乌什、库车、喀喇沙尔办事大臣等，以及乌鲁木齐都统、副都统，分管所在回城事务。

甘肃、青海、西藏、四川、云南、广西、贵州等地，历来居住蒙、藏、瑶、壮、彝、黎等少数民族。清朝根据这些地区的特点，以当地的土著人为各级行政机构的长官，清朝政府予以承认，但是当官的人可以世袭，这就是土官制。有文武两类，文官如知府、知州、知县等，皆加"土"字。武官有指挥使司指挥使、长官司长官。从正三品至正七品。此外还有土游击、土都司、土守备等。

清朝定制，文职土官共七阶，武职土官共五阶。其承袭、革除、升迁、降调，文隶吏部，武隶兵部。在地方上各归所在总督、巡抚或驻扎大臣、办事大臣等统辖。

国旗与国歌

与中国历史上的其他朝代一样，清朝本来并无法定的国旗与国歌。近代以后，随着清朝与西方国家的交往，清朝逐渐引入西方国家的一些概念，其中就包括国旗与国歌。1888年（光绪十四年），清政府认定"黄底蓝龙戏红珠图"（即俗称的

"黄龙旗")为大清国旗。19世纪后期至20世纪初,清朝曾先后使用《普天乐》、《李中堂乐》、《颂龙旗》作为半官方国歌或代国歌。直到1911年,清政府定《巩金瓯》为正式国歌,不过由于辛亥革命的爆发,《巩金瓯》后来没有流行开来。

清朝间的武装起事

据统计,整个清朝期间,武装起事曾多次发生,而且部分起事规模较大。其中较大的有:

* 1646—1683年东南明郑
* 1673—1681年三藩之乱
* 1796—1805年白莲教起义
* 1851—1864年太平天国运动
* 1852—1868年捻军之乱
* 1894—1911年兴中会、同盟会、国民党革命运动
* 1899—1900年义和团运动

另外蒙古、云南、陕西甘肃等地的穆斯林和准葛尔也多次发生起事。虽然波及不如上面那么大,但是许多都持续了十几年。在这些武装起事中,12个是汉族为主领导的,18个由西部少数民族为主。

据分析,没有武装起事的较长的时间有:

* 1698—1712年康熙
* 1806—1819年嘉庆
* 1828—1849年道光
* 1876—1893年光绪

总共四分之一于总体时间。

3. 西学东渐——与西方传教士的交注

清朝入关之初,对定居中原的西方传教士采取礼遇态度。其中,顺治帝特别倚重德国耶稣会士汤若望,并特别尊其为"玛法"(满语"爷爷"的意思)。

顺治帝自己多次向汤若望学习天文、历法、宗教等知识,以及治国之策。不久汤若望成为"钦天监"的负责人,掌管国家天文。在随后的一百多年里,"钦天监"皆由耶稣会士掌管。由于需要新的历法,清政府遂下令根据汤若望所著的《西洋新法历书》,制定新历法并颁行全国,名为时宪历。清朝初年和西方传教士的广泛交流为清朝皇帝了解和学习西方技术开启了一扇窗户。

顺治帝在世的时间,安徽人杨光先就多次指责汤若望用西洋历法替代中国本土历法,是别有用心、蔑视大清之举。但由于顺治帝对汤若望的倚重,杨光先的指责未得到重视。顺治帝去世后,杨光先再次诬告汤若望,结果辅政大臣鳌拜等人定汤若望死罪,直到后来才被放出。汤若望去世后,比利时耶稣会士南怀仁接

管"钦天监"。不久杨光先又诬告南怀仁。这时康熙帝已亲政，他对西方的科学技术，包括数学、天文、地理、光学、医学、解剖学等都有较大的兴趣。为了公开验证杨光先与南怀仁的是非，他于是多次召杨光先与南怀仁到宫中当众测验，结果证明南怀仁正确，杨光先错误。结果汤若望被平反，而杨光先被免职。这使得耶稣会士获得了更大的荣誉。

然而，17 世纪末至 18 世纪初，天主教内部发生了"礼仪之争"。罗马教皇下令禁止教区内的传教士使用耶稣会的中文词汇"天"和"上帝"来称呼天主，也禁止中国教友敬孔敬祖。这与当初意大利传教士利玛窦以及其后的传教士在中国传教时所采取的本土化政策截然相反。清政府对此十分不满，认为这样做有违中国敬孔祭祖的传统。康熙帝于 1700 年批示说："敬孔敬祖为敬爱先人和先师的表示，并非宗教迷信。"然而罗马主教则认为：在有关信仰问题上，神学界比中国皇帝更具权威。双方争持不下，最后清政府发出了"禁教"令，规定"不准不守'利玛窦的规矩'的传教士在中国地面继续行教"。

1722 年雍正帝即位后，下令对天主教奉行全面禁教政策，而多数传教士也因此被迫离开中国。这样清朝初年中西文化的交流就此中断。

对外政策

清朝建立伊始，清政府为了禁止和截断东南沿海的反清势力与据守台湾的郑成功部的联系，以巩固新朝的统治，曾于顺治十二年（1655 年）、十三年（1656 年）、康熙元年（1662 年）、五年（1666 年）、十四年（1675 年）五次颁布禁海令；并于顺治十七年（1660 年）、康熙元年（1622 年）、十七年（1678 年）三次颁布"迁海令"，禁止人民出海贸易，这中止了明朝中叶以后海外贸易繁荣的局面。

1683 年清朝攻占台湾后，康熙接受东南沿海的官员请求，停止了清初的海禁政策。但是康熙的开海禁是有限制的，其中最大的限制就是不许与西方贸易。

康熙曾口谕大臣们："除东洋外不许与他国贸易。"并说："海外如西洋等国，千百年后中国恐受其累，此朕逆料之言。"而且此时日本的德川幕府为了防止中国产品对日本的冲击，对与清朝的贸易也采取严格的限制。因此，此时的海外贸易与明末相比，已经大为衰弱。

到了乾隆以后，清朝开始实行全面的闭关锁国政策，一开始是四口通商，到后来只有广州开放对外通商，且由十三行垄断其进出贸易。清朝的闭关锁国政策在很大程度上阻碍了中国与西方世界的接触，当时西洋的科技发展蓬勃，渐渐地超越了以土耳其（奥斯曼帝国）为首的伊斯兰世界和以中国（清朝）为首的东方世界。

4. 往事如歌——有关清朝的争议

作为中国历史上最后一个君主制政权也是离现代最近的一个皇朝，同时又是一个与中原地区相比相对落后的部族（一说处于奴隶制）击败传统的"华夏民族"（指汉族、苗族、黎族等华夏族后裔）而建立的政权，清朝有其特殊性，长期以来存在大量争议。

一部分人认为，由于清朝自入关以来积极推行儒家思想，定国号大清，定都于中原的北京；同时清朝基本上保留了原先明朝的统治机构来统治人民，并以儒家传统和中原正统的继承者自居，因此清朝是中国的一个正统朝代。在近代清朝与西方国家的外交文件和公文中也往往以"中国"来指代清朝，并在国际上作为中国的代表。同时，清朝初期和中期打下的领土也奠定了今日中国版图的基础。这种观点目前为中华人民共和国以及中华民国历史教科书所认同，属于主流观点。

不过有部分人不同意这种看法（其中有不少人支持部分汉族人复兴本民族传统服饰的活动——汉服运动），这些人认为，清朝（或称满清）是在代表中国正统的明朝灭亡后，在中国土地上建立起来的外国或外族殖民政权，此时中国处于亡国时期，清朝史是中国的殖民史。女真故意用清的三点水来克明的日，并在月上用一个主来压。持此观点的人所认为的"中国"是代表汉族为主的华夏民族的中国（即华夏中国），而"外族"是以华夏为本位称呼明末侵入的当时被视为"蛮夷"的满族。这些人认为满清入关前后对明时期的中国人进行的一系列的屠杀与奴役与日本当年的侵华行为无论在残烈程度还是后续恶劣影响方面并无二致。以落后部落政权取代南宋的蒙元也同样被这些人认为是华夏中国的亡国时期。清朝统治者为保持满族的绝对统治地位，先入关时实行剃发易服（用血腥手段强迫华夏各族从剃发留辫的满俗，一改华夏中国外在形象）、圈地，以及对抗清军民的屠杀（如江南等地的屠城），得到统治权后则在精神和思想上进行非常严格的钳制（文字狱）。清立国之初即定满语为国语（后期变成汉语），初叶至中叶的官方文件有相当一部分以满文（清字）书写，如尼布楚条约的正式条约仅有满、俄、拉丁三种文本，而足以代表华夏中国的汉文版本仅在刻制的碑文中使用。另外，慈禧太后在因八国联军入侵而逃亡西安时所说的"宁赠友邦，不与家奴"的言论也经常被作为满清殖民中国的依据。

清代自入关后，共历十二帝，二百六十八年。

5. 国之栋梁——清朝名臣

鳌拜，清朝的开国元勋。

于成龙，被康熙帝誉为"天下廉吏第一"

纳兰明珠，康熙朝最重要的大臣之一。

刘墉，清朝名臣。

纪晓岚，"风流才子"和"幽默大师"。

和珅，清朝中期的大贪官。

曾国藩，对晚清历史影响颇大的人物。

李鸿章，"少年科第，壮年戎马，中年封疆，晚年洋务，一路扶摇"。

刘铭传，台湾首任巡抚。

林则徐，清朝名官，民族英雄。

关天培，武将，民族英雄。

施士伦，清朝名臣。

左宗棠，中兴清朝的名臣。

6. 尘封档案——帝国大事

1616 年努尔哈赤称汗，国号大金，史称后金。

1636 年，皇太极改国号为大清，称帝。

1644 年入主中原。

女真族是满族的前身，一直居住在满洲，即今中国东北。明朝洪武时，明朝欲压制北元残余势力，于是明朝在满洲一带设立远东指挥使司，开始着手控制女真部的各个部落。

女真族建州部猛哥帖木儿（努尔哈赤六世祖）时为明朝建州卫左都督，北方的部族势力强大，南下压迫建州。猛哥帖木儿被杀，建州部被迫南迁，最终定居于赫图阿拉。

南迁后，建州部与中原地区来往密切，社会生产力显著提高，经济繁荣，八旗制度随即建立，而此时正是努尔哈赤担任明朝建州部首领。1583 年（明万历十一年）努尔哈赤袭封为指挥使，以祖、父遗甲十三副，相继兼并海西四部，征服东海女真，统一了分散在满洲地区的女真各部。

1616 年（明万历四十四年），努尔哈赤在赫图阿拉称汗，建立大金（史称后金），改元天命。

1618 年（天命三年，明万历四十六年），努尔哈赤公布名为"七大恨"的讨明檄文，开始公开起兵反明。

建 国

1626 年，努尔哈赤在宁远战役中被明军的大炮打伤，不久逝世。第八子皇太极继位。

1636 年，皇太极在沈阳称帝，改国号大清，改元崇德，清朝正式建立。

1643 年皇太极病死，九子福临继位，是为顺治帝。

1644 年，李自成农民军推翻明朝统治，明崇祯帝自杀。吴三桂引清军入关打败农民军。同年（顺治元年），多尔衮迎顺治帝入关，在北京再次即位，并定都北京。清廷先后镇压了各地的农民军残余势力和南明抗清武装，逐步统一全国。

在清朝统一全国的过程中，由于规定所有人必须剃发易服，曾在南方遭到了部分汉族等各族人民的武装抵抗，发生过扬州十日、嘉定三屠等屠杀江南抗清军民事件。为了抗清，郑成功还在 1661 年攻下了被荷兰殖民者占领的台湾。

强 盛

清初，为缓和阶级和民族矛盾，实行奖励垦荒、减免捐税的政策，内地和边疆的社会经济都有所发展。

康熙帝 8 岁即位，在位达 61 年，是中国历史上统治时间最长的皇帝。在位期间，擒鳌拜，削平吴三桂等三藩之乱，消灭占据台湾的郑氏政权，攻占台湾，平定准噶尔叛乱，打败沙俄侵略，签订《尼布楚条约》，并编纂了《古今图书集成》和《康熙字典》等。

康熙去世后，雍正帝即位，打击腐败，整顿经济，推行改土归流，并且平定了青海。后面的乾隆帝编纂《四库全书》，建造圆明园，正式统一了新疆，但屡兴文字狱。至 18 世纪中叶，封建经济发展到一个新的高峰，史称"康乾盛世"。

衰 弱

清朝从乾隆朝末年开始逐渐衰落。皇帝一度重用贪官和珅，导致政治日渐腐败。而清朝统治者也失去了早期那种锐意进取的精神，渐趋保守和僵化。19 世纪上半叶，英国开始向中国走私鸦片，由于清朝的禁烟运动，导致 1840 年中英鸦片战争的爆发。鸦片战争失败后，西方列强开始不断入侵，迫使清政府与其缔结了一系列不平等条约，如《南京条约》、《天津条约》、《北京条约》等。根据这些条约，清政府被迫割地赔款，开放通商口岸，中国逐步沦为半殖民地半封建社会，中国的主权受到严重损害。人民负担沉重，由此而爆发了一系列的反抗运动，如太平天国运动，一度对清朝的统治构成了严重挑战。

变法维新

为挽救自身命运并增强国力，清政府内部亦进行了一些维新运动，试图革新图强，其中最为著名的是自 1860 年代开始的洋务运动。随着洋务运动的开展，全国各地开始先后引入国外科学技术，开设矿业、工厂，建设铁路、架设电报网，修建新式学校、培训技术人才；同时也成立了新的军事工业，逐步改进清军的武器装备和作战方法。洋务运动使得清朝的国力有了一定程度的恢复和增强，到同治年间一度出现了较安定的局面，史称"同治中兴"。

其间清朝成功消灭太平军、捻军之乱，并收复新疆，在国际上的地位和形象也有较大的改善。

至 1880 年代，清朝军队的装备和洋务运动之前相比已有了明显的提高；在 1884 年至 1885 年中法战争期间的一系列战役中，清军和法军互有胜负。战后，清朝设立了海军衙门，并建成了号称亚洲第一、世界第六的近代海军舰队——北洋水师。

洋务运动虽取得了很大的成果，但是由于种种原因，最终仍未达到像日本明治维新那样的效果，结果导致 1894 年中日甲午战争的失败以及其后《马关条约》的签订。

随后，由光绪帝亲自领导发动的政治改革运动——戊戌变法则因保守派的反对和政变而告流产。

失民心者

19世纪末，中国国内的排外情绪开始高涨，结果引发了震惊中外的义和团运动以及随后八国联军的入侵。

1901年《辛丑条约》签订后，清朝开始推行"新政"，进行了包括建立新军、废除科举在内的一系列改革。

不久，中国发生了立宪与革命的改革路线之争，一开始立宪派占上风，清政府也答应实行君主立宪。不过，1911年5月组成的"责任内阁"中的大多数成员为皇族身份，故被称为"皇族内阁"，结果引发立宪派的不满。同年10月，武昌起义爆发，各省随后纷纷宣布独立，清朝的统治开始瓦解。

清末代皇帝宣统于1912年退位，标志着中国两千多年来的君主制度的正式结束。到1917年张勋又曾复辟清朝，但只持续了12天。

儿皇敬塘

在冯玉祥进行过激的逼宫运动后，宣统皇帝被迫离开皇宫，移居天津。

在日本关东军的教唆，满清遗臣的怂恿下，宣统皇帝进入沦陷区，建立满洲国，但这是一个被日本军方完全控制的傀儡国。

日本投降后，满洲国解体，"康德皇帝"退位，至此，前朝皇族爱新觉罗族再无任何执政党羽。

7. 自毁"长城"——大清王朝的掘墓人

决定清王朝覆亡命运的是武昌起义，而在此之前，孙中山等革命党人发动过无数次武装斗争，许多次（如黄花岗）都倾注了大量革命精锐，经过周密的组织和策划，进行过艰苦卓绝的准备，结果都以失败告终，而武昌起义这一次无论从策划、组织及投入人力、物力上，都相形见绌，它怎么就能一举奠定清政府覆亡之局呢？

武昌枪响后的战果甚至让许多革命党人都深觉意外，孙中山后来就曾坦言："武昌之成功，乃成于意外。其主因则在瑞澄（当时的湖广总督）一逃。倘瑞澄不逃，则张彪（当时湖北地区的最高军事长官）断不走，而彼之统驭必不失，秩序必不乱也。……乃此小部分（指起事之新军），以机关破坏而自危，决冒险以图功，成败在所不计，初不意一击而中也。"

"武昌之成功，乃成于意外"，因为当时的大清王朝尽管已是一泥足巨人，但革命党的力量仍然只能惊扰它而不足以覆灭之。既然革命党都不是大清王朝最有力的掘墓人，那么谁才有资格荣膺此称呢？

考察这一问题我们不能忽视清政府和革命党之外的第三方力量，这就是立宪派。立宪派的成分较为复杂，但都有一共同点，即希望中国靠实行宪政走改良的道路，不愿意中原板荡天翻地覆。立宪派起初是站在政府一边的，他们劝告清政府速开国会速行立宪的一个重要的理由就是，不这样做必将招来革命之祸。立宪派为实现自己的政治主张采取的都是和平手段，除上书请愿外，代表们还向亲贵大臣哀求，力陈国会不可不开之理由以及各地人民望速开国会之情况，同时也指出形势危急，如果拒绝代表要求，将会发生流血巨变，说到动情处，这些堪称各地精英的代表们常常情不自禁痛哭流涕。

显然，这些能够主导一方民意的士绅们的确是向清政府竭尽忠言的"屈原"，充其量只是"跪着暴动"而已。可是，清政府对这群"屈原"的态度如何呢？

先是虚与委蛇，未同意速开国会而是勉强答应缩短开国会的期限，然后露出狰狞面目，下令解散各请愿代表团，最后更公然炮制了一个皇族内阁来虚应故事。立宪派人士满怀忠忱，奔走呼号，血泪相继，希望速开国会，实行立宪，力挽革命狂澜，保住大清王朝，谁知得到的却是这样一个结果和下场。悲愤和失望之下，立宪派知道颠顸的清政府已经不是任何和风细雨可以感化的了，只有雷电和霹雳才足以让它从迷梦中醒来，《梁启超年谱长编》中记载了当时参加请愿的立宪党人的活动，"各代表闻此乱命，亦极愤怒，即夕约集报馆中，秘议同人各返本省，向咨议局报告清廷政治绝望，吾辈公决秘谋革命，并即以各咨议中之同志为革命之干部人员，若日后遇有可以发难之问题，则各省同志应即竭力响应援助起义独立云云。"

这是改良派在愤懑之余的一种合乎逻辑的心理变化，改良派中即使像梁启超这样过去坚定的保皇党也终于对专制皇权完全绝望，转而另谋发展。事实上他们很快就付诸了行动。当武昌首义的枪声仓猝响起时，为什么各地会一改以往之沉默纷起响应，终使清王朝专制政权土崩鱼烂？很大程度上要归功于那些在地方上地位举足轻重的立宪派人士的居中筹划，他们出面谋划独立，仿佛登高一呼，对清王朝的打击当然是致命的。等到大势已去，清王朝才想起要发一道可怜兮兮的上谕，希望"与民更始"，承诺什么"嗣后大清帝国之臣民，苟不越法律范围，均享国家保护之权利"云云，专制者的贱相毕露矣，然而革命的飓风已经席卷而来，非人力可以挽回，金銮殿上的孤儿寡妇只能相拥而泣了。

大清王朝亡于谁手？应该说这是各种力量综合作用的结果。而清政府不明大势处置乖张，逼得那些本来以维护清王朝为初衷的立宪派人士反水，终于使自己的统治彻底失去了道义基础，陷于四面楚歌之绝境，当此之际，不亡何待？谁是大清王朝最有力的掘墓人？毋宁说这个掘墓人正是清王朝自己，是那些当政的死死不肯放权的满州贵族，他们犯下了一系列错误，而其中最严重、最致命的失策，窃以为是把改良派逼成了革命党。

8. 历史旋涡——大清王朝的宿命

如果历史重给我们一次机会，我们还会不会必输给日本？

人们在仔仔细细查看甲午前后的历史数据时发现：原来当时的国力不逊于日本，清朝的军力也不逊于日本。

在甲午战争前，清朝也有近三十年的经济改革（洋务运动）。"中国近代矿业已开始用机器采煤，仅开平矿务局，至1889年年产量已达247 000吨，有力地抵制了洋煤的进口。1882年输入天津的洋煤为5 400吨，到1886年便减至301吨。1890年，两广总督张之洞为了抵制洋铁进口，开工兴建汉阳铁厂，至1893年全部竣工，该厂设备先进，拥有十个工厂，三千多工人，所生产的铁除了供应本国外，还出口到美、日等国。1879年李鸿章在天津成立了电报总局，到1885年，沿海、沿江各省都架设了电线，总长度达到一万数千里，连厦门、台湾之间都架设了海底电缆。轻工业也在此期间得到大力发展。1880年，左宗棠创办兰州织呢局，成为中国近代纺织工业的鼻祖。同年，李鸿章也派人创办了上海机器织布局，中国近代纺织业从上海、宁波、镇江、武昌等地向全国蔓延开来。1882年，广州开始有了自来水，稍后，武昌、上海也相继办起了自来水厂。近代化的机器缫丝、轧花、造纸、印刷、制药、玻璃制造等民用工业都得到了迅速发展。"

1872年，李鸿章主持在上海建立了轮船招商局，这是洋务派创办的第一个民用企业。招商局开办仅三年时间，就为清政府回收了1 300多万两白银，这是"经济改革"的成就，而相比之下，直到1894年，中日爆发甲午战争，日本政府的总年收入才8 000万日元。军事上，1884年朝鲜"甲申事变"后，清政府设立海军衙门，决定"惩前毖后，自以大治水师为主"。到1888年，北洋海军正式建军，装备了7 000吨级铁甲巨舰2艘、2 000吨级巡洋舰5艘，加上其他大小军舰，共20多艘；南洋舰队也拥有了2 000吨级主力舰4艘，1 000吨级炮舰3艘；广东、福建舰队共有千吨级舰艇8艘。四支舰队共计大小舰船80多艘，这支庞大的海军，居当时世界第四位。19世纪80年代开始，清政府还以巨资修筑了旅顺、大连、威海、烟台、吴淞、马尾、黄埔等海防基地，装备了最新式的克虏伯自动回转射击大炮，以及深水军港、船坞等配套设施，旅大、威海、大沽等基地的营建，使中国拥有了当时远东规模最大的军港、船坞、炮台防御体系。仅在旅顺一地，就装备了数百门德国克虏伯大炮，成为世界著名军港之一。洋务运动期间，陆军也开始过渡为专门抵抗外国侵略的国防军，这是具有近代化意义的职能转变。

1862年李鸿章到上海后，命令淮军向洋兵学习西洋枪炮和阵法，仅仅两年多的时间，就把6 000多人的淮军扩充到五六万人，洋枪三四万支，炮兵六七个营。淮军从1871年开始改装当时最先进的克虏伯后膛钢炮，到1884年已装备370多门。左宗棠所部湘军从1863年开始建立洋枪队，1867年进军西北后，洋枪比例增加到六成。19世纪80年代以后，全部用西洋枪炮武装起来的湘、淮等近代化军队已经遍布东南、西北和南洋、北洋，左宗棠率军收复新疆、冯子才在镇南关大败法军等重大胜利，都是与清军的新式装备分不开的。中法战争中，出关作战的滇军主要装备是毛瑟枪，另外还配备了哈乞开斯连发枪、克虏伯钢炮等。陆军不仅装备改良，而且受到了不同程度的西式军事训练。许多军官都经过军事学校的培训，军队的素质得到提高。清朝政府能在甲午战争初期，迅速调集二万多军队开赴朝鲜和鸭绿江边，说明军队的机动性也能得到明显改善。

在 1890 年时，北洋海军 2 000 吨位以上的战舰有 7 艘，共 27 000 多吨；而日本海军 2 000 吨位以上的战舰仅有 5 艘，共 17 000 多吨。既使不能说清朝的军力强于日本，也绝不能说清朝的军力弱于日本。

甲午战争不同于鸦片战争，不是大刀长矛对抗坚船利炮的战争。打开那段屈辱的历史可以看出。清朝不输在经济实力，也不是输在军事装备，更不是输在爱国热情。清朝的普通士兵是很英勇爱国的。中日初次交锋，日舰截住运兵船高升号，船上的清兵宁死不当俘虏，用步枪还击日军，最后被击沉，绝大多数士兵遇难。在随后的平壤等战役中清兵也拼死一战，日军往往要集中炮火和成倍的优势兵力，才能攻克一个阵地。根据日军的"清日战争实记"记载："大小炮弹连发如雨，炮声隆隆震天撼地，硝烟如云涌起，遮于面前。在如此激烈的炮击下，原以为敌兵会立即溃散。然而，我军前进一步，敌军亦前进一步，彼此步步相互接近。此时，除使炮击更加猛烈外，亦别无他顾。战争愈来愈激烈，乾坤似将为之崩裂。……"日军损失惨重，中日的伤亡人数对比是基本相当的。

但当时的清政府还有一些败类，如清军统帅叶志超。当日军拿下平壤外城时，当日战斗就战死 189 人，伤 516 人，清兵伤亡人数少于日军。日军所带的弹药、口粮都已用尽，在平壤城外冒雨露宿，处境极为艰难。叶志超却丧失了抵抗信心，传令放弃辎重，轻装持械，趁夜而退。当时，大雨倾盆，清兵冒雨蜂拥出城。清兵混乱中不分敌我，胡乱放枪开炮，误伤累累。经过整整一夜，清军全部退出平壤，在混乱中死伤人数达到 2 000 多人，远远超过了在战役中的损失。

平壤战役后，清军全部退至鸭绿江边，日军于是完全控制了朝鲜。在海军上清朝也并不输于武器装备与爱国精神。有关中日黄海海战的参战实力对比大部分人都看过，具体说来基本是双方旗鼓相当，各有所长。中国军舰共 14 艘，其中 4 艘因太小没有投入战斗，参战军舰 10 艘共 31 000 吨。日本海军实际参战 12 艘军舰共 38 000 吨。中方胜在巨舰大炮，装甲厚；"定远"、"镇远"都是远东数一数二的铁甲战列舰。日方强在速射炮多，火力猛。中方各舰管带不少是由中国留学生担任的，熟悉船舶。北洋海军水兵也很勇敢，富于爱国热情，士气很高，并不亚于日本海军。大家都知道致远号在管带邓世昌的带领下，弹尽舰伤之时勇撞"吉野"，不幸为鱼雷所中，全舰官兵共 252 名壮烈战死。可很少有人知道在同一场海战中"经远"号负伤后，管带林永升（他是一个留学生）临危不惧，操轮撞击日舰。不幸，也中鱼雷沉没，全舰 270 人除 16 人获救外，全部牺牲。

清政府输在哪里？输在制度的腐败。像慈禧太后，要做寿，要搞庆典，修园子；反正国家的利益在她的私人利益之下，北洋的经费她可以任意取用，挥霍，而使北洋舰队老化，无钱按原计划购新舰，连吉野也因此由中国定造舰变成日本舰。甲午海战旗舰"定远"更是因年久失修，开炮竟震塌舰桥，让整个舰队失去指挥。还有一帮清朝的军需官腐化堕落，暗饱私囊，购来一些低劣的炮弹甚至教练弹充数。因此。虽然有多次日舰中弹，却未见炮弹爆炸。清廷还是"威严"的。叶志超、方伯谦之流全被斩首，就连没劝叶志超的将领也被诛杀。然而他们造成的损失却再也补不回来了。在这种制度下，再强调爱国，还是会有叶、方这样的人官路亨通，把一人，一家的利益放在国家利益之上。纵观甲午战争战史，叶、方这样的人还不算太多，北洋舰队的官员们还没"都烂掉"。甲午战争的失败是因为清政府的腐败。

任何一个史学家都知道：甲午战争的命运在明治维新与洋务运动两种不同的变革兴起时就已种下。既使清政府能侥幸获得一二次的战术胜利，也难逃最终的战略失败。

1895 年 2 月，清政府战败，议和，割地赔款。

1895 年 4 月中旬，和日本签订《马关条约》的消息传到北京，一个叫康有为的人为后世中国知识分子的政治运动方式定下基调，那就是聚众请愿。他联合起 18 省的举人，发动了史无前例的"公车上书"。他是冒着被杀头的危险干这件事情的。他举着"上清帝书"，带领着 600 名举人，浩浩荡荡向都察院进发。书中向皇帝陈明："近世日本胜我，决非其将相兵器能胜我也……"并提出了 4 项请求："下罪己诏鼓天下之气，迁都定天下之本，练兵强天下之势，变法成天下之治。"他没有因请愿被杀，光绪皇帝听从了他的意见，开始变法维新。

1898 年 9 月仅仅历时百日的变法改革触及了慈禧太后与保守派的权力与利益。

血腥镇压开始，有人引刀向颈，悲壮豪迈。但康有为、梁启超得到通风报信，在外国的庇护下逃亡。此后虽然他们还常评价时政，以元老身份发布看法，但在历史上他们的声音已经可以忽略不计。

1900 年是偶然还是必然？群众爱国主义被借来作为慈禧低抗列强要求变法压力的工具，义和团兴起。

1911 年，清朝灭亡了。大厦终于塌了，裂缝是从最下层开始的。

这是一个大革命的时代，民主与宪政被堂而皇之地抬上了舞台，成为最激动人心的口号。但这场革命的起源与性质，将最终决定它与之再次失之交臂。

20 世纪二三十年代，中国军阀纷争，内乱不止。这不是源于公车上书，不是源于辛亥革命，而是源于戊戌的血迹。

1931—1945 年第二次中日战争爆发。

戊戌变法六君子死了。但重要的是在于戊戌喋血的意义。也许在当时，以及以后的十几年里没人看出戊戌血腥对清朝命运的最终影响。但现在的史学论述都已看到这个清晰的意义：戊戌变法的失败，已经断绝了中国在清王朝后期用和平变革方式实现君主立宪制的可能性，清政府以十分"激进"的手段对付变革，"六君子"喋血菜市口，康、梁等被迫流亡海外。当清政府连"体制内"的改革者都不能容忍，把他们推向"体制外"时，一场社会革命便难以避免了。

菜市口的斩杀是个信号，如果谭嗣同的血白流了，如果能真正忘却这个事件倒是中国的大幸。可惜他的血没白流。也许没人会刻意铭记这个事件，但它的象征意义却会被每个人都记住，从此不再会有公车上书。当下一次危机出现时，一切都晚了。如果说戊戌喋血前人们还有希望，戊戌喋血之后就只剩下失望了。

当1898年之时，清政府还有消化的能力、引导的能力、控制的能力。等武昌起义之时，它一点讨价还价的能力都没了。一个权力的崩溃，另一个权力还不能有效建起，这时的改革是极艰难的，失去统一的政令与权威，破旧立新谈何容易？当正常的"游戏规则"无法建立时，剩下的只有暴力、阴谋，或其他。

历史有时相似得让人心碎。

9. 岁月留痕——清朝秘史

满洲皇族的婚姻习俗断送了大清王朝的根

光绪帝绝后，他之前同治帝绝后，他之后宣统帝也绝后。据史料记载，光绪帝继位人宣统帝溥仪，活了61周岁，也是绝后。

"不孝有三，无后为大"，入主中原200余年，已被儒家文化浸透了的爱新觉罗氏皇族，必以皇帝有生育能力为荣。同治帝、光绪帝、宣统帝，三朝皇帝个个绝后。人们不禁要问：爱新觉罗氏皇族到底怎么啦？大清国到底怎么啦？

对此，广泛涉猎有关史书、传记，未见研究结果。从现代医学角度透视分析，能依稀看到相当重要的缘由。可以说，清末三朝皇帝都未生儿育女，与满洲皇族的婚姻习俗有关。甚至还可以这样说，满洲皇族的婚姻习俗导致皇帝生育能力逐渐下降，直至清末连续三代皇帝的龙种繁衍戛然而止。

按照满洲皇族的婚配习俗，丈夫死后，允许妻子转嫁丈夫的弟弟，甚至可以转嫁儿子或侄辈。这种原始的婚俗，把女人当做一种财富和交配工具。清太祖努尔哈赤死前曾嘱咐：俟我百年之后，我的诸幼子和大福晋交给大阿哥收养。大福晋是指努尔哈赤的嫡妻，大阿哥是指努尔哈赤的长子代善。有人认为，努尔哈赤所说的"收养"，是指自己死后将嫡妻归儿子代善所有。皇太极时代，莽古尔泰贝勒死后，他的众多妻子分别分给侄子豪格和岳托；努尔哈赤第十子德格类贝勒死后，他众多妻子中的一个被第十二子阿济格纳为妻。肃亲王豪格是皇太极的长子，多尔衮是努尔哈赤的第十四子，是皇太极的亲弟弟，论辈分多尔衮是豪格的亲叔叔。但豪格娶的嫡妻博尔济锦氏，是叔叔多尔衮其中一个妻子（元妃）的妹妹。侄子豪格死后，他的嫡妻博尔济锦氏在叔叔多尔衮逼迫之下，被多尔衮纳为妻子。

　　大清国开国皇帝皇太极及其儿子顺治帝的婚配，都是典型的近亲婚配或乱伦婚配。建州女真的领头人努尔哈赤，为统一女真各部落，娶蒙古科尔沁贝勒明安的女儿为侧妃，开与蒙古部落联姻之先河。后来，他的四个儿子都娶蒙古女子为妻。尤其是他的第八子皇太极，为了对付强大的明朝，积极推进满蒙联姻。皇太极改国号为"大清"后，册封的五宫后妃都来自蒙古博尔济锦家族，其中三位漂亮的后妃论辈分乃是姑侄。先是姑姑博尔济锦氏于1614年嫁给时为贝勒的皇太极，后尊称为孝端文皇后，生了三个女儿；接着，1625年春，她的年仅13岁的侄女又嫁给当时仍为贝勒的皇太极，后被封为永福宫庄妃，生了顺治帝福临，还生了三个女儿，后被尊为孝庄文皇后；之后，1634年，她的另一个26岁的侄女，也就是庄妃的亲姐姐，也嫁给了继承汗位多年的皇太极，被封为宸妃，生过一个两岁即夭的儿子。有人统计，皇太极在位期间，满洲贵族仅与蒙古科尔沁部联姻就达18次之多。皇太极之子顺治帝与其父亲一样，也是近亲婚配或乱伦婚配：孝庄文皇后的两个侄女，都嫁给了顺治帝，一个封为皇后（即孝惠皇后，后被废降为静妃），另一个封为淑惠妃。顺治帝娶的这两个妻子，是他同一个亲舅舅的两个女儿，都是他的表妹；后来，孝庄文皇后的一个侄孙女又嫁给顺治帝为妻，后被封为孝惠章皇后。这就是说，顺治帝不仅娶了两个表妹，还娶了表侄女为妻。而从蒙古科尔沁部首领莽古思的角度来讲血缘伦理，他将女儿孝端文皇后嫁给了皇太极，又将两个孙女孝庄文皇后和宸妃嫁给了皇太极，后又将两个孙女静妃和淑惠妃、一个曾孙女孝惠章皇后嫁给皇太极的儿子顺治帝福临。

　　为了增进与强大的蒙古部落的联盟，金国大汗、大清国皇帝、王、贝勒等贵族不仅娶蒙古女子为妻，还把自己的女儿嫁给蒙古王公贵族。清国初创时期，大清国第一帝皇太极，将长女至四女几个十二三岁以上的女儿，都嫁给蒙古各部落的王子王孙。其中，三女固伦端靖长公主、四女固伦雍穆长公主，嫁给孝端、孝庄两位皇后的娘家子孙。其他几个女儿在皇太极死后出嫁，多数也嫁给了蒙古王孙公子。至清政权入关中原后，加强与蒙古各部落的政治联姻，仍为历朝清帝奉行的基本国策。

　　清政权入关后，受中原伦理观念影响，对皇室的近亲婚配和乱伦婚配逐渐限制。康熙朝规定：阅选秀女时，秀女中属后族近支或母族属爱新觉罗之女的，应当予以声明。嘉庆朝规定：挑选秀女时，属皇后、皇贵妃、妃嫔亲姐妹的，加恩不予挑选。规定归规定，实际上近亲婚配和乱伦婚配依然存在。顺治帝娶一等侍卫佟国维的姐姐佟佳氏为妻，佟佳氏所生第三子即康熙帝玄烨，她后被尊为孝康章皇后。后来，康熙帝娶佟国维的女儿为妻，她就是孝懿仁皇后；孝懿仁皇后的一个妹妹也嫁给了康熙帝。后被尊为女真（满族前身）初兴时期仅3万人，蒙古则有40万铁骑，弱小的满族要实现扩张雄心，奉行满蒙联姻，不失为高明之举。金国大汗、大清国皇帝、王、贝勒等贵族娶蒙古女子为妻，又将自己的女儿嫁给蒙古王子王孙，其间夹杂着严重的近亲婚配甚至乱伦婚配，如此相袭，亲上加亲，有的因姑侄同嫁一人，亲到了扯不清伦理的地步。

满蒙联姻的结果，带来了灭亡明朝、入主中原的辉煌胜利，同时，近亲和乱伦婚配又伏下了满洲皇族毁灭的因子。

综观清代皇帝，总体上越到后来生育能力越差，所生子女早夭比例越高。

开国皇帝皇太极（崇德帝），享年 51 周岁，可查的有名分的后妃 15 位，仅以此 15 位后妃为计算依据，她们和皇太极生了 11 个儿子、14 个女儿。

11 个儿子中长到 16 虚岁以上的成人共 7 位，4 个早夭；14 个女儿中 13 位长到 16 岁以上，只有一位 15 岁死去，子女早夭的比例为 20%。

第二位皇帝福临（顺治帝），患天花而死，终年 24 周岁还差一个月，可谓短命，但娶了有名分或生有子女的后妃共 18 位，生育子女数量不少，共 8 个儿子、6 个女儿。可能与其近亲结婚和乱伦婚配有关，其中 4 个儿子早夭，6 个女儿中超过 16 岁的 4 人，但只有一个女儿出嫁，其余都在未出嫁前就夭折了，子女早夭比例为 43%。

第三位皇帝玄烨（康熙帝），享年 68 周岁，据不完全统计，生前拥有后、妃、嫔 55 位，共生了 35 个儿子、20 个女儿，其中长大成人，封有爵位的儿子 12 人，长到 16 虚岁以上的女儿 8 人，子女早夭折的比例为 51%。

接下来几位皇帝生育能力有所下降，但不算太弱。第四位皇帝雍正帝，享年 56 周岁，自称"清心寡欲，自幼性情不好声色。即位以后，宫人甚少"。据《清史稿》记载，他娶有后妃 7 人，共生了 10 个儿子、4 个女儿。第五位皇帝乾隆帝，享年 87 周岁，生前册立的后、妃、嫔共 31 位，生有 17 个儿子、10 个女儿。第六位皇帝嘉庆帝，享年 59 周岁，共有后、妃、嫔 14 位，但只生了 5 个儿子、9 个女儿。其中，长子只活了三个来月，未取名就死去；7 个女儿未成年早殇，出嫁的皇三女和皇四女也很短命，分别于 31 岁和 28 岁时死去。儿女的早夭比例高达 57%。第七位皇帝道光帝，享年 67 周岁，有名分的后妃 20 位，共生了 9 个儿子、10 个女儿，第二、三子婴儿时就死了，10 个女儿中只有 5 个女儿长大成人，其中最长寿的一位仅活到 34 虚岁，其他四位二十出头都相继夭折，子女早夭比例高达 37%。而且，论医学条件，道光时代要比皇太极时代好得多，皇太极常带着妻子和儿女浴血征战，有时连性命都难保，根本谈不上优越的生育条件和医疗保健；道光帝旻宁则是拉开架势当皇帝的，后妃的生育保健与儿女的医疗条件绝对天下一流，但与先祖开国皇帝皇太极相比，所生子女数量要少得多，子女早夭比例则要高得多。第八位皇帝咸丰帝，一生风流成性，有名分的后妃 19 人，却只生了两个儿子、一个女儿，大儿子出生不久来不及取名就死了，女儿仅活到 20 虚岁，幸存的儿子就是后来的同治帝。

咸丰帝的生育能力还不是最糟糕的，其后同治帝载淳、光绪帝载湉、宣统帝溥仪，接连三位皇帝均未生育子女。爱新觉罗皇族代表人物的生育能力，如同他们崇尚的武功那样彻底废了。

就光绪帝而言，由于当傀儡皇帝，政治抱负得不到施展，婚姻又非常不幸，一生"未尝一日展容舒气也"，身心受到严重摧残，加之受祖辈近亲婚配和乱伦婚配的影响，身体很差，患有遗精、头痛、痨症、脊骨痛等多种疾病。尤其是长期所患的遗精病，是他丧失生育能力的重要原因。1907 年，也就是光绪帝死前一年，他曾亲自探究并写下自己的病原："遗精之病将 20 年，前数年每月必发十数次，近数年每月不过二三次，且有无梦不举即自遗泄之时，冬天较甚。近数年遗泄较少者，并非渐愈，乃系肾经亏损太甚，无力发泄之故。"光绪帝生于 1871 年 8 月，写病原时36 周岁，这就是说，他从十五六岁青春发育期起就患了遗精之病，每月多达十几次。30 岁出头，便到了几乎无精可泄的地步。患有如此要命的疾病，无论怎样刻意播撒龙种也就成了徒劳。光绪帝能将如此超级隐私写出来是很有勇气的。同治帝、宣统帝也都未生育龙子凤女，是不是也有此类超级隐私呢？

封建时代，皇帝绝后不仅是皇族的不幸，也是整个国家的不幸，常常因此引发政治灾难。载漪、荣禄之辈，正是钻了光绪帝绝后这个空子，伙同慈禧太后立溥仪、废光绪，惹起一大堆政治麻烦。三朝皇帝连续绝后，大清国一派末世征兆，曾经辉煌于世的封建王朝急剧走向衰败。

中国的强盛是怎样让位于大英帝国的

从 1840 年鸦片战争起，外国和中国的战争为何屡次取胜？在于武器先进；为何武器先进？在于科技和文明发达；为何科技和文明发达？在于肯学习，肯改进。并不是说英国之强就是因为肯学习，肯改进，更不是说英国工业革命就是因为这个。而是在那个武器决定战争胜负的时代，若清朝统治者肯学习西方的武器技术并改进之，不至于入关后近两百年无进步的话，那加上中国军人的数量和勇气绝对会战胜西方人。这点就连 1860 年侵略中国的英法联军也这么认为。可以这么说，肯学习肯改进的精神不是西方人领先的唯一原因，但是若当时西方人没有这种精神，怕是他们的任何进步都不可能有，又何来后来的工业革命？

鸦片战争前夕，清朝勉强说仍然算是天朝上国，在战争失败后才变成了二等国家。因为武器的原因，1860 年时英法几千兵就打败了中国，当时联军非常惊讶于这种战果。当他们看到清军不怕死地往前冲进行自杀式的战争时，都深深地佩服中国人的勇气，以为中国军队只要武器先进点，就不会失败，至少不会败得那么惨！有人会以为这一切的根本原因是中国的封建制度和儒家思想，其实不是。一个很显明的事实是：换了任何汉族统治者在 1840 年到 1860 年这 20 年间不可能没有任何作为，不可能连武器都不改进。因为改进武器根本就不需要对封建专制制度作什么修改，一个很近的例子就是明末引进红衣大炮。可是满清呢？1840 年后继续做梦，直到 1860 年武器还是没有任何的改进。所以不要把一切失败的原因都归结为儒家思想和封建制度，中国在清朝以前的生产力总是在曲折地向前发展着，即使在战乱时期，优秀的中国人也会有很先进的发明，比如祖冲之的"千里船"和诸葛亮的"木牛流马"，这方面的例子太多了，这都表明在清以前中国的劳动力在发展。可是清朝呢？几百年的前清史就是中国人的做梦史。

英国进行工业革命时的中国——大清帝国，封闭，自大，盲目地以"天朝上国"自居，不愿学习任何新事物。为什么这样？在于统治者来自于原本处于奴隶社会的比汉族落后很远的少数民族，他们学习汉文化却不能消化汉文化。汉人原本可以轻松驾驭的汉文化，满人却不行，满人不明白汉文化的消极因素在哪里？他们希望在保持自己民族特色的前提下，用儒家的忠君思想建立一个保守而稳固的传统儒家王朝。他们不愿意也不可能对这种儒家文化展开深刻的反思和批判，更不可能允许一切可能触动旗人特殊利益或统治基础的改革，这样便造成了满族统治者疆化的思想、顽固的思想，以至于当西方已经发生天翻地覆的变化时，中国还犹如在梦中，懵懂不觉，陶醉在中华第一的幻梦中，做着那个万国来朝的美梦。

的确，大清帝国在19世纪前是世界第一，中华从有国家以来都是世界第一，可是满族统治者在西方工业革命暴发后，在19世纪后甚至在1840年后仍然沉浸在曾为世界第一的汉文化中。在1840年前，大清帝国哲学无进步，统治方式无进步，科学无进步，武器无进步科学文化几乎跟明朝处于同一水平，甚至于落后于明朝。很多在明朝已成型的科学思想、成型的哲学思想，都在清朝停顿下来。最有代表性的就是武器，到1840年，整200年，我国武器居然没有任何进步。

大清帝国是由一个文化极端落后的奴隶制部落在一个千载难逢的历史机遇下入主中原建立的王朝，对于满族人，发展了几千年的汉文化是非常先进的，他们就像学生一样努力吸收汉文化，同时也根据自己的需要把汉文化作选择性的阉割。他们将传统的中央集权制度推向极致，明朝的内阁制度被他们视为造成皇权旁落的制度。早期的清朝皇帝既无能力，又没遇到后来的那种变化，中华帝国继续着他的"天朝上国"的高贵荣誉。等世事一变，后世主又不具备非常之才，清朝统治者发现了自己不行，却又想不出好的办法使国家重新辉煌。他们只有靠盲目自大来麻木国人和自己，不允许臣子和老百姓学习新事物以免让他们那点小小的自尊被人活生生地戳穿。所以晚清虽然出了许多有见识、有见地的能人，可惜整个清朝没有一块适合他们生长的土地，因此革命随之而来。

想起明末明军用外国的红衣大炮时，可曾有大臣和皇帝反对？对比清末，新事物的每一步发展都要遭到很多人的反对。英国人马噶尔尼送给乾隆的礼物中有英国的枪炮，可是满族人得到后把这些宝贝存放于密室之中，从未曾研究过。若中国没有一个好的船主指挥这艘老旧的大船，中国就会被外国打败！后来鸦片战争也正应验了这句话！康、雍、乾这样的明君处在19世纪的中国，很可能也会变通思想，使中国慢慢走向辉煌。

当世界处于农业时代时，清军应当说是很厉害的，满洲八旗也有过辉煌的历史，可是他们不思进取，致使满八旗入关后很快就堕落，又使几百年后满族人仍然是只习弓马，并使原来对火器很有兴趣并大量使用的汉人也变得只习弓马。由此并联想到清朝近300年的作为，可知满清统治集团是一个不思进取的集团。

因为上述的原因我为大明之亡感到痛心。

清太祖努尔哈赤的历史评价

一位西方学者说，西方人最关注的中国古代英杰人物是成吉思汗和努尔哈赤。在中国灿如星汉的历史人物中，他们为什么更钟情于成吉思汗和努尔哈赤？主要原因可能是同成吉思汗相比，努尔哈赤的传奇色彩似乎更浓。

努尔哈赤在中华文明史上开创了一个时代，由他奠基的大清帝国，到康乾盛世时，成为当时世界上人口最众多、幅员最辽阔、经济富庶、文化繁荣、国力强盛的大帝国。努尔哈赤作为大清帝国的奠基人，作为一个新时代的开创者，对清代历史产生了原生性的影响：播下了"康乾盛世"的种子。

有一本美国历任总统的合传，提到各届总统值得历史学家肯定的历史功绩，有的一二件，多者也不过三四件，有的一件没有。

努尔哈赤活了68岁（1559—1626年），他从25岁（1583年）起兵，到生命结束，政治军事生涯44年。历史学家盘点努尔哈赤的历史贡献，举其大端，共有十件：

统一女真各部。金亡之后，女真各部，纷争不已，强凌弱，众暴寡，元、明300年来，未能实现统一。努尔哈赤兴起，采用"顺者以德服，逆者以兵临"的策略，经过30多年的征抚，实现了女真各部的大统一。今天世界上有那么多的民族在争斗厮杀，其原因之一，是没有一位杰出的民族领袖，能将本民族各种利益集团协调统一起来。可见，努尔哈赤促成女真——满洲的民族大统一，确是一件非常了不起的事情。

统一东北地区。明中期以后皇权衰落，已不能对东北广大地区实行有效管辖。努尔哈赤及其子皇太极经过艰苦努力，统一了东北："自东北海滨，迄西北海滨，其间使犬、使鹿之邦，及产黑狐、黑貂之地，不事耕种、渔猎为生之俗，厄鲁特部落，以至斡难河源，远迩诸国，在在臣服。"就是说，东起鄂霍次克海，西北到贝加尔湖，西至青海，南濒日本海，北跨外兴安岭的地域，实际辖境大约有500万平方公里，和明朝实际控制面积大致相等。东北地区的重新统一，结束了长期蹂躏掳掠、相互杀伐、"介胄生虮虱"、"黎民遭涂炭"的悲惨局面。这就为康熙二十八年（1689年）中俄《尼布楚条约》的签订奠定了基础。如果没有努尔哈赤对东北的统一，后来沙俄东侵，日本南进，列强争逐，东北疆域被谁人占有，实在难卜。

制定满族文字。金灭亡后，通晓女真文的人越来越少，到明朝中期已逐渐失传。满语属阿尔泰语系满—通古斯语族，满洲没有文字。努尔哈赤兴起后，建州与朝鲜、明朝的来往公文，由一个名叫龚正陆的汉人用汉文书写；在向女真人发布军令、政令时，则用蒙古文，一般女真人既看不懂，又听不懂。1599年，努尔哈赤命巴克什额尔德尼和扎尔固齐噶盖，用蒙古字母拼写满语，创制满文，这就是无圈点满文（老满文），皇太极时改进成为有圈点满文（新满文）。满文是拼音文字，有6个元音字母、22个辅音字母和10个特定字母。满语文成为清朝官方语言和文字。

当时，东北亚满——通古斯语族的各民族，除满洲外都没有文字。满文记录下东北亚地区文化人类学的珍贵资料，并成为满汉、中西文化交流的重要桥梁。后来耶稣会士通过满文将"四书"、"五经"翻译到西方。所以，努尔哈赤主持创制满文，是满族发展史上的一块里程碑，是中华文化史和东北亚文明史上的一件大事。

创建八旗制度。努尔哈赤利用女真原有的狩猎组织形式，创建八旗制度。女真人狩猎时各出一支箭，每10人中立一个总领，总领称牛录额真（牛录，大箭的意思；额真，首领的意思），后来这个相当于狩猎小组组长的牛录额真成为一级官名，牛录成为最基层的组织。屯垦田地，征丁披甲，纳赋服役，都以牛录为计算单位，努尔哈赤便在此基础上加以改组、发展、扩大和定型，创立八旗制度。规定：每300人设一牛录额真，五个牛录设一甲喇额真，五个甲喇设一固山额真。固山是满洲户口和军事编制的最大单位，每个固山有特定颜色的旗帜，所以汉语译固山为"旗"。原有黄、白、红、蓝四旗，后又增添四旗，在原来旗帜的周围镶边，黄、白、蓝三色旗镶红边，红色旗镶白边。这样，共有八种不同颜色的旗帜，称为"八旗"，即满洲八旗。后来又逐渐增设蒙古八旗和汉军八旗，统称八旗，而实际是二十四旗。八旗制度"以旗统军，以旗统民"，平时耕田打猎，战时披甲上阵。八旗制度以八旗为纽带，将全社会的军事、政治、经济、行政、司法和宗族联结成为一个组织严密、生气蓬勃的社会机体。八旗制度是努尔哈赤的一个创造，是清朝的一个核心社会制度，也是清朝定鼎燕京、入主中原、统一华夏、稳定政权的一个关键。

促进满族形成。建州女真的统一，女真各部的统一，东北地区的统一，诸族的融合，各部的联姻，八旗的创建，满文的创制，使得新的满族共同体出现在中华民族大家庭之中。满族是以建州女真为核心，以海西女真为主体，吸收部分汉人、蒙古人、达斡尔人、锡伯人、朝鲜人等组成的一个新的民族共同体。为反映这个满族共同体形成的事实，皇太极于天聪九年（1635年）十月十三日，诏谕曰："我国建号满洲，统绪绵远，相传奕世。自今以后，一切人等，止称我国满洲原名，不得仍前妄称。"从此，满洲族的名称正式出现。满洲族初为东北边隅小部，继而形成民族共同体，以致发展到当今千万人的大民族。满洲族肇兴的领袖，就是清太祖努尔哈赤。

建立后金政权。创大业者，必立根本。如果一个边疆少数民族首领不能创建一个政权，他就不能希望在中国建立一个王朝。万历四十四年（1616年），努尔哈赤作为一个僻处边境一隅的满洲族首领，以赫图阿拉为中心，参照蒙古政权，特别是中原汉族政权的范式，登上汗位，建立后金。从此有了巩固的根据地，以支持其统一事业的进一步发展。而后，他克沈阳，占辽阳，夺广宁，据义州。都城先迁辽阳，继迁沈阳。其子皇太极，于1636年四月，改元崇德，国号大清。自1616年至1911年，共历296年。努尔哈赤"经始大业，造创帝基"，是大清帝国的开创者和奠基人。

丰富军事经验。努尔哈赤戎马生涯长达44年，史称他"用兵如神"，是一位优秀的军事统帅。他缔造和指挥的八旗军，在17世纪前半叶，不仅是中国一支最富有战斗力的军队，而且是世界上一支最强大的骑兵。努尔哈赤统帅这支军队，先后取得古勒山之役、乌碣岩之役、哈达之役、辉发之役、乌拉之役、抚清之役、萨尔浒之役、叶赫之役、开铁之役、沈辽之役、广宁之役和觉华岛之役12次大捷。其中古勒山之战、萨尔浒之战、沈辽之战、广宁之战和觉华岛之战，为其精彩之笔。他在军事谋略上，在指挥艺术上，集中兵力、各个击破、围城攻坚、里应外合、铁骑驰突、速战速决，体现了高超的智慧。他在萨尔浒之战中，采取"恁尔几路来，我只一路去"，就是"集中兵力，各个击破"的兵略，成为中国军事史上集中兵力、以少胜多的经典战例。他在军队组织、军队训练、军事指挥、军事艺术等方面的作为，都可圈可点。特别是他在作战指挥艺术上，对许多军事原则，如重视侦察、临机善断、诱敌深入、据险设伏、巧用疑兵、驱骑驰突、集中兵力、各个击破、一鼓作气、速战速决、用计行间、里应外合等，都能熟练运用并予以发挥，丰富了中华古代军事思想的宝库。

制定抚蒙政策。自秦、汉以来，北方游牧民族一直是中央王朝的北部边患。为此，秦始皇削平诸侯后连接六国长城而为万里长城。至明代，京师两次遭北骑困扰，明英宗甚至成了瓦剌兵的俘虏。徐达与戚继光为固边防，也大修长城。努尔哈赤兴起后，对蒙古采取了既不同于中原汉族皇帝，也不同于金代女真皇帝的做法。他用编旗、联姻、会盟、封赏、围猎、赈济、朝觐、重教等政策，加强对蒙古上层人物及部民的联系与辖治。后漠南蒙古编入八旗，成为其军政的重要支柱；喀尔喀蒙古实行旗盟制；厄鲁特蒙古实行外扎萨克制。其联姻不同于汉、唐的公主下嫁，而是互相婚娶，真正成为儿女亲家。这是历朝中央政权（元朝除外）对蒙古治策的重大创革。中国2 000年古代社会史上的北方游牧民族难题，至清朝才算得以解决。后康熙帝说："昔秦兴土石之工，修筑长城。我朝施恩于喀尔喀，使之防备朔方，较长城更为坚固。"清朝对蒙古的抚民固边政策，其经始者就是努尔哈赤。

推进社会改革。努尔哈赤在44年的政治生涯中，不断地推进社会改革。在政权机制方面，他逐步建立起以汗为首，以五大臣、八大贝勒为核心的领导群体，并通过固山、甲喇、牛录三级组织，将后金社会的军民统制起来。后来，创立八和硕贝勒共议国政制——并肩同坐，共议大政，断理诉讼，举废国汗，即实行贵族共和制。但此制度在努尔哈赤死后未能实施。在经济机制方面，他先后下令实行牛录屯田、计丁授田和按丁编庄制度，将牛录屯田转化为八旗旗地，奴隶制田庄转化为封建制田庄。随着八旗军民迁居辽河流域，女真由牧猎经济转化为农耕经济。在社会文化方面，初步实现了由牧猎文化向农耕文化的转变。

决策迁都沈阳。此前，辽设五京，没有沈阳；金设五京，也没有沈阳。元朝东北行政中心在辽阳；明朝辽东军政中心，先在广宁，后在辽阳。1625年，努尔哈赤决定迁都沈阳,但遭到贝勒诸臣反对。理由是:近来正在修建东京辽阳,宫室已经建好了,老百姓的住所还没有最后完工。本来年景就不好,迁都要大兴土木、劳民伤财。天命汗力主迁都沈阳,说:"沈阳形胜之地,西征明,由都尔鼻渡辽河,路直且近;北征蒙古,二三日可至;南征朝鲜,可由清河路以进;且于浑河、苏克苏浒河之上流,伐木顺流下,以之治宫室、为薪,不可胜用也;时而出猎,山近兽多;河中水族,亦可捕而取之。朕筹此熟矣,汝等宁不计及耶!"

努尔哈赤综合考量了历史与地理、社会与自然、政治与军事、民族与物产、形胜与交通等因素,而作出迁都沈阳的重大决策。从此,沈阳第一次成为都城。努尔哈赤迁都沈阳,促进了辽河地域的经济开发。他注重采猎经济,发明人参煮晒法,使部民获得厚利,"满洲民殷国富"。他关注采炼业,1599 年,建州"始炒铁,开金、银矿",开始较大规模地采矿、冶炼。他尤为重视手工业生产,包括军器、造船、纺织、制瓷、煮盐、冶铸、火药等。明朝也称其"制造什物,极其精工"。他对进入女真地区的工匠"欣然接待,厚给杂物,牛马亦给"。迁都沈阳后,经努尔哈赤、皇太极父子两代的开发,沈阳及辽河地区的经济与社会得到全面开发与迅速发展,并带动了东北地域经济与文化的发展。清朝迁都北京后,沈阳成为陪都。似可以说,近代辽河流域、沈海地带的区域经济开发,清太祖努尔哈赤是其经始者。

努尔哈赤一生打过 12 次大胜仗,留下十大历史功绩,他的人生轨迹可以说是光彩夺目。人们在谈论努尔哈赤时,多沉迷于他巅峰时刻的辉煌,却常常忽略他攀援过程的艰辛。努尔哈赤幼年丧母,继母那拉氏刻薄寡恩。家里并不和睦,兄弟们闹着分家。父亲塔克世听了继母挑唆,给他的产业极少,不够维持生活。努尔哈赤青少年时代吃尽了苦,挖人参、采蘑菇、拣榛子、摘木耳、拾松子,然后将这些东西运到抚顺马市去卖,以此来维持生活。在他 25 岁那年,更大的不幸降临了。努尔哈赤的祖父和父亲,同时死于明军攻城的炮火。这一事件,对努尔哈赤以后的人生道路产生了决定性的影响。

关于这件事的前因后果,还要从王杲之死谈起。在当时的建州女真中,以王杲势力最强。王杲曾带兵进犯明辽东首府辽阳,杀死指挥王国栋。后王杲被俘,被解送到北京问斩。王杲死后,他的儿子阿台为报父仇,袭杀明军。1583 年二月,明将李成梁提兵直捣阿台的住地古勒寨。阿台妻子的祖父是努尔哈赤的祖父觉昌安。觉昌安为了使孙女免于战难,也为着城内部民减少伤亡,便同努尔哈赤的父亲塔克世一同进城,打算劝说阿台投降。建州女真图伦城的城主尼堪外兰,里通明朝,导引攻城,向城上守军喊话说:"李太师有令,谁杀死阿台,谁就做古勒城的城主!"果然,城里出现内奸,城被攻破,觉昌安和塔克世也不幸死于战火。努尔哈赤得到父、祖蒙难的噩耗,捶胸顿足,悲痛欲绝。他质问道:"我祖、父为何被害?你们与我有不共戴天之仇!"明朝派官员谢过说:"非有意也,是误杀耳!"明军送还觉昌安和塔克世的遗体,朝廷赏给努尔哈赤"敕书三十道，马三十匹"，还封他为指挥使。但是，努尔哈赤怒气未消，又不敢直接同明朝冲撞，便迁怒于尼堪外兰。1583 年五月，努尔哈赤以报父、祖之仇为名，以"十三副遗甲"，率领百余人的队伍，向尼堪外兰的驻地——图伦城进攻，拉开了女真统一战争的历史帷幕。

经过 12 次大的战役，这位苦难青年先是统一了女真各部，继而统一了东北全境，并成为后金大汗。

努尔哈赤成功的秘密在哪里？400 多年来，人们有多种解释。一个伟大的政治家、军事家的成功，需要多种因素的和谐统一。努尔哈赤的成功，一个前提是苦难生活的磨砺。继母的寡恩，使他养成自立的性格；马市的交易，使他大开眼界，广交朋友；父、祖蒙难，刺激他毅然摆脱常人的平庸生活，踏上王者的征服之路。而更关键的因素在于他实现了"四合"——天合、地合、人合、己合。

司马迁说："究天人之际，通古今之变。""天"，可以理解为"上天"、"天命"、"天道"、"天意"、"天时"等，这里说的主要是"天时"。"天时"有大天时，有小天时。魏源说："小天时决利钝，大天时决兴亡。"孟子说："五百年必有王者兴。"500 年是个概数，300 年也会有王者兴。明末清初，中国历史的"天时"到了一个大动荡、大变革的时期。当时的世界上，俄国尚未东越乌拉尔山，葡萄牙到了澳门尚未对明朝形成威胁，日本丰臣秀吉侵略朝鲜兵败。女真的东面朝鲜，外祸内乱，衰落不堪；西面蒙古，四分五裂，林丹汗孤立；北面扈伦，彼此纷争，贝勒落马；南面大明，南倭北虏，内忧外患，极端腐败。总之，努尔哈赤处于 300 年一遇的大天时。据统计：《清太祖高皇帝实录》共 83 875 字，其中"天"字 312 个。努尔哈赤得了大天时，取得了大成功。

萨尔浒大战之胜，原因之一在于得天时。1619 年三月初一日，赫图阿拉地区大雪封山，江河冰冻。明军四路出师，长途跋涉，山路崎岖，丛林密布，冰雪封路，没能按照原定计划如期合围赫图阿拉；后金熟悉地形，便于设伏，分路出击。努尔哈赤巧妙利用天时，在明军形成合围之前，集中兵力，逐路击破，夺得胜利。

地利主要指地形、地势、地域。赫图阿拉是一个山环水绕、气候温湿、土壤肥沃的宝地，那里西距抚顺 200 里，既为关山阻隔利于暗自发展，又有大路通达辽沈利于驱兵进取。努尔哈赤在这里建立并扩大基地，这个基地后来发展成东到日本海、东北到库页岛、北跨外兴安岭、西到青海、西北到贝加尔湖、南到长城的广大领域。这里有粮食、皮毛、人参、林木、矿藏等，可以形成一个独立的自给自足的经济体系。

以沈辽之战为例。明军本来依靠沈阳、辽阳两城，占地利；努尔哈赤在平原攻城，不占地利。但努尔哈赤设计将城里的明军诱出城外，进行野战，发挥骑兵优长，变不利为有利，取得胜利。

人合主要指人际关系。团结一切可以团结的力量，化消极因素为积极因素。当时的政治舞台上，以后金努尔哈赤为一方，明朝万历帝、泰昌帝、天启帝为另一方。明朝皇帝对北方少数民族政策的基本点，就是一个"分"字，分而弱之，间而治之。分则弱，合则强。努尔哈赤则针锋相对，采取一个"合"字。熊廷弼说："昔建州诸夷，若王兀堂、王杲、阿台辈尝分矣，而合之则自奴酋始。"

关于"人合"，可以举两个例子。

第一个例子：努尔哈赤率军攻打翁科洛城，被对方的鄂尔果尼一箭射中，鲜血一直流到脚面。努尔哈赤继续坚持战斗。这时候又有一个人叫洛科，一箭射到努尔哈赤脖子上了。那支箭带反钩，他往下拔箭，立刻血流如注。他挂着弓从房顶一步一步下来后就休克了。后来攻下翁科洛城，鄂尔果尼和洛科都抓到了。部下要对他们施以乱箭穿胸之刑，这是当时最残酷的刑法。努尔哈赤说，两军对垒，他们是为自己的主人来射我，这样的勇士太难得了。不仅给两人松绑，还都授了官。别人一看，原来射他的人都可以宽免，都可以授官，那他的自己人，只要做出成绩就更可以做官了，更可以升官了。大家都同心协力地效忠努尔哈赤，在战场上勇敢杀敌。

第二个例子，是叶赫老女的例子。叶赫老女是叶赫贝勒布扬古的妹妹，可能长得比较漂亮吧，为了联络建州，13 岁就许给努尔哈赤了。但是许完之后并不把她嫁过来，而是随后又许给哈达的贝勒、辉发的贝勒、乌拉的布占泰，结果这三个部落都被努尔哈赤灭掉。蒙古扎鲁特部的介赛也要娶她，叶赫老女誓死不从。介赛就要报复。布扬古又把他妹妹许给喀尔喀部达尔汉贝勒的儿子，叫莽古尔岱。建州得到这个消息之后，贝勒们非常气愤，认为这个女人许给努尔哈赤已经 20 年了，现在又把她许给莽古尔岱，真是奇耻大辱啊！要发兵把她夺回来。努尔哈赤说，为了我们共同的利益可以打他，可为了一个女人打他不好。这个女人许配给我，我都没有那么生气，你们那么生气干什么？结果 33 岁的叶赫老女就嫁了蒙古的莽古尔岱。这件事情反映了努尔哈赤能够以大局为重，以和为贵，妥善处理各种关系。

虽有天合、地合、人合，若没有己合，事业也不会成功。己合主要是胸怀开阔、心境豁达，能够把握自己。这是一个人取得事业成功的基本素质。

1593 年，叶赫纠合哈达、乌拉、辉发等九部联军 3 万，分三路向建州古勒山而来。过了浑河之后，晚上军队支灶做饭，灶火像天上的星星一样。探骑回报时脸色都变了，当时努尔哈赤兵不满一万，建州官兵，人心惶惶。努尔哈赤得到报告时已经是晚上，他听后照常打着呼噜就睡着了。妻子富察氏赶紧把他推醒，说："敌兵压境了，你怎么还睡觉啊？你是方寸乱了，还是害怕了？"努尔哈赤说："要是我方寸乱了，害怕了，我能睡着吗？起先我不知道这九部联军什么时候来，老是惦记这事。现在知道他们已经来了，我心里就踏实了。"说完以后又呼呼睡着了。第二天早晨，他带领众贝勒等祭堂子，尔后统军出发，一举夺得了古勒山之战的胜利。

己合很重要。一个人的健康与长寿，同己合至关密切。与努尔哈赤对立的明朝三个皇帝——万历帝好发脾气、荒淫无度，只活了 58 岁；继位的泰昌帝登极一个月吞下红色药丸死去，只活了 39 岁；天启帝才活了 23 岁。至于努尔哈赤的子孙们——皇太极脾气大，任性，高血压，患心脑血管病，突然去世，享年才 52 岁。皇太极如能做到"己合"，多活 10 年，那么，迁都北京，定鼎中原，坐在金銮殿的一定是皇太极而不是顺治。清初有"三祖一宗"，即：清太祖努尔哈赤、清世祖顺治、清圣祖康熙和清太宗皇太极。努尔哈赤是清帝国的奠基人，所以庙号太祖；顺治入关、定鼎燕京、统一中原，所以庙号世祖；康熙"经文纬武，寰宇一统，虽曰守成，实同开创焉"，所以康熙的庙号也是"祖"。皇太极却只能得到一个"宗"字。

清太祖努尔哈赤一生善于"天合、地合、人合、己合"，实现了最大的人生价值。

努尔哈赤一生戎马驰骋 44 年，几乎没有打过败仗，可谓历史上的常胜统帅。他把女真社会生产力发展所造成的各部统一与社会改革的需要加以指明，把女真人对明朝专制统治者实行民族压迫的不满情绪加以集中，并担负起满足这些社会需要发起者的责任。他在将上述的社会需要、群体愿望，由可能转变为现实，由意向转化为实际的过程中，能够刚毅沉着、豁达机智、知人善任、赏罚分明，组成坚强稳定的领导群体。其时，南有明朝，西有蒙古，东有朝鲜，北有海西。努尔哈赤没有四面树敌，更没有四面出击，而是佯顺明朝，结好朝鲜，笼络蒙古，用兵海西；对海西女真各部又采取远交近攻、联大灭小、先弱后强、各个吞并的策略；进而形势坐大，黄衣称朕，挥师西进，迁鼎沈阳。他通过建立八旗和创制满文，以物质与精神这两条纽带，去组织、协调、聚结、激发女真的社会活力，实现历史赋予女真各部统一与社会改革的任务，并为大清帝国建立和清军入关统一中原奠下基石。至于大清王朝奠基礼的完成，还有待于他的儿子皇太极。

姓名：爱新觉罗·努尔哈赤

出生：明嘉靖三十八年（1559 年）

属相：羊卒年：天命十一年（1626 年）

享年：68 岁

谥号：初谥武皇帝，改谥高皇帝

庙号：太祖

陵寝：福陵（沈阳东陵）

父亲：塔克世

母亲：喜塔拉氏，后尊为宣皇后

初婚：19 岁结婚，配偶佟佳氏

配偶：16 人，皇后（大福晋）叶赫那拉

子女：16 子，8 女

继位人：皇太极（太宗）

最得意：萨尔浒之战夺得胜利

最失意：兵败宁远

最不幸：父、祖被杀害

最痛心：杀死长子褚英

最擅长：谋略

皇太极为何定国号大清

历史记载，努尔哈赤曾说：辽以镔铁为号，取其坚也。镔铁虽坚，终亦变坏，唯金不变不坏。所以取国号大金。努尔哈赤的儿子皇太极在沈阳皇宫大政殿举行即帝一统典礼，改国号为大清。皇太极为什么改国号为大清？有一个传说：努尔哈赤早年征战时骑一匹大青马，情急赶路而累死，努尔哈赤难过地说，大青啊，大青，将来我得了天下，就叫大清。当然，这只是一个传说，不必深究，但大清帝国从马背上立国却是事实。皇太极改国号为大清的用意也在于改了国号有利于他对中原的统治，因为金这个国号少数民族的意味很深，不利于统治汉族众多的人口，皇太极改国号、称皇帝意在表明：自己不仅是满洲的大汗，而且是蒙古人、汉人以及所有人的大汗，是大清国臣民的皇帝。

皇太极和多尔衮是什么关系

清太宗皇太极（1592—1643），后金第二代君主，大清创建者。满族，爱新觉罗氏。出生于明万历二十年（1592年）十月二十五日。清太祖努尔哈赤第八子，在八大贝勒中排名第四，又被称为四贝勒。皇太极12岁丧母，20岁带兵打仗，35岁登极，52岁去世，是清朝继太祖努尔哈赤之后又一位杰出的政治家、军事家。

1626年在沈阳继后金汗位。次年改元"天聪"。他对内大力推行封建化的改革，加强中央集权；对外相继征服了蒙古和朝鲜，并多次带兵侵略明朝，将西部边界扩张至锦州、宁远一线。十年四月改元"崇德"，改国号"大清"，正式称帝。尊其父努尔哈赤为太祖。在位十七年。庙号太宗。

睿亲王多尔衮（1612年11月17日—1650年12月31日），努尔哈赤第十四子，皇太极之弟，母为努尔哈赤大妃阿巴亥，同母弟多铎。1626年封贝勒，后因战功封睿亲王。

多尔衮15岁时，阿巴亥被皇太极所逼，被迫为努尔哈赤殉葬，多尔衮因此丧失继承大统的能力和可能。但此后，他军功卓著。至皇太极去世时，和多铎掌有正白旗与镶白旗，于是和皇太极长子豪格争夺汗位。多尔衮利用豪格的软弱使其不能继位，又畏于两黄旗的实力，不敢自己继位，转而扶持皇太极九子福临入承大统。他和郑亲王济尔哈朗共同辅政，并实际掌权。

多尔衮摄政时期，清军入关，满清侵入中原，对清朝开始在中国近300年的统治起了决定性的作用。顺治对他的称呼也从"叔父摄政王"也逐渐变为"皇父摄政王"。39 岁时，多尔衮因狩猎坠马不治而亡。死后，顺治帝曾追崇多尔衮为清成宗，谥义皇帝。

不久，顺治帝就因多尔衮独断专行，并迫害其兄豪格，又与其母孝庄皇太后有说不清道不明的关系，剥夺其封号，并掘其墓，直到乾隆年间才恢复名誉。

皇太极早逝和哪个妃子有关

清太宗皇太极是清朝的开国皇帝，生于 1592 年，卒于 1643 年，享年 52 岁，在位 17 年。皇太极雄才大略，能征惯战，文武兼备，治国有方；他智除袁崇焕，劝降洪承畴，为统一全国打下基础。然而这样一个以武功著称的皇太极却有儿女情长，他与宸妃的婚恋，堪称佳话。

皇太极时的沈阳故宫中，有所谓"崇德五宫"后妃，这五宫为中官清宁宫，东宫关雎宫，西宫麟趾宫，次东宫衍庆宫，次西宫永福宫。崇德五宫后妃的地位远高于其他妃子，其他妃子尚有元妃、继妃、侧妃等。皇太极的后妃见于史籍者计有 15 人，史籍之外的更有多人。

在这众多后妃中，天生丽质者不乏其人，然而皇太极唯独钟爱宸妃海兰珠，在她的身上倾注了夫妻间的全部感情。

蒙古博尔济吉特氏家族中的两个女性已经嫁给了皇太极，姑姑居中宫，享"椒房之尊"，二侄女为永福官庄妃。后来在一次亲戚会面中，庄妃的亲姐姐海兰珠随母朝见皇太极，皇太极见海兰珠婀娜多姿，端庄秀美，就生了爱慕之心，再加她久负温良贤淑的盛名，于是顾不得从博尔济吉特氏家族中已纳了一后一妃，还一定要娶这位美女。第二年海兰珠与皇太极成婚，于是，后宫中出现了一姓姑侄三人同事一夫的新鲜事，海兰珠被封为东宫（天雎宫）宸妃。皇太极对这三位后妃恩宠有加，其中尤以宸妃最受宠爱。

海兰珠与皇太极成婚时已经 26 岁，并非豆蔻年华，但是她有沉鱼落雁之容，闭月羞花之貌，肌肤雪白柔润，丽质天成，绝不亚于那些"二八佳人"，同时她又有一种少女不具备的成熟美，再加那贤淑的美德，更受皇太极青睐。此时皇太极已过不惑之年，比宸妃大 16 岁，二人形影不离，情投意合。皇太极封她为"东宫大福晋"，仅次于皇后，位居四妃之首。东宫也赐名为"关雎宫"，因为《诗经》中有"关关雎鸠，在河之洲，窈窕淑女，君子好逑"的诗句。取名关雎是对海兰珠姣好容貌的赞美，又是对她贤惠温柔的歌颂。

崇德二年（1637 年），宸妃在关雎宫生下一位皇子，按长幼排列，这是皇太极的第八子。在过去，即使在中宫有子嗣的情况下，宠妃生子，亦有希望成为太子，将来可以继承皇位，何况中宫皇后自入宫以来，一直未生个皇子，立嫡已不可能，那么宸妃的这位皇子很有可能成为太子。

爱妃产子，皇太极十分喜悦，遂创大清以来之先例，大会群臣，盛筵宾客，同时颁发大赦令，释放了许多囚犯。他的理论根据是"自古以来人君有诞子之庆，必颁大赦于国中，此古帝王之隆规"。

然而，前七个皇子诞生时，并未举行什么大型庆典活动，也未大赦。之后，庄妃生第九子，麟处宫贵妃又生下第十一子，亦未如此隆重地办理。由此可见，皇太极是将宸妃生的皇八子作为"储君"来对待的。因庞爱宸妃而宠皇八子，也算是"爱屋及乌"吧。

皇八子诞生之庆典，甚至蒙古各部落的首领均来供奉大量贺礼，一时间，盛京（今沈阳）城内热闹无比。此时的皇太极，开疆拓土，称雄于东北，加之娇妻产子，诸事顺遂，可谓春风得意，踌躇满志。宸妃更是看在眼里，美在心头，喜上眉梢。

可真应了"好景不长"这句俗语，倍受娇宠的皇八子不到1岁便夭折了。痛失爱子，使皇太极十分悲痛，然而他毕竟是一国之君，是个男子汉，况且他还有健在的七个儿子，而且两天之后，庄妃又给他生了一个皇子，得子的喜悦在某种程度上又缓解了他的悲痛。庄妃也是他倾心喜爱者，虽不如其姐宸妃，但也是四大妃子之一。

受打击最大的是宸妃，皇八子是自己身上掉下来的肉，从诞生到将近1岁，给她带来了诸多辛苦，更带来了难以形容的欢乐。"母以子贵"，她对皇儿抱着多大的希望啊！然而，这一切都成为泡影。皇儿去后，她朝思暮想，魂萦梦牵，白天不进饮食，夜晚彻夜难眠，终日以泪洗面，不久便身染重病。皇太极除多方安慰开导外，又厚赐宸妃财物仪仗，但是，这一切都无法医治她失子的心病。海兰珠终于撒手人寰，命归西天，年仅33岁。

宸妃病危时，皇太极正率军在前方打仗，作为三军统帅，是不应该离开阵地的。可是，宸妃不是一般的妃子，在经过一番激烈的思想斗争后，皇太极还是决定返京探望宸妃，在作了细致的军事部署后，便启驾返还盛京，一路上马不停蹄。刚入盛京城，就传来宸妃去世的噩耗，来晚了一步，未得与心爱的人诀别。皇太极抢入大清门，直扑关雎宫，出现他面前的只是宸妃那香消玉殒的遗体。皇太极耐不住巨大的悲痛，哭天号地，泪如雨下。周围诸多官员、皇妃宫女、皇子公主，也跟随皇太极，大哭不已，一时间哭得天昏地暗。

皇太极与宸妃情深意笃，宸妃之死，对皇太极精神打击极大，于是"饮食顿减，圣躬违和"，以致害了一场大病，自此后再没有重返松锦战场，从而也结束了他40余年的戎马生涯。

对宸妃的魂牵梦萦，使皇太极难以自拔。自宸妃死后，皇太极频繁地举行各种祭典活动，并请僧道人等为宸妃布道诵经，超度亡魂。皇太极亲撰的祭文，情真意切，催人泪下。

松锦大战捷报频奏，关外四座重镇全部归属清朝，关外障碍既除，那么挥师入关，逐鹿中原亦指日可待。然而，战争胜利的喜悦，似不能冲刷掉皇太极的悲伤。对宸妃的思念与难解的忧伤，严重损害了皇太极的健康，以致他的身体日渐衰弱，甚至连日常朝政也"难以躬亲办理"。在宸妃去世两年之后，皇太极也病入膏肓，死在清宁宫，灵魂追寻宸妃而去了，享年52岁。

历史记载皇太极是"无疾而崩"，年仅52岁怎么算是无疾而终呢？史学界对他的死至今尚无定论，但有一点可以肯定，宸妃海兰珠的早逝，是一个重要原因。

一个以武功见著、驰骋疆场的皇帝，竟有如此真挚的儿女之情，实在令人耳目一新，这也说明了皇帝是人，不是神。

顺治的孝陵为什么没有被盗

董鄂氏、福临、佟妃虽然去世时间不同，但是是在孝陵修成后同时入葬。虽然不能肯定说孝陵里面一定没有任何陪葬品，但即使有也应该不多，这一是因为前两者生前所用的大量珍玩已经在他们的葬礼中烧毁；二是当时清廷经济艰难，连孝陵本身的营建都是拆了北海等处的建筑才得以完成，没有什么余力再陪葬珍玩；三是福临本人有明确遗命，不陪葬金宝玉器；四是三人均死后火葬，墓里只有骨灰罐，没有棺椁，放陪葬品的地方不多。这也是孝陵成为东陵内连奶娘、侍卫墓在内，唯一没有被盗的陵墓的原因。

1928年7月，前清最大的皇家陵园东陵发生了一件大事，盗墓者用了七天七夜的时间盗掘了皇家地宫。历代皇陵修建得固若金汤，传说神秘的地宫布满机关暗器。盗墓者是如何进入地宫的呢？他们遭遇到了什么？在那七天七夜里，历史到底是怎样的情形？

清东陵，曾经是一块与世隔绝、神圣不可侵犯的皇家禁地。清朝皇帝崇尚"圣天子孝先天下，首重山陵"。自顺治皇帝开始，先后有5位皇帝葬在这片宛若虎踞龙盘，充满王气之地。

裕陵是乾隆皇帝的陵寝。它是在清朝国势鼎盛时期修建的，耗银两百多万两，遍选天下精工美料，建筑艺术精湛华美居清陵之冠。

这是统治近代中国长达半个世纪的西太后慈禧的定东陵。慈禧定东陵兴于清末，工程前后耗银227万两，持续十四年，直到她死前才完工。慈禧定东陵金碧辉煌，奢华程度连皇宫紫禁城也难以匹及。

清东陵内最重要的部分，是那高高的封土宝顶下的地宫，那是安放帝后棺椁的地方。中国数千年奉行厚葬，清东陵地宫内随葬了清朝260多年统治所积聚的无数奇珍异宝。

1928年东陵案发后，当时清皇室遗族与国民政府都派人赴东陵实地勘查，接收善后。参加者分别写下了报告或日记，它们成为日后人们研究东陵盗案的重要史料。

清遗族代表载沣曾公开发出过一份文电《东陵蹂躏情形》，其中说道：从当地陵户询问得知，两陵被盗是从七月四日到七月十日，其间炸药之爆发声，附近都曾听到。

1928年那罪恶的七天七夜，成了东陵历史上挥之不去的噩梦。

不过，当一切准备就绪，盗陵部队占据东陵准备动手的时候，他们又是如何解决摆在任何盗墓者面前的那几道难题的呢？——首先，偌大的东陵，占地2500平方公里，如果全面开掘，那是难以实现的。那么，哪几座陵寝是最有价值的盗掘目标呢？

顺治虽然是入关后第一个皇帝，地位显赫，但据说顺治陵是一个衣冠墓，没有多少陪葬物。"山陵不崇饰，不藏金玉宝器"。也许正是因为这段不藏金玉宝器的记载，顺治的孝陵成了东陵中至今唯一没有被盗的陵寝。

20世纪20年代的清东陵，经过土匪和军阀的历次劫掠，地面上各座陵寝的陈设珍品都所剩无几，剩下的唯有深埋于地下的地宫。然而，谁知道哪座地宫内埋藏着最多、最值得冒险的奇珍异宝呢？机不可失，时不再来，如果选择了错误的盗陵目标，费时费力不说，一旦走漏风声，行动就可能失败。

据传，当时有一份《爱月轩笔记》，是晚清大太监李莲英口述，由其侄子执笔记下的。它详细记载了慈禧地宫中陪葬的众多无价之宝。

这份一直在民间流传的笔记，刺激着盗墓者的野心贪欲。慈禧一生穷奢极欲，挥霍无度。此外，清朝极盛时期的乾隆堪称最富有的皇帝。他们的陵寝修建得富丽堂皇，殉葬品也一定极尽奢华。于是，乾隆裕陵和慈禧定东陵地宫成了首要的目标。

然而，近在咫尺的目标在匪兵们看来仍然遥不可及。因为还有一道更大的难题：如何顺利地进入地宫呢？清朝帝后们的地宫上方，堆砌着高大的方城明楼，后方则依山而建。如果不能准确地找到入口，要想进入地宫是十分困难的。

1928年七月，担任盗陵主角的一支部队奔向了慈禧定东陵，而另一支部队则奔向了乾隆裕陵。当年留下的照片表明：起初，匪兵们并不知道地宫入口，而是遍地开挖，宝顶上、配殿外、明楼里，都留下了他们挖掘的痕迹。费了九牛二虎之力，显然进展甚微。事不宜迟，夜长梦多，地宫的入口到底在哪呢？

按照古制，东陵周围几个村庄住着的都是守陵人的后代，其中，有个别当年参加或者目睹过建陵的幸存者是很有可能的。盗墓部队很可能是抓到这样了解内情的人。

不过，历史上其实还有另外一种可能。清代负责皇家陵寝建筑事务的机构样式房保存有大量陵寝设计施工时的图纸、烫样，它们再清楚不过地记录了清东陵的结构秘密。清帝退位后，样式房随之衰落，这些曾经属于清宫秘档的物品，随着样式房工匠们的四散谋生，而大量流落到民间。

历史并没有给出这方面的答案。但不管怎么说，1928年盗墓部队最终找到了地宫入口。

原来，在高大的明楼后面，有一个"哑巴院"，传说招募的工匠都是哑巴，以防止工人泄露工程的机密。在哑巴院北面有一道琉璃影壁，影壁之下就是地道入口。

如果从琉璃影壁下直接坠入，便能就近打通金刚墙，从最短途径进入地宫。能找到这个捷径的人，恐怕熟知内情。

　　慈禧陵和乾隆陵稍有不同，由于封建等级制度的限制，慈禧陵没有哑巴院。在明楼底下进入古洞门，过道尽头则是一道内部浇铸了铁筋的墙壁，它的里面就是"金刚墙"。地宫的入口就在这金刚墙下。

　　东陵修建得十分坚固，要完全刨开地砖不是件容易的事，匪兵们盗宝心切，便动用了炸药。

　　在硝烟弥漫的残砖断石中，再向下深挖数丈，终于呈露出一面汉白玉石墙，它就是金刚墙。从墙中间拆下几块石头，露出一个黑森森的洞口。为了防止盗洞塌陷，匪兵们还在旁边竖起一根木头支撑。

　　由于害怕传说中的机关暗器，几名士兵被派下去探路。

　　士兵们首先进入的是一段二三十米长的斜坡，那是为运送棺椁进入地宫而留下的甬道。在阴森恐怖、霉臭刺鼻的斜坡甬道，士兵们摸索着前进，精神高度紧张。

　　东陵被盗后，当地留下一些传说，其中就有盗陵士兵死于地宫。有人说是胆小吓死地，有说是争抢财宝自相残杀，还有说士兵中暗器死于通道内。这些当然都是传说。当时地宫内是个什么样子呢？有这么一个情况：乾隆地宫里蓄满积水，由于年代久远，以致积水四五尺深，清室重敛时用抽水机抽了五天才抽干。即使现在都要定时抽水。这么深的积水，而通道很陡滑，不明就里的盗墓士兵有可能是滑倒在有毒的积水中，惊悸窒息而亡。

　　一番惊魂后，为发财欲望驱使的匪兵们继续前行，终于，迎面看到了一道高大的汉白玉石门。地宫里石门的设置。每扇门重达三吨，门上有万斤铜管扇，门后有顶门石。地上有坑。

　　清代陵寝在很大程度上借鉴了明朝陵寝的规制。建国后考古工作者在进入明定陵地宫时，也遇到这样的石门，当时人们一边用细铁圈，套住门后的顶门石，一边用木棍顶开石门。这样并不需要损坏石门，也不会砸坏顶门石。

　　可以推断的是，当年的盗陵匪兵最初并不知道石门背后的奥秘。在慈禧陵第一道石门上，至今遗留着当年被毁坏的痕迹。显然，他们采取了各种手段，费了极大的力气来敲凿石门。最后，石门背后的顶门石断裂成两半。

　　直到打开慈禧地宫第一道石门，匪兵们才恍然大悟，他们再没有用蛮力就打开了后面的石门。因此，慈禧地宫第二道石门和乾隆地宫的前三道石门至今保存完好。

　　相对于慈禧地宫，乾隆地宫要复杂许多，它有四道石门，九个券堂，整个结构组成一个"主"字形，进深54米，落空面积达300多平方米，相当于一座地下宫殿。

　　打开头几道石门后，盗匪们进入到地宫的中部。

　　这是一个奇异的世界！石门上雕刻着象征大慈大悲、普渡众生、佛法无边的菩萨。

　　这些面目狰狞的四大天王，他们镇守四方，驱邪避恶，掌管风调雨顺。

　　这些是代表色、香、味、声、触五种人生欲望的五欲供。

　　墙壁上还雕刻着数不清的超度亡魂的佛经咒语。

　　整个乾隆地宫宛如一座庄严肃穆，而又美轮美奂的地下佛堂！生前尽享荣华富贵的帝王，死后也幻想着升入西天极乐世界。

　　然而，帝王的迷梦却被盗匪打破。发财心切的盗墓者经历过初时的震惊恐怖之后，战战兢兢地继续向第四道石门摸去。

　　在用前面的办法顶撞裕陵最后一道石门时，奇怪的是，无论匪兵们怎样费尽心机就是打不开。莫非菩萨显灵？

　　一不做二不休，匪兵们干脆再次使用炸药——裕陵最后一道石门被炸后，一扇倒塌断裂，另一扇歪斜着，岌岌可危。究竟是什么原因第四道石门打不开呢？原来，裕陵里积满水，将巨大的棺椁浮了起来，离开石台，顶住了石门，所以石门撞不开。

　　东陵被盗一个月后，清室派人前来重敛时，为了进出安全，将炸坏的两扇石门拆下，放倒于门后两边，成为人们今天看到的样子。

　　正当盗掘乾隆裕陵的匪兵们为一扇接一扇的石门而费尽心力时，慈禧定东陵里的匪兵们却兴奋地发现，慈禧地宫内只有两道石门。

　　这是一个完全由汉白玉石铺砌的坐北朝南的石室，也叫"金券"。金券正中是一座一尺来高的汉白玉石台，也就是"宝床"，在它上面停放着一具巨大的棺椁，它就是慈禧太后的梓宫。分列金券两侧的是两座石墩，名为"册宝座"，上面原本呈放着记录慈禧谥号的香宝香册。

　　清代棺木有两层，分为外椁、内棺。清宫档案记载，慈禧棺木是用一种极为名贵的金丝楠木制成，它们产自西南原始密林，质地细腻、清香馥郁，可历时百年而不朽烂。棺椁表面漆有四十九道金漆，漆完后，还用藏文书写四天王经咒，以佑护亡灵。

　　当年，匪兵们是怎样打开慈禧棺椁的呢？这曾经是一个巨大的谜团。直到多年以后，一本叫《世载堂杂忆》的书披露了一名据称是盗陵连长的回忆。

　　这光芒四射的金漆外椁，竟被匪徒刀砍斧劈得七零八落。匪徒们将碎椁木搬开，现出一具红漆滇金的内棺。匪官怕用刀斧劈砍损伤棺内宝物，严令匪兵小心谨慎地用刀撬开内棺。

　　"当时将棺盖揭开，见霞光满棺，兵士每人执一大电筒，光为之夺，众皆骇异。俯视棺中，西太后面貌如生，手指长白毛寸余。……珠宝堆积棺中无算，大者由官长取去，小者由各兵士阴纳衣袋中。于是司令长官下令，卸去龙袍，将贴身珠宝搜索一空。"《世载堂杂忆》据《孙殿英投敌经过》一文记载，孙殿英曾以炫耀的口吻谈起当时情景："老佛爷（慈禧）像睡觉一样，只是见了风，脸才发了黑，衣服也拿不上手了。"

　　东陵被盗后，各种流言满天飞，但上面的几段记述却透露出某种真实感。

　　"慈禧浑身白毛，见风就塌成灰，这是有一定道理的，从事考古工作的人都有这个经验知识。清室后来重敛也证实了这个细节。这也证明，如果没有亲眼见证盗掘过程，这些讲述者不可能臆想出这样的细节。"

发生在慈禧地宫的悲剧同样展现在乾隆地宫。

历史记载裕陵地宫葬有乾隆皇帝和两位皇后，还有三位皇妃。由于历时百年，又遭此浩劫，呈现在重敛者面前的仅剩零乱的骨骸。当人们清理遗骸时，最初只找到四具头颅。

找到乾隆颅骨后，还缺少一具头骨，棺椁里面找遍了也不见踪影，它到底是被扔到哪里去了呢？人们猜测可能被盗墓者出于某种目的带出了地宫？就在人们快要放弃寻找时，令人吃惊的事情发生了，在地宫西北角的深水里浮现出一具完整的女尸。

那么这具女尸是谁呢？有人猜测是孝仪皇后。

令懿皇贵妃是嘉庆皇帝的生母，死后被追封为孝仪皇后。从外观年龄上判断，那具完整女尸正是孝仪皇后。

这位孝仪皇后死于乾隆之前，同处一个地宫，为何唯独她的尸骨保持如此完好？遗臣们心中大惑不解。

遗臣们心中的疑惑尚未解开，又一个问题让他们犯了难：如何区分那些散乱骨骸的身份呢？在他们看来，这是件有关伦理纲常的大事。讨论了数日，最终决定合葬一棺，此举开创了有清以来帝后妃同葬一棺的唯一特例。

敛葬完毕慈禧、乾隆帝后妃遗骨后，人们盖上残缺的棺盖，掩闭石门，再将隧道完全填封。据记载，仅裕陵一处就用去石灰 8 000 余斤。

1984 年，清东陵文物管理处对乾隆和慈禧两陵进行了整理。开棺结果验证了当年清遗族重敛时的记载。

2000 年，清东陵被列入世界文化遗产保护名录。

顺治帝的真实死因

顺治帝的死因传统上有两种说法。

第一种就是顺治帝在顺治十八年（1661 年）因病而死。具体原因是因为爱子、宠妃的相继病亡，顺治受到了巨大的精神打击，身体每况愈下，后又染上了天花，顺治十八年正月初七（1661 年 2 月 5 日）子时崩于紫禁城内的养心殿，年仅 24 岁。

中国第一历史档案馆的档案支持第一种说法。据历史文献记载，顺治确实想要出家，但受到皇宫内保守势力的极度反对，最终未能成行；而不久则死于天花。他也是清朝历史上唯一公开皈依禅门的皇帝。

另一种民间传说就是说因爱妃董鄂妃因病去世，爱宗教的顺治去当了和尚，而且这种说法一般还把董鄂妃与董小宛当做同一人。根据史学界的考证已经基本否定这种说法。

最近历史学家又提出了第三种说法，即炮击致死说，认为顺治在试图征服台湾时，被郑成功的大炮击中致死。

为什么康熙帝能够那么英明

康熙是中国封建社会少有的杰出皇帝，擒鳌拜、平三藩、收复台湾、东北抗击沙俄、西北平定回部叛乱等等，以及他不排斥西学，注重科技，甚至他本身就是一个数学家。康熙的确称得上千古一帝。

但是，康熙一生中最失败或者说唯一失败的地方，就是在皇位继承人选问题上一直举棋不定，而且没有很好地控制住各位皇子夺嫡的争斗，使得康熙后期政治局势不稳，造成雍正朝出现政治势力的对立。这也是雍正继位出现种种猜疑的根源所在。

究其原因，首先，众皇子之间的政治斗争，与康熙是少有的长寿皇帝（在位60年），很多皇子都已是壮年且参与参与朝政有很大关系。皇子们在政治活动中都培养了自己的政治势力，夺嫡不但有心而且"有力"，所以继位斗争才如此激烈，也造成太子被疑"等不及"而谋反；其次，太子被废，主要是其个人不争气，但康熙也存在对太子培养不力的问题，前期过于娇惯，后期又缺乏信任，没有把他培养成一位在政治上合格的继承人，应该是负有一定责任的；太子二次被废以后，康熙受到比较大的打击，而且上了年纪，政治头脑也不像从前那般敏锐，在选择继承人问题上犹豫不决，过于谨慎，仅表示将来继承大统者"必能以朕心为心者"，此外绝口不提立嫡之事。谨慎考察是对的，但始终不明确表态，东宫长期虚位，必然导致各皇子之间的你争我夺。大皇子、八皇子就是因为夺嫡之心过于迫切而惹怒康熙、被排斥在继承人选之外的。

怎样评价康熙帝

清圣祖康熙皇帝爱新觉罗·玄烨（1654—1722年），顺治皇帝第三子，清入关后第二位皇帝。

他平定了三藩叛乱，收复了台湾，驱逐了沙俄势力，又平息蒙藏地区动乱，加强了多民族国家的稳定和统一。

在经济和文化建设上，康熙也创下对后世产生积极影响的重大业绩，开创了中国封建社会最后一个盛世——康乾盛世。

清圣祖康熙皇帝玄烨，是18世纪前后中国出现的一位伟大的封建君主。就像他治理了61年的中国是个多民族国家一样，他本人就是满、蒙、汉三个民族的血缘与文化的杰作。

玄烨的生母孝康章皇后佟佳氏，自幼被收养宫中，其祖父佟养性，早年降清，后来成为清廷高级官员，佟佳氏实际上是带着汉族人的习俗与观念进入宫廷的；14岁时，她为顺治帝生下了皇三子玄烨。当玄烨在清初满蒙汉文化相杂糅的宫廷中长到8岁时，18年前曾出现过的那幕皇权突然虚位以待的戏剧，再度上演，皇父突然患天花死去。当时清朝还没有确立传位制度，何况顺治死时才

24岁，病前更不会考虑传位之事。仅仅是由于玄烨曾患过天花，具备免疫能力这个偶然因素，在与清廷关系密切的德国传教士汤若望的建议和孝庄皇太后的支持下，小小的玄烨登上了皇位，改年号为"康熙"。顺治临终前，遗命索尼、鳌拜、遏必隆、苏克萨哈4位老臣为辅政大臣。

玄烨是个天份极高、坚韧顽强的少年，即位后每日读书长达数个时辰，以至学习过苦而呕血。16岁时，他以智慧和勇气设计铲除了专权跋扈的辅臣鳌拜，将皇权把握在自己手中。从此，他以超群的胆识和兼容并包的胸怀，开始治理被战争和鳌拜圈换土地的倒退政策破坏得伤痕累累的大地。

在康熙统治期间，解决了长达8年的吴三桂等三藩的分裂战争，收复了被郑经割据多年的台湾，驱逐了占据我国黑龙江地区的沙俄势力，签订《中俄尼布楚条约》，确定中俄东段边界；同时，又以出征蒙藏，平定准噶尔部蒙古贵族分裂势力的动乱，建立会盟制度和避暑山庄外藩朝觐制等，加强了多民族国家的稳定。在经济和文化建设上，康熙也创下对后世产生积极影响的重大业绩，如治理黄淮河流，奖励垦荒，蠲免赋税，实行"滋生人丁，永不加赋"等鼓励经济发展的政策；编纂《明史》、《全唐诗》等；在所有的文化活动中，最有特色的是他本人对西方科技的学习，他是中国古代唯一懂得天文、数学、地理等自然科学的皇帝。晚年因选择继承人失误，两度废立皇太子，造成长达20余年的诸皇子为夺储位的结党争斗，致使吏治懈怠，朝中党派林立，官场腐败之风颇盛，直接影响到社会的安定。

康熙于康熙六十一年（1722年）十一月十三日病死于畅春园。谥合天弘运文武睿哲恭俭宽裕孝敬诚信中和恭德大成仁皇帝，庙号圣祖，葬河北遵化清东陵"景陵"。

雍正一生功绩大？是一位好皇帝吗

雍正的主要功绩有：

摊丁入地。这是一项重大的赋税改革。中国自古就有人丁税，成年男子，不论贫富，均须缴纳人头税。雍正实行改革，将人丁税摊入地亩，按地亩之多少，定纳税之数目。地多者多纳，地少者少纳，无地者不纳。是谓"摊丁入地"，一举取消了人头税。这项措施有利于贫民而不利于地主，是我国财政赋税史上的一项重大改革。耗羡归公。我国古代以银、铜为货币，征税时，银两在兑换、熔铸、保存、运解中有一定损耗，故征税时有一定附加费。此项附加费称"耗羡"或"火耗"，一向由地方州县征收，作为地方办公及官吏们的额外收入。耗羡无法定征收额，州县随心所欲，从重征收，有的抽正税一两、耗羡达五六钱，人民负担甚重。雍正实行"耗羡归公"，将此项附加费变为法定税款、固定税额，由督抚统一管理，所得税款，除办公费用外，作为"养廉银"，大幅度提高官吏们的俸入。这样，既减轻了人民负担，又保证了廉政的推行。故雍正说："自行此法以来，吏治稍得澄清，闾阎咸免扰累。"

创立军机处，推广奏折制度。明代权力集于内阁，故有权相产生。清雍正把权力进一步集中在皇帝手中，创立军机处，作为皇帝的秘书班子，为皇帝出主意、写文件、理政务，"军国大计，罔不总揽"。其特点是处理政事迅速而机密。军机大臣直接与各地、各部打交道，了解地方情形，传达皇帝意旨。此机构存在200年，直至清末。与创立军机处伴随的是推广奏折制度。由于以前的官文书批转手续繁复，且经多人阅看，时间拖延且难于保密，而奏折则向皇帝直接呈送，直达皇帝本人。雍正扩大了可向皇帝上奏折的人数，不同身份的官吏可以及时反映情况，报告政务，使皇帝洞察下情，以便制定政策；也使官员们相互监督，皇帝得以了解他们的贤愚、勤惰、政绩、操守。

改土归流。我国西南及其他一些少数民族聚居的地区，实行土司制度，其职务为世袭，仅名义上接受清朝的册封。土司们生杀予夺、骄恣专擅。这种制度妨碍了国家的统一和地区经济文化的发展。雍正即位后，废除了云南、贵州、广西、四川、湖南各地的许多土司，改成和全国一致的州县制度。"改土归流"是一场严重的斗争，许多土司武装反抗，雍正坚决派兵平定。在平叛战争中虽然也累及无辜，给少数民族造成伤害，但从长远来说，"改土归流"是进步的措施，打击和限制了土司的割据和特权，对民族地区的经济文化发展有利。

此外，雍正还有许多值得称道的政绩，如惩治贪污、解放贱民、平定罗卜藏丹津、始派驻藏大臣等，为中国的统一与发展作出了贡献。

但是，雍正也有严重的过失和局限。他在位期间虽没有出现大规模农民起义，但零散的反抗经常发生，雍正的镇压措施十分严厉。不论具体情节，抗官者即以反叛论处，斩杀不赦。甚至拒捕时，有人"共在一处，虽非下手之人，在旁目观，即系同恶共济"，均斩立决。对民间秘密结社，嘱咐官吏们"时时察访，弋获首恶，拔树寻根，永断瓜葛"。苏州手工业工人要求增加工资，罢工叫歇，雍正严加惩处，立碑永禁叫歇。雍正时文字狱日益频繁，汪景祺因"诌附"年羹尧而立斩枭首，查嗣庭因趋奉隆科多而戮尸示众，陆生楠因议论时政而被军前正法。最为轰动的是吕留良案，吕是清初具有民族思想的学者，已去世40年，后有曾静、张熙读吕氏之书，受其影响，竟去策反岳钟琪，要他反清复明，酿成大案。吕留良被开棺戮尸，其儿子、学生处死刑。雍正朝文网甚密，株连人众，处刑严酷。知识分子动辄得咎，形成闭眼不敢看现实，缄口不敢谈政治的沉闷风气。

雍正遵奉重农业、轻工商的信条。他说"农为天下之本务，而工贾皆其末也。市肆之中多一工作之人，即田亩之中少一耕稼之人。群趋为工，则物之制造者必多，物多则售卖不易，必至壅滞而价贱，是逐末之人多，不但有害于农，而并有害于工也"。根据这一理论制定的政策必然不利于工商业的发展。他又认为：开矿"断不可行"。因为开矿将引诱人们离开农本，追求末业，而且矿工聚集一地，易于闹事。

雍正在对外交往中亦固步自封。当时外国商人来华贸易，日益增多，但雍正却不许中国商人出洋贸易，设置种种障碍，声言"海禁宁严毋宽，余无善策"。后来，在沿海各省的再三要求下，虽稍稍放宽海禁，但仍加以种种限制。尤其对久住外国的华侨商贩和劳工，"逾期不归，甘心流移外方，无可悯惜，不许其复回内地"。当时，西方先进国家正在鼓励海外贸易，而中国即使是杰出的君主也缺乏世界眼光，限制对外交往，故而成为国际潮流中的落伍者。

雍正还好大喜功，急于求成。正因如此，故河南垦荒，四川清丈，陕西挖井，直隶营田，本意为利民，却劳而无功，反成民间之累。他的性情偏急，喜怒无常，手段残酷，造成了许多冤假错案。他死后，乾隆继位，一反雍正苛严之治，实行"宽严相济"的方针，昭雪死者，释放囚犯，缓和了矛盾。故后人评："纯皇帝（乾隆）即位，承宪皇帝（雍正）严肃之治，皆以宽大为政，万民欢悦，颂声如雷。"

谈起雍正，人们就会想到他的继位问题。学术界历来有两种意见，一种认为他受康熙遗诏继位，是合法继承；一种认为康熙并未传位与他，雍正是矫诏夺位。由于雍正即位，篡改了历史，销毁了档案，现在已找不到他矫诏夺位的确凿证据。斧声烛影，已是千古的疑案，但从各种迹象推断，他的继位确实存在很多疑点。康熙晚年，太子废立，诸子争位，闹得乌烟瘴气，储位虚悬，人心不定。当时因准噶尔入侵西藏，康熙命皇十四子允禵为抚远大将军，统兵援藏，给以大权，用正黄旗，称大将军王，礼仪隆重，规格极高，康熙当是意有所钟。康熙称赞允禵的才能"大将军是我皇子，确系良将，带领大军，深知有带兵才能"。很多人心目中也以允禵为接班人，如皇九子允禟说允禵"聪明绝世"，"才德双全，我弟兄内皆不如"；"十四爷现今出兵，皇上看的也很重，将来这皇太子一定是他"。可是，康熙在畅春园猝然去世，雍正与时任步军统领，掌管京师兵权的隆科多勾结密谋，夺取了帝位，而允禵远在青海，鞭长莫及，故而帝梦成空。雍正后来所讲康熙弥留前遗命传位雍正的情形，仔细推敲，矛盾甚多。如说隆科多为唯一顾命之大臣，而其他谕旨中却说，康熙死时隆科多不在御前，又说康熙传诏时皇十七子允礼在寝宫外侍候，而其他史料证明，允礼时在皇宫内值班，并不在畅春园寝宫外，如此等等。因此，是否存在这一临终传位的现场，实属疑问。

由于雍正夺位篡立，激起了皇族内部的集体抗争，除皇十三子允祥以外，雍正的其他兄弟大多反对雍正继位。允禵是争夺皇位的对手，被从前线调回，永远禁锢。皇八子允禩、皇九子允禟是雍正的死对头，雍正痛恨入骨，将二人迫害致死。皇十子允䄉和皇三子允祉、允祉的儿子弘晟均被永远囚禁，皇十二子允䄉被降爵贬秩，连雍正的亲生儿子弘时也不满其父的作为，竟站在八叔允禩一边，被雍正处罚致死。据朝鲜的记载，雍正上台，被杀的宗室、官员达数百人。连康熙身边一位照料皇帝起居的内务府官员赵昌，在康熙死后也立即被杀，引起举朝震惊，这大概是赵昌太了解康熙去世和传位的真相，因而得祸。康熙生前长住畅春园，死后葬在东陵，而雍正长住圆明园，别建西陵，似乎要远远躲开父亲。须知雍正的迷信思想很浓厚，如果做了对不起父亲的事，就会有这类悖于常理的举止。雍正后来似乎也愧恶不安，乾隆说：允祀、允䄉"觊觎窥窃，诚所不免，及皇考绍登大宝，怨尤诽谤，亦情事所有，将未有显然悖逆之迹。皇考晚年屡向朕谕及，愀然不乐，意颇悔之。"这是不是雍正受到了良心谴责的内心表露呢？

雍正的继位存在很多疑点，可能出于矫诏篡立。这样说并不是要抹煞他的历史功绩，应该说封建统治者骨肉相残是经常发生的。封建社会中，即使一个英明的君主也往往要用阴谋手段和残酷斗争来夺取和巩固统治，汉武帝、唐太宗、武则天、努尔哈赤都有屠兄弟、杀儿子、逼父亲的行为，雍正并不是个例外。他作为一个最高统治者，勤于政务，洞察世情，以雷厉风行的姿态进行整顿改革。雍正统治十三年是清朝统治的重要时期，承上启下，为以后乾隆时期的繁荣盛世打下了基础。

雍正到底是怎么样死的

雍正有两大疑案，一个是雍正继位疑案，一个是雍正死因疑案。雍正的死因归纳起来，大概有五种说法。

第一种说法，就是雍正被吕四娘砍了头死的。这个时候有一个案子叫吕留良的一个文字狱案子，吕留良遭到了严厉的惩处。但是传说他的女儿（有人说是他的孙女）吕四娘落网了，私自逃跑，没有被杀，这吕四娘就拜师学艺，武艺高强，后来想法乔装打扮混到了皇宫里面，见了一个机会，把雍正的头砍下来，替她父亲，或者替她爷爷报了仇。这个传说就很生动了，那雍正没有头怎么发丧，传说做一个金头给搁上，这样就埋在了雍正的泰陵。很多专家研究之后，认为雍正是被吕四娘杀了，这种可能性不大，因为当时在这满门抄斩的时候是非常严格的，吕留良的女儿不可能逃跑，退一步说，即使是跑了，也不可能混到皇宫，即使混到皇宫，她也没有机会把雍正给杀了。所以这只是一个野史小说在这儿编造的一个很生动、很有趣的故事。

第二说法也很离奇，就是《红楼梦》的作者曹雪芹有一个恋人，这恋人叫竺香玉，长得很漂亮，能歌善舞，被雍正看上了，雍正把她收到宫里来。他夺了曹雪芹的所爱，于是曹雪芹就通过秘密的办法和竺香玉进行联系，竺香玉虽然身在皇宫，心还想着曹雪芹，于是见了一个机会，就谋杀雍正。这个也是野史小说之言，没有任何历史根据，不可相信。

第三个是有一本书，叫《梵天庐丛录》。这个书是说雍正是被一个宫女给勒死的，但是还差一点，又被救活了。这个故事属于移花接木，明朝有这么一个故事：明朝嘉靖二十一年（1542 年），嘉靖皇帝他对宫女很暴躁。因为嘉靖吃炼丹药，他有时候脾气暴躁，经常鞭挞宫女。有一个宫女叫杨金英，一天夜里，趁着嘉靖皇帝睡着的时候，用黄的绸子勒嘉靖的脖子。因为她特别紧张，慌乱之中打了一个死结，她以为勒死了，参与其事的另外一个宫女害怕了，把这个事情赶紧告诉皇后，皇后急忙跑来的时候，一看嘉靖已经断气了，皇后赶紧命令传御医，御医叫许绅，来了以后，觉得问题很严重，就下了急猛药来治，经过了四个时辰，嘉靖就有了一点声音，透了一口气。然后，史书记载说："嘉靖吐紫血数升"，后来又经过一个时期的调理，就把嘉靖给救活了，当然杨金英等就被杀了。这个事情是真的，历史有记载。据说后来嘉靖皇帝晚上睡觉的时候，这一个屋子是 27 张床，别人不知道他睡在哪个床上。

第四，有的学者考证雍正是得了中风死的。很多的学者同意这种看法，但是也没有确凿的证据说他就是死于中风。

第五，大家比较感兴趣的，就是中了丹毒死的。雍正中期以后，特别是他得了一场大病之后，大亲自写了手谕，让各个地方大员推荐名医和术士到皇宫给他治病，帮助他保健，以求长生不老。

后来有两个大的道士，一个叫张太虚，另一个叫王定乾。这两个大的道士，到了宫里之后，就帮助雍正炼了丹药，交给他们道术。雍正是真的相信道教，在乾清宫，在太和殿，在其他的地方，有的地方设坛，供奉道神的符板。后来雍正长期在圆明园，他派人往圆明园送炼丹的药，数量很大。雍正曾经在五年之间，根据第一历史档案馆的叫做《活计档》的记载，送炼丹所需的物品 157 次，他不但自己吃炼丹的丹药，他宠信那些大臣，还派人送给他们吃，雍正长期吃炼丹的丹药，可能汞、铅、硒一些重金属中毒，应当说雍正的死与铅中毒和丹中毒有一定的关系。有人统计，就是我们中国历史上的皇帝炼吃丹药死的有 14 位之多，现在雍正的死根据宫廷的档案来说，那就是官方的记载，可能是正常的病死，也可能就是吃丹药中毒而死，最后导致了一个结果，雍正 58 岁就死了。

雍正虽然离开了紫禁城的宝座，但是雍正在位 13 年，对中国历史的发展，作出些什么贡献？这 13 年，他这个皇帝有什么特点？

虽然雍正在位 13 年，但是在"康雍乾"这三代，他处在一个承上启下的地位，是一个关键的地位。雍正是一个改革型的皇帝，特别是雍正在制度上作了许多的改革。

第一，整顿吏治，雍正做皇子的时候，对康熙晚年政治上的弊端，官场上的腐败，看得比较清楚。雍正 45 岁继位，盛年的时候，已经比较成熟了，一上台就大刀阔斧地整顿吏治。雍正元年（1723 年）的正月，雍正连续下了 13 道谕旨，总督、巡抚、布政司、知府、知州、知县、文官还有武官，告诫他们不许贪污，不许受贿，不许克扣，武官不许吃空额，违者严重治罪。

他成立会考府，就是对财政进行审计，审计出问题，要严肃处理，譬如说户部亏空了二百多万两银子怎么办？凡是有关的堂官，在任的、离任的一率退赔。这一招很灵，对官场腐败的风气给予很大的震动，扭转了康熙晚期官场的腐败作风，整个机关从内阁六部一直到省府州县，出现了一个比过去更好的勤政节俭的局面，国库比康熙的时候更充裕了。对他评价是这样的，《清史稿·食货志》载："雍正初，整理财政，收入颇增。"史学家评论说雍正："澄清吏治，裁割陋规，整饬官方，严惩贪墨，实为千载一时，彼时居官，大法小廉，殆成风俗，贪冒之徒，莫不望风革面。"都是收到一定的时效，可以说没有雍正大刀阔斧整顿吏治，也就没有乾隆的盛世。

第二，设立军机处。原来清朝军事方面的大事主要是由议政处来做，行政方面主要是内阁。雍正在议政处和内阁之外设立了军机处，军机大臣开始二三人，后来多的时候到八九人，一般的情况下，五至七人，军机大臣直接对皇帝负责，雍正皇帝几乎每天召见军机大臣，共商军政大事，重大的事情，军机大臣直接奏报到皇帝。但是军机处的权力在内阁之上，明朝以来内阁可以草拟谕旨，对皇帝重要的决定可以封驳，这时候不行了，皇帝大权独揽，军机处的实行，就把封建君主集权专制推到了一个顶峰，大大强化了君主专制。

第三，完善密折制度。密就是秘密。奏折有学者考证，康熙的时候，有资格上奏折的大约一百来人，雍正把它推广，取得上奏折资格人大约有 1 200 人左右，就是扩大了信息的来源。奏折可以不通过内阁，不通过议政处，而通过奏事处直接到雍正那儿，雍正批示也不通过内阁，直接发还到上奏者本人，这样雍正就可以从全国各地各个方面了解下面的情况。密折和军机处合在一起，极大强化了皇权。

第四，改土归流。大家知道少数民族地区，它原来的管理体制是土司，头人是土司，头人和土司是世袭的，不受朝廷任命，世世代代做土司，时间做久了没有监督，有的土司腐败，中央的政令不能直接下达。到雍正的时候，在云南、贵州、广东、广西、湖南、湖北、四川全面推行改土归流制度，流就是流官，由朝廷派官，有任期，可以流动，所以叫改土归流。这样朝廷的指令可以直接到民族地区，官员受朝廷的监督，要轮换，这就大大加强了中央对少数民族地区的管辖，也有利少数民族地区经济和文化的发展。

第五，摊丁入地。我们中国在皇朝时代，长期以来是土地和人丁分头纳税，土地税、人头税，到雍正的时候，在已有办法的基础上，全面推行摊丁入地制度，就是把人丁的人头税摊到土地里头，这可以使一些穷苦的没有土地的人，免征了人头税，这样一来，减轻了人生依附，但是也有一个问题，就是刺激了人口的增长，特别是康熙五十年（1711 年）以后，宣布盛世滋生人丁，永不加赋。到了乾隆的时候，中国人口达到三亿，道光的时候达到四亿。

第六，废除贱籍。大家知道印度古代有贱民，清朝雍正之前也有贱民，当时明朝以来户口有军籍，有民籍，民籍就是士农工商。贱籍就是贱民，不属于市农工商，他们不能读书，不能参加科举考试，世世代代身份不能改变。这些贱民身份很底下，贱籍据说从宋朝以来就延续下来了，做一些被人看不起的工作。雍正先后下令取消贱民，取消贱籍，让他们编为民籍，这是社会的一种进步。这种人虽然人数不是太多，但是在历史上有进步意义。

总之雍正在位 13 年，对许多的事情作了重大的改革，特别是对一些制度方面作了些改革。到了雍正末年，扭转了康熙末年的一些不好的风气，使清朝的历史继续向上发展。

乾隆对中国的影响

正 面

内政平稳，维持封建王朝最后盛世。乾隆在位期间，政治上矫其祖宽父严之弊，实行"宽严相济"之策，整顿吏治，厘定各项典章制度，优待士人，安抚雍正朝受打击之宗室。经济上奖励垦荒，兴修水利，使社会上出现一片繁荣的景象，"康乾盛世"在此期间达到了顶峰。从乾隆初年至中期左右，是乾隆帝政治生命中最有活力，备受后人称颂的时期。乾隆在内政方面创举不多，最大的成绩是继续施行雍正时期的"摊丁入亩"、"改土归流"等政策，并以个人的威望维持统治高层的稳定，使社会经济在稳定发展中达到繁荣。

十全武功，奠定中华固有版图。乾隆自己引以为豪的是他的"十全武功"，所谓"十全武功"包括两次平定西北的准噶尔部，一次平定新疆回部，两次征服西南的大小金川，一次镇压台湾林爽文起义，一次出击缅甸，一次出征越南，两次出征尼泊尔的廓尔喀。乾隆加强了中央政府对边疆地区的管理，巩固和开展了中国这个多民族国家，奠定了今天中国固有版图。另外，西北190多万具有离心倾向的土地，终于巩固在中央政权之下，这是乾隆对中国历史的一大贡献。

编纂经典，汇古文化之大成。乾隆在位期间组织了许多大规模的文化工程，包括编撰《四库全书》、《大清会典》、《周易述义》、《三礼义疏》、《皇朝通志》、《八旗通志》等书籍，还校刊重刻了《十三经》、《二十二史》、《三通》等书籍，其中最引人注目的是《四库全书》的编撰，共收入古书3 457部，共79 070卷，其卷数是《永乐大典》的三倍，装订成36 275册，保存了许多珍贵古书，成为我国古代思想文化遗产的总汇，是中国古籍文化的集大成之作。此外，乾隆的时代还诞生了一部中国古典小说的巅峰之作《红楼梦》，虽于乾隆本人没有关系，却也为这个时代增添了光彩。

爱好京剧，催生国粹。如今风靡世界被奉为我国"国粹"的京剧，是乾隆皇帝的一种业余爱好直接催生的。乾隆喜欢京剧，和当时的平民百姓一样的喜爱，乾隆五十五年（1790年），乾隆的八十寿辰成了一个京城里的戏曲盛会。头脑精明的徽商们，精心调教了几个戏班子，携带上京，当做祝寿礼物送给这个戏迷皇帝。这就是京剧界很有名的"四大徽班进京城"了。进到京城之后，在皇室的关照之下，在百姓们的追捧之下，在戏曲表演氛围如许浓厚的地方，四大徽班对自己的戏曲进行改进创新，融合其他美妙的声腔，改进表演的形式，让自己的戏更受欢迎，多年下来，京剧就产生了。

负 面

兴文字狱，毁坏中华文明根基。清代的"文字狱"到乾隆时代达到了高峰，数量之多，株连之广均远超过前代，累计达130多起。与他的前辈康熙、雍正相比，乾隆更热衷于此道，且明显在借"文字狱"来强化自己在思想文化界的垄断地位。在编撰《四库全书》期间，有十几万部图书因各种原因犯忌而被禁毁，这也是不得不提的一桩文化公案。

六下江南，耗尽国力民财。乾隆的南巡集团声势浩大，每次都在万人以上，所到之处极尽奢侈糜费，地方供给极尽华丽壮观，百姓的财富经历巨大的浩劫。乾隆除了下江南游荡猎奇外，还花费巨资在北京西郊营造繁华盖世的皇家园林"圆明园"。东造琳宫，西增复殿，南筑崇台，北构杰阁，说不尽的巍峨华丽。又搜罗珍禽异卉，古鼎文彝，把中外九万里的奇珍，上下五千年的宝物，一齐陈列园中，作为皇帝家常的供玩。乾隆挥金如土，使康熙、雍正辛苦积攒的"家当"很快被消耗殆尽。

虚饰浮华，好大喜功。乾隆皇帝的虚荣心体现在帝国的"外交"上。乾隆的外交理念可以用"进贡"两个字来概括。凡是肯向中国"进贡"的国家都是小国和穷国，他们向中国进贡的目的很少是出于"友好"的动机，而是贪图中国的"赏赐"，因为赏赐的价值往往十倍甚至百倍于"贡金"的价值。当周边的国家发现向乾隆进贡的好处时，就纷纷利用进贡的名义敲榨中国，并不惜用战争相威胁要求增加"进贡"的次数。乾隆皇帝为了一己虚荣和"面子"，把百姓的税钱不当回事，使中华帝国的财富大量外流。

恶直好谀，重用和珅。乾隆皇帝对部下的阿谀奉承有狂热的爱好，这一嗜好直接导致了中国历史上前无古人后无来者的大贪官和珅的出场。和珅的全部行政才能是贪污和弄权，对乾隆重用他的回报是在全国建立一个史无前例的贪污系统，把清帝国的墙基掏空。全国官员发现，如果不向上级行使巨额贿赂，就要被无情地淘汰出局，甚至被投入监狱，他们不得不适应这一形式。乾隆死后，和珅也跟着倒台，查抄他的家产折合白银九亿两，相当于全国十二年财政收入的总和。如果包括他挥霍掉的和亲人贪污的款项，总数应该不下二十年的财政收入。

闭关锁国，天朝梦碎。乾隆时期，清朝开始实行全面的闭关锁国政策，一开始是四口通商，到后来只有广州开放对外通商，且由十三行垄断其进出贸易。清朝的闭关锁国政策在很大程度上阻碍了中国与西方世界的接触。当我们翻开18世纪的历史，感受得最为深切的历史失误就是造成了闭关锁国形势的乾隆时期的对外政策，这一政策使中国与当时日益奔腾前进的世界历史潮流绝缘隔离，延误了社会的发展，致使国家和民族为此付出了沉重的代价。当乾隆在自我陶醉的时候，也是中国在"天朝上国"的迷梦中睡得最沉的时候。欧洲列强的坚船利炮已经在中国周边出没，正在想方设法打开中国的大门。而中国则被看似"超稳定"的社会结构和思想体系束缚住了前进的脚步，后乾隆时代的清王朝，开始成了腐朽落后的代名词。

中国史上最吝啬的皇帝是谁

道光帝生于乾隆四十七年八月初十（1782年9月16日），等到继承帝位的时候，他已经38岁，在那时已经算是个中年人了。那就是说，道光帝在即帝位之时，早已经娶妻生子了。

道光帝（旻宁）的元配妻子姓钮祜禄氏。由于从前的女子只称姓氏而不留闺名，而清皇族多数又与这些大族联姻，因此后宫中这些雷同的姓氏更使人难以应付，这些女人们若是结结实实地攀上了龙，有了封号，死后又有谥号的话，倒也还可以各归各，否则的话就恐怕只能在姓氏后面编号，也未见得真能分清楚。

总之，道光帝的元配福晋也是这么一个钮祜禄氏。与其他的宫廷钮祜禄氏一样，她也有显赫的出身：乃是户部尚书、一等子爵布颜达赉的女儿。这段姻缘缔结于嘉庆元年（1792年）十一月，当时旻宁才刚刚十五岁。由于乾隆帝禅位于嘉庆帝，所以当时旻宁提前当上了嫡长皇孙兼皇子。因为在嘉庆的儿子中，乾隆帝最看重旻宁，并且亲自为他指婚，于是他的婚礼选定在南三所撷芳殿举行，而且办得很是隆重。一般认为，乾隆帝嘉庆帝父子俩为旻宁选择皇宫内的撷芳殿举行婚礼，并让他婚后在此定居，是别有深意的。也就是说，在那个时候旻宁其实就已经被选定做未来的皇位继承人了。

不过，未来的灿烂前途，似乎对新婚的钮祜禄氏没有什么立等可见的正面影响。至少在生活水平和条件上是如此。

道光帝的"节俭"，在历朝帝王中算是首屈一指的，而他的俭省作风，早在做皇子时期就已经形成了。据他自己称帝后回忆往事时说，他在做皇子时不但极少吃肉，甚至还经常派太监出宫去买烧饼，与妻钮祜禄氏就着茶水啃嚼就算是一餐。除此之外，他还奉行"七分饱"的原则，即使摆出菜吃饭，也严格要求每餐每人盛饭最多不得超过三碗。据史书说，钮祜禄氏与道光帝感情甚好。老公克勤克俭，她也有样学样，从来不在屋中放置什么精美的装饰摆设，有床有桌椅可用就足够了。只不过任何人在想象皇家生活的时候，都会认为那是奢侈富丽程度上不封顶的日子，钮祜禄氏作为尚书小姐，又是生在"重女"的满族人家，她在娘家的日子就算不奢华，恐怕也没与烧饼没打过交道，更别说把它当家常茶饭日日吃将起来。她当初是怎样从极度的落差中回过神并适应这样的婚后生活的，史书却没有记载，只能让后人臆测猜想了。

钮祜禄氏的婚姻生活就这样日复一日地过去了。从生活节俭这方面说起来，她与绵宁也算是夫唱妇随，应该还是情投意合的。然而不知怎么搞的，两人的婚姻前后长达12年之久，钮祜禄氏竟从来没有怀上过身孕。

嘉庆十三年（1808年）正月，年仅27岁的钮祜禄氏病逝，结束了她显贵却拮据的皇家生涯，没有留下儿女。由于她死的时候旻宁还只是一个皇子，钮祜禄氏被安葬于王佐村（丰台区）。12年后，旻宁成了道光帝。

道光元年（1821年）六月，道光帝派郑亲王乌尔恭阿、顺承郡王伦柱为正副册使，带着皇后册宝来到了王佐村，为自己的元配妻子追册追谥，"孝穆皇后"——这个谥号在往后的若干年间又被咸丰、光绪陆续加码，最终全称为：

"孝穆温厚庄肃端诚恪惠宽钦孚天裕圣成皇后"。追册皇后的礼仪完成之后，两位使节又将孝穆皇后钮祜禄氏的牌位接回了紫禁城，入祀太庙及奉先殿。钮祜禄氏既成了孝穆皇后，她的父亲布颜达赉也自然水涨船高，晋升为"三等承恩公"。

追封追谥，是些热闹活人眼目的事情，棺材里面的"孝穆皇后"钮祜禄氏并不知道。但另一件事则不然，尽管她早已死去，这件事仍然与她直接发生了关系：改葬。

按照历代封建皇朝的惯例，道光帝在即位以后就着手修建自己的陵墓。他委派庄亲王绵课为首，领着大学士戴均元、尚书英和，还有风水师宋泗、穆克登额、牛坤等人，浩浩荡荡地奔赴东陵，在宝华峪选中了一块"吉壤"，决定兴建帝陵。工程于公元1821年十月初十卯时正式开工。据说在开工后，风水师宋泗认为地宫穴位应作变更。然而经办大臣们深知道光帝力求节俭，为选穴已经费了不少银子，若是重移改图又是一笔不小的开销，定会惹得皇帝不快。由于皇帝几乎将大臣们是否节俭视为最主要的才干度量衡，因此没有谁愿意去触这个霉头请皇帝重选。最后众人只是将穴位往前移了五丈而已。在修建时果然发生渗水现象，英和仍然不予上报，而是为求省俭，又命工匠筑土拦水，只图表面光鲜，能蒙过皇帝验收就成。

帝陵的修建花了六年时光，终于在道光七年（1827年）九月二十二日告竣。道光帝非常高兴，专程前往宝华峪查勘。对于风水土质及建筑质量这些个东东，皇帝纯粹是个看热闹的门外汉，是很容易被监工大臣蒙混过关的。可想而知，他对于这项花费俭省的工程非常满意，对建陵众臣一一论功行赏，就连戴均元在继位问题上立场不坚定的表现都既往不咎了。

陵墓建成的当月，道光帝便下令将"孝穆皇后"钮祜禄氏的棺木由原葬处迁往自己的帝陵地宫。迁葬仪式搞得也十分隆重，主祭的是道光帝的庶长子，也是当时道光帝唯一的儿子奕纬。虽然奕纬出生时钮祜禄氏早已去世，但在名份上，她仍然是奕纬的嫡母。

隆重的仪式后，钮祜禄氏原本栖身的棺材变成了皇后规格的"梓宫"并被运往宝华峪帝陵。正式下葬前，道光帝念及12载夫妻情份，还专程亲至棺前奠酒，给"孝穆皇后"的葬礼更添了几分风光。

不曾想，孝穆皇后入葬帝陵才刚一年，意外就发生了。

道光八年（1828年）九月，道光帝出京谒陵，顺路到自己的陵墓去"观光"，一观之后，道光帝大惊失色：本应该干爽的地宫一直都在渗水，短短一年功夫竟积成了一个水潭，深度将近两尺，已经漫过了"宝床"（放置棺木的石台）。一眼望去，"孝穆皇后"的棺木竟恍如水中孤舟，再一细瞧，棺材足有两寸浸在水里，霉湿不成样子。

看见这个场面，道光帝怒不可遏，一面下令将孝穆的棺木从地宫起出，移到陵寝的地面殿宇里安放，自己又亲至棺前奠酒致歉；一面斥骂筑陵大臣"丧尽天良"，下旨严办：庄亲王绵课已病故，父债子还，四个儿子一律革职；戴均元撤职下狱，其子降职；英和也撤职下狱。本来按道光帝的怒火，英和是要被处斩的，总算皇太后看不过意，劝道光帝不要太下重手，英和才逃得一条性命，改判为和儿子一起发配黑龙江服苦役。

处分之后，道光帝又想起了自己修陵的花销，不禁肉痛起来。于是他又下令相关责任人等必须赔付。于是又抄家封产地办了一通，最后拢共收回了约三十万两银子，这才觉得心气稍顺。

道光帝经此一刺激之后，也没了在清东陵继续选址的想法。他随后改弦易辙到易县的清西陵重新选择葬地。陵址最后选定在龙泉峪，道光帝还亲自为自己的陵墓起名为"慕陵"。慕陵建成后，于道光十五年（1836 年）十二月将结发妻子的棺木再次安葬其中。

经过如是折腾之后，孝穆皇后钮祜禄氏才算是真正入土为安了。算起来这时距她辞世已将近 30 年。

溥仪政权存在了多少年

1931 年"九一八"事变后，在侵华日军的策划下潜往东北。次年 3 月，当上伪"满洲国"执政，1934 年 3 月又改称伪"满洲帝国"皇帝，改元"康德"。溥仪于 1935 年 4 月和 1940 年 6 月，以伪"满洲国"皇帝的身份，先后两次访问日本。1945 年 8 月 14 日日本无条件投降后，溥仪于 8 月 17 日逃往日本途中被苏军俘获，押到西伯利亚，在集中营里关押五年。1950 年 8 月溥仪与其他伪"满洲国"战犯一起被苏联政府移交给中国政府，先后在哈尔滨和抚顺两个战犯管理所关押 10 年，1959 年 12 月 4 日经中华人民共和国最高人民法院根据特赦令予以释放。

从 1932 年到 1945 年溥仪政权存在了 13 年。

末代皇帝溥仪如何从帝王到战犯到平民的转变历程

宣统（1906—1967 年）溥仪是醇亲王的长子，光绪三十四年（1908 年）十月，慈禧太后和光绪同时生了重病，慈禧太后于十月发懿旨，立溥仪为嗣帝，十一月初，溥仪登极，号宣统。

三年后，辛亥革命暴发，宣统宣布退位，中华民国宣布成立，并优待清室，让宣统在紫禁城继续做了 12 年的皇帝。几次他都想为清朝复辟，但事与愿违。

到中华人民共和国成立后，成了共和国公民，被分配到北京植物园工作，后调入全国政协文史资料研究委员会任专员，1967 病逝于北京。

敬　启

　　本书的编选，参阅了一些报刊和著作。由于联系上的困难，我们与部分入选文章的作者未能取得联系，谨致深深的歉意。敬请原作者见到本书后，及时与我们联系，以便我们按国家有关规定支付稿酬并赠送样书。